GEORGE ORWELL

Nació en Motihari (India) en 1903 y murió en
Londres en 1950. En 1904, su familia se trasladó a Inglaterra, donde Orwell pudo estudiar
en el colegio de Eton gracias a una beca. Su primer libro, *Sin blanca en París y Londres*, relata
las penurias económicas de sus inicios y su
temprano compromiso con el socialismo. *Homenaje a Cataluña*, incluido en el volumen *Orwell en España* (Tiempo de Memoria 28 y ahora también en Fábula), narra sus experiencias
en el bando republicano durante la guerra civil española. Durante la segunda guerra mundial colaboró como periodista para la BBC,
al tiempo que escribía numerosos artículos políticos. La fama le llegó con *Rebelión en la granja*, una cruda y lúcida sátira contra el estalinismo, y sobre todo con *1984*, una amarga
anti-utopía cuyo terrorífico «Gran Hermano»
sigue alimentando las pesadillas de nuestro
imaginario colectivo. Tusquets Editores ha publicado su novela *Que no muera la aspidistra*
(Fábula 282).

George Orwell

Orwell en España

Homenaje a Cataluña y otros escritos sobre la guerra civil española

Edición de Peter Davison
Prólogo de Miquel Berga

Traducción de Antonio Prometeo Moya

FÁBULA
TUSQUETS
EDITORES

Título original: *Orwell in Spain*

1.ª edición en colección Tiempo de memoria: junio de 2003
1.ª edición en Fábula: marzo de 2009

© de *Homenaje a Cataluña:* Eric Blair, 1938
© del resto del material: herederos de Sonia Brownell Orwell, 1998
© de esta edición: Peter Davison, 2001
© del prólogo: Miquel Berga, 2003
© de la traducción: Antonio Prometeo Moya, 2003

Diseño de la colección: adaptación de FERRATERCAMPINSMORALES de un diseño
original de Pierluigi Cerri

Ilustración de la cubierta: fotografía de George Orwell (ca. 1940). © Bettmann / CORBIS.

Reservados todos los derechos de esta edición para
Tusquets Editores, S.A. - Cesare Cantù, 8 - 08023 Barcelona
www.tusquetseditores.com

ISBN: 978-84-8383-149-6
Depósito legal: B. 5.239-2009
Impresión y encuadernación: Liberdúplex, S.L.
Impreso en España

Índice

Prólogo a la edición española

Orwell en España *es un libro que aparece oportunamente en el año del centenario Orwell. Su oportunidad, sin embargo, va mucho más allá de la simple conmemoración de una efemérides literaria. Este volumen es importante en varios sentidos. En primer lugar porque pone a disposición del lector en lengua castellana el conjunto de escritos orwellianos directamente relacionados con nuestra guerra civil, seleccionados por Peter Davison entre los veinte volúmenes de su impecable edición de la obra completa de George Orwell. Estamos, pues, ante una edición fiable y del mayor rigor académico, una condición acaso indispensable para aproximarnos a la obra de uno de los autores más controvertidos del siglo* XX. *En segundo lugar,* Orwell en España *supone la aparición de una obra central en el canon orwelliano,* Homenaje a Cataluña, *publicada ahora por primera vez en España sin las supresiones y cambios impuestos por la censura franquista (inoperante, por supuesto, con el antiestalinismo de Orwell pero muy efectiva con su antifranquismo).* Que para conseguirlo hayan tenido que pasar 65 años desde la primera edición inglesa de* Homage to Catalonia *y 28 años de la muerte del general Franco provoca cierto rubor con relación al mundo editorial peninsular. Y no se acaban aquí las buenas noticias. Esta edición presenta el texto de* Homenaje a Cataluña *fijado por Peter Davison en 1986, a partir de las indicaciones que Orwell dejó para una posible segunda edición inglesa e incorporando las recomendaciones del autor a su traductora al francés, Yvonne Davet, cuya versión publicó finalmente Gallimard en 1955 (ver pág. 390). La revisión más significativa tiene que ver con la voluntad de Orwell de colocar los capítulos V y XI de la primera edición como apéndices al final de la narración. Son éstos los dos capítulos dedicados más directamente a dilucidar el embrollo político y las controversias entre las distintas facciones que acabaron en el enfrentamiento librado por las calles de Barcelona durante los primeros días de mayo de 1937. Una segunda Semana Trágica bar-*

---

* Alberto Lázaro fue el primero en advertir de una manera competente y detallada esta anomalía. Ver su estudio sobre las traducciones al castellano y al catalán de la obra de Orwell en Lázaro, A., (ed), *The Road from George Orwell: His Achievement and Legacy*, Peter Lang, Berna, 2001, (págs. 71-92).

celonesa que acabó por convertirse en una guerra civil dentro de la guerra civil y que tuvo funestas consecuencias para la unidad de acción en las filas republicanas. *La recolocación de estos capítulos fuera del hilo narrativo de* Homenaje a Cataluña *demuestra hasta qué punto Orwell sentía la preocupación de evitar que la denuncia política traicionase sus instintos literarios. El futuro autor de* Animal Farm [Rebelión en la granja] *y* Mil novecientos ochenta y cuatro *era muy consciente de que para conseguir audiencia, para ser un testimonio escuchado, la escritura política es especialmente eficaz cuando consigue adaptarse a las estrategias narrativas de lo literario. En otras palabras, a menudo el efecto de realidad y veracidad de la experiencia sólo se consigue activando los mecanismos narrativos propios de la ficción. Fusionar arte y política fue, para muchos en los años treinta, un proyecto estético primordial. Pocos lo consiguieron.*

El conjunto de textos agrupados en Orwell en España *permite examinar el alcance de la experiencia española del escritor en relación con su proyecto literario y la concreción de sus posiciones políticas. Sin embargo, la inclusión de* Homenaje a Cataluña *como texto central de esta recopilación parece proponer al lector un ejercicio sumamente interesante: la lectura de un relato acompañado de múltiples posibilidades de verificación. Eric Blair, un miliciano que participa en diversos episodios de la guerra civil, decide narrar sus experiencias usando su* nom de plume *habitual, George Orwell, en un libro que participa, inevitablemente, del género autobiográfico, de la literatura de viajes y de los relatos de guerra. El autor organiza sus materiales y da forma a su relato a través de un yo narrador –un artefacto discursivo astutamente construido– que nos ofrece la típica secuencia del* bildungsroman, *un viaje desde la inocencia a la experiencia. El narrador que sale de España por Port-Bou es, en su visión política, un hombre profundamente cambiado por la experiencia del viaje, un hombre distinto al que cruzó la frontera el año anterior. El inicial ardor antifascista sin matices debe, obligado por la experiencia personal, conllevar una activa militancia antiestalinista. La lucha está en dos frentes; el monstruo tiene dos caras. Ahora bien, el libro (¿reportaje?, ¿autobiografía?, ¿novela histórica?) que Orwell publica a su regreso de Barcelona y del frente de Aragón se nos presenta, en esta edición, rodeado de documentos (correspondencia personal, escritos periodísticos, críticas de otros libros sobre la guerra civil...) que no tienen, por definición, vocación de género literario. Así pues, el lector de* Orwell en España *dispone de la posibilidad de contrastar las peripecias contadas por el narrador de* Homenaje a Cataluña, *en un discurso literario, con la voz no literaria de su autor. Veamos, con más detalle, algunas de estas cuestiones.*

España como experiencia formativa

Cuando estalla la guerra civil Orwell acaba de cumplir 33 años y está culminando un peculiar proceso de expiación ideológica por los cinco años de ser-

vicio en la policía imperial británica en la antigua Birmania. El escritor, hijo de un funcionario, nace en Motihari (Bengala) en 1903. Al año siguiente, la madre y el niño fijan su residencia en Inglaterra. Los Blair quieren garantizar a su primer hijo varón una educación adecuada en la metrópolis, una pretensión que culmina con su paso por el elitista colegio de Eton, que supone un pasaporte de garantía para acceder a la educación universitaria en Oxford o Cambridge. Sin embargo, y contra todo pronóstico, el joven Orwell opta por alistarse en la policía imperial y emprende, a los 19 años, el largo viaje hacia Birmania donde pasará cinco años viviendo, en primera línea, los mecanismos represivos sobre los que se sostiene el proyecto imperial de Su Majestad.

Asqueado y culpabilizado por esa primera experiencia formativa, Orwell abandona la policía imperial y regresa a Europa con el firme propósito de redimir su involuntaria complicidad con las formas de explotación del hombre por el hombre. Decide convertirse en escritor y, inspirado en buena medida por los reportajes sociales de Jack London, pretende explorar los estratos más desfavorecidos de la sociedad. Literalmente disfrazado de vagabundo frecuenta las casas de caridad de Inglaterra y sobrevive lavando platos en el barrio latino de París. El relato de estas experiencias es la base de Down and Out in Paris and London *[Sin blanca por París y Londres, 1933] que supone la publicación de su primer libro y la adopción del seudónimo George Orwell. Simultáneamente, el escritor ha estado trabajando en su primera novela,* Burmese Days *[La marca, 1934] donde proyecta su crítica de los males inherentes al imperialismo. Durante los primeros meses de 1936, por encargo de su editor, investiga las condiciones de vida de los mineros en el norte industrial de Inglaterra. El manuscrito de esta segunda «inmersión» de Orwell entre las clases explotadas está listo en diciembre para ser incluido como «libro del mes» en la popular colección de concienciación izquierdista,* The Left Book Club. *Pero, a pesar de eso, su ciclo expiatorio y formativo no ha concluido. Como el mismo Orwell rememora años más tarde, su vivencia de la pobreza y el lumpenproletariat urbano en el mismo corazón del imperio aumenta su repugnancia por el sistema que lo tolera. Si Birmania le ha servido para comprender la naturaleza del colonialismo, el contacto con los mineros le ha hecho plenamente consciente de la condición de la clase trabajadora. Sin embargo, escribe Orwell, «estas experiencias no fueron suficientes para darme una orientación política definida». Va a ser su inmersión en las milicias populares españolas lo que, finalmente, cristalizará en un proyecto ideológico y literario que coincide con su madurez creativa.* The Road to Wigan Pier *[El camino a Wigan Pier, 1937] aparecerá meses más tarde, pero el escritor ya ha decidido venir a luchar al lado de los trabajadores españoles en su intento de salvar la República y detener el fascismo. El día después de Navidad de 1936, Orwell llega a Barcelona.*

Fácilmente irritable ante las gesticulaciones izquierdistas del radicalismo intelectual de su país, Orwell viaja a España con la clara predisposición de resultar útil a la causa común que propugnan los partidos comunistas y que se articula en los gobiernos frente-populistas de los años treinta. Por esta razón no duda en buscar credenciales para su experiencia española en la sede del partido comunista de Gran Bretaña. Sin embargo, Harry Pollitt, el entonces secretario general del partido, conoce indirectamente las críticas contra los acomodados intelectuales marxistas que Orwell vierte en la segunda parte de El camino a Wigan Pier, *aún pendiente de publicación, y probablemente intuye en Orwell una insuficiente inclinación hacia la ortodoxia. Se limita, pues, a advertirle sobre el terror anarquista que vive España y no le facilita credenciales del partido comunista aunque le sugiere que obtenga un salvoconducto de la embajada española en París. Finalmente, Orwell acude a las oficinas del ILP (Independent Labour Party), ya que conoce a algunos de sus miembros. Fenner Brockway* le da cartas de recomendación para miembros de su organización que ya están en Barcelona cooperando con el Partido Obrero de Unificación Marxista (POUM), que consideran próximo a sus posiciones. Una vez resueltas las cuestiones burocráticas, Orwell se apresura a emprender el viaje dispuesto a atravesar la «frontera española», un accidente político y geográfico que se ha convertido, en el imaginario de la izquierda británica del momento, en un topos iniciático, en el test irrenunciable para la conciencia moral de una generación.*

Como en el verso de Auden, para muchos «la acción es urgente y clara su naturaleza» y la situación española parece sugerirlo diáfanamente. El lenguaje orwelliano, en los escasos documentos conservados de los días de su viaje a España, traduce la situación de manera característica a los que le preguntan por sus motivos: «Bueno, después de todo no debe haber tantos fascistas en el mundo: si cada uno de nosotros consigue matar a uno de ellos...», «Voy a España, claro. Alguien debe ocuparse de parar el fascismo». Durante el día que pasa en París para recoger papeles del consulado español, realiza una visita a Henry Miller. Aunque sus obras literarias reflejan preocupaciones muy dispares, los dos autores se profesan admiración mutua. Alfred Pèrles, el devoto secretario de Miller, registra el encuentro.** Al parecer, Orwell comunica a Miller su objetivo de ir a España a «matar fascistas» y le echa un sermón acerca de la necesidad imperiosa y el deber moral de los escritores de sumarse a la lucha armada

---

* Fenner Brockway, personalidad histórica de la izquierda británica, fue presidente del llamado «Buró Internacional» que agrupaba a los partidos socialistas independientes europeos que abandonaron la II Internacional. En virtud de su cargo visitó España, donde realizó numerosas gestiones ante el gobierno para intentar esclarecer la desaparición de Andreu Nin y protestar por el proceso de ilegalización del POUM. Véase M. Berga, «De la *Justicia Social* de Reus a la *House of Lords* de Londres: Conversa amb Lord Brockway», *L'Avenç*, 40, Barcelona, 1981.

** Pèrles, A., *My Friend Henry Miller*, Londres, 1955, págs. 158-159.

contra el fascismo dadas las circunstancias. *Probablemente alarmado y preocupado por la integridad física de su colega, Miller intenta sacarle esas ideas de boy-scout de la cabeza y procura hacerle entender que difícilmente su acción individual pueda cambiar el curso fatal de la historia. Miller, con franqueza, le da su opinión: «Ir a España en este momento es el acto de un idiota». Orwell insiste y Miller se rinde: le obsequia con un abrigo de pana como su «contribución personal a la causa de la República Española». Alfred Pèrles se apresura a aclarar que Miller hubiera regalado el mismo abrigo a cualquier escritor, aunque pretendiera ir a luchar al lado de Franco.*

*Una vez en Barcelona, Orwell entrega su carta de recomendación a John McNair con el que establece una inmediata buena sintonía. McNair es el representante del ILP en la ciudad y el encargado de coordinar las ayudas británicas al POUM. McNair designa al joven periodista local, Víctor Alba, para que le muestre los atractivos turísticos de la ciudad en el invierno del 36: los lugares clave de la resistencia del 19 de julio, los restaurantes colectivizados, los lujosos hoteles convertidos en sedes de los partidos, etc. Orwell siente vértigo ante el calidoscopio de siglas incomprensibles de las organizaciones políticas y sindicales: PSUC, POUM, FAI, CNT, UGT, JCI, JSU, AIT... Tiene la impresión de que España sufre una «epidemia de iniciales». Llega a Barcelona pensando que «tomar partido» consiste simplemente en unirse a la lucha contra Franco en nombre de la civilización y la honradez. Cuando después de las Jornadas de Mayo de 1937 se ve forzado a escapar de Cataluña, Orwell ha aprendido que las siglas en tu carné no son baladíes. Pueden resultar una cuestión de vida o muerte. Por eso, en una reflexión posterior, afirma: «Un miliciano era un soldado que luchaba contra Franco, pero también un peón en la titánica lucha que se estaba librando entre dos teorías políticas».**

*En cualquier caso, Orwell se alista rápidamente en las milicias del POUM «porque en aquel momento y en aquella atmósfera parecía lo único razonable»** y después de una breve «instrucción militar» en el cuartel Lenin sale con una columna de milicianos hacia el frente de Aragón. Entre enero y abril de 1937 Orwell hace «vida de trincheras» en un sector de relativa calma: primero en las posiciones de Monte Trazo y Monte Pocero cercanas a Alcubierre y semanas más tarde en la Granja de Monflorite, a unos cuatro kilómetros de Huesca que se alza «pequeña y transparente como una ciudad de casas de muñecas».*** A finales de abril obtiene un permiso para reunirse con su esposa en Barcelona y a los pocos días de estar en la ciudad «comenzaron los problemas».**** Orwell se encuentra de lleno con los enfrentamientos callejeros que se*

---

   *   *Homenaje a Cataluña*, página 65 de esta edición.
  **   *HC*, pág. 72.
 ***   *HC*, pág. 103.
****   *HC*, pág. 132.

15

inician el 3 de mayo después del ataque de los guardias de asalto al edificio de la Telefónica, hasta entonces controlado y gestionado por la CNT. Según el testimonio de Enric Adroher, Gironella, miembro de la ejecutiva del POUM, Orwell y otros ingleses al ver la situación en las calles fueron a ponerse a disposición de la ejecutiva en sus locales en la parte alta de las Ramblas. Gironella, con muchos quebraderos de cabeza en medio de la tensión, decide «sacarse de encima» a los ingleses enviándolos a la terraza del actual Teatro Poliorama, al otro lado de la Rambla, desde donde podrían, si era necesario, defender los locales del partido. Después de tres días y tres noches de vigilancia, casi sin dormir y entretenidos con la lectura de libros de la editorial Penguin, Orwell y sus compañeros acuerdan regresar a los locales de la ejecutiva para saber qué diablos ha estado pasando en la ciudad. Gironella les da las explicaciones pertinentes sin mencionar que «me había olvidado completamente de Orwell, los ingleses y la terraza del Poliorama».*

A pesar de la situación que ha vivido en Barcelona, de la evidente brecha que se ha abierto entre dos concepciones sobre la naturaleza de la revolución y sobre la mejor estrategia para vencer a Franco, Orwell regresa a sus posiciones en el frente de Aragón. Diez días más tarde «una bala perdida» le atraviesa el cuello y le deja con una cuerda vocal inutilizada. Después de recibir las primeras atenciones y de pasar por los hospitales de Siétamo, Barbastro y Lérida lo trasladan, finalmente, al Sanatorio Maurín, de nuevo en Barcelona. Allí comparte habitación un par de noches con el poumista Ramón Fernández Jurado que lo recordaba como «una persona poco comunicativa con un aparatoso vendaje en el cuello. Un tipo antipático».** Sin embargo, aquellos mismos días Orwell escribe a Cyril Connolly algunas de las frases más cálidas hacia las gentes del POUM: «He visto cosas maravillosas y por fin creo en serio en el socialismo... En general, aunque siento no haber visto Madrid, me alegro de haber estado en un frente relativamente poco conocido, entre anarquistas y gente del POUM en vez de entre brigadistas, como habría sido el caso si hubiera venido a España con credenciales del PC y no con las del ILP».*** Entretanto, las consecuencias políticas de las Jornadas de Mayo se precipitan: el dirigente del POUM, Andreu Nin ha sido secuestrado, el partido ha sido declarado ilegal y sus líderes más destacados están en prisión. Después de muchas peripecias, Orwell, su esposa y otros dos ingleses, todos con documentación del POUM, consiguen abandonar Cataluña sin ser detenidos por la policía del nuevo orden impuesto.

Ahora bien, el lector de Orwell en España *se dará cuenta fácilmente de*

---

* Entrevista del autor a Enric Adroher, *Gironella*, 19/5/1983.
** Entrevista del autor a Ramón Fernández Jurado, 12/8/1983.
*** Véase documento 13 de esta edición, pág. 57.

la existencia de las características paradojas orwellianas en relación con el POUM. Según su propio testimonio, pasa el tiempo en Aragón deseando incorporarse a las Brigadas Internacionales en el frente de Madrid y no sólo para poder estar en un frente más activo; como él mismo explica: «Es fácil entender por qué prefería yo entonces el punto de vista comunista al del POUM. Los comunistas tenían una actitud práctica concreta, una actitud que sin duda era mejor desde el punto de vista del sentido común, que sólo se fija objetivos a corto plazo. Y la política cotidiana del POUM, su propaganda, etc., era increíblemente nefasta; de no haberlo sido, a buen seguro, habrían atraído a muchos más seguidores. Lo que empeoraba las cosas era que los comunistas –eso me pareció por lo menos– seguían adelante con la contienda, mientras que nosotros y los anarquistas estábamos estancados. Tal era la impresión general que había entonces. Los comunistas habían adquirido poder y un considerable incremento de su militancia en parte animando a las clases medias contra los revolucionarios, pero en parte también porque parecían los únicos capaces de ganar la guerra. Las armas rusas y la impresionante defensa de Madrid por contingentes formados básicamente por comunistas habían hecho de ellos los héroes de España. Como alguien dijo, cada avión ruso que nos sobrevolaba era propaganda comunista. En cambio, aunque entendía la lógica del purismo del POUM, me parecía un poco inútil, pues a fin de cuentas, lo que realmente importaba era ganar la guerra [...] Por el momento tenía que quedarme donde estaba, pero le decía a todo el mundo que cuando me fuese de permiso me pasaría a la Columna Internacional, lo que significaría ponerme a las órdenes de los comunistas».* Ésta es la posición de Orwell antes de los hechos de mayo en Barcelona. Pero aquello cambia su percepción, y cuando el POUM es declarado ilegal lamenta no haberse afiliado formalmente al partido en su día y se convierte en un defensor tan acérrimo como sutil de aquella «causa perdida».

Incluso después de la publicación de Homenaje a Cataluña *Orwell pondera su valoración del partido de Andreu Nin: «En realidad he retratado al POUM con más simpatía de la que sentía, porque siempre les dije que estaban equivocados y en ningún momento quise afiliarme al partido. Pero tuve que retratarlos con toda la simpatía posible, porque en la prensa capitalista nadie les hacía caso y en la de izquierdas sólo se escribían calumnias sobre ellos. La verdad es que, teniendo en cuenta el desarrollo de los acontecimientos en España, creo que había algo sustancioso en lo que decían, aunque es indudable que su forma de decirlo era muy tediosa y provocadora».** Pero a pesar de estas consideraciones y de los escasos actos «de comunicación» con los poumistas catalanes ésta es la experiencia decisiva en la vida y la obra de Orwell. Su interés por*

---

* *HC*, págs. 218-225.
** Véase documento 51, pág. 377.

la guerra civil le acompaña hasta los últimos años de su vida y aún, en el último documento que se recoge en Orwell en España, *resuena su afecto y preocupación por el pueblo español. Comentando la edición inglesa del libro de Barea* La llama, *dice en 1946: «Para ellos [los españoles] la guerra no fue un juego, como lo fue para los "escritores antifascistas" que celebraron un congreso en Madrid y fueron de comilona en comilona mientras la ciudad se moría de hambre. El señor Barea asistía con impotencia a las intrigas de los comunistas extranjeros, a las payasadas de los visitantes ingleses y a los padecimientos del pueblo madrileño, y lo veía todo con el creciente convencimiento de que iban a perder la guerra».* Igualmente significativo es que pocos meses antes de morir, ya rico y famoso gracias al éxito de* Animal Farm *[Rebelión en la granja], pero enfermo y postrado en cama, muestra su afecto personal y ofrece su apoyo económico a viejos camaradas poumistas en el exilio que han organizado en París la Federación Española de Internados y Deportados, según consta en las cartas a Jordi Arquer de 22 de junio y 28 de julio de 1949 que no figuran en las* Obras Completas *pero que se pueden encontrar en el Archivo Arquer del Centro de Estudios Históricos Internacionales (CEHI) de la Universidad de Barcelona.*

En cuanto a los vestigios de la experiencia española en la obra literaria de Orwell bastará señalar algunos de los ecos más evidentes que pueden hallarse en su novela más célebre, Mil novecientos ochenta y cuatro, *y que el lector atento encontrará en los textos reunidos en el libro que tiene en sus manos. Veamos algunos de los más significativos. De entrada, la necesidad misma de escribir un reportaje escrupuloso sobre los hechos vividos en España por el autor para dificultar la tarea de los que intentan «re-escribir el pasado» anticipa la misma operación que, en la ficción, realiza Winston Smith, el protagonista de* Mil novecientos ochenta y cuatro, *escribiendo un diario personal como acto de resistencia contra la manipulación de la información «oficial» en un régimen totalitario. En la novela de Orwell se describe un régimen basado en la alteración constante del pasado y que dedica a esa ingente labor un ministerio específico llamado —irónicamente, por supuesto— Ministerio de la Verdad. Cuando Orwell reflexiona sobre su experiencia española podemos ver hasta qué punto él siente que «ya» ha vivido bajo esta supuesta ficción. En su ensayo «Recordando la guerra civil española»** aparecen fragmentos que parecen sacados de la novela: «... lo que es característico de nuestro tiempo es la renuncia a la idea de que la historia podría escribirse con veracidad [...] El objetivo tácito de esta argumentación es un mundo de pesadilla en el que el Jefe o la camarilla gobernante controla no sólo el futuro, sino también el pasado. Si el Jefe dice de tal o cual acontecimiento que no ha ocurrido, pues no ha ocurrido, si dice que dos y dos son cinco, pues dos y dos*

---

* Véase documento 68, pág. 440.
** Véase documento 62, pág. 409.

serán cinco». Y, más adelante: «... pero en España vi por primera vez noticias de prensa que no tenían ninguna relación con los hechos, ni siquiera la relación que se presupone en una mentira corriente. Vi informar sobre grandiosas batallas cuando apenas se había producido una refriega y silencio absoluto donde habían caído cientos de hombres. Vi que se calificaba de cobardes y traidores a soldados que habían combatido con valentía, mientras que a otros que no habían visto disparar un fusil en su vida se los tenía por héroes de victorias inexistentes; y en Londres vi periódicos que repetían estas mentiras e intelectuales entusiastas que articulaban superestructuras sentimentales alrededor de acontecimientos que jamás habían tenido lugar». Orwell, *educado en la tradición liberal inglesa del* fairplay, *constata los mecanismos del estado totalitario que en la novela toman nombres como «neohabla» o «Policía del pensamiento» y que son, exactamente, los que vive como poumista en la Barcelona posterior a las Jornadas de Mayo de 1937:* «Todo el tiempo teníamos la odiosa impresión de que cualquiera que hasta entonces había sido amigo nuestro podía estar denunciándonos a la policía secreta. [...] Nadie que estuviera entonces o los meses que siguieron podrá olvidar el horrible clima generado por el miedo, la sospecha, el odio, los periódicos censurados, las cárceles atestadas, las larguísimas colas de la compra y los grupos armados que recorrían las calles».* Son, sin duda, imágenes premonitorias de las sociedades totalitarias que pronto se impondrían en casi todo el mapa de Europa.*

El lector de Orwell en España *va a encontrar numerosos comentarios que anuncian sus formulaciones satíricas de la disputa entre los sistemas totalitarios y la coincidencia en sus métodos de represión y que, en* Mil novecientos ochenta y cuatro, *van a configurar las teorías de los superestados y los imperialismos rivales:* «El fin lógico [del comunismo español] es un régimen sin partidos ni prensa de oposición y con todos los disidentes de cierta importancia entre rejas. Un régimen así será fascista, por supuesto [...] Y, orquestado por comunistas y liberales, recibirá otro nombre».* A su regreso a Inglaterra, Orwell describe a un amigo la situación en Cataluña en estos términos:* «Es un auténtico reino de terror, la imposición del fascismo con la excusa de resistir al fascismo, centenares de personas que pasan meses sin juicio, periódicos prohibidos, etc., etc. Lo más repugnante es la manera en que la llamada prensa antifascista inglesa lo está encubriendo».** *Décadas más tarde, los ciudadanos de la antigua Checoslovaquia, víctimas de estas perversiones de la ideología, tradujeron las precoces denuncias de Orwell en un chiste popular:* «Bajo el capitalismo, el hombre explota al hombre, sin embargo bajo el comunismo es exactamente al revés».

Los periodistas e intelectuales que evitan denunciar lo evidente en España se

---

 * Véase documento 17, pág. 251.
 ** Carta de George Orwell a Geoffrey Gorer, 16/8/1937. Peter Davison no incluye este documento en la presente edición.

convierten en las elites intelectuales que adulan al Gran Hermano y que se acomodan a las exigencias propagandísticas del partido. *Las críticas de Orwell en Homenaje a Cataluña* al periodista del News Chronicle, *John Langdon-Davies, por su versión de los enfrentamientos de mayo, o los duros ataques posteriores al poeta W.H. Auden a propósito de su poema Spain, reflejan la desconfianza de Orwell hacia la* intelligentsia *y están implícitas en este fragmento de Homenaje a Cataluña: «En todas las contiendas pasa lo mismo: los soldados combaten, los periodistas vociferan y ningún superpatriota se acerca jamás al frente, salvo cuando hay una brevísima gira de propaganda. A veces me consuela pensar que la aviación podría cambiar las condiciones de la guerra. Es posible que cuando estalle el siguiente conflicto bélico internacional asistamos a un espectáculo sin precedentes en toda la historia: un superpatriota con un balazo».* *
Orwell, en fin, regresa de España con algunos recuerdos imborrables que encuentran formulaciones precisas en su obra de ficción. Van desde fobias físicas como la que el autor siente por las ratas en las trincheras de Aragón y que se convierten en la tortura definitiva para «romper» la resistencia de Winston Smith, a la formulación de su fe en la capacidad de lucha de los trabajadores a pesar de todas las traiciones porque «La lucha de la clase obrera es como una planta que crece. La planta es ciega y sin seso, pero sabe lo suficiente para estirarse sin parar y subir hacia la luz, y no cejará por muchos obstáculos que encuentre». ** *Esta afirmación de esperanza, de resistencia casi animal, es la que resuena en la desolación de Mil novecientos ochenta y cuatro: «Si hay alguna esperanza, está en los proles». Y, de su precipitada huida de Cataluña, Orwell se lleva, por supuesto, el recuerdo angustioso de la desaparición de Andreu Nin. Es la idea del disidente, sometido a la torpeza de unos torturadores, agentes estalinistas, que, como ahora sabemos con certeza histórica, al ser incapaces de quebrantar su resistencia y de conseguir una confesión pública para demostrar su «curación», sólo saben asesinarlo y esconder miserablemente su cadáver. La memoria de Nin, así como sus propias e infructuosas pesquisas para saber el paradero de sus compañeros desaparecidos, Georges Kopp y Bob Smillie, son para Orwell el referente más cercano para describir los «vaporizados» o «nopersonas» que constituyen conceptos básicos del ficticio régimen de Mil novecientos ochenta y cuatro.*

Homenaje a Cataluña: testimonio histórico y estrategias textuales

Homenaje a Cataluña *constituye el texto central de Orwell en España. El reportaje de Orwell sobre sus vivencias en Barcelona y el frente de Aragón*

---

* *HC,* pág. 221.
** Véase documento 62, pág. 409.

ha conseguido, con el paso de los años, convertirse en uno de los libros más valorados del autor y formar parte de la memoria cultural de aquella guerra civil. Contra múltiples obstáculos y un cúmulo de circunstancias adversas, el libro de Orwell se mantiene como uno de los testimonios más escuchados y respetados del conflicto. Entre las innumerables batallas textuales que la guerra originó y que, por supuesto, siguen librándose, el relato de Orwell es un texto canónico en la escritura de guerra en general y un punto de referencia en el imaginario colectivo sobre la guerra civil española. El historiador Pierre Vilar, superando su escasa simpatía por las posiciones políticas del autor, lo formuló de una manera algo rocambolesca: «La imagen de un país (incluso cuando es inexacta) que proyecta un testimonio con gran audiencia (incluso cuando sus razones son discutibles) se convierte en parte de la historia de este país».* Estamos, en efecto, ante un libro singular por varios motivos. De entrada sería conveniente aclarar algunas confusiones suscitadas por el título mismo, Homenaje a Cataluña. Por una parte, para varias generaciones de lectores de todo el mundo es posible que haya significado una carta de presentación sobre la existencia de un pequeño país, «Cataluña», cuyas posibilidades de proyección internacional eran escasas bajo el régimen de uniformismo cultural y lingüístico impuesto por la dictadura franquista. Sin embargo, Orwell prácticamente no se refiere a cuestiones de identidad nacional ni pondera el peso del republicanismo catalanista en el conflicto. El «homenaje», para decepción de nacionalistas catalanes adulados por el título, apunta principalmente a la actitud idealista y fraternal de algunos milicianos catalanes. «Cataluña» se usa como un referente simbólico, una sinécdoque, en la que el todo, en realidad, nos remite a la parte. En mi opinión, lo que quiere sin duda celebrar Orwell en su título es la epifanía política que ha vivido en Cataluña, una revelación ideológica que va a marcar su futura obra literaria. Mi propuesta es leer el título como si contuviera una elipsis: «Homenaje a [los días que viví en] Cataluña».

Vale la pena señalar, por otra parte, que la primera edición del libro debe considerarse un fracaso editorial. En 1950, el año de la muerte prematura de Orwell a los 46 años, sólo se han vendido 900 ejemplares de la primera edición y no existe aún edición americana. En la actualidad se venden muchos más ejemplares del libro en un año que en toda la década posterior a su publicación. Parece lógico pensar que la pervivencia del libro se aseguró, en gran medida, gracias al sensacional éxito de las dos últimas novelas del autor (Rebelión en la granja y Mil novecientos ochenta y cuatro) que comportó la reedición de sus obras anteriores y que explica la pronta aparición de una compilación de su obra ensayística y periodística, así como de buena parte de su correspondencia (Collected Essays, Journalism and Letters of George Orwell, 4 vols.,

---

* Vilar, P., *Història de Catalunya*, vol. 1, Edicions 62, Barcelona, 1987.

1968). En cualquier caso el libro es, hoy, un valioso y valorado testimonio sobre la revolución española, escrito por un participante que, gravemente herido en el frente, consigue sobrevivir para explicar la profunda fractura ideológica que se abre entre las fuerzas de izquierda y que hace eclosión en las calles de Barcelona en mayo de 1937. Ahora bien, más allá de su valor «histórico» o de los curiosos avatares de su publicación, Homenaje a Cataluña *es para el lector de hoy una sutil aportación a la literatura autobiográfica y la importancia del libro está, finalmente, en la habilidad del autor para «narrativizar» la historia, para crear una secuencia significativa que utiliza sabiamente los mecanismos del relato ficcional para describir la experiencia humana, es decir el tiempo y la memoria. Veamos algunas de las estrategias textuales del narrador que demuestran hasta qué punto Orwell intentaba en este libro contar toda la verdad, en sus propias palabras «sin violar mis instintos literarios»* (Why I Write, *1946). El escritor activa una serie de estrategias textuales que refuerzan la impresión de verosimilitud. Las más evidentes ya aparecen en el primer capítulo del libro. Son las siguientes:*

a) Aunque predominan las formas verbales de pasado típicas del reportaje directo, el narrador intercala claras referencias al tiempo transcurrido entre el momento de los hechos y el momento de la escritura: «Fue a fines de diciembre de 1936, hace menos de siete meses, y sin embargo es un período que ha quedado muy lejos del presente...» «En aquel momento no me di cuenta de...». El lector asume, pues, que el narrador cuenta su historia con el beneficio de la reflexión posterior (con la «emoción evocada en la tranquilidad» que reclamaba Wordsworth) de manera que el «ahora» y «aquí» con el que empieza el relato ya aparece cargado de sutiles insinuaciones que invitan a la cautela ante las primeras impresiones. Es decir, aunque el mensaje central del libro (la versión oficial de los hechos que propaga la prensa comunista-liberal no es cierta) no va a hacerse explícita hasta los capítulos finales, el lector está siendo «entrenado» para aceptar que, en aquella guerra, las cosas no son lo que parecen, que las primeras impresiones pueden resultar falsas: «Creí que todo era lo que parecía... Qué natural me parecía todo entonces; qué remoto e inverosímil en la actualidad...».

b) El narrador se sitúa continuamente dentro y fuera de la narración. Es, al mismo tiempo insider *y* outsider. *Si admite emoción o entusiasmo en sus contactos personales (el afecto por el miliciano italiano, las virtudes de los voluntarios catalanes, etc.) se apresura a desactivarlos con comentarios que muestran la capacidad «objetiva» de un narrador que analiza la realidad desde fuera. Los entusiasmos espontáneos se neutralizan con contrapuntos irónicos propios de un observador foráneo (los milicianos tienen hábitos extraños, algo repugnantes incluso, como beber de una vasija de vidrio que llaman «porrón» y que se parece demasiado a un orinal de hospital, sobre todo cuando contiene vino blanco... Son ineficientes y aplican el irritante «mañana» hispánico para resolver los problemas... comen unas salchichas rojas que saben a jabón y producen diarrea).* Es decir, si el narrador comparte los ideales de sus compañeros lo hace con criterio y no cegado por alguna efusión emocional descontrolada que no cabría esperar de quien es capaz de mantener una mirada «antropológica» sobre la conducta de los milicianos.

c) Como en las novelas del siglo XVIII, el autor interrumpe la voz narrativa con comentarios sobre los motivos de la obra. Por ejemplo, inmediatamente después de unos párrafos elogiosos sobre las milicias, añade: *«Pero éste no es un libro de propaganda y no quiero idealizar a los milicianos del POUM».* Se trata, en realidad, de una invitación al lector para que no dude de la bondad de los objetivos esenciales del grupo y se muestre indulgente con sus posibles limitaciones.

d) El recorrido que transcurre entre el cándido idealismo político a la conciencia de la revolución traicionada se refleja en la narración en una serie de viajes (Londres/Barcelona/Aragón/Barcelona/Aragón/Barcelona/Londres) que sirven al narrador para alcanzar, gradualmente, su revelación política. Los viajes de retorno ofrecen una pauta discursiva de contrastes y antítesis entre la acción y la reflexión que juega un papel fundamental en la organización del texto. El primer capítulo ya contiene esta estructura de fuga musical. Se inicia con la llegada a Barcelona y la incorporación voluntaria del protagonista a las milicias *«porque en aquel momento y en aquella atmósfera parecía lo único razonable»* y termina con su salida en el tren atestado hacia la meseta aragonesa y las posiciones del frente de batalla. Este primer viaje hacia el riesgo personal anticipa, en una imagen invertida, el memorable párrafo final del libro con la descripción del viaje hacia la seguridad personal y la placidez del *«profundísimo sueño de Inglaterra».*

e) El primer capítulo nos muestra un narrador dado a descripciones detalladas y minuciosas sobre aspectos como la vestimenta de los milicianos que tienen la función de acentuar su credibilidad. El lector, acostumbrado a tanta precisión realista sobre aspectos periféricos o colaterales de la guerra, aceptará sin susceptibilidad las dolorosas *«verdades»* sobre aspectos esenciales del conflicto que aparecerán posteriormente.

f) El narrador evita cualquier tentación de presentarse como un héroe luchando en una contienda heroica. En este sentido son reveladoras las dos primeras frases del capítulo tercero: *«Hay cinco cosas importantes en la guerra de trincheras: la leña, la comida, el tabaco, las velas y el enemigo. Aquel invierno, en el frente de Zaragoza, fueron importantes en ese orden, con el enemigo en ultimísimo lugar».* Gracias a comentarios de este tipo el lector reconoce en el narrador la voz del soldado raso, del hombre pragmático y con sentido común que, *ajeno a la retórica de las abstracciones grandilocuentes del Alto Mando, es el que intenta hacer el trabajo de verdad. Orwell sabe que los lectores de los años treinta tienen vivos los ecos amargos de los combatientes en la primera guerra mundial. Las novelas de Remarque, de Hemingway o de Graves, los poemas de Owen, de e.e.cummings o de Sassoon han vacunado al público contra la propaganda bélica y contra cualquier representación sublimada de los desastres de la guerra.*

En fin, creo que estos ejemplos son suficientes. Orwell es un narrador autoconsciente que organiza sus materiales con una voluntad de estilo y que entiende que el relato autobiográfico, para ser eficaz, debe someterse a una estructura narrativa escrupulosamente planificada. El miliciano Eric Blair luchó al lado de los milicianos del POUM y sintió la imperiosa necesidad de contar algunas verdades incómodas. Si sus compañeros fueron, finalmente, vindicados fue, sin embargo, porque aquel miliciano escribía como George Orwell.

Pero, más allá de todas esas consideraciones, quizá lo fundamental, como ha recordado Christopher Hitchens [La victoria de Orwell, 2003], es que Orwell acertó en su antiimperialismo, su antifascismo y su antiestalinismo. En los tres campos fue especialmente precoz y eso le obligó, a pesar suyo, a nadar contracorriente por los ismos de su época y a meterse en continuas controversias. Con el beneficio del tiempo transcurrido, la figura de Orwell aparece tocada de una dignidad esencial. Tuvo que escapar de España, herido y refutado por todos los costados y, sin embargo, su lucha para resolver las propias contradicciones y las del tiempo que le tocó vivir parecen iluminar los túneles más oscuros de aquel siglo XX vertiginoso y atroz. Sus victorias, políticas y literarias, han sido, inevitablemente, póstumas. Analizarlas con perspectiva histórica, situarlas entre las pasiones más generosas y las más criminales de su generación, y acaso celebrarlas entre la elegía y la admiración puede resultar un ejercicio útil, posiblemente necesario, para reconciliarnos con su tiempo y con un pasado que es el nuestro.

Miquel Berga,
Barcelona, marzo de 2003

NOTA DEL EDITOR

En términos generales, el material que se reproduce aquí se presenta en el orden cronológico en que se escribió o se publicó. Sin embargo, el orden de los acontecimientos no siempre se corresponde fielmente con la sucesión de escritos. El lector puede ver cuándo se ha alterado el orden cronológico de los escritos por la fecha y el número de cada uno. Las cartas fueron escritas a máquina, salvo que se indique otra cosa. Los títulos de los artículos y ensayos no siempre son de Orwell, pero esta particularidad no se señala, salvo que haya algún motivo especial para ello.

Casi todo el material procede de *The Complete Works of George Orwell* [Obras completas de George Orwell], edición preparada por Peter Davison, con la colaboración de Ian Angus y Sheila Davison, y publicada por Secker & Warburg en 1998. En esta edición se han añadido, ampliado o modificado algunos textos introductorios y numerosas notas a pie de página. Las *Obras completas* no traen notas biográficas sobre los autores de los libros comentados por Orwell, pero se han introducido en la presente edición cuando éstos tenían alguna relación con Orwell y en los casos en que su biografía aclara el contexto del comentario. Los números de referencia de los escritos, que proceden de las *Obras completas*, se reproducen en cursiva y entre corchetes; al final, en la Bibliografía, se da la lista de los volúmenes de las *Obras completas*, con la relación de los escritos que contiene cada uno.

En esta edición se han corregido sin advertir al lector los pasajes oscuros del autor que se reproducían literalmente en las *Obras completas*.

Las referencias al contenido de las *Obras completas* se hacen generalmente poniendo el volumen, una barra y el número del escrito en cursiva; por ejemplo, *XV/953*. Para las referencias a las páginas de las *Obras completas* se sigue el mismo método, pero en este caso el número de página aparece en redonda: XIII/378. Las referencias a las páginas del presente volumen se hacen poniendo «p. 57». Hay también referencias a los otros tres volúmenes complementarios, *Orwell and Politics*, *Orwell and the Dispossessed* y *Orwell's England*. Las referencias a *Homenaje a Cataluña* se hacen dando la página de la presente edición, añadiendo entre corchetes el número de volumen y de página de las *Obras completas*; por ejemplo: p. 36 [VI/57]. Los textos del editor inglés aparecen en cursiva. En los textos de la época, las palabras en cursiva estaban en castellano en el original.

Las notas del editor aparecen, sin atribuir, al final de cada escrito, excepto en *Homenaje a Cataluña*, en que aparecen a pie de página y se indican con «(N. del E.)». Las notas del traductor siempre figuran a pie de página y se indican con «(N. del T.)». Las notas de Orwell a *Homenaje a Cataluña* también están a pie de página.

Se enumeran a continuación las referencias abreviadas y el título completo a que corresponden:

Obras completas: *The Complete Works of George Orwell*, edición preparada por Peter Davison, con la colaboración de Ian Angus y Sheila Davison, 20 vols., 1998; los volúmenes se mencionan en números romanos, del I al XX. Desde septiembre de 2000 vienen apareciendo ediciones de bolsillo, corregidas y aumentadas, de los vols. X-XX.

CEJL: *The Collected Essays, Journalism and Letters of George Orwell*, edición a cargo de Sonia Orwell e Ian Angus, 4 vols. (1968; bolsillo, 1970).

Crick: Bernard Crick, *George Orwell: a Life* (1980; 3ª, 1992).

A Literary Life: P. Davison, *George Orwell: a Literary Life* (1996).

Orwell Remembered: Audrey Coppard y Bernard Crick (eds.), *Orwell Remembered* (1984).

Remembering Orwell: Stephen Wadhams (ed.), *Remembering Orwell* (1984).

S y A, *Unknown Orwell*: Peter Stansky y William Abraham, *The Unknown Orwell* (1972).

S y A, *Transformation*: Peter Stansky y William Abraham, *Orwell: The Transformation* (1979).

Shelden: Michael Shelden, *Orwell: The Authorised Biography* (1991).

The Thirties: Malcolm Muggeridge, *The Thirties* (1940; 1971); comentario de Orwell en XII/615.

Thomas: Hugh Thomas, *The Spanish Civil War* (ed. revisada, 1977; Penguin, 1979), [trad. esp. *La guerra civil española*, Grijalbo, 1978].

Se puede encontrar una lista más completa en la Bibliografía.

Peter Davison
De Monfort University, Leicester

AGRADECIMIENTOS

Los derechos de las obras de George Orwell (Eric Blair) pertenecen a los herederos de la difunta Sonia Brownell Orwell. Casi todos los documentos que se reproducen en esta edición se conservan en el Archivo Orwell (fundado por Sonia Orwell en 1960) del University College de Londres. Doy las gracias al Archivo y en particular a su responsable, Gill Furlong, por la ayuda que me ha prestado. Otros documentos están en posesión de otras entidades y personas a las que también quisiera expresar mi más sincero agradecimiento: al Archivo Histórico Nacional de Madrid por los originales españoles de los documentos relativos a Orwell (Blair) y Doran *(374 A);* a la BBC por el pasaje del Informativo Semanal para la India, 22 *(1173);* a la British Library por el Mss. Add. 49384 (informe de Kopp sobre la herida de Orwell, 369); a la señora Bertha Doran y a la Waverley Secondary School de Drumchapel, Glasgow, por el escrito *386;* a la Lilly Library de la Universidad de Indiana, Bloomington, Indiana, por los escritos *358* y *365;* al Harry Ransom Research Center, Universidad de Texas en Austin, Texas, por los escritos *381* y *434;* y a Judith Williams por el escrito *386 A.*

Los encabezamientos, las notas a pie de página y la «Nota al texto» de *Homenaje a Cataluña* son propiedad de Peter Davison.

Quisiera añadir otro agradecimiento, el último, a este libro de Orwell, que es mi preferido. Sheila, mi mujer durante más de cincuenta años, me ha prestado una ayuda inapreciable en la preparación de este y los otros tres volúmenes de la serie, *Orwell and the Dispossessed, Orwell and Politics* y *Orwell's England.* Su vista, más aguda que la mía, detectó muchas erratas durante la lectura de las galeradas y se encargó de que mi prosa fuera sencilla y directa. Por estas y muchas más cosas, mi eterna gratitud.

Orwell en España

1

VIAJE DE ORWELL A ESPAÑA,
diciembre de 1936

La guerra civil española enfrentó entre 1936 y 1939 al gobierno de la República contra los sublevados, llamados «nacionales». En las filas republicanas había socialistas, comunistas, anarquistas y nacionalistas catalanes y vascos, pero también otros grupos moderados; los nacionales representaban a las fuerzas conservadoras, a saber, monárquicos, carlistas, falangistas y la Iglesia católica. La Unión Soviética prestó ayuda material a los republicanos (sobre todo a los comunistas); los nacionales contaron con un apoyo más sustancioso por parte de la Alemania nazi y la Italia fascista. En ambos bandos combatieron muchos extranjeros, sobre todo en el republicano, en las llamadas Brigadas Internacionales. Gran Bretaña, Francia y otros países se declararon neutrales en relación con el conflicto. El general Francisco Franco (1892-1975) lideró la victoria de los insurrectos. Desde septiembre de 1936 fue generalísimo de las fuerzas nacionales y al acabar la guerra se convirtió en dictador de España. La ferocidad de la guerra causó una atroz cantidad de muertes, tanto en el frente como en la retaguardia, y al finalizar la guerra también en las cárceles, donde las represalias se saldaron con alrededor de 100.000 muertos, hasta alcanzar un total de cerca de un millón de víctimas.[1]

De 10 de diciembre de 1936 data la primera carta de una serie que George Orwell escribió a su agente literario, Leonard Moore, en relación con su viaje a España, donde tenía intención de combatir en el bando republicano. Confirmó a Moore que el banco le autorizaba un descubierto que no rebasara de 50 libras (tal como Moore le había garantizado) y le pidió que tratara de convencer al Daily Herald (un periódico que apoyaba a la izquierda) de que le encargara «algunos artículos o algo por el estilo» (327). No se llegó a ningún acuerdo con el Herald. Al día siguiente redactó para su agente una autorización por la que cedía a su mujer, Eileen, todos los derechos sobre su producción literaria, e indicaba que todos los pagos dirigidos a él se los hicieran a ella (328). El 15 de diciembre envió a Moore el manuscrito de El camino de Wigan Pier. El texto entró en producción inmediatamente. Su editor, Victor Gollancz, le envió un telegrama el sábado 19 de diciembre, indicándole que acudiera a su despacho el lunes siguiente, 21 de diciembre, para hablar de la

31

publicación del libro. Orwell le respondió diciéndole que se personaría allí a mediodía. Hablaron de las condiciones del lanzamiento del libro y de la posible inclusión de ilustraciones (341). Orwell hizo gestiones para que Harry Pollitt, secretario general del Partido Comunista Británico, lo ayudara en lo del viaje a España, pero Pollitt, que desconfiaba de la lealtad política de Orwell, se negó, aunque le aconsejó que obtuviera un visado en la embajada de España en París. Orwell consiguió que el Partido Laborista Independiente (ILP) le diera una carta de presentación para John McNair, delegado del ILP en Barcelona.[2]

Orwell llegó a la Ciudad Condal alrededor del 26 de diciembre. Describió el viaje (y un incidente que le ocurrió en París) en su columna del Tribune *«As I Please», en 1944. Jennie Lee (1904-1988, baronesa Lee de Asheridge en 1970), esposa de Aneurin Bevan (1897-1960), el fundador de la Seguridad Social británica, y la primera mujer ministra de las Artes, describió la llegada de Orwell a Barcelona en una carta a Margaret M. Goalby, escrita poco después del fallecimiento de Orwell.*

1. Hugh Thomas, *The Spanish Civil War* (3ª, 1977; Penguin, 1979), 926-927. Thomas hace una descripción de la guerra muy detallada y accesible. El conflicto ha generado una vasta literatura que no siempre se pone de acuerdo. Para el POUM (en cuyas filas combatió Orwell) véase Víctor Alba y Stephen Schwartz, *Spanish Marxism vs. Soviet Communism: A History of the POUM*, Rutgers University Press, 1988. El mismo Víctor Alba es responsable de *El proceso del POUM: documentos judiciales y policiales*, Barcelona, 1989, que aporta mucho material relacionado con el Tribunal Especial, entre junio de 1937 y octubre de 1938, y algún documento relacionado con Orwell (pág. 75, aquí en pág. 62), pero no, por ejemplo, el relativo a Charles Doran, que se reproduce más abajo (en pág. 63). La película de Ken Loach *Tierra y libertad* refleja bien la guerra, sobre todo, desde el punto de vista del POUM. Alba y Stafford Cottman, amigo de Orwell; figuraban entre los consultores de la cinta.

2. Véanse las «Notas sobre las milicias españolas» *(439)*, más abajo. Entre las biografías generales que detallan la aventura española de Orwell pueden verse S y A, *Transformation*, parte IV, «An Education in Spain»; Crick, cap. 10, «Spain and «Necessary Murder»»; Shelden, cap. 14, «Soldier in Catalonia»; Peter Davison, *George Orwell: a Literary Life* (1996), cap. 4, «The Turning Point: Wigan and Spain»; y Jeffrey Meyers, *Orwell: Wintry Conscience of a Generation* (2000), cap. 8. Stephen Wadhams, *Remembering Orwell*, cap. 3 (basado en entrevistas grabadas para «George Orwell: a Radio Biography», de la Canadian Broadcasting Corporation, 1984), contiene recuerdos interesantes.

2

[2549]
«AS I PLEASE», 42 [VIAJE A ESPAÑA] (EXTRACTO)
Tribune, 15 de septiembre de 1944

A fines de 1936, al pasar por París, camino de España, tenía que ir a ver a una persona que vivía en una calle desconocida y pensé que la forma más rápida de llegar era tomar un taxi. El taxista tampoco conocía la calle. A pesar de todo, seguimos adelante y preguntamos al primer policía que vimos, y gracias a él supimos que la calle en cuestión estaba sólo a unos cien metros de allí. En otras palabras, había tomado un taxi para hacer un trayecto que en dinero inglés venía a costar alrededor de tres peniques.

El taxista se puso hecho una furia. Me acusó a gritos y con actitud agresiva de haberlo «hecho adrede». Yo me defendí alegando que no sabía dónde estaba el lugar y que, de haberlo sabido, era evidente que no habría tomado ningún taxi.

—Lo sabía usted perfectamente, —me gritó. Era un viejo canoso y corpulento, con un salvaje bigote gris y una cara que reflejaba una maldad insólita. Al final perdí la paciencia, la cólera me devolvió el dominio del francés y le repliqué: «¡Si piensa que es usted demasiado viejo para que le rompa la cara, no se confíe!». Retrocedió hacia el taxi, gruñendo y con actitud peleona, a pesar de sus sesenta años.

Llegó el momento de pagarle. Yo había sacado un billete de diez francos.

—¡No tengo cambio! —exclamó nada más ver el dinero—. ¡Vaya y consiga cambio por ahí!

—¿Y adónde quiere que vaya?

—¿A mí me lo pregunta? Eso es cosa suya.

De modo que crucé la calle y entré en un estanco, donde me dieron cambio. Al volver, di al taxista el importe exacto y le dije que, dada su conducta, no me parecía justo darle propina; tras otro cruce de improperios nos separamos.

Aquel sórdido episodio me dejó momentáneamente lleno de una furia muy intensa, y un poco después sentí tristeza y fastidio. «¿Por qué tiene que ser así la gente?», pensaba.

Pero aquella noche partí para España. El tren, que era de los lentos, estaba atestado de checos, alemanes, franceses, todos unidos por la misma misión. Por todo el tren se repetía la misma expresión, con el acento de todos los idiomas de Europa: *là bas*, allá abajo. Mi vagón, de tercera clase, estaba repleto de alemanes jovencísimos, rubios, desnutridos y vestidos con ropa de una ordinariez increíble –fue la primera vez que vi tela artificial– que descendían en bandada en todas las paradas y apeaderos para comprar vino barato embotellado y luego caían dormidos formando una pirámide en el suelo del vagón. Los pasajeros corrientes se apearon cuando aún estábamos en mitad de Francia. Puede que todavía quedaran algunos periodistas anodinos como yo, pero el tren era prácticamente un convoy militar y los franceses lo sabían. Por la mañana, mientras cruzábamos el Mediodía, todos los agricultores que trabajaban en los campos se volvían, se ponían firmes y solemnes y nos hacían el saludo antifascista. Era como si una guardia de honor de kilómetros de longitud estuviera saludando al tren.

Mientras observaba este comportamiento, el del viejo taxista adquirió la proporción justa. Entendí entonces por qué se había mostrado tan innecesariamente ofensivo. Estábamos en 1936, el año de las grandes huelgas, y el gobierno Blum[1] seguía en el poder. El espíritu revolucionario que había barrido Francia había afectado a los taxistas del mismo modo que a los trabajadores de las fábricas. A causa de mi acento inglés, aquel hombre me había visto como un símbolo de esos turistas extranjeros, ociosos y con aires de superioridad, que se habían esforzado por transformar Francia en una mezcla de museo y prostíbulo. A sus ojos, un turista británico era un burgués. En cierto modo se estaba vengando de unos clientes que, por lo general, eran unos parásitos. Y se me ocurrió que los motivos del ejército políglota que llenaba el tren, los de los campesinos que levantaban el puño en los campos, los míos propios para ir a España y los del viejo taxista para ofenderme eran, en el fondo, los mismos.

1. Léon Blum (1872-1950) fue el primer jefe de gobierno socialista que hubo en Francia, en 1936-1937 y en 1938; presidió un gobierno de coalición izquierdista, el Frente Popular, que puso en marcha una serie de reformas favorables a la clase trabajadora. Fue encarcelado durante la ocupación alemana. Volvió a ser jefe de gobierno en 1946-1947.

3

[355 A]

CARTA DE JENNIE LEE A MARGARET M. GOALBY (EXTRACTO)
23 de junio de 1950: Orwell llega a Barcelona

Durante el primer año de la guerra civil española, estaba yo sentada con unos amigos en un hotel de Barcelona cuando se acercó a la mesa un hombre alto y delgado, de aspecto fascinado [*sic*]. Me preguntó si yo era Jennie Lee y que, en ese caso, le dijera adónde se alistaba. Dijo que era escritor, que Gollancz le había dado un anticipo por un libro[1] y que llegaba dispuesto a conducir un vehículo o hacer lo que fuera, preferentemente combatir en primera línea. Como no estaba muy convencida, le pregunté si traía consigo alguna referencia de Inglaterra. Por lo visto no llevaba ninguna. No había visto a nadie y se había costeado el viaje él solo. Me desarmó cuando me señaló las botas que llevaba al hombro. Sabía que no podría conseguirlas de su número, ya que medía más de metro ochenta. Era George Orwell y había llegado con sus botas para combatir en España.

Acabé por conocerlo y supe entonces que era un hombre muy bondadoso y un escritor creativo [...]. Era un autor satírico que no transigía con ninguna ortodoxia política ni social [...]. Lo único que puedo decir con total seguridad es que hasta el último día fue un hombre de una integridad absoluta, muy bondadoso y dispuesto a sacrificar todo lo que tenía —nunca tuvo mucho— por la causa del socialismo democrático. Parte de su malestar procedía de que era no sólo socialista, sino también profundamente liberal. Detestaba la organización burocrática allí donde la veía, incluso en las filas socialistas.

1. Fue un adelanto de 100 libras por los derechos de autor de *El camino de Wigan Pier* (véase *341*).

35

4

ORWELL EN ESPAÑA

diciembre de 1936

En George Orwell: a Life *(317-318), Bernard Crick cita un texto meca-nografiado de John McNair, «George Orwell: The Man I Knew», fechado en marzo de 1965 y que se encuentra en Newcastle, en la biblioteca de la Tyne University. McNair dice que Orwell le entregó una carta de Fenner Brockway (1888-1988, lord Brockway en 1964), secretario general del Partido Laborista Independiente (ILP), y otra de H.N. Brailsford (1873-1958), intelectual y periodista socialista, y editorialista de varios periódicos, entre ellos el* Manchester Guardian*; Orwell se carteó con él posteriormente (véase más abajo). McNair, que era del norte industrial de Inglaterra, al principio frunció el entrecejo al oír el «acento inequívocamente burgués» de Orwell, pero cuando se dio cuenta de que era George Orwell, dos de cuyos libros «había leído y admiraba muchísimo», se ofreció a ayudarlo. «He venido a España para unirme a los milicianos y luchar contra el fascismo», afirmó Orwell. Le dijo también que «le gustaría escribir sobre la situación para ver si influía en la opinión de la clase trabajadora de Gran Bretaña y Francia». McNair le propuso que se alojara en sus propias oficinas, le sugirió que fuese a Madrid, Valencia y el frente de Aragón, donde estaba destacado el POUM,[1] «y que escribiera el libro a su regreso». Orwell le respondió que escribir un libro «era totalmente secundario y que en primer lugar estaba allí para luchar contra el fascismo». McNair lo condujo al cuartel del POUM, donde Orwell se alistó de inmediato y se presentó a Víctor Alba, a la sazón un periodista que escribiría más tarde una historia del POUM (véase más arriba, pág. 32, nota 1). Alba llevó a Orwell por Barcelona, para enseñársela. Orwell no sabía, ni sabría nunca, que dos meses antes de su llegada el agente de la NKVD en España, Aleksandr Orlov, había garantizado con total seguridad a la central de la organización que «el trotskista POUM podía ser liquidado fácilmente»[2] por los comunistas, a los que Orwell creía aliados suyos en la lucha contra Franco.*

1. Orwell dice en *Homenaje a Cataluña* que el POUM (Partido Obrero de Unificación Marxista) era «uno de esos partidos comunistas disidentes que

han aparecido en muchos países en los últimos años en oposición al «estalinismo», es decir, al cambio, real o aparente, de la política comunista. Lo componían, por un lado, ex comunistas, y por el otro miembros de un grupo anterior, el Bloque Obrero y Campesino. Muy reducido en número, sin influencia apenas fuera de Cataluña, era sin embargo importante porque integraba a una proporción insólitamente elevada de elementos políticamente activos [...]. No representaba a ningún sindicato». Según Orwell, contaba con 10.000 militantes en julio de 1936; 70.000 en diciembre del mismo año; y 40.000 en junio de 1937, aunque el mismo Orwell advierte que estas cantidades proceden de fuentes del mismo POUM y que «una estimación hostil probablemente las dividiría por cuatro»; véase pág. 216 [VI/202-203].

2. John Costello y Oleg Tsarev, *Deadly Illusions* (1993), 281, citado por Christopher Andrew y Vasili Mitrokhim, *The Mitrokhim Archive: The KGB in Europe and the West* (1999), pág. 95.

5

[358] Manuscrita
CARTA DE EILEEN BLAIR A LEONARD MOORE (EXTRACTO)
31 de enero de 1937

The Stores, Wallington, cercanías de Baldock, Herts

Estimado señor Moore,

Le adjunto el contrato firmado.[1] Me temo que su carta me llegó con algún retraso –la recibí ayer–, pero cuando leí el contrato quedé satisfecha, como sé que lo estará mi marido cuando conozca los detalles. Hasta este momento no me había dado cuenta de lo ventajoso que era; el otro día, en su despacho, estuve un poco obtusa.

Hay excelentes noticias de España, aunque llegan muy irregularmente. A Eric lo han hecho *cabo*, que creo que es una especie de *corporal*,[2] y está agotado, porque tiene que levantarse muy temprano para cambiar la guardia, aunque también tiene un refugio en el que puede prepararse té. Al parecer no hay combates «de verdad», porque ningún bando tiene artillería eficaz, ni siquiera fusiles.[3] Dice que las fuerzas del gobierno deberían atacar, pero que no lo harán. Espero que no surja ninguna crisis que necesite decisiones suyas, porque las cartas tardan entre siete y diez[4] días en llegar aquí.

Con todo mi agradecimiento,
atentamente,
Eileen Blair

1. El contrato era por las tres novelas que Orwell tenía que escribir después de *Venciste, Rosemary (Keep the Aspidistra Flying)* (véase *357*).

2. Orwell habla de este ascenso en *Homenaje a Cataluña*; véase pág. 88 [VI/25].

3. Orwell dice en *Homenaje a Cataluña* que se entregaron fusiles al tercer día de llegar a Alcubierre; véase pág. 82 [VI/16].

4. Es posible que el «diez» sea «dieciséis». Eileen parece más preocupada por la posibilidad de que la guerra afecte a la publicación de la obra del marido que por la posibilidad de que la vida de éste corra peligro. Su objetividad, a todas luces engañosa, podría juzgarse por la atribuida a Orwell al final de la vida de ella.

6

«ESCRITOR BRITÁNICO CON LAS MILICIAS»
The Spanish Revolution: English Bulletin of the Workers' Party of Marxist Unification (POUM),[1] 3 de febrero de 1937

A principios de enero recibimos en Barcelona la visita de Eric Blair, el famoso autor británico cuyas obras tanto se aprecian en todos los círculos intelectuales izquierdistas de habla inglesa. El camarada Blair vino a Barcelona y dijo que quería ser útil a la causa de los trabajadores. Con sus dotes literarias y su altura intelectual parecía que lo más útil que podía hacer en Barcelona era ser periodista de propaganda, en contacto continuo con los órganos de opinión socialistas de Gran Bretaña. Blair dijo: «Creo que puedo ser más útil a los trabajadores combatiendo en el frente». Estuvo exactamente siete días en Barcelona, y en este momento combate con los camaradas españoles del POUM en el frente de Aragón.

Nos dice en una postal que nos ha enviado: «Cuando los convenza de que me enseñen a manejar la ametralladora, espero que me manden a las trincheras».

1. *The Spanish Revolution* salía en inglés quincenalmente del número 10 de la Rambla de los Estudios de Barcelona y defendía la causa del POUM en la guerra de propaganda que se libraba en el seno de las fuerzas de la República. Se distribuía en Londres (a través del Partido Laborista Independiente y la Liga Marxista), Nueva York, Chicago y Toronto. Este número traía también un largo artículo, «Combatientes de Gran Bretaña», y otro que resumía «La posición estalinista», «La posición del POUM» y «La posición anarquista» bajo un titular que decía: SI NO SON SOCIALISTAS, NI COMUNISTAS, NI MARXISTAS, ¿QUÉ SON? Al margen de que explique por qué luchaban hombres del ILP bajo el estandarte del POUM, este artículo y otros posteriores tienen un estilo que guarda una chocante similitud con el de la propaganda que recibían los británicos en Gran Bretaña durante la primera guerra mundial. La instrucción, se explicaba, duraba quince días, «al cabo de los cuales deben estar preparados para ir al frente». Se decía que la comida era buena, aunque «a los

muchachos les cuesta una semana acostumbrarse a tomar vino en casi todas las comidas». Todos los hombres recibían una cajetilla de tabaco al día «y la paga es estupenda, nada menos que diez pesetas». Lo de la paga constituía una sorpresa, «porque todos nuestros muchachos son voluntarios y nunca han pensado en la posibilidad de recibir regularmente ninguna cantidad». La periodicidad de la paga no se menciona. Una peseta equivalía a cuatro peniques anteriores a la reforma decimal de la moneda británica (véase *363*, n. 6). Orwell conservó números de *The Spanish Revolution* hasta el día de su muerte.

*

El 8 de marzo de 1937, Victor Gollancz publicó El camino de Wigan Pier *(véase 362).*

7

[363] Manuscrita
CARTA DE EILEEN BLAIR A SU MADRE
22 de marzo de 1937

Sección Inglesa, Rambla de los Estudios 10, Barcelona[1]

Queridísima mamá,
Te adjunto una «carta» que empecé a escribirte en las trincheras. Termina bruscamente —creo que perdí una hoja— y es casi ilegible, pero es igual; así tendrás una carta escrita en un campo de batalla auténtico que te dirá lo suficiente para que conozcas las noticias más importantes. Estar en el frente ha sido una delicia. Si el médico hubiera sido bueno, yo habría removido cielo y tierra para quedarme (la verdad es que antes de ver al médico ya había removido un poco de cielo y tierra) en calidad de enfermera; el frente está todavía tan tranquilo que este hombre habría podido adiestrarme con objeto de estar preparada para la actividad que se avecina. Pero es muy ignorante e increíblemente sucio. En Monflorite tienen un hospital diminuto en el que venda los dedos cortados de los aldeanos, etc., y hace curas de urgencia siempre que se producen heridas de guerra. Las vendas usadas se tiran por la ventana, pero si da la casualidad de que está cerrada, rebotan y caen al suelo, y nadie ha visto jamás al médico lavarse las manos. Así que llegué a la conclusión de que debía tener a alguien con experiencia que lo ayudara (tengo una persona en mente, un hombre). Eric habló con él, pero dice que no hay nada importante, sólo «resfriados, agotamiento, etc.». Esto es del todo cierto. Ahora hace mejor tiempo y como era de esperar no se habían dado permisos, pero otro sector del frente de Huesca efectuó el otro día un ataque que tuvo consecuencias algo graves y los permisos están allí suspendidos por el momento. Bob Edwards,[2] que manda el contingente del ILP, estará fuera un par de semanas y Eric ha tomado el mando en su ausencia, lo cual será divertido en cierto modo. Mi visita al frente terminó de modo muy adecuado, porque Kopp[3] pensó que yo necesitaba «unas horas más» y me consiguió un coche para irme de Monflorite a las 3.15 de la madrugada. Nos fuimos a dormir a eso de las 10; a las 3 llegó Kopp

gritando; yo me levanté y George[4] (ya no recuerdo a qué mitad de la familia escribo) siguió durmiendo, espero. Así pudo dormir dos noches como es debido y tiene mucho mejor aspecto. La irrealidad de toda la visita la acentuó el hecho de que no hubiera ninguna luz, ni una vela o antorcha; nos levantábamos y nos íbamos a la cama completamente a oscuras, y la última noche salí en plena oscuridad y anduve con el barro hasta las rodillas, entrando y saliendo de edificios desconocidos hasta que vi el débil resplandor del Comité Militar, donde Kopp esperaba con el coche.

El martes se produjo el único bombardeo de Barcelona que he visto desde que llegué. Fue de lo más curioso. Por lo general, los españoles son muy bulliciosos, pero parece que cuando hay una urgencia se quedan *mudos*. No es que hubiera una urgencia de verdad, pero las bombas caían más hacia el centro de la ciudad que de costumbre y hacían ruido de sobra para inquietar un poco a la gente. Hubo poquísimas bajas.

Y vuelvo a estar en Barcelona; necesitaba este cambio. Puedes entregar esta carta a Eric y Gwen, a quienes doy las gracias por el «té». Acaban de llegar tres libras y se agradecerán mucho. El contingente se estaba quedando sin nada, me dice Bob Edwards. El otro mensaje para Eric es que, como siempre, escribo ésta en el último momento, esperando que alguien parta para Francia, y, como siempre, tampoco tengo aquí el talonario de cheques, pero que aun así recibirá el cheque de 10 libras antes de quince días, y le estaría muy agradecida si mientras tanto le diera las pesetas a Fenner Brockway.[5] (En el caso de que le haya pasado algo a la última carta, le pedía que cambiara 10 libras en pesetas, para gastos inmediatos, y se las diera a Fenner Brockway. La vida es aquí muy barata, pero gasto mucho en el contingente del ILP, ya que a ninguno le pagan y todos necesitan cosas. Además, he prestado a John[6] 500 ptas., porque se había quedado sin fondos. Aún guardo mis cinco libras inglesas, que podría cambiar a un precio muy decente, porque tengo que llevar algo encima cuando crucemos —yo y quien sea— la frontera de nuevo.)

Espero que todos estéis bien y ojalá llegue pronto una carta que me lo confirme. Gwen me escribió una larga carta que me emocionó; incluso yo incurro en la costumbre universal de suspirar por Inglaterra. Puede que en las colonias pase lo mismo. Cuando el otro día un camarero me encendió el cigarrillo, le comenté que tenía un mechero muy bonito, y dijo: «*Sí, sí, es bueno, es inglés*». Me lo alargó, pensando sin duda que me gustaría acariciarlo un poco. Era un Dunhill, comprado en Barcelona, como era de esperar, pues aquí hay muchos mecheros Dunhill y de otras marcas, pero poco alcohol para llenarlos. Kopp, el superior de Eric, añora la salsa Worcester de Lea & Perrin's.

Lo descubrí por casualidad, y encontré un poco en Barcelona; también tienen variantes de Crosse & Blackwell, pero la buena mermelada inglesa se ha acabado, y eso que los precios de estos artículos están por las nubes.

Después de ver a George[7] estoy totalmente convencida de que estaremos juntos en casa antes del invierno, y puede que mucho antes. Escríbele otra carta a la tía[8] cuando puedas. Ni Eric[9] ni yo hemos sabido nada de ella, y eso me preocupa. Quizás esté muy deprimida por vivir en Wallington. Por cierto, George[10] necesita con urgencia el hornillo de gas; quería que escribiera yo para pedirlo, pero sigo creyendo que es mejor esperar hasta que podamos volver, en particular porque Moore todavía no me ha dicho nada acerca del anticipo del libro.[11] Lo cual me recuerda que las críticas son mejores de lo que esperaba, porque las interesantes no han aparecido aún.

Anoche me bañé; fue un gran placer. Y he comido de un modo soberbio tres veces seguidas. No sé si echaré de menos esta vida de cafeterías. Tomo café tres veces al día y licores más a menudo, y, aunque en teoría como en una lúgubre pensión al menos seis veces a la semana, suelo ir a cualquiera de los cuatro sitios donde la comida es realmente muy buena en todos los sentidos, aunque, lógicamente, limitada. Todas las noches me hago el propósito de retirarme pronto para escribir cartas o lo que sea, y todas las noches vuelvo de madrugada. Las cafeterías están abiertas hasta la 1.30 y el café de la cena se toma a las 10. Pero el jerez es asqueroso (¡y tenía intención de llevarme a casa unos cuantos barriles!).

Dale recuerdos a Maud[12] de mi parte y dile que ya le escribiré. Y da recuerdos a todos los demás, aunque no vaya a escribirles. (Esta carta es para los tres O'Shaughnessy,[13] así que no son «ellos», sino «vosotros».) Sospecho que, una vez más, es una carta aburrida. Haré más justicia a esta vida contándola verbalmente; o eso espero.

Muchos besos
Eileen

1. Redacción del periódico del POUM *The Spanish Revolution*. Véase *360*.
2. Robert Edwards (1906-), candidato al Parlamento británico por el ILP en 1935, fue diputado laborista y cooperativista de 1955 a 1987. En enero de 1937 era capitán del contingente del ILP en España, vinculado al POUM. Salió de la península en marzo para asistir al congreso del ILP en Glasgow, pero

no pudo volver porque el gobierno de Londres prohibió la intervención de ciudadanos británicos en el conflicto español. En 1926 y 1934 presidió sendas delegaciones a la Unión Soviética; de 1947 a 1971 fue secretario general del Sindicato de Trabajadores de la Industria Química; en 1971-1976, delegado nacional del Sindicato del Transporte y General; y miembro del Parlamento Europeo en 1977-1979. Véase *Orwell Remembered*, 146-148, y sobre todo Shelden, 264-265, que rebate convincentemente la acusación lanzada por Edwards de que Orwell fue a España con el único objeto de conseguir material para un libro.

3. George(s) Kopp (1902-1951), ruso de nacimiento, nacionalizado belga, fue superior de Orwell en España. Era ingeniero civil, pero también tenía algo de impostor. Tras la segunda guerra mundial se instaló en Escocia y en 1944 se casó con Doreen Hunton, cuñada de Eileen y hermanastra de Gwen O'Shaughnessy. Murió en Marsella. Aunque Orwell y él siguieron siendo amigos, la relación se enfrió a fines de los años cuarenta. Doreen Kopp escribió a Ian Angus el 29 de abril de 1967 diciéndole que, cuando Orwell se incorporó a la compañía de su marido, a éste «le sorprendió mucho encontrar a un inglés que decía ser "tendero". ¡Tenía muchas ganas de conocer a un tendero inglés que había ido a España a combatir! Era muy típico de George, que siempre quiso que lo tomaran por un obrero».

4. Eileen iba a poner «Eric», pero escribió «George» encima. También llamaban Eric a su hermano, el doctor Laurence Frederick O'Shaughnessy, un distinguido especialista en cirugía torácica. Gwen, la mujer de éste, también era médico.

5. Fenner Brockway (1888-1988, lord Brockway en 1964) fue secretario general del ILP en 1928 y en 1933-1939, y representante del partido en España durante un tiempo. Abnegado paladín de múltiples causas, sobre todo de la de la paz, abandonó el ILP en 1946 y volvió a afiliarse al Partido Laborista, al que representó en el Parlamento británico entre 1950 y 1964.

6. John McNair (1887-1968), oriundo del Tyneside, la región industrial alrededor de Newcastle, en el noreste de Inglaterra, fue toda su vida un defensor infatigable de la causa socialista. Dejó la escuela a los doce años y se ganó la hostilidad de los patronos a causa de sus simpatías izquierdistas. Para conseguir trabajo se fue a Francia, y allí pasó veinticinco años, prosperó en el comercio de pieles, fundó un club de fútbol francés con ocho equipos y dio charlas sobre poesía inglesa en la Sorbona. Volvió a Inglaterra en 1936 y se reincorporó al ILP, del que fue secretario general de 1939 a 1955. Primer trabajador británico que marchó a combatir a España, donde estuvo de agosto de 1936 a junio de 1937, fue representante del ILP en Barcelona. Colaborador del *New Leader* (luego *Socialist Leader*), el órgano semanal del ILP. En una nota a pie de página de *Homenaje a Cataluña*, véase pág. 178 [VI/151], Orwell

señala que la cotización de la peseta era «de unos cuatro peniques»; 500 pesetas serían entonces 8 libras con 6 chelines y 8 peniques, o 41 dólares EE.UU. Véase también pág. 51, n. 3.

7. Una vez más, Eileen va a escribir «Eric» y corrige anotando encima «George».

8. Seguramente la tía de Orwell, Nellie Limouzin, que a la sazón vivía en The Stores, Wallington, la casa de los Orwell.

9. Parece que Eileen se refiere aquí a su marido.

10. Antes de escribir «George», Eileen puso «Eric» y lo tachó.

11. *El camino de Wigan Pier.*

12. Probablemente una tía de Eileen cuyo segundo nombre era Maud.

13. La madre de Eileen, su hermano «Eric» y la mujer de éste, Gwen.

8

[*364*] Manuscrita, sin fecha
CARTA DE GEORGE ORWELL A EILEEN BLAIR
[¿5? de abril de 1937]

[Hospital de Monflorite]

Queridísima,
Eres realmente una esposa maravillosa. Cuando vi los puros se me derritió el corazón. Me van a resolver el problema del tabaco durante mucho tiempo. McNair dice que no tienes que preocuparte por el dinero, que puedes pedirlo prestado y devolverlo cuando llegue B.E.[1] con las pesetas, pero no te pongas a mendigar, y por encima de todo no te quedes sin comida ni sin tabaco, etc. No me gusta oír que has pillado un resfriado y te sientes agotada. Tampoco te esfuerces demasiado ni te preocupes por mí, porque ya estoy mucho mejor y espero volver al frente mañana o pasado. Por suerte, la infección de la mano no se ha extendido y ya está casi bien, aunque la herida, como es lógico, sigue abierta.[2] Puedo moverla bastante bien y hoy tengo intención de afeitarme, cosa que no hago desde hace unos cinco días. El clima ha mejorado mucho, es primavera de verdad casi todo el tiempo, y el aspecto de la tierra me hace pensar en el jardín de nuestra casa, y me pregunto si habrán florecido ya los alhelíes y si el viejo Hatchett estará sembrando las patatas. Sí, la crítica de Pollitt[3] era muy mala, aunque buena como publicidad, ya me entiendes. Imagino que se habrá enterado de que estoy con los milicianos del POUM. No presto mucha atención a las críticas del *Sunday Times;*[4] G[5] pone tantos anuncios en él que no se atreven a machacar sus libros, pero la del *Observer* representó una mejora comparada con la última vez. Le dije a McNair que cuando me vaya de permiso escribiré un artículo para el *New Leader,* ya que querían uno, pero será tan degradante después de lo de BE que espero que no lo impriman. Me temo que de nada sirve confiar en que vayan a darme un permiso antes del 20 de abril. En mi caso es un fastidio, y esto pasa por haber cambiado de unidad; muchos hombres con los que vine al frente están ya de permiso. Si insinuaran que adelantara mi permiso, yo no creo que dije-

ra que no, pero no es probable que digan nada, y no seré yo quien los presione. Por otro lado hay indicios –no sé cuánto hay que fiarse de ellos– de que esperan una acción dentro de poco, y no tengo intención de irme de permiso cuando está por concretarse, si puedo evitarlo. Todos se han portado muy bien conmigo mientras he estado en el hospital, me han visitado todos los días, etc. Creo que ahora que el clima está mejorando puedo aguantar otro mes sin indisponerme. ¡Qué descanso tendremos después, incluso para ir a pescar, si es posible!

Mientras te escribo, Michael, Parker y Buttonshaw[6] se han acercado y deberías ver la cara que han puesto al ver la margarina. En cuanto a las fotos, hay muchísima gente que quiere duplicados y he anotado en el dorso las cantidades solicitadas, por si puedes hacer copias. Supongo que no costará mucho, no me gustaría defraudar a los de ametralladoras y demás. Algunas salieron mal. La foto en que se ve a Buttonshaw muy borroso al fondo es del cráter de una bomba, que puedes ver vagamente a la izquierda, justo detrás de la casa.

Tengo que terminar ya, porque no sé cuándo volverá McNair y quiero tener la carta preparada para dársela. Gracias mil por enviarme las cosas, querida; cuídate y sé feliz. Le dije a McNair que hablaría con él sobre la situación en cuanto me dieran el permiso, y quizá tú podrías buscar el momento oportuno para decirle algo sobre mi deseo de ir a Madrid, etc. Adiós, amor mío. Volveré a escribirte pronto.

Con todo mi amor
Eric

1. Bob (Robert) Edwards.
2. Véase *Homenaje a Cataluña*, pág. 108 [VI/52-53].
3. Harry Pollitt (1890-1960), calderero de Lancashire y miembro fundador del Partido Comunista de Gran Bretaña (en 1920), pasó a ser secretario general del partido en 1929. Con Rajani Palme Dutt lo dirigió hasta su muerte. No obstante, fue apartado de la jefatura en otoño de 1939, hasta la invasión alemana de Rusia (julio de 1941), por hacer campaña entonces en favor de una guerra general de la democracia contra el fascismo. Su crítica de *El camino de Wigan Pier* apareció en el *Daily Worker* de 17 de marzo de 1937.
4. *El camino de Wigan Pier* recibió un comentario de Edward Shanks en el *Sunday Times* y de Hugh Massingham en el *Observer* el 14 de marzo de 1937.
5. Victor Gollancz.
6. Michael Wilton (inglés), también llamado Milton, Buck Parker (sud-

africano) y Buttonshaw (norteamericano) eran miembros de la unidad de Orwell. Douglas Moyle, otro miembro, le dijo a Ian Angus, el 18 de febrero de 1970, que Buttonshaw simpatizaba mucho con la izquierda europea y que a Orwell lo tenía por «un inglés típico: alto, con porte, educado y bien hablado».

9

[*365*]

CARTA DE EILEEN BLAIR A LEONARD MOORE (EXTRACTO)
12 de abril de 1937

Vi a mi marido hace un mes, en el frente, donde, como es una guerra revolucionaria, dejaban que me quedara en los refugios de primera línea todo el día. Los fascistas lanzaron un pequeño bombardeo y mucho fuego de ametralladoras, lo cual era entonces relativamente inusual en el frente de Huesca, así que fue una visita bastante interesante; la verdad es que nunca me lo había pasado tan bien. Eric estaba perfectamente por entonces, aunque muy cansado; ha estado de baja desde entonces, a unos tres kilómetros del frente, a causa de una herida del brazo que se le infectó, pero creo que ha vuelto ya y que hubo actividad en el frente la semana pasada. Lleva un diario estupendo[1] y tiene muchas esperanzas en el libro. Por desgracia, la actividad en aquella parte del frente le ha impedido gozar de un permiso que debieron darle hace mucho, pero espero que esté aquí dentro de un par de semanas.

1. El diario de Orwell fue confiscado por la policía en el hotel de Barcelona donde se hospedaba Eileen (véase pág. 188 [VI/164]). Es posible que en la actualidad se encuentre en los archivos moscovitas de la NKVD, con el expediente sobre Orwell compilado por este organismo. Miklós Kun, nieto del dirigente comunista húngaro Béla Kun (eliminado por orden de Stalin hacia 1939), me contó que había visto el expediente, pero no podía confirmar que el diario estuviese allí.

10

[*367*] Manuscrita
CARTA DE EILEEN BLAIR A SU HERMANO, EL DOCTOR
LAURENCE O'SHAUGHNESSY («ERIC»)
1 de mayo de 1937

Rambla de los Estudios 10, Barcelona

Querido Eric,

Qué dura es tu vida. Quiero escribir a madre para darle noticias, pero hay ciertos asuntos económicos. Y al pensar en ellos veo que están estrechamente relacionados con las noticias, de modo que esta carta es también para madre.

George está aquí de permiso. Llegó con la ropa hecha jirones, casi descalzo, un poco sucio, muy moreno y con un aspecto magnífico. Había tenido que tomar varios trenes, en total doce horas de viaje, consumiendo anís, moscatel en botellas de anís, sardinas y chocolate. En Barcelona abunda la comida por el momento, pero no hay nada que sea sencillo. No me sorprende pues que se indispusiera. Después de dos días en cama está realmente curado, pero todavía se deja convencer, así que hoy tenemos un «día tranquilo». Es la manera de pasar el primero de mayo. Les dijeron que se presentaran en el cuartel, pero todavía no está del todo bien y ha solicitado ya los papeles para que lo licencien, por eso no ha ido. El resto del contingente no tenía la menor intención de ir. Cuando lo licencien seguramente se alistará en las Brigadas Internacionales. Como es lógico, somos políticamente sospechosos,[1] creo que sobre todo yo, pero ya le contamos toda la verdad al individuo de las BI destacado aquí; quedó tan impresionado que al cabo de media hora prácticamente me estaba ofreciendo varios empleos ejecutivos, y deduzco que aceptarán a George. Debo irme de Barcelona, claro está, y de todas formas tendré que hacerlo porque quedarse no tiene sentido. A Madrid no es probable que pueda llegar, de modo que queda Valencia por el momento, con Madrid y Albacete en perspectiva, aunque a distancia. Alistarse en las BI con el historial de George es algo raro, pero es lo que él creía estar haciendo al principio, y es la única manera de llegar a Madrid. Así que esto es lo que hay.

Con lo cual se recrudece la crisis monetaria, porque cuando me vaya de Barcelona perderé todos los contactos, y mi piso, incluso el crédito que me concede el banco; y quizá tarde un tiempo en restablecer las conexiones. Entretanto gastamos enormes cantidades de dinero por España, en equipo nuevo, etc. Ya te escribí a propósito de conseguir dinero por mediación de los bancos, es decir, que tu banco compre pesetas[2] con tus libras e indique a algún banco de Barcelona que me abone las pesetas que hayas adquirido. Si puede hacerse, hazlo, por favor (bastarían aproximadamente otras 2000 pesetas)[3], y di al banco que mande un telegrama. Es probable que me quede aquí un par de semanas, pero no sé con exactitud adónde iré a continuación y, si es posible, quisiera tener a mano algún dinero antes de partir. Si lo del banco no se puede hacer, lo cierto es que no se me ocurre ninguna otra cosa, como no sea aceptar el crédito a 60 la libra antes de irme y encontrar otro método de conseguir dinero a través de nuevos amigos, sean quienes fueren (he conocido al corresponsal del *Times* en Valencia).

1. La vinculación con el ILP, que estaba relacionado con el POUM, convirtió a Eileen y a su marido en sospechosos políticos. Eileen trabajaba en la sede del ILP en Barcelona en calidad de secretaria de McNair (Crick, 327). Los dos serían calificados de «trotskistas declarados» en el documento que se entregó al Tribunal Especial de Espionaje y Alta Traición de Valencia y que se reproduce más abajo, en «Huida de España».
2. En el margen del original de la carta se ha trazado una raya entre «me concede el banco...» y «... tu banco compre pesetas»; seguramente lo hizo el hermano de Eileen. En enero de 1937 una libra valía 4,91 dólares EE.UU.
3. Durante la guerra civil se suspendieron en España los tipos de cambio. En enero de 1936, una libra valía 36 pesetas; en enero de 1940, 39 pesetas. Eileen habla de aceptar «crédito a 60 la libra». A 60, 2000 pesetas costaban un poco más de 33 libras; a 36, 55 libras y 11 chelines. Es probable que Eileen esperase más de 60.

11

[*368*]

CARTA DE GEORGE ORWELL A VICTOR GOLLANCZ (EXTRACTO)

1 de mayo de 1937

Orwell escribió a Gollancz desde Barcelona, el 1 de mayo de 1937, para darle las gracias por su introducción a El camino de Wigan Pier, *que había visto por primera vez hacía unos diez días. Había estado un tanto indispuesto y «luego hubo tres o cuatro días de combates callejeros en los que todos estuvimos más o menos involucrados; en realidad, fue prácticamente imposible mantenerse al margen». Termina diciendo:*

Seguramente volveré al frente dentro de unos días y salvo accidentes espero estar allí hasta agosto. Después creo que regresaré a casa, porque será el momento de empezar otro libro. Deseo fervientemente salir de ésta con vida, aunque sólo sea para escribir al respecto. Aquí no es fácil enterarse de lo que ocurre fuera del ámbito de la propia experiencia, pero incluso con estas limitaciones he visto muchas cosas que tienen para mí gran valor. Casi por casualidad me uní a los milicianos del POUM en vez de incorporarme a las Brigadas Internacionales,[1] lo cual, hasta cierto punto, fue una lástima, porque ha significado no ver el frente de Madrid; por otra parte, me he relacionado con españoles en lugar de hacerlo con ingleses, y sobre todo con revolucionarios auténticos. Espero tener ocasión de escribir la verdad de lo que he visto. Lo que se publica en la prensa inglesa es casi todo una serie de mentiras atroces; no puedo decir más a causa de la censura. Si puedo estar ahí en agosto, espero tener un libro preparado para que lo publiques a comienzos del año que viene.

1. Las Brigadas Internacionales estaban compuestas por voluntarios extranjeros, sobre todo comunistas, y desempeñaron un papel importante en la defensa de Madrid. Su base estaba en Albacete.

12

LA HERIDA DE ORWELL

Orwell fue alcanzado en el cuello por un francotirador el 20 de mayo de 1937. Él mismo describe el episodio en Homenaje a Cataluña, *págs. 168-170 [VI/137-139]. El 24 de mayo Eileen envió un telegrama a Southwold, a casa de los padres de Orwell. Decía: «Eric herido leve evolución excelente os manda besos no os preocupéis Eileen». El telegrama llegó a Southwold poco después de las dos de la tarde. El superior de Orwell, George Kopp, informó del estado del escritor el 31 de mayo y el 1 de junio de 1937. Como este informe se perdiera (véase la carta de Eileen a su hermano, hacia el 10 de junio de 1937, más abajo), Kopp redactó otro, para el doctor Laurence O'Shaughnessy, cuñado de Orwell, fechado en «Barcelona, a 10 de junio de 1937» (véase más abajo). Difiere un poco de la versión aparecida en* Orwell Remembered, *158-161. Kopp ilustró el informe con un dibujo de la trayectoria del proyectil en la garganta de Orwell; Bert Govaerts, que investigó la vida de Kopp, sugiere que la ilustración demuestra que éste dominaba el dibujo técnico. El informe de Kopp se conserva en la British Library, Mss. Add. 49384, y se reproduce aquí con el permiso de la Junta Directiva. Se han corregido los ligeros errores ortográficos de Kopp.*

Eric fue herido el 20 de mayo a las 5 de la madrugada. La bala le entró por el cuello, por debajo de la laringe, un poco a la izquierda del eje vertical, y le salió por detrás, por la parte derecha de la base del cuello. Era un proyectil normal de máuser español, de 7 mm, chapado en cobre, disparado a unos 175 metros. A esa distancia aún iba a una velocidad de 200 metros por segundo, con una temperatura cauterizante. Al recibir el impacto, Eric cayó de espaldas. La hemorragia fue leve. Después de que se lo vendaran en la enfermería situada a menos de un kilómetro del frente, lo enviaron a Barbastro y de aquí al hospital de Lérida, donde lo vi con Eileen unas cincuenta horas después del suceso.

El estado general de Eric era poco menos que excelente; la temperatura (tomada en la axila izquierda) no había llegado en ningún momento a 37 grados. Eric se quejaba de que le dolía el brazo derecho, desde el hombro hasta la punta del dedo corazón, a lo largo de una línea humerocubital, y de que sentía un dolor, según él fuerte pero no insoportable, en el costado izquierdo, entre la última costilla y el bazo. Tenía la voz ronca y débil, pero podía hablar perfectamente. Respiraba con absoluta normalidad. Sentido del humor intacto. En el hospital de Lérida sólo le trataron la parte externa de la herida. Al cabo de dos días se pudo retirar la venda de la herida de entrada. Estuvo en el hospital, a cargo del doctor Farré, hasta el día 27, en que fue trasladado a Tarragona.

El doctor Farré me comentó el 22 de mayo que Eric había tenido una suerte increíble, ya que el proyectil no había alcanzado ningún órgano esencial; dijo que el dolor en el brazo podía deberse a la abrasión de uno de los nervios mayores de la zona, y que el del costado probablemente era consecuencia del golpe recibido al caer al suelo con su elevada estatura. En cuanto a la herida principal, afirmó que no había nada que temer.

Había ordenado que se trasladara a Eric a Barcelona y fuimos a recogerlo el 29 de mayo; cuando lo vimos tenía una aforisia[1] casi completa y un poco de fiebre. El dolor del costado izquierdo ya le había desaparecido. El del brazo (supuestamente de origen nervioso) seguía sin cambios. El médico del hospital de Tarragona le había explicado a Eric aquella misma mañana que tenía la laringe «rota» y que nunca volvería a hablar con normalidad. En realidad, Eric podía articular cualquier sonido comprensible, pero débilmente y con esa carraspera de los frenos de un Ford T muy anticuado; a más de dos metros de él ya no se le oía.

Eric llegó al Sanatorio Maurín de Barcelona el día 29 a las 10 de la noche, tras viajar 90 km en un vagón restaurante sin comodidades especiales. A las 11 de la noche tenía 37 grados y 8 décimas de temperatura (en la axila izquierda); le dieron una aspirina y se fue a la cama de inmediato, sin comer nada.

El domingo, día 30, tenía la voz mucho mejor, su temperatura era normal por la mañana y había recuperado el apetito. Pudo pasear por el establecimiento y por el parque sin agotarse. Yo lo vi entre las 11 de la mañana y las 6 de la tarde, y su voz y su ánimo no hicieron más que mejorar mientras estuve allí. Eileen permaneció a su lado todo el tiempo y manifiesta que su comportamiento era apacible. Hoy, día 30,[2] Eric ha ido en tranvía y en metro, por iniciativa propia, al centro de Barcelona, donde lo he visto a las 11.45 de la mañana. Para justificar la escapada ha alegado su necesidad de cócteles y de una comida decente, que le han procurado debidamente las tiernas atenciones de Eileen (ayudada de un barman y varios camareros).

La temperatura de Eric se había mantenido normal, el dolor del costado izquierdo no había reaparecido y el del brazo derecho había remitido un poco. Su voz, según él mismo, había mejorado desde la víspera, pero Eileen y yo no pensamos igual, aunque tampoco creemos que hubiera empeorado. Me explico esta aparente contradicción porque alcanzar el estado presente de su voz le cuesta hoy menos esfuerzo que ayer.

He hecho gestiones para que mañana por la mañana lo reconozca exhaustivamente el profesor Grau de la Universidad de Barcelona y para que luego lo someta a tratamiento un profesor o algún otro destacado especialista de esta ciudad.

Me gustaría añadir a este «boletín» la opinión del profesor Grau, con una descripción detallada de lo que hará en la garganta de mi amigo.

El profesor Grau ha reconocido a Eric hoy, 1 de junio, a las 9.30 de la mañana, en el Hospital General de Cataluña. Su diagnóstico es: «parálisis incompleta de la laringe, por abrasión del nervio dilatador derecho de la laringe».

Ha confirmado el parecer del doctor Farré en el sentido de que no había resultado afectado ningún órgano esencial; el proyectil pasó limpiamente entre la tráquea y la carótida.

El profesor Grau ha dicho que lo único que podía recomendarse en este momento era electroterapia, y ha asegurado que Eric recuperará la voz dentro de un tiempo, un tiempo largo, indefinido, pero razonable.

Llevó a Eric al doctor Barraquer, especialista en el tratamiento eléctrico de trastornos nerviosos, y de entrada mantuvo una conversación privada con él de unos doce minutos. No sé si hablaron de la herida de Eric o de otra cosa. Cuando Eric, Eileen y yo entramos en el despacho del doctor Barraquer, el profesor Grau expuso el caso como si no lo hubiera mencionado hasta aquel momento y quiso que su amigo analizara las posibles lesiones nerviosas producidas fuera de la zona estrictamente laríngea, de la que no quería hablar, no sé por qué.

El diagnóstico complementario del doctor Barraquer fue: «abrasiones del primer nervio raquídeo espinal derecho», que explican el dolor del brazo. El doctor Barraquer también recomendó la electroterapia para las dos lesiones nerviosas, y se acordó que Eric acudiera dos veces por semana (miér. y vi.) para recibir tratamiento eléctrico y una vez a la semana (los viernes) para que el profesor Grau le mirase la garganta y le estirase la lengua mientras el paciente decía «aaaaa».

Los dos médicos interesados por el caso son personas honradas, eficientes y totalmente civilizadas, y han conocido muchos casos parecidos desde que comenzó la guerra; las instalaciones y la maquinaria del Hospital General de Cataluña son completas y modernas; casi todas las enfermeras son morenas.

Como es natural, los médicos no se han definido sobre la duración del tratamiento, y a mí no me pareció que debiera preguntarlo hasta que hayan probado el efecto de la electroterapia en los nervios de Eric. Creo, en cualquier caso, que es mejor dejar que el tratamiento siga por lo menos durante dos semanas y preguntar luego al personal médico: «¿Podría continuarse en Inglaterra?».

Yo le propongo que escriba usted al doctor Barraquer (que habla un inglés muy bueno) una «carta entre colegas», para ver si a usted le cuenta algo más de lo que a nosotros, simples mortales, nos está permitido escuchar.[3] Así podría formarse usted una opinión razonable sobre el caso y mandar a Eileen instrucciones concretas que estoy seguro de que obedecerá sin protestar, ya que tiene un concepto muy elevado de su competencia profesional.

Con la esperanza de tener algún día la oportunidad de compartir con ella esta admiración basada no sólo en la fe sino también en pruebas empíricas, queda de usted

Su seguro servidor
Georges Kopp

1. Kopp quiere decir «afasia».
2. Probablemente el 31.
3. Kopp adjuntaba la dirección de Barraquer.

13

[*371*] Manuscrita

CARTA DE GEORGE ORWELL A CYRIL CONNOLLY

8 de junio de 1937

Sanatori Maurín, Sania,[1] *Barcelona*

Querido Cyril,
No sé si estarás en la ciudad durante las próximas semanas. Si te
parece y quieres que nos veamos, manda unas líneas confirmándolo a

24 Crooms Hill
Greenwich S.E. 10.

Si consigo los papeles de la licencia, estaré en casa en menos de
quince días. He recibido una herida fea, en realidad no muy grave, un
balazo en el cuello, destinado a matarme, pero que sólo me ha producido dolores nerviosos en el brazo derecho y me ha dejado casi sin
voz. Los médicos de aquí no parecen estar seguros de si recuperaré la
voz o no. Yo creo que sí, porque unos días la tengo mejor que otros,
pero en cualquier caso quiero estar ahí para que me traten como es debido. He estado leyendo uno de tus artículos sobre España en un *New
Statesman* de febrero. Es todo un mérito que el *New Statesman* sea el
único periódico, aparte de un puñado de publicaciones oscuras como
el *New Leader*, donde no se expresa el punto de vista comunista. El reciente artículo de Liston Oak[2] sobre los problemas de Barcelona era
muy bueno e imparcial. Yo he vivido todo el asunto y sé que casi todo
lo que han dicho los periódicos es mentira. Gracias también por decir
públicamente que a buen seguro escribiré un libro sobre España, porque tal es mi intención en cuanto se ponga bien este puñetero brazo.
He visto cosas maravillosas y por fin creo en serio en el socialismo,
porque hasta ahora no creía. En general, aunque siento no haber visto Madrid, me alegro de haber estado en un frente relativamente poco
conocido, entre anarquistas y gente del POUM en vez de entre brigadistas, como habría sido el caso si hubiera venido a España con credenciales del PC y no con las del ILP. Lástima que no te acercaras a

nuestra posición para verme cuando estuviste en Aragón. Me habría encantado invitarte a un té en un refugio.

Un abrazo,
Eric Blair

1. El Sanatorio Maurín estaba en manos del POUM. En *Homenaje a Cataluña*, pág. 179 [VI/152], Orwell dice que estaba cerca del Tibidabo, «la montaña de rara forma que se alza abruptamente por detrás de Barcelona». Sarriá (no «Sania», como aparece a veces) es un antiguo municipio y actualmente un barrio situado al oeste de Barcelona.
2. Liston M. Oak, «Behind Barcelona's Barricades», *New Statesman & Nation*, 15 de mayo de 1937.

14

[*373*] Manuscrita, sin fecha
CARTA DE EILEEN BLAIR A SU HERMANO, EL DOCTOR
LAURENCE O'SHAUGHNESSY («ERIC»)
[hacia el 10 de junio de 1937]

Querido Eric,

Hace diez días George Kopp te mandó un resumen de las investigaciones e informes médicos sobre Eric, y yo os escribí a ti, a la señora Blair y a la tía. Como queríamos que recibierais las cartas cuanto antes, se las dimos a un hombre que iba a pasar a Francia, para que allí las enviara por correo aéreo. Hoy nos hemos enterado de que las perdió todas. Supongo que nos sentimos todos tristes víctimas del olvido, incluida yo, que esperaba un telegrama de confirmación. Desde entonces he mandado por lo menos tres cartas y cuatro postales a las tres direcciones, pero no sé cuántas habrán llegado ni cuándo. Dile a madre que telefonee a la señora Blair y que escriba [a la]¹ tía; o mejor aún, llámala tú y dale tu opinión profesional.

Eric está mucho mejor, aunque no hay quien lo convenza para que lo admita. El estado de su voz mejora «despacio», es cierto, pero ya mueve el brazo con más soltura, aunque le sigue doliendo mucho de vez en cuando. Come como el que más, pasea y puede realizar cualquier tarea normal con eficacia durante un breve espacio de tiempo. Está «rabiosamente deprimido», lo cual me resulta estimulante. He accedido a pasar dos o tres días en la costa mediterránea (francesa) cuando me vaya, probablemente en Port-Vendres.² De todos modos, en algún sitio tendremos que esperar el dinero. La licencia no ha llegado aún, pero creo que podremos marcharnos la semana que viene; te cablegrafiaré pidiéndote dinero cuando lleguemos a Port-Vendres o a otro lugar de descanso; subiremos a París y allí pasaremos dos noches y el día correspondiente, y luego abordaremos el tren matutino a Inglaterra. No me hace ninguna gracia alargar tanto el viaje, pero por el momento no parece que vaya a presentarse ninguna complicación apremiante y él tiene un deseo irresistible de seguir este plan, aunque yo no sé si lo resistiré.

Da recuerdos a todo el mundo. Ahora me doy cuenta de que no

te he explicado que la carta adjunta de G.K. es una copia de la que se perdió.

Muchísimas gracias por el linimento y las cosas para Lois, que he ido a recoger hoy.

Eileen

¿Te dio Fenner Brockway 20 libras?

1. Donde debiera leerse «a la» hay dos (o tres) trazos indescifrables.

2. Estuvieron tres días en Banyuls-sur-Mer, a unos diez kilómetros al norte de la frontera española y unos cinco al sur de Port-Vendres. Era «la primera estación» por que se pasaba al entrar en Francia, un «tranquilo pueblo de pescadores», como dice Orwell en *Homenaje a Cataluña*, págs. 202-203 [VI/184]. Prosiguieron viaje vía París, donde «la Exposición estaba en su apogeo, aunque nos las arreglamos para no ir a verla» (pág. 204 [VI/186]).

15
HUIDA DE ESPAÑA

Eileen, Orwell, John McNair y Stafford Cottman tomaron en Barcelona el tren de París el 23 de junio de 1937 por la mañana. Pasaron a Francia sin problemas en el vagón restaurante, como si fueran turistas. Sir Richard Rees escribió más tarde que en el rostro de Eileen se evidenciaban los efectos de lo que había experimentado en Barcelona, antes incluso de los acontecimientos de mayo: «En Eileen Blair vi por vez primera los síntomas de vivir bajo el terror político».[1] El carácter de este terror queda patente en los documentos relativos a Orwell y a Eileen (y al colega de Orwell Charles Doran, 1894-1974; véase más abajo la nota a la carta que le escribió Orwell el 2 de agosto de 1937) que se prepararon para el Tribunal Especial de Espionaje y Alta Traición de Valencia tres semanas después de su fuga. Las experiencias de Orwell en España, ilustradas por esos documentos, ponen al desnudo la traición perpetrada contra él y sus compañeros, sobre todo los del POUM, por aquellos que en teoría luchaban a su lado contra el fascismo. Fue un episodio que Orwell no olvidó nunca y que afectó a su pensamiento, sus actos y sus escritos el resto de su vida. Orwell no conoció la existencia de estos documentos, pero a la luz de Homenaje a Cataluña, *de sus cartas, de sus artículos y de sus críticas de libros no hay duda que entendió lo que había detrás.*

Los originales españoles de estos documentos se conservan en el Archivo Histórico Nacional de Madrid. El relativo a Orwell me lo envió Karen Hatherley; Robert A. McNeil, director de las Colecciones Hispánicas de la Biblioteca Bodleiana de Oxford, me proporcionó una versión más clara, el documento relativo a Charles Doran y las correspondientes traducciones al inglés. Mi más sincero agradecimiento a ambos. La versión española del documento de Orwell, con algunas variantes, figura en la edición de Víctor Alba de El proceso del POUM *(Barcelona, 1989), en cuya contracubierta interior se reproduce una versión sobrescrita del original. El documento Doran no figura en la compilación de Alba ni en las* Obras completas. *El proceso de los dirigentes del POUM se celebró en Barcelona en octubre y noviembre de 1938 (véase más abajo, carta a Raymond Postgate de 21 de octubre de 1938). Orwell se carteó más tarde con uno de los declarados culpables, Jordi Arquer (3238, n. 1, XX/154, y 3651, n. 1, XX/140); véase también más abajo la carta a Char-*

les Doran de 2 de agosto de 1937. Al igual que a Orwell y a su mujer, se califica a Doran de trotzkista pronunciado. Entre los nombres que se citan en el documento Doran figura el de Karl Radek (1885-¿1939?), que había estado en el tren precintado en que Lenin volvió a Rusia en vísperas de la revolución de Octubre (véase 3649, n. 3, XX/139) y a quien se afirma que Doran defendió.

El recorte de prensa en poder de Doran se refiere al teniente Norman Baillie Stewart («el prisionero de la Torre»), acusado de vender secretos por 90 libras a agentes alemanes a través de «una misteriosa amiga llamada Marie Louise» (Robert Graves y Alan Hodge, The Long Week-End, 1940, 267). Curiosamente, la expresión su misteriosa amiga *aparece asimismo en el documento español, aunque en éste se habla de Francia, no de Alemania. En las* Obras completas, *XI/31-37, hay una larga nota epilogal a estos documentos.*

[El señor Peter Davison ha puesto amablemente a disposición de Tusquets Editores los originales españoles de estos dos documentos, que se reproducen al pie de la letra, respetando los múltiples errores del original. (N. del T.)]

BARCELONA, 13 DE JULIO DE 1937

Enric Blair y su mujer Eileen Blair

Resulta de su correspondencia que son trotzkistas pronunciados.
Son de la I.R.P. de Inglaterra.
ENRIC BLAIR estaba del comité de la ILP que funcionaba en el divisiòn Lenin al frente de La Granja (HUESCA).
Enlace con ILP Inglaterra (Correspondencia D. MOYLE y JOHN MACNAIR).
En el material de CHARLES DORAN se encuentra una carta dirigida a ERIC B/ de JOHN MACNAIR, pidiendole de escribir noticias a la ILP.-
Se tiene que considerarlos como agentes de enlace de la ILP del POUM.
Vivian en el hotel Falcon, apoyados por la Ejecutiva Comitè del POUM.
Credencial de la Ejecutiva Comitè POUM firmado por JORGE KOPP (por su caracter da lugar a suponer que es una credencial sirviendo durante los sucesos de mayo en favor de EILEEN B.)
ERIC B. ha tomado parte de los sucesos de MAYO.
Enlace con ALBACETE por medio de DAVID WICKES.
Enlace con MOSCOU.-
Eilen B. estaba en el frente de Huesca el 13-3-37, (fecha inscrita en

una fotografia) Tiene una credencial extendida en BARCELONA el 17-3-37.
Su marido tiene un permiso de salir del frente para ir a Barcelona extendido el 14-3-37.

Charles Doran

Hombre de la ILP, en colaboraciòn muy estrecha con el Comitè del ILP al frente de Huesca, dentro del POUM.-
Resulta de su correspondencia que es trotzkista pronunciado.-
En Espana tenia contacto muy estrecho con la FAI, asi que grande enlace con las Juventudes Comunistas Ibericas del POUM.-
Enlace con Albacete.-
En su material se encuentra frecuentemente los nombres KOPP y MACNAIR, como en material de BLAIR.-
Ha escrito en Glasgow, Escocia en Diciembre de 1936, una carta en la cual ha defendido Trozki y Karl Radek contra el proceso de Moscou.
Direcciones en Espana encontradas en su material dan lugar a suponer existencia de correligionarios en Espana. D., asi que Blair y Mac Nair, han escrito para la ILP.
En su material se encuentra un extracto de un diario —relacionado al proceso de espionaje en Francia de un Teniente inglés BAILLIESTE WART, y su misteriosa amiga MARIA LUISA SCHULE (o MARTIN), los cuales han trabajado por el GESTAPO.-

1. Sir Richard Rees, *George Orwell: Fugitive from the Camp of Victory* (1961), p. 147. Para la aplicación de la palabra «terror» a la experiencia española, véase Burnett Bolloten, *The Spanish Civil War: Revolution and Contrarevolution* (1991), pp. 570-571.

*

El 5 de julio de 1937, Victor Gollancz escribió a Orwell para decirle que, aunque no se decidiría hasta ver el manuscrito, lo más seguro era que no tuviera deseos de publicar Homenaje a Cataluña, *en el que Orwell estaba ya enfrascado. No era comunista, pero pensaba que no debía publicar nada «que pudiera perjudicar a la lucha contra el fascismo». Era consciente de lo irónico que resultaba rechazar un libro escrito por quien había estado en el lugar de los he-*

chos mientras él permanecía tranquilamente en su despacho. Esperaba que Orwell siguiera considerándolo su principal editor. La verdad es que este detalle y el desinterés posterior por Rebelión en la granja *(publicado en 1945) hicieron que Orwell rompiera con Gollancz y pasara a entenderse con la casa Martin Secker and Warburg. El día siguiente, 6 de julio, Fredric Warburg escribió a Orwell para contarle que dos miembros del ILP, John Aplin y Reginald Reynolds (con quien acabó uniéndolo una buena amistad), le habían dicho que el libro que preparaba Orwell* «iba a tener no sólo un gran interés, sino también una extraordinaria importancia política». *Y pidió a Orwell que le hablara de la obra. El 17 de julio, Orwell escribió a su agente, Leonard Moore, adjuntándole* «una especie de sinopsis de mi libro sobre España» *que podría serle útil a Secker. Estaba preparando un esquema más detallado y* «no dudo que estará para Navidad, pero no voy a darme prisa». *Orwell explicó a Moore el 6 de diciembre que había terminado el borrador y empezaba a corregirlo, y que estaría terminado a mediados de enero (412). A mediados de febrero de 1938 entregó a Moore una copia del manuscrito (425). El 25 de abril de 1938, Martin Secker and Warburg lanzaba a la calle 1500 ejemplares de* Homenaje a Cataluña. *(Véanse 375, 377; para los detalles de la publicación y algún resumen de las críticas que recibió el libro, véase 438.)*

NOTA AL TEXTO

La experiencia de Orwell en España al combatir en las filas de la República durante la guerra civil, y en particular lo que vio hacer a los comunistas contra otros grupos políticos que también luchaban contra Franco, fueron hechos que ejercieron una profunda influencia en su postura política, sus escritos y la publicación de sus obras.

Victor Gollancz, que había publicado los primeros cinco libros de Orwell, rechazó Homenaje a Cataluña, *en la creencia, compartida por muchos otros izquierdistas, de que había que sacrificarlo todo para mantener un frente común ante el fascismo.* Fredric Warburg accedió a lanzar el libro de Orwell y, con el tiempo (a consecuencia, entre otras cosas, del generoso impulso de Gollancz), su editorial, Secker and Warburg, se encargó de publicar todos los libros de Orwell en Gran Bretaña. La publicación de *Homenaje a Cataluña, el 25 de abril de 1938, produjo cierta expectación, pero se vendió poco, y, aunque la tirada fue sólo de 1.500 ejemplares, aún no se habían agotado cuando volvió a publicarse el texto el 21 de febrero de 1951, en la* Uniform Edition. *La única traducción que se publicó en vida de Orwell fue en italiano, en diciembre de 1948; en Estados Unidos no apareció hasta febrero de 1952.*

Orwell quería revisar el texto si había otra edición. Dejó notas para su albacea literario, en que señalaba las modificaciones que pensaba hacer; cuatro o seis meses antes de morir (enero de 1950) introdujo los cambios en su ejemplar de Homenaje a Cataluña *y envió éste a Roger Senhouse, de la directiva de Secker and Warburg; y ya en la primavera de 1938 cruzó algunas cartas con la señora Yvonne Davet acerca de estas modificaciones. Senhouse, por desgracia, se desentendió de las indicaciones de Orwell y la* Uniform Edition *se limitó a reimprimir el texto de 1938 (con nuevas erratas). La señora Davet lo tradujo al francés, aunque no se había llegado a ningún acuerdo respecto a su publicación en Francia. El 11 de septiembre de 1938 Orwell había corregido ya los seis primeros capítulos de la versión francesa y el 19 de junio de 1939 envió a la señora Davet las correcciones a los capítulos VI-X. Estalló entonces la segunda guerra mundial y autor y traductora no pudieron reanudar la correspondencia hasta 1947. La versión francesa de la señora Davet apareció final-*

mente en Gallimard, en 1955; a diferencia de las ediciones inglesas publicadas en el curso de casi medio siglo, este texto contenía buena parte de los cambios introducidos por el autor. *El más evidente consistía en eliminar los capítulos V y XI del cuerpo principal del texto e incluirlos como apéndices al final, pues Orwell pensaba que era más lógico situar ahí los comentarios históricos y políticos a lo que por otra parte no era más que un recuento de sus experiencias personales.*

En varias ocasiones pensó en anteponerle un prefacio. Antes del estallido de la segunda guerra mundial, la señora Davet sugirió el nombre de Georges Kopp, superior de Orwell en España; en 1947 propuso a André Malraux, pero Orwell consideró que a Malraux podía parecerle «un poco conflictivo políticamente» en aquel momento de su trayectoria pública, ya que había sido ministro de Información del general De Gaulle entre noviembre de 1945 y enero de 1946. Al final, sólo la edición de Estados Unidos salió con prefacio, a cargo de Lionel Trilling.

Entre los cambios exigidos por Orwell, unos son fáciles de llevar a cabo, aunque en ocasiones requieran ser acompañados de correcciones complementarias, dado que, por ejemplo, los capítulos V y XI son ahora apéndices. Otros son más difíciles y, para introducirlos, un editor debe ir más allá de lo que normalmente considera propio de su trabajo. Así, Orwell indicó (refiriéndose a la primera edición):

«Págs. 161-242 [págs. 142-164, 176-205, 225-249]. En todos estos capítulos se habla continuamente de "guardias civiles". Debe decir en todos los casos "guardias de asalto". Mi confusión se debe a que los guardias de asalto de Cataluña llevaban un uniforme diferente del que lucían los que enviaron luego desde Valencia, y a que los españoles hablaban indistintamente de "la guardia" para referirse a ambos cuerpos. Las observaciones sobre la pág. 213 [pág. 232], líneas 14-17, y la nota a pie de página, deben adaptarse. El hecho indiscutible de que la Guardia Civil tendiera a pasarse al bando de Franco siempre que podía no refleja la actitud de la Guardia de Asalto, que fue un cuerpo fundado por la II República. No obstante, debe mantenerse la referencia general a la hostilidad popular hacia "la guardia" y al papel que tuvo esta actitud en los asuntos de Barcelona».

La confusión de Orwell la han tenido también muchos historiadores. El error se lo señaló Geoffrey Gorer el 18 de abril de 1938, pero limitarse a sustituir «civiles» por «de asalto» puede causar más confusión todavía. La página 121, línea 27, del texto original dice: «Era bastante fácil eludir a las patrullas de la Guardia de Asalto; el peligro lo representaban los guardias civiles apostados en la cafetería Moka». Cámbiese «civiles» por «de asalto» y dejará de en-

tenderse lo que pasaba. Por lo tanto, he diferenciado entre «guardias locales» y «guardias valencianos» cuando el sentido lo pedía. En la primera edición, Orwell hablaba de los «odiados guardias civiles»; si cambiamos aquí «civiles» por «de asalto», cambian asimismo los destinatarios del odio. En este caso la nueva edición dice simplemente «guardias de asalto» (pág. 154, línea 21), aunque páginas después se aprovecha una oportunidad para reintroducir «odiados» en el contexto que le corresponde. Cuando Orwell describe la llegada de los guardias de asalto de Valencia y dice (pág. 158, dos últimas líneas): «Un cuerpo parecido a la Guardia Civil», lo he corregido para que se lea: «Un cuerpo parecido a la Guardia de Asalto local y a la odiada Guardia Civil».

Los cambios preparados por Orwell han generado un par de notas a pie de página que antes no aparecían (en las páginas 87 y 138). La edición francesa aporta más notas explicativas a pie de página, que evidentemente son de la traductora, aunque se basaron en información aportada por Orwell. Estas notas se recogen en la «Nota al texto» de la edición de Obras completas, VI/251-261 (Secker and Warburg, 1986). Una, corroborada al abajo firmante en 1984 por Stafford Cottman, el compañero más joven que tuvo Orwell en España, aclara una referencia desconcertante. De Thomas Parker se dice que estuvo «más cerca de ser un DSO de lo que él mismo quería» (pág. 112, línea 29). La edición francesa explica que DSO es una alusión burlesca a la Distinguished Service Order, *una condecoración por méritos de guerra, y significa* Dickie Shot Off, *«pajarito abatido».*

En la presente edición, pues, se ha hecho lo posible por seguir las instrucciones concretas de Orwell para la corrección de Homenaje a Cataluña y por introducir los cambios con la máxima discreción.

67

Homenaje a Cataluña

No respondas al necio con su necedad,
no sea que tú mismo te iguales a él.
Responde al necio por su necedad,
no sea que se tenga por sabio.

Proverbios, 26, 4-5

En el Cuartel Lenin de Barcelona, un día antes de alistarme en las milicias populares, vi a un miliciano italiano delante de la mesa de los oficiales. Era un joven de veinticinco o veintiséis años, de aire resuelto, pelo entre rubio y rojo, y espaldas poderosas. La gorra de cuero le caía decididamente sobre un ojo. Estaba de costado, la barbilla en el pecho, mirando con un frunce de confusión el mapa que un oficial había desplegado en la mesa. Advertí en su cara algo que me conmovió profundamente. Era la cara de un hombre que mataría y daría la vida por un amigo, la clásica cara que se espera en un anarquista, aunque era probable que fuese comunista. En aquella cara había franqueza y ferocidad, y también ese respeto enternecedor que sienten los analfabetos por sus presuntos superiores. Era evidente que el mapa era chino para él; era evidente que interpretar un mapa representaba para él una hazaña intelectual extraordinaria. No sabría decir por qué, pero creo que no he conocido a nadie —quiero decir a ningún hombre— con quien haya simpatizado con tanta rapidez. En la conversación de los de la mesa se mencionó que yo era extranjero. El italiano levantó la cabeza y dijo de inmediato:

—¿*Italiano*?

—*No, inglés* —respondí en mi mal español—. ¿*Y tú*?

—*Italiano*.

Al salir se me acercó y me estrechó la mano con fuerza. Qué extraño que podamos sentir tanto afecto por un desconocido. Fue como si su espíritu y el mío hubieran salvado el abismo del idioma y las tradiciones y se hubieran compenetrado a fondo. Esperaba haberle caído tan bien como él a mí. Pero yo sabía que para conservar aquella primera impresión no debía volver a verlo; y huelga decir que no volví a verlo. Siempre se trababan relaciones así en España.

Menciono a este italiano porque se me ha quedado vivamente grabado en la memoria. Con el uniforme raído y aquel rostro feroz y enternecedor, tipifica para mí el clima especial de aquellos tiempos. Está unido a todos mis recuerdos de aquella fase de la guerra: las banderas rojas de Barcelona; los trenes destartalados y llenos de soldados mal vestidos, que se arrastraban hacia el frente; los pueblos grises, alcanzados por la guerra, que nos salían al paso; las gélidas trincheras de las montañas.

Fue a fines de diciembre de 1936, hace menos de siete meses, y sin embargo es un periodo que ha quedado muy lejos del presente. Los sucesos posteriores lo han sepultado por completo, más que 1935, o que 1905, para el caso. Había ido a España con la vaga idea de escribir artículos de prensa, pero no tardé en integrarme en las milicias populares, porque en aquel momento y en aquella atmósfera parecía lo único razonable. Los anarquistas gobernaban prácticamente toda Cataluña y la revolución estaba todavía en plena ebullición. A quien hubiera estado allí desde el comienzo es probable que tuviera la impresión, incluso en diciembre o en enero, de que el momento revolucionario tocaba a su fin; pero para quien llegaba directamente de Inglaterra, el aspecto de Barcelona era asombroso y sobrecogedor. Era la primera vez en mi vida que estaba en una ciudad donde la clase trabajadora tenía el mando. Casi todos los edificios estaban en poder de los obreros y engalanados con banderas rojas o rojinegras; en todas las paredes había hoces, martillos e iniciales de grupos revolucionarios, el interior de la mayoría de las iglesias había sido destruido y quemadas sus imágenes. Equipos de trabajadores se dedicaban a demoler sistemáticamente algunos templos. En todas las tiendas y bares había inscripciones que decían que se habían colectivizado; se habían colectivizado hasta los limpiabotas, que llevaban la caja pintada con el rojo y el negro de los anarquistas. Los camareros y los encargados miraban a la cara a los clientes y los trataban de igual a igual. Las formas de tratamiento serviles, e incluso las protocolarias, habían desaparecido por el momento. Nadie decía «señor», ni «don», ni siquiera «usted». Todos se llamaban camarada, se tuteaban y para saludar decían «salud» en vez de «buenos días». Una de mis primeras experiencias fue un sermón que me echó el gerente de un hotel porque quise darle propina a un ascensorista. No había vehículos privados, todos se habían requisado, y los tranvías, los taxis y otros medios de transporte circulaban pintados de rojo y negro. Por todas partes había carteles revolucionarios que ardían en las paredes con unos rojos y unos azules tan intensos que los demás anuncios parecían pegotes de barro. En las Ramblas, la ancha arteria del centro de la ciudad por donde circulaba un río interminable de gente, las canciones revolucionarias atronaban desde los altavoces durante todo el día hasta bien entrada la noche. Era el aspecto de las multitudes lo más extraño de todo. Por fuera semejaba una ciudad en la que las clases adineradas hubieran dejado prácticamente de existir. Exceptuando a una reducida cantidad de mujeres y extranjeros, no había ni una sola persona «bien vestida». En su mayoría llevaban ropa basta de obrero, o mono azul, o alguna variante del uniforme miliciano. Todo esto resultaba extraño y conmovedor a un tiempo. Yo no entendía muchas cosas, algunas ni siquiera me gustaban, pero supe al instante que era un estado de cosas por el que valía la pena luchar. Y también creí que todo era lo que parecía, que aquello era en verdad un estado obrero y que la burguesía o había huido, o había muerto o se había pasado al bando de los trabajadores por propia voluntad; no me di cuenta de que muchos burgueses ricos se habían limitado a quitarse de en medio, disfrazándose provisionalmente de proletarios.

Mezclado con todo esto se percibía también el aire maligno de la guerra. La ciudad presentaba un aspecto caótico y desolado, el estado de las calles y los edificios era lamentable, las calles estaban medio a oscuras por la noche por temor a los ataques aéreos, casi todas las tiendas estaban sucias y medio vacías. Había poca carne, la leche era prácticamente inencontrable, escaseaban el carbón, el azúcar y la gasolina, y sobre todo escaseaba el pan. Incluso en aquel periodo las colas del pan alcanzaban centenares de metros. Sin embargo, por lo que se veía, la gente estaba contenta y tenía esperanza. No había desempleo y el coste de la vida era bajísimo; había muy pocos indigentes manifiestos y nadie mendigaba salvo los gitanos. Por encima de todo, había fe en la revolución y en el futuro, una sensación de haber entrado de súbito en una era de igualdad y libertad. Los seres humanos procuraban comportarse como seres humanos y no como piezas del engranaje capitalista. En las barberías había avisos de los anarquistas (casi todos los barberos lo eran) en que se proclamaba solemnemente que los barberos ya no eran esclavos. En las calles había carteles de colores en que se invitaba a las prostitutas a dejar de ser prostitutas. Para quien llegaba de la encallecida y desdeñosa civilización de los pueblos anglófonos había algo enternecedor en la literalidad con que aquellos españoles idealistas interpretaban los eslóganes de la revolución. En las calles se vendían por unos céntimos canciones revolucionarias de lo más ingenuo, todas sobre la hermandad proletaria y la maldad de Mussolini. He visto a muchos milicianos analfabetos adquirir estas canciones, descifrar trabajosamente las palabras, y luego, cuando les cogían el tranquillo, tararearlas acomodándolas al son de cualquier melodía.

Todo este tiempo estuve en el Cuartel Lenin, en teoría preparándome para ir al frente. Al alistarme me habían dicho que me enviarían al frente al día siguiente, pero lo cierto es que tuve que esperar mientras se formaba una *centuria*. Las milicias civiles, organizadas deprisa y corriendo por los sindicatos al comienzo de la guerra, no se habían estructurado, a pesar de todo, como un ejército normal. Las unidades básicas eran la sección, de unos treinta hombres, la centuria, de unos cien, y la columna, que equivalía en la práctica a cualquier grupo numeroso. El Cuartel Lenin era un complejo de magníficos edificios de piedra, con una escuela de equitación y enormes patios adoquinados; había sido cuartel de caballería y se había tomado durante los combates de julio. Mi centuria dormía en una cuadra, al pie de los comederos de piedra, donde seguían grabados los nombres de los animales. Todos los caballos habían sido enviados al frente, pero el lugar seguía oliendo a orina de equino y a paja podrida. Estuve en el cuartel alrededor de una semana. Recuerdo sobre todo el olor a caballo, los trémulos toques de corneta (todos nuestros cornetas eran aficionados y sólo aprendí los toques militares españoles cuando se los oí de lejos a los fascistas), el impacto de las botas claveteadas en el patio, los largos desfiles matutinos bajo el sol invernal, los disparatados partidos de fútbol de cincuenta contra cincuenta en el suelo de gravilla del picadero. En total había en el cuartel alrededor de mil hombres y una veintena de mujeres, sin contar a las esposas de los milicianos, que hacían la comida. Quedaban aún mujeres sirviendo en las milicias, pero no muchas. En las primeras batallas habían luchado hombro con hombro junto a los varones, con toda normalidad; parece lo más natural en tiempos de revolución. Pero las ideas estaban cambiando ya. Los milicianos no podían acercarse al picadero mientras las mujeres hacían instrucción allí, porque se reían de ellas y las distraían. Unos meses antes a nadie le habría parecido cómico que una mujer empuñase un arma.

El cuartel entero respiraba el caos y la suciedad en que los milicianos sumían todos los edificios que ocupaban y que parece ser una consecuencia inevitable de las revoluciones. Por todos los rincones había montones de muebles reducidos a leña, sillas de montar rotas, cascos de jinete, vainas sin sable y comida que se había echado a perder. En mi barracón tirábamos una cesta de pan tras cada comida, un hecho lamentable habida cuenta de que el pan escaseaba entre la población civil. Comíamos sentados ante largas mesas de caballetes, en marmitas de estaño siempre grasientas, y bebíamos de un espantoso utensilio llamado *porrón*. Un *porrón* es una vasija de vidrio con un pitón del que sale un chorrito de vino cuando se inclina; se puede beber así de lejos, sin tocarlo con los labios, y pasa de mano en mano. En cuanto vi un *porrón* en funcionamiento, me declaré en huelga y exigí un vaso. Tal y como yo lo veía, era demasiado parecido a un orinal de hospital, sobre todo cuando contenía vino blanco.

Poco a poco iban repartiendo uniformes a los reclutas y, como estábamos en España, las cosas se entregaban sin orden ni concierto y nunca se sabía con seguridad ni quién recibía algo ni qué recibía, y algunos de los artículos que más necesitábamos, como cintos y cartucheras, se nos entregaron en el último instante, cuando ya nos estaba esperando el tren para llevarnos al frente. He hablado del «uniforme» miliciano, lo cual podría llamar a engaño. No era exactamente un uniforme. Puede que «multiforme» sea un nombre más apropiado. Todas nuestras vestimentas tenían el mismo aire general, pero no había dos atuendos que fueran idénticos. Prácticamente todos llevábamos bombachos de pana, pero aquí terminaba la uniformidad. Unos llevaban polainas de vendas; otros, sobreempeines de pana; otros, leguis de cuero o botas de caña alta. Todos llevábamos cazadoras de cremallera, pero unas eran de cuero y otras de lana, de todos los colores imaginables. Los gorros eran tan variados como sus portadores. Lo normal era adornar la parte delantera con la insignia de algún partido y casi todos llevaban además un pañuelo rojo o rojinegro al cuello. Una columna de milicianos era en aquellos tiempos una muchedumbre de lo más vistoso. Sea como fuere, las prendas tenían que entregarse conforme salían de esta o aquella fábrica, así que no eran malas prendas, dadas las circunstancias. Las camisas y calcetines eran unas piezas de lana que daban más pena que abrigo. No quiero ni pensar en lo que tuvieron que padecer los milicianos durante aquellos meses, hasta que todo se organizó. Recuerdo haberme encontrado un periódico de hacía apenas dos meses en el que un dirigente del POUM afirmaba, tras haber visitado el frente, que haría lo posible para que «todo miliciano tuviera una manta». Quien haya dormido alguna vez en una trinchera se echaría a temblar al oír semejante frase.

Durante mi segundo día de cuartel empezó lo que llamaban cómicamente «instrucción». Al principio se produjeron situaciones caóticas espeluznantes. Los reclutas eran en su mayoría jóvenes de dieciséis o diecisiete años de los barrios pobres de Barcelona, llenos de ardor revolucionario pero totalmente ignorantes del significado de la guerra. Era imposible incluso ponerlos en hilera. No había disciplina; si a un hombre no le gustaba una orden, salía de la formación y discutía a gritos con el oficial. El teniente que nos daba la instrucción era un joven agradable, corpulento y de cara lozana; había sido oficial del ejército regular y seguía pareciéndolo, con su porte elegante y su impecable uniforme. Lo curioso es que era un socialista sincero y ardiente. Insistía incluso más que los soldados rasos en la absoluta igualdad social de los grados militares. Recuerdo la dolorosa sorpresa que se llevó cuando un recluta ignorante lo llamó *señor*.

—¿Qué? ¿*Señor*? ¿Quién me llama *señor*? ¿No somos todos camaradas?

Dudo que aquello le facilitara la tarea. Entretanto, los reclutas no recibían ninguna preparación militar que pudiera serles remotamente útil. Me habían dicho que los extranjeros no estábamos obligados a hacer «instrucción» (los españoles estaban desarmantemente convencidos de que todos los extranjeros sabían más que ellos de asuntos militares), aunque como es lógico fui con los demás. Tenía muchas ganas de aprender a disparar con ametralladora, pues nunca había tenido oportunidad de manejar una, pero me quedé de una pieza al comprobar que no nos enseñaban nada sobre armas. La llamada instrucción no era más que una anticuada y estúpida serie de ejercicios en el campo de desfiles; variación derecha, variación izquierda, media vuelta, desfilar rígidamente en columna de a tres y todas esas inútiles insensateces que ya me habían enseñado cuando tenía quince años. Era una forma sorprendente de instruir a un ejército de guerrilleros. Si sólo se cuenta con unos días para instruir a un soldado, lo lógico es enseñarle lo que más falta va a hacerle: a ponerse a cubierto, a avanzar por terreno descubierto, a montar guardias y a construir un parapeto, y sobre todo a usar armas. Sin embargo, a aquella masa de jóvenes ávidos que iba a ser lanzada al frente al cabo de unos días ni siquiera se le enseñaba a disparar un fusil o a liberar la espoleta de una bomba. No caí en la cuenta en aquel momento de que aquella situación se debía a que no había armas disponibles; las milicias del POUM padecían una escasez de fusiles tan desesperante que las tropas de refresco que llegaban al frente tenían que quedarse con los fusiles de los soldados a los que relevaban. Creo que en todo el Cuartel Lenin no había más fusiles que los de los centinelas.

Al cabo de unos días, a pesar de que en términos normales éramos todavía un desastre, se nos consideró preparados para aparecer en público, y marchábamos por la mañana en formación hasta los jardines de la colina del otro lado de la plaza de España. Era el campo de instrucción de todas las milicias, de los carabineros y de los primeros contingentes del recién constituido Ejército Popular. Allí arriba, el espectáculo era extraño y estimulante. Por todos los caminos y senderos, flanqueados por lechos de flores, desfilaban arriba y abajo pelotones y compañías, todos tiesos, con el pecho fuera y esforzándose por parecer soldados. Ninguno llevaba armas ni el uniforme completo, aunque casi todos lucían alguna prenda del uniforme miliciano. La dinámica siempre era más o menos la misma. Íbamos de aquí para allá durante tres horas (el paso de desfile español es corto y rápido), nos deteníamos, rompíamos filas y nos precipitábamos con la garganta seca hacia la pequeña tienda que había en mitad de la ladera y que estaba haciendo su agosto con el vino barato. Todos eran muy cordiales conmigo. De algún modo, el hecho de que fuera inglés despertaba su curiosidad, y los oficiales de carabineros me agasajaban y me invitaban a beber. Mientras tanto, siempre que podía acorralar al teniente le pedía a gritos que me enseñaran a utilizar una ametralladora. Sacaba el diccionario Hugo del bolsillo y le decía en un español infame:

—*Yo sé manejar fusil. No sé manejar ametralladora. Quiero aprender ametralladora. ¿Cuándo vamos aprender ametralladora?*

Por toda respuesta obtenía siempre una sonrisa nerviosa y la promesa de que habría instrucción con ametralladora *mañana*. Huelga decir que *mañana* no llegó nunca. Pasaron los días y los reclutas aprendieron a llevar el paso y a ponerse firmes casi con elegancia, pero si sabían por qué extremo del fusil salía la bala, ya sabían mucho. Un día se nos acercó un carabinero armado mientras estábamos en descanso y nos dejó ver su fusil. Resultó que el único de mi sección que sabía cómo se cargaba era yo, y no digamos apuntar con él.

Durante todo este tiempo no dejé de forcejear con la lengua española. Aparte de mí, sólo había otro inglés en el cuartel y ni siquiera los oficiales sabían una palabra de francés. No me facilitaba las cosas el que mis compañeros, cuando hablaban entre sí, se expresaran normalmente en catalán. Mi única solución era ir a todas partes con un pequeño diccionario que sacaba del bolsillo en los momentos críticos. Pero prefería ser extranjero en España a serlo en otros lugares. ¡Qué fácil es hacer amigos en España! En apenas dos días una veintena de milicianos me llamaban ya por el nombre de pila, me lo explicaban todo y me abrumaban con su generosidad. Pero no es éste un libro de propaganda y no pretendo idealizar a los milicianos del POUM. La organización de las milicias tenía serios defectos y los hombres eran muy dispares, ya que la recluta voluntaria se estaba acabando y muchos de los mejores hombres estaban ya en el frente o muertos. Siempre había entre nosotros un porcentaje de personal completamente inútil, jóvenes de quince años, alistados por sus padres, no ocultaban que lo hacían por las diez pesetas diarias que cobraban los milicianos, y también por el pan que el cuartel recibía en abundancia y que se llevaban a escondidas a casa de la familia. Pero desafío a cualquiera a que se meta, como yo, entre la clase obrera española –quizá debería decir catalana, porque, con la excepción de un puñado de aragoneses y andaluces, sólo me mezclé con catalanes–, a ver si no se siente impresionado por su honradez básica; y, por encima de todo, por su franqueza y su generosidad. La generosidad española, en el sentido corriente de la palabra, resulta a veces embarazosa; pides un cigarrillo y te obligan a quedarte con el paquete entero. Pero hay además otra generosidad, en un sentido más profundo, una auténtica grandeza de espíritu que he visto una y otra vez en las circunstancias menos favorables. Ciertos periodistas y otros extranjeros que fueron a España durante la guerra han afirmado que, en el fondo, los españoles estaban resentidos por la ayuda exterior; lo único que puedo decir es que no vi por ningún lado tal resentimiento. Recuerdo que unos días antes de salir del cuartel llegó del frente un grupo de hombres de permiso. Comentaban emocionados sus experiencias, y hablaban con mucho entusiasmo de los voluntarios franceses que habían estado con ellos en Huesca. Los franceses eran muy valientes, decían, y añadían con vehemencia:

–*Más valientes que nosotros.*

Yo puse objeciones, claro, y ellos replicaron que los franceses conocían mejor el arte de la guerra, sabían más de bombas, de ametralladoras y otras cuestiones. Pero la observación había sido reveladora. Un inglés se habría dejado cortar la mano antes de decir algo parecido.

Todos los extranjeros alistados en las milicias civiles pasaban las primeras semanas aprendiendo a amar a los españoles y a desesperarse ante algunas de sus características. En el frente, mi exasperación llegaba a veces a rozar la cólera. Los españoles saben hacer muchas cosas, pero no la guerra. Todos los extranjeros se quedan consternados por su ineficacia y, sobre todo, por su irritante impuntualidad. Una palabra española que ningún extranjero deja de aprender es *mañana;* siempre que es posible, los asuntos de hoy se posponen hasta mañana. Es tan evidente que los mismos españoles hacen bromas al respecto. Desde las comidas hasta las batallas, en España no hay nada que se produzca nunca en el momento previsto. Por lo general, las cosas se hacen tarde, aunque de vez en cuando –para que uno no confíe ni siquiera en que se hacen siempre a deshoras– se hacen antes de tiempo. Un tren que tiene prevista la salida a las ocho saldrá normalmente a las nueve o las diez, pero aproximadamente una vez a la semana saldrá a las siete y media, porque le da por ahí al maquinista. Estos detalles pueden resultar un tanto exasperantes. A pesar de que en teoría admiro a los españoles porque no padecen la neurosis cronométrica de nosotros los nórdicos, por desgracia también yo la padezco.

Después de infinitos rumores, *mañanas* y retrasos, dieron orden de partir para el frente en un plazo de dos horas, y aún nos faltaba la mitad del equipo. Hubo auténticos tumultos en el cuarto del furriel; al final, fueron muchos los que tuvieron que partir sin el equipo completo. En un abrir y cerrar de ojos, los barracones se habían llenado de mujeres que parecían haber surgido de la tierra y ayudaban a sus parientes masculinos a liar la manta y a hacer el macuto. Fue un tanto humillante que una española, la mujer de Williams, el otro miliciano inglés, tuviera que enseñarme a ponerme las cartucheras recién obtenidas. Era una criatura amable, de ojos negros y muy femenina, con aspecto de haber nacido para mecer una cuna, aunque la verdad es que había luchado con valentía en las batallas callejeras de julio. En aquel momento llevaba en brazos un niño que había nacido diez meses después del estallido de la guerra y que quizá había sido concebido tras una barricada.

El tren tenía que salir a las ocho, y a las ocho y diez los intranquilos y sudorosos oficiales consiguieron concentrarnos en el patio del cuartel. Conservo un diáfano recuerdo de la escena iluminada por las antorchas, el alboroto, la emoción, las banderas rojas ondeando a la luz de las llamas, la prieta formación de los milicianos con el macuto en la espalda y las mantas enrolladas colgadas en bandolera; y los gritos, y el resonar de las botas y las marmitas de estaño, y luego el ruidoso siseo para pedir un silencio que acabó por imponerse; y, a continuación, un comisario político que se colocó al pie de una gigantesca bandera roja y lanzó una arenga en catalán. Finalmente, nos condujeron a la estación, por el camino más largo, de cinco o seis kilómetros, para que nos viera toda la ciudad. En las Ramblas nos detuvimos para escuchar un par de himnos revolucionarios, interpretados por una banda de música que nos habían cedido. Y otra la vez la apoteosis de los héroes, gritos de entusiasmo, banderas rojas y rojinegras por todas partes, multitudes vitoreantes apelotonadas en las aceras para vernos, mujeres que saludaban desde las ventanas. Qué natural me parecía todo entonces; qué remoto e inverosímil en la actualidad. El tren estaba tan atestado que apenas había sitio libre en el suelo, no digamos en los asientos. En el último momento, la mujer de Williams llegó corriendo por el andén y nos dio una botella de vino y una ristra de esas salchichas rojas que saben a jabón y producen diarrea. El tren fue saliendo de Cataluña para adentrarse en la meseta aragonesa a menos de veinte kilómetros por hora, velocidad normal en tiempo de guerra.

II

Barbastro, aunque muy lejos del frente, parecía desolado y castiga-
do. Regueros de milicianos desharrapados iban y venían por las calles
para entrar en calor. En una pared medio derruida, un cartel del año
anterior anunciaba que se iban a lidiar en la plaza «seis magníficos toros» en tal y tal fecha. Qué desamparados parecían sus borrados colores. ¿Dónde estarían en aquellos momentos los magníficos toros y los
magníficos toreros? Creo que ni siquiera en Barcelona había ya corridas de toros; no sé por qué, los mejores matadores eran fascistas.

Mi compañía se trasladó en camión a Siétamo y luego más hacia
el oeste, hacia Alcubierre, que quedaba inmediatamente detrás del
frente de Zaragoza. En tres ocasiones se había intentado tomar Siétamo, hasta que los anarquistas lo habían conquistado en octubre; los
obuses habían reducido a escombros parte del pueblo y casi todas las
casas estaban acribilladas a balazos. Nos hallábamos a 500 metros por
encima del nivel del mar; hacía un frío que pelaba y de la nada surgían masas de niebla que avanzaban formando remolinos. El conductor
del camión se perdió entre Siétamo y Alcubierre (era un rasgo característico de la guerra) y estuvimos vagando durante horas, perdidos en
la niebla. Era noche cerrada cuando llegamos a nuestro destino. Nos
condujeron por un terreno pantanoso hasta una cuadra, nos enterra-
mos en las granzas y nos quedamos dormidos al instante. Las granzas
no son malas para dormir cuando están limpias; no son tan buenas
como el heno, pero sí mejores que la paja. Sólo con la claridad del
amanecer me di cuenta de que las granzas estaban cubiertas de mendrugos, periódicos rotos, huesos, ratas muertas y botes de leche aguje-
reados.

Estábamos ya muy cerca del frente, lo suficiente para percibir el característico olor de la guerra, que por mi experiencia es olor a excremento y comida podrida. Alcubierre no había sufrido bombardeos y
estaba en mejor estado que la mayoría de las poblaciones próximas al
frente. No obstante, creo que ni siquiera en tiempo de paz se podría
recorrer los pueblos y aldeas aragoneses sin reparar en su miseria. Están construidos como las fortalezas, con una porción de insignificantes construcciones de piedra y barro arracimadas en torno a la iglesia,
por entre las que apenas se ven flores en primavera; las casas no tienen jardín, sólo un corral con gallinas sucias que dan traspiés en un

suelo alfombrado de boñigas de mula. Hacía un tiempo de perros y cuando no llovía había niebla. Las estrechas carreteras de tierra eran ríos de barro, de más de medio metro de profundidad en algunos puntos, en los que patinaban las ruedas de los camiones y por los que los campesinos trajinaban con desvencijados carros tirados por una reata de mulas, a veces hasta seis, siempre en hilera. El continuo ir y venir de soldados había dejado el pueblo sumido en la suciedad más indescriptible. Allí no había ni había habido nunca nada parecido a un lavabo, ni alcantarillado de ninguna clase, y no había ni un solo metro cuadrado donde poner el pie sin mirar antes qué se pisaba. La iglesia se venía usando como letrina desde hacía tiempo, al igual que los campos de medio kilómetro a la redonda. Cada vez que pienso en mis dos primeros meses en el frente, acuden a mi mente imágenes de rastrojos de invierno rodeados de zurullos acartonados.

Pasaron dos días y los fusiles no llegaban. Quien se acercaba al Comité de Guerra y observaba los agujeros de la pared –hechos por proyectiles, pues se había fusilado allí a varios fascistas–, agotaba los lugares de interés turístico de Alcubierre. Saltaba a la vista que no ocurría nada en el frente; llegaban muy pocos heridos. El momento más emocionante fue la aparición de desertores fascistas, que llegaban escoltados del frente. Pocos enemigos de aquella zona eran realmente fascistas; muchos no eran más que infelices que estaban haciendo el servicio militar en el momento de estallar la guerra y ardían en deseos de huir, y de vez en cuando se arriesgaban a cruzar las líneas en pequeños grupos. Es indudable que habrían desertado en mayor número si sus familiares no hubieran estado en territorio fascista. Estos desertores fueron los primeros fascistas «de verdad» que vi en mi vida. Me chocó que fueran tan parecidos a nosotros; la única diferencia era que vestían monos de color caqui. Siempre llegaban con un hambre de lobo, algo natural en quien se ha pasado un par de días andando a hurtadillas en tierra de nadie, pero siempre se los señalaba triunfalmente como prueba de que las tropas fascistas se morían de hambre. Observé a uno mientras le daban de comer en casa de un campesino. Era un espectáculo que despertaba compasión: un joven de veinte años, alto, curtido por la intemperie, vestido con harapos, acuclillado ante el fuego y devorando el guiso de la marmita militar a una velocidad asombrosa, sin dejar de mirar de reojo al círculo de milicianos que lo contemplaba. Supongo que en buena medida seguía creyendo que éramos «rojos» sedientos de sangre y que lo íbamos a fusilar en cuanto terminara de comer, mientras el hombre armado que lo vigilaba le acariciaba el hombro y le murmuraba palabras tranquilizadoras. Cierto día memorable llegaron quince desertores en un solo grupo. Se les hizo desfilar por el pueblo encabezados por un hombre montado en un caballo blanco. Les hice una foto que me salió borrosa y que luego me robaron.

La tercera mañana que pasamos en Alcubierre llegaron los fusiles. Un sargento de cara amarillenta y tosca los distribuía en la cuadra. Casi me desmayé cuando vi lo que me dieron. Era un Máuser alemán de 1896, ¡tenía más de cuarenta años! Estaba oxidado, el cerrojo iba duro, la caña estaba astillada; una ojeada a la boca del cañón revelaba que estaba corroído y sin salvación posible. Casi todos los fusiles eran igual de malos, algunos incluso peores, y a nadie se le ocurrió adjudicar las mejores armas a los hombres que sabían hacer uso de ellas. El mejor fusil, que sólo tenía diez años de antigüedad, se lo dieron a un bruto imbécil de quince años al que todos llamaban «el *maricón*». El sargento nos dio una «clase» de cinco minutos para explicarnos cómo se cargaba el fusil y cómo se desmontaba el cerrojo. Muchos milicianos no habían empuñado un arma en su vida, e imagino que muy pocos sabían para qué servían la mira y el alza. Se repartieron los cartuchos, cincuenta por barba; luego formamos, nos colgamos el macuto y partimos hacia el frente, que estaba a unos cinco kilómetros.

La *centuria*, ochenta hombres y varios perros, echó a andar a paso cansino por la culebreante carretera. Todas las columnas de milicianos tenían asignado al menos un perro como mascota. Al infeliz que iba con nosotros le habían marcado a fuego en el lomo la sigla POUM con grandes caracteres, y avanzaba tímidamente como si supiera que había algo raro en su aspecto. Al frente de la columna, junto a la bandera roja, marchaba Georges Kopp, el corpulento *comandante* belga, montado en un caballo negro. Un poco más allá iba y venía un joven jinete de la caballería miliciana (que recordaba a las partidas de bandoleros); se adelantaba hacia todas las cuestas y promontorios y se quedaba en la cima posando en actitud pintoresca. Durante la revolución se habían confiscado grandes cantidades de estupendos animales de la caballería y se habían cedido a los milicianos; éstos, como era de esperar, los montaban hasta que reventaban.

La carretera serpenteaba entre amarillentos campos yermos que no se habían tocado desde la siega del año anterior. Por delante teníamos la sierra que se alza entre Alcubierre y Zaragoza. Estábamos ya muy cerca del frente, cerca de las bombas, las ametralladoras y el barro. Sentía el miedo en mi interior. Sabía que el frente estaba tranquilo en aquel momento, pero a diferencia de casi todos los que me rodeaban tenía edad suficiente para recordar la Gran Guerra, aunque no tanta como para haber combatido en ella. La guerra significaba para mí proyectiles silbando y fragmentos de acero saltando; pero por encima de todo significaba barro, piojos, hambre y frío. Es curioso, pero el frío me atemorizaba más que el enemigo. Aquella idea no había dejado de obsesionarme mientras había estado en Barcelona; incluso me había despertado de noche pensando en el frío de las trincheras, las alertas durante los amaneceres neblinosos, las largas horas del turno de guardia con un fusil congelado, el barro helado metiéndoseme en las botas. Confieso también que me asaltaba una especie de horror al mirar a los hombres entre los que avanzaba. Es imposible imaginar lo que parecíamos. Marchábamos con menos cohesión que un rebaño de ovejas; no habíamos avanzado ni tres kilómetros y ya habíamos perdido de vista a los que venían detrás. Y la mitad de los llamados hombres eran niños, y quiero decir literalmente niños, con dieciséis años a lo sumo. Sin embargo, todos estaban contentos y emocionados ante la idea de estar por fin en el frente. Conforme nos acercábamos, los muchachos que rodeaban la bandera de la cabeza de la columna se pusieron a dar gritos, «*Visca el POUM!*», «*¡Fascistas, maricones!*», etc., gritos que querían ser beligerantes y amenazadores, pero que en aquellas gargantas infantiles sonaban tan desamparados como los maullidos de los gatitos. Era terrible que la defensa de la República consistiera en aquella muchedumbre de niños harapientos con fusiles oxidados que no sabían manejar. Recuerdo que me pregunté qué habría pasado si nos hubiera sobrevolado un avión fascista, si el piloto se habría tomado la molestia de descender para regalarnos una ráfaga de ametralladora. Seguro que incluso desde el aire se habría dado cuenta de que no éramos auténticos soldados.

Cuando la carretera penetró en la sierra nos desviamos a la derecha y subimos por un camino de cabras que bordeaba la ladera. Los montes de aquella parte de España tienen una forma curiosa, como de herradura, con la cima achatada y laderas empinadas que se precipitan en tremendos barrancos. En las cuestas más altas tan sólo hay matas raquíticas, brezos y los blancos huesos de la piedra caliza que asoman por todas partes. El frente no era allí una línea continua de trincheras, cosa imposible en un terreno tan montañoso; era simplemente una cadena de puestos fortificados, llamados en todos los casos «posiciones», instalados en cada una de las cumbres. De lejos se alcanzaba a ver nuestra «posición» en lo alto de la herradura: una barricada desigual de sacos terreros, una bandera roja ondeando, el humo de las hogueras del refugio. Desde un poco más cerca podía olerse el hedor nauseabundo y dulzón que luego tuve metido en la nariz durante semanas.

Inmediatamente detrás de la posición había una quiebra en la que se habían dejado caer todos los desechos de varios meses, un lecho profundo y emponzoñado de curruscos de pan, excremento y latas oxidadas.

Los hombres de la compañía a la que íbamos a relevar estaban haciendo el macuto. Habían pasado tres meses en el frente; tenían el uniforme cubierto de barro seco, las botas se les caían a pedazos y casi nadie se había afeitado. El capitán que mandaba la posición se apellidaba Levinski aunque todos lo llamaban Benjamín, y era judío y polaco de nacimiento, si bien hablaba el francés como si fuera su lengua materna. Salió del refugio y se acercó a saludarnos. Era bajo, de unos veinticinco años, de pelo negro muy tieso, y con una cara pálida y entusiasta que a aquellas alturas de la guerra llevaba siempre muy sucia. Algunas balas perdidas pasaban silbando por las alturas. La posición era un recinto semicircular de unos cincuenta metros de anchura, con un parapeto construido con sacos terreros y piedras. Había treinta o cuarenta refugios que se hundían en el suelo como madrigueras. Williams, yo y el cuñado español de Williams echamos a correr en busca del refugio vacío más cercano que tuviera trazas de poder habitarse. De vez en cuando se oía un disparo de fusil en el lado enemigo y el eco rodaba de un modo extraño entre las pétreas colinas. Acabábamos de dejar el macuto y salíamos gateando del agujero cuando se oyó otra detonación y un niño de nuestra compañía que estaba en el parapeto reculó con la cara echando sangre. El disparo lo había efectuado él y, sin saber por qué, le había saltado el cerrojo; los fragmentos de la recámara reventada le habían arrancado la piel a tiras. Era nuestra primera baja y, significativamente, causada por nosotros mismos.

Por la tarde hicimos la primera guardia y Benjamín nos enseñó la posición. Delante del parapeto discurría una serie de trincheras estrechas, abiertas en la roca, con aspilleras muy primitivas, hechas con montones de piedras. Había doce centinelas apostados en diversos puntos de la trinchera y detrás del parapeto. Delante de la trinchera estaba la alambrada y, un poco más allá, la ladera se hundía en un barranco que parecía no tener fondo; enfrente teníamos montes pelados, en algunos lugares simples picachos, grises, desolados por el invierno, sin nada vivo en ninguna parte, ni siquiera un pájaro. Miré con precaución por una aspillera, tratando de localizar la trinchera fascista.

—¿Dónde está el enemigo?

Benjamín estiró la mano con vaguedad.

—Por allí —dijo (hablaba inglés; un inglés espantoso, eso sí).

—Pero ¿dónde?

Por lo que yo sabía de la guerra de trincheras, los fascistas tenían que estar a cincuenta o cien metros de allí. No alcanzaba a ver nada; al parecer, sus trincheras estaban muy bien ocultas. El corazón me dio un vuelco cuando localicé el punto que señalaba Benjamín; en lo alto del monte que teníamos enfrente, al otro lado del barranco, a setecientos metros por lo menos, se veía la estrecha franja de un parapeto y una bandera roja y amarilla: era la posición fascista. Mi desilusión fue indescriptible. ¡No estábamos cerca de ellos! A aquella distancia los fusiles no nos serían de ninguna utilidad. Pero en aquel instante se produjo un griterío. Dos fascistas, unas figuritas grises en la lejanía, ascendían por la pelada ladera frente a nosotros. Benjamín le quitó el fusil al hombre que tenía más cerca, apuntó y apretó el gatillo. Clic. Un cartucho defectuoso; mal presagio, me dije.

Los nuevos centinelas, que acababan de llegar a la trinchera, lanzaron una descarga terrible contra ningún punto en particular. Veía a los fascistas, diminutos como hormigas, corretear tras su parapeto, y en ocasiones una cabeza reducida a un punto negro asomaba descaradamente durante unos segundos. Saltaba a la vista que era inútil disparar. Pero el centinela que tenía a mi izquierda, abandonando su puesto a la típica usanza española, se me acercó con sigilo y me animó a hacer fuego. Quise explicarle que a aquella distancia y con aquellos fusiles no se podía dar a nadie ni por casualidad, pero era sólo un niño y siguió señalándome con el fusil uno de los puntos negros, sonriendo con la avidez de un perro que espera que arrojen un guijarro. Al final ajusté el alza del fusil a setecientos y disparé. El punto desapareció. Espero que le diese lo bastante cerca para obligarlo a saltar. Fue la primera vez en mi vida que disparé un arma de fuego contra un ser humano.

Ahora que había visto el frente me sentía muy asqueado. ¡Llamaban guerra a aquello! ¡Ni siquiera estábamos en contacto con el enemigo! No me preocupé por esconder la cabeza en la trinchera. Unos momentos después un proyectil me pasaba junto al oído con un zurrido desagradable y se estrellaba en el espaldón. ¡Ah! Me agaché. Toda la vida me había jurado que no me agacharía la primera vez que me rozara un proyectil, pero por lo visto se trata de un movimiento instintivo que todo el mundo hace al menos una vez.

III

Hay cinco cosas importantes en la guerra de trincheras: la leña, la comida, el tabaco, las velas y el enemigo. Aquel invierno, en el frente de Zaragoza, fueron importantes en ese orden, con el enemigo en ultimísimo lugar. Nadie se preocupaba por él salvo de noche, cuando cabía siempre la posibilidad de que atacara por sorpresa. No eran más que lejanos insectos negros a los que de vez en cuando veíamos dar saltitos. El verdadero problema de los dos ejércitos era combatir el frío. Debo decir de pasada que durante mi estancia en España presencié muy pocos combates. Estuve en el frente de Aragón entre enero y mayo, y entre enero y finales de marzo no ocurrió allí nada o casi nada, salvo en Teruel. En marzo se libraron duros combates en los alrededores de Huesca, pero mi papel en ellos fue insignificante. Luego, en junio, se produjo el desastroso ataque sobre Huesca en el que perecieron millares de hombres en un solo día, pero a mí ya me habían herido y dado de baja por entonces. No sufrí los horrores que normalmente se atribuyen a la guerra. Ningún avión dejó caer ninguna bomba cerca de mí; no creo que ningún obús estallara a menos de cincuenta metros de donde yo estaba; y sólo participé en un combate cuerpo a cuerpo una vez (con ciertas cosas, una ya es demasiado). Como es lógico, estuve con frecuencia bajo el intenso fuego de las ametralladoras, pero por lo general muy lejos de ellas. Incluso en Huesca se podía estar a salvo en términos generales, si se tomaban las mínimas precauciones.

Allí, en lo alto de aquellos montes próximos a Zaragoza, no había más que el aburrimiento y el malestar de las guerras en punto muerto. Una vida tan monótona como la de un oficinista y casi tan metódica. Cambio de centinelas, patrullas, cavar; cavar, patrullas, cambio de centinelas. En lo alto de cada promontorio, fascista o republicano, un puñado de hombres sucios y harapientos tiritando alrededor de su bandera y tratando de entrar en calor. Y de día y de noche balas perdidas que vagaban por los collados vacíos y que sólo por rarísima y remota casualidad hacían blanco en un cuerpo humano.

A menudo observaba el paisaje invernal y me asombraba de la inutilidad de todo aquello. ¡La irresolución de aquellas guerras! Antes, en octubre, se habían producido encarnizados combates por apoderarse de aquellos montes; luego, como la falta de hombres y armas, sobre todo de artillería, imposibilitaba una operación a gran escala, ambos ejércitos se habían atrincherado e instalado en las cimas conquistadas. A la derecha teníamos un pequeño puesto avanzado, también del

POUM, y en el ramal montañoso de la izquierda, a las siete de nuestra posición, había otra del PSUC orientada hacia un ramal más elevado y coronado por varios puestos fascistas de poca entidad. La llamada línea del frente avanzaba en zigzag, dibujando un mapa que habría sido ininteligible de no haber ondeado una bandera en cada posición; las del POUM y las del PSUC eran rojas; las de los anarquistas, rojinegras; los fascistas enarbolaban por lo general la bandera monárquica (roja, amarilla y roja), aunque a veces izaban la de la República (roja, amarilla y morada).* El paisaje era soberbio si uno conseguía olvidar que todas las cimas montañosas estaban tomadas por soldados y por lo tanto alfombradas de botes de conservas y excrementos. A nuestra derecha, la sierra doblaba hacia el sudeste y cedía el paso al ancho y veteado valle que se prolongaba hasta Huesca. En mitad de la llanura había unos cubitos que parecían una jugada de una partida de dados; era Robres, un pueblo que estaba en manos republicanas. El valle, por la mañana, solía yacer oculto bajo un mar de nubes del que sobresalían los montes chatos y azules, haciendo que el paisaje guardara un extraño parecido con un negativo fotográfico. Al otro lado de Huesca había más montes como los nuestros, con festones de nieve cuya forma cambiaba todos los días. En la remota lejanía, los monstruosos picos de los Pirineos, con sus nieves perpetuas, parecían flotar en el aire. Todo parecía pelado y muerto incluso en la llanura de abajo. Los montes que teníamos enfrente eran grises y de superficie arrugada, como la piel de los elefantes. Casi nunca había pájaros en el cielo. Creo que jamás he visto un lugar con tan pocos pájaros; los únicos que se veían, cuando se veían, eran una especie de urraca, bandadas de perdices que nos sobresaltaban por la noche con su repentino aleteo y, muy rara vez, águilas que nos sobrevolaban despacio, generalmente acompañadas por disparos de fusil ante los que no se dignaban inmutarse.

Las noches con niebla se enviaban patrullas al collado que nos separaba de los fascistas. Era un cometido que no gustaba, pues hacía demasiado frío y era demasiado fácil perderse, y no tardé en advertir que podía irme a patrullar siempre que lo deseara. En aquellos accidentados barrancos no había caminos ni senderos de ninguna clase; la única forma de orientarse era hacer muchas salidas y añadir puntos de referencia en cada ocasión. A tiro de bala, el puesto fascista más próxi-

* Orwell, en su Fe de Erratas, anotó: «Ahora no estoy totalmente seguro de haber visto alguna vez la bandera republicana en una posición fascista, aunque creo que a veces la enarbolaban con una pequeña esvástica encima». *(N. del E.)*

mo a nosotros quedaba a setecientos metros, pero la única ruta practicable recorría dos kilómetros y medio. No dejaba de ser extraño vagar por los negros collados con las balas perdidas silbando por encima de uno, como pajarillos piando. Mejores que las noches eran las nieblas espesas, que a menudo duraban todo el día y tenían por costumbre colgarse de la cima de las montañas y dejar los valles despejados. Cuando uno estaba cerca de las líneas fascistas tenía que reptar como los caracoles; era muy difícil moverse en silencio por aquellas laderas, entre arbustos crujientes y piedras quejumbrosas. Sólo después de tres o cuatro intentos conseguí alcanzar las líneas fascistas. La niebla era muy densa, así que me acerqué reptando hasta la alambrada. Oí hablar y cantar a los fascistas. De pronto me alarmé al oír que un grupo bajaba la ladera hacia mí; me encogí detrás de un arbusto que súbitamente se me antojó pequeñísimo y traté de montar el fusil sin hacer ruido. Pero se desviaron y al final no vi a ninguno. Al pie del arbusto tras el que me había escondido había reliquias del último tiroteo: un montón de casquillos, una gorra de cuero con un agujero de bala y una bandera roja, sin duda de las nuestras; me la llevé a la posición, y allí la rompieron con total indiferencia para hacer trapos de limpieza.

Me habían nombrado *cabo,* como dicen allí, en cuanto llegamos al frente, y tenía a mi cargo una dotación de doce hombres. No fue ninguna ganga, y menos al principio. La centuria era una muchedumbre sin experiencia, compuesta sobre todo por adolescentes. De vez en cuando se encontraba uno con milicianos de once o doce años, por lo general refugiados que habían huido de la España fascista y se habían alistado en las milicias civiles para sobrevivir. Solía encargárseles de trabajos ligeros en la retaguardia, pero a veces se las apañaban para aparecer en el frente, donde eran un peligro público. Recuerdo que uno de aquellos monstruitos arrojó una bomba de mano a la hoguera del refugio «para gastar una broma». En Monte Pocero no creo que hubiese nadie menor de quince años, pero la edad media debía de estar muy por debajo de los veinte. Nunca debería emplearse jóvenes de estas edades en el frente, porque no pueden soportar la falta de sueño que es inseparable de la guerra de trincheras. Al principio resultaba casi imposible tener la posición debidamente vigilada por la noche. Los niños de mi sección no se levantaban a menos que los sacáramos a rastras de los refugios, y en cuanto les dábamos la espalda o abandonaban el puesto y volvían al refugio o bien, a pesar de aquel frío de muerte, se apoyaban en la escarpa de la trinchera y se quedaban dormidos. Por suerte, el enemigo tenía poca iniciativa. Había noches en que me daba la sensación de que habrían podido conquistarnos veinte *boy scouts* con escopetas de aire comprimido, o veinte *girl guides* armadas con raquetas, para el caso.

Las milicias catalanas estaban todavía organizadas como al comienzo de la guerra y seguirían así durante mucho tiempo. Las habían formado precipitadamente diversos sindicatos y partidos políticos al principio de la insurrección de Franco; cada una era básicamente una organización política que obedecía a su partido tanto como al gobierno. Cuando a comienzos de 1937 se constituyó el Ejército Popular, que era un ejército «apolítico» organizado más o menos según los cánones habituales, en teoría las milicias de los partidos se integraron en él. Sin embargo, esta modificación siguió siendo nominal durante mucho tiempo; las tropas del Ejército Popular no llegaron al frente de Aragón hasta junio y la estructura de las milicias se mantuvo sin cambios hasta entonces. El rasgo esencial de esta estructura era la igualdad social entre los mandos y los soldados. Todos, desde el general hasta el soldado raso, percibían la misma paga, comían la misma comida, vestían la misma ropa y confraternizaban con sentido de la igualdad. Si uno quería darle una palmada en la espalda al general que mandaba la división y pedirle un cigarrillo, lo hacía y a nadie le parecía raro. Cuando menos en teoría, cada milicia era una democracia, no un cuerpo jerarquizado. Se sobrentendía que las órdenes había que cumplirlas, pero también que la orden se la daba un compañero a otro compañero, no un superior a un inferior. Había oficiales y suboficiales, pero no había grados militares en el sentido corriente; tampoco títulos, ni insignias, ni taconazos, ni saludos. El objetivo había sido reproducir en el seno de las milicias un modelo provisional de sociedad sin clases. Como es lógico, la igualdad no era absoluta, pero nunca había visto nada que se acercara tanto ni había creído que algo así fuera posible en una guerra.

Confieso, no obstante, que la primera vez que vi la situación del frente quedé horrorizado. Era imposible que semejante ejército ganara la guerra. Todo el mundo lo decía entonces, y era verdad, pero también era un poco exagerado. Porque, dadas las circunstancias, las milicias no habrían podido ser mucho mejores de lo que eran. Los modernos ejércitos mecanizados no crecen en los campos y, si el gobierno hubiera esperado a tener tropas debidamente preparadas, Franco no habría encontrado resistencia. Luego vino la moda de criticar a las milicias y de engañarse achacando los fallos debidos a la falta de armas y preparación al sistema igualitario. Es cierto que un contingente de milicianos recién reclutados era una muchedumbre indisciplinada, pero no porque los oficiales llamaran «camaradas» a los soldados rasos, sino porque los recién incorporados a filas son siempre una muchedumbre indisciplinada. En la práctica, el modelo democrático y «revolucionario» de disciplina es más seguro de lo que cabría esperar. En un ejército de trabajadores, la disciplina es teóricamente voluntaria, basada en la lealtad de clase, mientras que la disciplina de un ejército burgués de reclutamiento obligatorio se fundamenta en última instancia en el miedo. (El Ejército Popular que sustituyó a las milicias civiles estaba a caballo de ambos modelos.) En las milicias no se habrían tolerado ni por un momento las intimidaciones y los malos tratos que suelen darse en los ejércitos corrientes. Existían los castigos militares normales, pero sólo se aplicaban cuando el delito era muy grave. Si un hombre se negaba a obedecer una orden, no se le castigaba de inmediato; primero se razonaba con él por compañerismo. Los escépticos sin experiencia en el mando se apresurarán a asegurar que esto no «funcionaría» nunca, pero lo cierto es que a la larga «funciona». La disciplina de los reclutas, incluso de los peores, mejoraba a ojos vistas con el paso del tiempo. En enero casi me salieron canas tratando de poner en condiciones a una docena de reclutas recién llegados. En mayo, durante un breve periodo, fui teniente provisional con mando sobre unos treinta hombres, ingleses y españoles; todos habíamos estado bajo el fuego enemigo durante meses y nunca tuve el menor problema para hacerme obedecer ni en conseguir voluntarios para una misión peligrosa. La disciplina «revolucionaria» se basa en la conciencia política, en saber por qué hay que acatar las órdenes; se tarda tiempo en inculcarlo, pero también se tarda en adiestrar a un hombre en el patio del cuartel hasta transformarlo en un autómata. Los periodistas que se burlaban de la estructura de las milicias raras veces recordaban que los milicianos mantuvieron las posiciones mientras el Ejército Popular se preparaba en la retaguardia. Y que los milicianos permanecieran al menos en sus puestos constituye de por sí un tributo a la fortaleza de la disciplina «revolucionaria», porque hasta junio de 1937 lo único que los retuvo allí fue la lealtad de clase. A un desertor se lo podía fusilar —se hacía de vez en cuando—, pero si mil hombres hubieran decidido abandonar las líneas todos juntos no habría existido fuerza capaz de detenerlos. Un ejército regular en las mismas circunstancias —sin policía de seguridad detrás de los soldados—* se habría disuelto. Sin embargo, los milicianos mantuvieron las posiciones, aunque Dios es tes-

---

* Orwell utiliza aquí un término característico de la primera guerra mundial, *battle-police*, policía militar que se situaba en retaguardia de la infantería durante los ataques para impedir los escaqueos y las deserciones. *(N. del T.)*

tigo de que consiguieron muy pocas victorias, y las deserciones no fueron habituales. En los cuatro o cinco meses que estuve en las milicias del POUM sólo oí hablar de cuatro desertores, y dos de ellos eran espías que se habían alistado para obtener información. Al principio, el caos imperante, la falta general de preparación, el tener que discutir con frecuencia durante cinco minutos para que cumplieran una orden me ponían frenético. Mis conceptos militares procedían del ejército británico, y las milicias civiles españolas eran el polo opuesto. Pero, teniendo en cuenta las circunstancias, fueron mejores unidades de lo que era lícito esperar.

Entretanto, la leña, siempre la leña. Creo que en mi diario no hay ninguna anotación de aquel periodo donde no se hable de la leña o, mejor dicho, de su inexistencia. Estábamos entre seiscientos y novecientos metros por encima del nivel del mar, en pleno invierno, y el frío era indescriptible. La temperatura no era excepcionalmente baja, algunas noches ni siquiera helaba y casi todos los días lucía el sol durante una hora al final de la mañana; pero, aunque no hiciera frío realmente, desde luego lo parecía. Unas veces soplaba un viento ululante que te arrancaba el gorro y te hacía nudos en el pelo; otras eran neblinas que se colaban en la trinchera como una masa líquida y te calaban hasta los huesos. Llovía con frecuencia y bastaba que lloviese un cuarto de hora para hacer intolerable la situación; la fina sábana de tierra que cubría las piedras se convertía rápidamente en grasa resbaladiza, y como siempre estábamos subiendo y bajando cuestas era imposible tenerse en pie. De noche y a oscuras solía caerme media docena de veces en veinte metros, y esto era peligroso, porque el percutor del fusil se atascaba con el barro. Ropa, botas, mantas y fusiles quedaban cubiertos de lodo durante días. Yo me había llevado toda la ropa de abrigo que había podido, pero eran muchos los hombres que apenas tenían qué ponerse. En toda la guarnición, formada por unos cien hombres, no había más que doce capotes que los centinelas tenían que pasarse entre sí, y la mayoría sólo disponía de una manta. Una noche glacial anoté en el diario las prendas que llevaba puestas. Resulta interesante, porque revela cuánta ropa es capaz de acarrear un cuerpo humano. Llevaba camiseta y calzoncillos largos de paño grueso, camisa de franela, dos jerséis, una chaquetilla de lana, una cazadora de cuero, bombachos de pana, polainas de vendas, calcetines gruesos, botas, un impermeable grueso, bufanda, guantes forrados y gorro de punto, y a pesar de todo tiritaba como la gelatina. Aunque he de confesar que soy anormalmente sensible al frío.

Lo que en verdad importaba era la leña. El problema de la leña era que prácticamente no había. Nuestra desdichada montaña tenía poca vegetación incluso en su mejor momento, y dado que los milicianos muertos de frío llevaban meses rapándola, todo lo que era más grueso que un dedo se había quemado ya. Siempre que no estábamos comiendo, durmiendo, de guardia o haciendo los servicios del día, andábamos por el collado de detrás de la posición recogiendo combustible. Cuando pienso en aquel periodo me veo subiendo y bajando laderas casi verticales, entre piedras afiladas que cortaban las botas, saltando con avidez sobre tallos diminutos. Tres personas buscando durante dos horas podían recoger combustible suficiente para mantener encendida la hoguera del refugio durante una hora aproximadamente. La desesperación por encontrar leña nos convirtió a todos en botánicos. Clasificamos todas las plantas que crecían en la ladera de acuerdo con sus propiedades de combustibilidad: el brezo y las hierbas útiles prendían las llamas pero se apagaban a los pocos minutos; el romero y las pequeñas matas de aulaga ardían cuando el fuego cobraba fuerza; la carrasca, que abulta menos que un grosellero, era prácticamente incombustible. Había una especie de junco seco que era estupendo para encender el fuego, pero crecía sólo en la cumbre de la izquierda de nuestra posición y para recogerlo había que quedar al descubierto. Cuando los fascistas nos veían, sus ametralladoras nos regalaban toda una cinta de cartuchos. Por lo general tiraban alto y los proyectiles silbaban en el aire como pájaros, pero a veces daban en rocas inquietantemente cercanas y había que echarse al suelo de cabeza. Pese a todo, seguíamos recogiendo juncos; ante la perspectiva de la leña, nada tenía importancia.

Comparados con el frío, los demás inconvenientes resultaban insignificantes. Por otro lado, estábamos siempre sucios. El agua, como la comida, nos la traían en mula de Alcubierre y daba para un litro diario por barba. Era un agua asquerosa, apenas más transparente que la leche. Supuestamente era sólo para beber, pero yo robaba una marmita llena para asearme todas las mañanas; un día me lavaba y el siguiente me afeitaba, pues no había agua suficiente para ambas cosas. La posición olía a rayos; fuera del recinto todo el monte era excremento. Algunos milicianos solían defecar en la trinchera y era un asco cuando había que moverse en la oscuridad. Sin embargo, la suciedad no me molestó en ningún momento. Se exagera mucho cuando se habla de la suciedad. Pero es sorprendente la rapidez con que se acostumbra uno a prescindir de los pañuelos y a comer en la marmita de estaño en la que también se lava. Y después de un par de días tampoco representa ninguna molestia dormir vestido; naturalmente, era imposible desnudarse y menos descalzarse por la noche, porque había que estar preparado para presentarse al instante si nos atacaban. En ochenta noches sólo me desnudé tres veces, aunque de vez en cuando me quitaba la ropa de día. Hacía demasiado frío para tener piojos todavía, pero había ratas y ratones por doquier. Suele decirse que donde hay ratas no hay ratones, pero éstos aparecen si hay comida suficiente para todos.

En otros aspectos no estábamos tan mal. La comida era buena y había vino en abundancia. Nos daban un paquete de tabaco al día, cerillas cada dos días, y había incluso provisión de velas. Eran velas muy delgadas, como las de las tartas navideñas, y se daba por sentado que se habían robado en las iglesias. Cada refugio recibía a diario un trozo de vela de siete centímetros, que duraba unos veinte minutos. En aquella época aún se podían comprar velas y yo me las había llevado por kilos. Cuando con el tiempo nos quedamos sin cerillas ni velas, la vida se hizo insoportable. No nos damos cuenta de la importancia de estas cosas hasta que nos faltan. Por ejemplo, en una alarma nocturna, cuando todos los hombres del refugio se abalanzan sobre el fusil y se dan puntapiés en la cara, encender una cerilla puede representar la diferencia entre la vida y la muerte. Todos los milicianos tenían un chisquero y una mecha amarilla de varios metros. Después del fusil era el objeto más importante. Los chisqueros tenían la gran ventaja de que se podían utilizar con viento, pero sólo producían brasa y no servían para encender una hoguera. Cuando la escasez de cerillas llegó a su punto culminante, sólo pudimos encender fuego vaciando un cartucho y acercando el chisquero a la pólvora.

Era una vida fuera de lo común, una forma extraordinaria de estar en guerra, si es que a aquello se le podía llamar guerra. Todos los milicianos nos resentíamos de la inactividad y preguntábamos sin cesar por qué no nos dejaban pasar al ataque, pero saltaba a la vista que no iba a haber batalla durante mucho tiempo. Georges Kopp, en sus inspecciones periódicas, nos lo decía con toda franqueza:

—Esto no es una guerra. Es una opereta con algún que otro muerto.

En realidad, el estancamiento del frente de Aragón se debía a causas políticas de las que yo no sabía nada por entonces; aunque los inconvenientes puramente militares —excepción hecha de la escasez de hombres— eran evidentes para todos.

En primer lugar estaba la naturaleza del terreno. La primera línea, la nuestra y la de los fascistas, aprovechaba recursos naturales inexpugnables que por definición sólo podían atacarse por un flanco. Con unas cuantas trincheras, un lugar así no lo puede tomar la infantería, salvo que sea muy numerosa. Bastaban doce hombres y dos ametralladoras para frenar un batallón, desde donde estábamos y desde casi cualquiera de las posiciones que nos rodeaban. Encaramados en la cumbre como estábamos, habríamos sido un blanco perfecto para la artillería; pero no había artillería. A veces me ponía a mirar el paisaje y suspiraba —¡ah, con qué vehemencia!— por un par de baterías de cañones. Habría destruido las posiciones enemigas, una tras otra, con la facilidad con que se parten nueces con un martillo. Pero en nuestro bando sencillamente no había cañones. Los fascistas se traían de tarde en tarde un par de cañones de Zaragoza y nos lanzaban unos obuses, tan pocos que nunca encontraban el ángulo de tiro y caían sin causar daños en los barrancos vacíos. Contra ametralladoras y sin artillería sólo podían hacerse tres cosas: atrincherarse a una distancia segura, por ejemplo a cuatrocientos metros; avanzar a campo descubierto y morir; y efectuar ataques nocturnos a pequeña escala que no modificarían la situación general. Las alternativas eran prácticamente dos: o estancamiento o suicidio.

Y encima estaba la falta total y absoluta de material bélico. Hay que forzar la imaginación para comprender lo mal armadas que estaban las milicias entonces. Los cadetes de un colegio privado inglés* habrían tenido más aspecto de ejército que nosotros. La miseria de nuestro armamento era tan espeluznante que vale la pena entrar en detalles.

Toda la artillería que había en aquel sector del frente consistía en cuatro morteros ligeros, con quince granadas por unidad. Ni que decir tiene que éstas eran demasiado valiosas para dispararse, de modo que los morteros se habían quedado en Alcubierre. Había ametralladoras, aproximadamente una por cada cincuenta hombres; eran armas anticuadas, pero muy precisas a una distancia de trescientos o cuatrocientos metros. Aparte de esto no teníamos más que fusiles y casi todos eran chatarra. Los teníamos de tres modelos. El primero era el máuser largo. Éstos no solían tener menos de veinte años, su alza era tan útil como un velocímetro estropeado y casi todos tenían oxidada el ánima del cañón; no obstante, uno de cada diez estaba en buenas condiciones. Luego teníamos el máuser corto o *mosquetón*, en realidad un arma de caballería. Se preferían a los demás porque pesaban menos y eran más manejables en una trinchera, y también porque eran relati-

* Los alumnos de los colegios privados ingleses estaban obligados a pasar cierta instrucción militar. *(N. del T.)*

vamente nuevos y parecían eficaces. En realidad, apenas servían para nada; estaban hechos con partes que se habían vuelto a montar, sin que ningún cerrojo perteneciera al fusil en que estaba, y podía contarse con que las tres cuartas partes se atascaran al quinto disparo. Había también unos cuantos rifles Winchester. Daba gusto disparar con ellos, pero eran muy imprecisos y, como no tenían cargador, había que cargarlos tras cada disparo. La munición escaseaba tanto que a cada hombre que llegaba al frente se le daban sólo cincuenta cartuchos, casi todos defectuosos. Los cartuchos españoles no eran más que vainas vueltas a llenar, y se encasquillaban incluso con los mejores fusiles. Los cartuchos mexicanos eran superiores y en consecuencia se reservaban para las ametralladoras. La mejor munición era la de patente alemana, pero no abundaba, porque la única que conseguíamos procedía de los prisioneros y los desertores. Yo siempre llevaba en el bolsillo un cargador con cartuchos alemanes o mexicanos, para los casos de emergencia. Pero en la práctica, cuando se presentaba la emergencia, raras veces apretaba el gatillo del fusil; estaba demasiado asustado por la posibilidad de que se me encasquillara el endiablado trasto y demasiado obsesionado por ahorrar a cualquier precio un cartucho que funcionase.

No teníamos cascos metálicos ni bayonetas, y menos aún revólveres o pistolas, y disponíamos sólo de una bomba de mano por cada cinco o diez hombres. Las bombas entonces en uso eran unos objetos temibles que se llamaban «bombas FAI», ya que las habían inventado los anarquistas al comienzo de la guerra. Se basaban en el principio de la bomba de Mills, pero con la palanca sujeta por una cinta y no por un pasador. Una vez que se retiraba la cinta, había que arrojarla con toda la celeridad posible. Se decía que eran bombas «imparciales», porque mataban tanto a quienes las recibían como a quienes las lanzaban. Las había también de otras clases, más primitivas aún, pero probablemente un poco menos peligrosas (quiero decir para el lanzador). Hasta fines de marzo no vi una bomba de mano que sirviera.

Y, aparte de las armas, escaseaban asimismo todos los accesorios que la guerra exige. Por ejemplo, carecíamos de mapas o planos. España nunca se ha cartografiado a fondo y los únicos mapas detallados de la zona eran viejas cartas militares, casi todas en poder de los fascistas. No teníamos telémetros, ni catalejos, ni periscopios, ni prismáticos de campaña al margen de unos cuantos que eran de propiedad privada, ni luminarias, ni bengalas, ni cizallas, ni herramientas de maestro armero, y menos todavía útiles de mantenimiento. Los españoles, por lo visto, no habían oído hablar nunca de las baquetas, y me miraron con cara de sorpresa cuando construí una. Si había que limpiar un fusil, se llevaba al sargento, que tenía una larga varilla metálica, inevitablemente doblada, que arañaba el ánima del cañón. Ni siquiera había grasa de fusil, de modo que se lubricaba con aceite de oliva, cuando se podía pillar un poco; yo llegué a engrasar el mío, en diferentes momentos, con vaselina, con crema para la piel e incluso con grasa de tocino. Además, no había faroles ni linternas eléctricas; en aquella época no creo que existiera nada parecido a una linterna eléctrica en toda la región, y el lugar más cercano para adquirir una era Barcelona, y aun así con dificultades.

Conforme pasaba el tiempo y mientras el desganado fuego de los fusiles retumbaba en los collados empecé a preguntarme con creciente escepticismo si en aquella disparatada guerra ocurriría alguna vez algo que trajera un poco de vida o, mejor dicho, un poco de muerte. Luchábamos contra la pulmonía, no contra hombres. Cuando entre trinchera y trinchera hay más de quinientos metros no se le acierta a nadie más que por casualidad. Por supuesto, algunos hombres caían, pero casi todos víctimas de ellos mismos. Si mal no recuerdo, los cinco primeros heridos que vi en España se dispararon ellos mismos, no intencionadamente, sino por accidente o descuido. Aquellos fusiles defectuosos eran un peligro. Algunos tenían la fea costumbre de dispararse solos cuando se daba con la culata en el suelo; he visto a un hombre volarse la mano por hacer eso. Y los novatos siempre estaban disparándose entre sí en la oscuridad. Ni siquiera había empezado a anochecer la tarde en que un centinela me disparó desde veinte metros, aunque falló por uno; nadie sabe cuántas veces he salvado la vida gracias a la mala puntería de los españoles. En otra ocasión tenía que salir a patrullar en medio de la niebla y por precaución había avisado previamente al jefe de la guardia. Pero cuando al volver tropecé con un arbusto, el asustado centinela dio la voz de que llegaban los fascistas y tuve el placer de oír al jefe de la guardia dar orden de abrir fuego hacia donde me hallaba. Yo me había echado a tierra, claro está, y las balas me pasaron por encima sin tocarme. Nada convencerá nunca a un español, y menos si es joven, de que las armas de fuego las carga el diablo. Unos días después estaba fotografiando a un equipo de ametralladoras apostado detrás de su arma, que me apuntaba directamente.

—No me disparéis —les dije medio en broma mientras ajustaba el enfoque.

—No, hombre, no.

Antes de que me diera cuenta se oyó un rugido espantoso y un chorro de proyectiles me pasó rozando, tan cerca que se me incrustaron en la cara algunos granos de cordita. Fue sin querer y los de la ametralladora se lo tomaron a chacota. Pero unos días antes habían visto a un delegado político que se había puesto a hacer el tonto con una pistola automática y sin querer le había metido cinco balas en los pulmones a un mulero.

Las complicadas contraseñas que el ejército utilizaba por entonces eran otra fuente de peligros, aunque menor. Se trataba de pesadas contraseñas dobles en que había que responder a una palabra con otra. Por lo general eran de carácter elevado y revolucionario, como *Cultura - progreso*, o *Seremos - Cataluña*, y costaba mucho que los centinelas analfabetos recordaran palabras tan grandilocuentes. Recuerdo que una noche el santo y seña era *Cataluña - heroica*, y un campesino carirredondo que se llamaba Jaime Doménech se me acercó con cara de desconcierto.

—Oye, ¿qué quiere decir eso de *heroica*?

Le respondí que era lo mismo que *valiente*. Más tarde, ya en plena noche, se acercó dando traspiés por la trinchera y el centinela le gritó:

—¡*Alto*! ¡*Cataluña*!

—¡*Valiente*! —respondió Jaime, convencido de que lo decía bien.

¡Bang!

Pero no le dio. En aquella guerra, mientras fuera materialmente posible, todos conseguían fallar.

IV

Llevaba unas tres semanas en el frente cuando llegó a Alcubierre un grupo de veinte o treinta hombres que el ILP enviaba desde Inglaterra, y, con objeto de que los ingleses de aquel frente estuvieran todos juntos, nos mandaron con ellos a Williams y a mí. Nuestra nueva posición estaba en Monte Trazo, a unos kilómetros al oeste de la otra y a la vista de Zaragoza.

La posición estaba encaramada en un risco y tenía los refugios abiertos en la pared rocosa en sentido horizontal, como los nidos de las golondrinas. Se adentraban en la montaña hasta una distancia fabulosa; el interior estaba oscuro como boca de lobo y el techo era tan bajo que ni siquiera se podía estar allí de rodillas, no digamos de pie. En los picachos de nuestra izquierda había otras dos posiciones del POUM y una era el centro de las miradas de todo el frente, pues había en ella tres milicianas que preparaban el rancho. No eran precisamente guapas, pero se estimaba necesario tener aislada aquella posición de los hombres de otras compañías. A nuestra derecha, a unos quinientos metros, en la curva de la carretera de Alcubierre, había un puesto del PSUC. En aquel punto exacto cambiaba de dueños la carretera. Por la noche veíamos las luces de nuestros camiones de abastecimiento que llegaban de Alcubierre y, simultáneamente, las de los fascistas, que llegaban de Zaragoza. La capital se veía desde allí, una estrecha franja de luces que parecían portillas de barco, a unos veinte kilómetros en dirección sudoeste. Las fuerzas gubernamentales la llevaban observando a aquella distancia desde agosto de 1936 y aún la siguen observando.

Éramos unos treinta, contando a un español (Ramón, el cuñado de Williams), más una docena de españoles a cargo de las ametralladoras. Exceptuando a los dos o tres pelmazos de siempre –pues es sabido que la guerra atrae a la basura–, los ingleses formaban un grupo excepcionalmente bueno, tanto física como mentalmente. Puede que el mejor de todos fuera Bob Smillie –nieto del famoso dirigente minero–, que después encontró en Valencia una muerte tan atroz como inútil. Dice mucho del temple español que ingleses y españoles se llevaran siempre bien, pese a los inconvenientes del idioma. Así supimos que todos los españoles conocían dos expresiones inglesas; una era «O.K., baby», y la otra algo que decían las putas de Barcelona a los marineros ingleses, aunque me temo que los cajistas británicos se negarían a imprimirlo.

Tampoco en aquel frente ocurría nada y sólo se oía el silbido ocasional de algún proyectil y, muy de tarde en tarde, el zambombazo de un mortero fascista que nos empujaba hacia la trinchera superior para ver en qué colina caían las granadas. El enemigo estaba allí un poco más cerca, a trescientos o cuatrocientos metros. La posición más cercana se hallaba enfrente mismo de la nuestra, con un nido de ametralladoras cuyas aspilleras eran una invitación a malgastar cartuchos. Los fascistas apenas se molestaban en disparar con fusil, pero enviaban implacables ráfagas de ametralladora contra todo el que se asomaba. No obstante, transcurrieron diez días o más sin que tuviéramos ninguna baja. Los soldados que teníamos enfrente eran españoles, pero según los desertores había entre ellos suboficiales alemanes. Antes también había habido moros por allí –pobres diablos, cuánto frío debieron de pasar–, porque en mitad de la tierra de nadie había un moro muerto que figuraba entre las curiosidades del lugar. A dos o tres kilómetros a la izquierda la línea se interrumpía y daba paso a un terreno más bajo y con mucha vegetación que no era nuestro ni de los fascistas. Tanto ellos como nosotros solíamos hacer patrullas diurnas en aquel lugar. Habría sido entretenido para un *boy scout*, pero yo no vi a ninguna patrulla fascista a menos de varios centenares de metros. Reptando mucho por el suelo se podía acercar uno a las líneas fascistas e incluso ver la casa de labor con la bandera monárquica donde los fascistas tenían el puesto de mando. A veces le disparábamos con el fusil y nos poníamos a cubierto de inmediato para que las ametralladoras no nos localizaran. Espero haber roto algunas ventanas, pero estaba a ochocientos metros y pico y, con nuestros fusiles y a aquella distancia, ni siquiera sabíamos si le íbamos a dar a la casa.

Los días casi siempre eran luminosos y fríos; a veces salía el sol a mediodía, pero siempre hacía frío. Dispersos por las laderas asomaban los bulbos verdes de los lirios y el azafrán silvestre; era evidente que se acercaba la primavera, aunque muy despacio. Las noches eran más frías que nunca. De madrugada, al volver de la guardia, solíamos juntar los restos del fuego de la cocina y nos poníamos encima de las brasas. Era malo para las botas, pero buenísimo para los pies. Sin embargo, había madrugadas en que casi valía la pena estar levantado a aquellas horas impías para ver rayar el alba entre las cumbres. Detesto el monte, incluso como espectáculo. Pero había veces en que valía la pena quedarse mirando el despuntar de la aurora tras las cumbres que teníamos detrás, los primeros rayos de oro, que parecían espadas que hendiesen las tinieblas, la luz que iba creciendo, los mares de nubes carmín que se perdían en el horizonte, incluso aunque hubiéramos estado levantados toda la noche, con las piernas entumecidas de rodilla para abajo, pensando melancólicamente en que aún faltaban tres horas para poder comer. Contemplé más amaneceres durante aquella campaña que en toda mi vida, la pasada y espero que también la venidera.

Éramos pocos allí, lo que implicaba guardias más largas y más servicios. Empezaba a resentirme de la falta de sueño que hasta la guerra más pacífica comporta. Aparte de hacer guardias y salir de patrulla, había continuamente alarmas nocturnas y estados de alerta, y en cualquier caso no se duerme bien en un agujero asqueroso, con los pies doloridos de tanto frío. No creo que en mis primeros tres o cuatro meses de experiencia bélica haya estado sin dormir veinticuatro horas seguidas más de una docena de veces, pero tampoco llegaron a la docena las noches que pude dormir como es debido. Lo normal era dormir veinte o treinta horas a la semana. Los efectos no fueron tan desastrosos como había esperado; estaba muy aturdido, y subir y bajar laderas me costaba más en vez de menos, pero me sentía bien y siempre tenía hambre, ¡y qué hambre, cielos! Todo me parecía bueno, incluso las eternas judías, que al final ya no podíamos ni ver todos los que estábamos en España. El agua, la que había, venía de muy lejos, a lomos de mulas o de pequeños asnos martirizados. Por el motivo que fuese, los campesinos aragoneses trataban bien a las mulas, pero eran crueles con los asnos; si un animal se negaba a moverse, lo normal era darle un puntapié en los testículos. La provisión de velas se había interrumpido y empezaban a escasear las cerillas. Los españoles nos enseñaron a hacer candiles de aceite de oliva con un bote de leche condensada, un cargador de lámina y un trapo. Cuando había aceite de oliva, que escaseaba, el aparato aquel ardía con mucho parpadeo y despidiendo humo; iluminaba cuatro veces menos que una vela, pero bastaba para encontrar el fusil.

No parecía haber la menor esperanza de que se entablase una batalla de verdad. Al salir de Monte Pocero había contado mis cartuchos y comprobado que sólo había disparado tres veces al enemigo en casi tres semanas. Dicen que matar a un hombre cuesta mil balas, y a aquel paso yo iba a tardar veinte años en matar a un fascista. En Monte Trazo las líneas estaban más cerca y se disparaba más, pero estoy convencido de que nunca le acerté a nadie. En realidad, en aquel frente y en aquella etapa de la guerra, las auténticas armas no eran los fusiles, sino los megáfonos: ya que no se podía matar al enemigo, se le gritaba. Es tan extraordinario ese método de hacer la guerra que necesita explicarse.

Cuando las líneas estaban al alcance de la voz, siempre se cruzaban gritos. Nosotros decíamos: «¡Fascistas, maricones!», y ellos: «¡Viva España! ¡Viva Franco!»; y cuando sabían que había ingleses al otro lado: «¡Marchaos a vuestro país, ingleses! ¡Aquí no queremos extranjeros!». En el bando republicano, en las milicias de los partidos, proferir gritos de propaganda para minar la moral del enemigo era ya una técnica habitual. En todas las posiciones que lo permitían, se proveía de megáfono especialmente a unos cuantos hombres, en particular a los equipos de ametralladoras, y se les encargaba que se pusieran a vociferar. Por lo general gritaban discursos trillados, llenos de sentimientos revolucionarios, que explicaban a los soldados fascistas que no eran más que mercenarios del capitalismo internacional, que estaban luchando contra los de su propia clase, etc., etc., y los instaban a pasarse a nuestro bando. El discurso se repetía una y otra vez conforme se iban turnando los hombres, y a veces proseguía casi toda la noche. No cabe duda de que tenía algún efecto: todos decían que el goteo de desertores fascistas se debía en parte a aquella propaganda. Bien pensado, la consigna «¡No luches contra los de tu clase!» tenía que causar impresión cuando la oían una y otra vez en la oscuridad de la noche aquellos pobres diablos que estaban de guardia, muertos de frío, hombres que tal vez fueran miembros del sindicato socialista, o del anarquista, y que estaban allí contra su voluntad. Es posible que resolviera el dilema de desertar o no desertar. Por descontado, estas tácticas no se ajustan a la idea inglesa de la guerra. Confieso que me quedé blanco y me escandalicé la primera vez que lo vi. ¡Querer convencer al enemigo en vez de matarlo! En la actualidad considero que, se mire como se mire, era una maniobra legítima. En la guerra de trincheras corriente, si no hay artillería es muy difícil causar bajas al enemigo sin causarlas también en el propio bando. Si se puede inmovilizar a determinada cantidad de hombres haciéndolos desertar, eso que se gana; los desertores son más útiles que los cadáveres, pues pueden proporcionar información. Pero al principio nos dejó boquiabiertos, y nos hizo creer que los españoles no se tomaban muy en serio aquella guerra suya. El que daba los gritos en el puesto del PSUC que teníamos a la derecha era un maestro en aquel arte. A veces, en vez de gritar consignas revolucionarias, se ponía a contar a los fascistas que comíamos mucho mejor que ellos. Su descripción de las raciones republicanas era un poco fantasiosa.

–¡Pan caliente con mantequilla! –decía, y su voz retumbaba por el valle solitario–. ¡Aquí estamos sentados y untando mantequilla en pan calentito! ¡Deliciosas rebanadas de pan con mantequilla!

Estoy convencido de que aquel hombre, al igual que los demás, no había visto la mantequilla en los últimos meses, pero oyendo hablar de pan caliente con mantequilla, de noche y con frío, es indudable que a los fascistas tenía que hacérseles la boca agua. Hasta a mí se me hacía, y eso que sabía que estaba mintiendo.

Un día de febrero vimos acercarse un avión fascista. Como siempre, se sacó una ametralladora y se orientó el cañón hacia arriba, y todos nos tendimos de espaldas para afinar la puntería. Puesto que no tenía sentido bombardear nuestras aisladas posiciones, los pocos aviones fascistas que nos sobrevolaban daban un rodeo para eludir el fuego de las ametralladoras. Esta vez se nos vino encima, a demasiada altitud para que tuviera sentido dispararle nosotros, y lo que nos descargó no fueron bombas sino unos objetos blancos que daban muchas vueltas mientras caían. Algunos cayeron dentro de la posición. Eran números de un periódico fascista, *El Heraldo de Aragón*, que anunciaba la caída de Málaga.

Aquella noche hubo un conato de ataque por parte de los fascistas. Yo estaba medio muerto de sueño y acababa de echarme para dar una cabezada cuando empezaron a sonar muchos disparos, y alguien dijo en la boca del refugio: «¡Nos atacan!». Empuñé el fusil y me dirigí a mi puesto, que estaba en lo más alto de la posición, junto a la ametralladora. La oscuridad era absoluta y el ruido infernal. Calculé que nos estaban disparando con cinco ametralladoras, y oía además las retumbantes explosiones causadas por las bombas de mano que los fascistas lanzaban por encima de su propio parapeto, de la manera más ridícula. No se veía ni un alma. A nuestra izquierda, abajo en el valle, distinguí los fogonazos verdes de los fusiles de un pequeño grupo de fascistas que también quería colaborar; seguramente era una patrulla. Los proyectiles volaban en la oscuridad de la noche, crac-ssss-crac. Por encima pasaron silbando algunas granadas de mortero, pero no cayeron cerca y (como era habitual en aquella guerra) casi ninguna explotó. Lo pasé mal cuando desde la cumbre que teníamos a la espalda se puso a disparar otra ametralladora; en realidad se había encaramado allí para apoyarnos, pero en aquel momento me dio la sensación de que estábamos rodeados. Entonces se encasquilló la ametralladora que tenía al lado, tal como siempre se encasquillaba con aquellos cartuchos infames, y la baqueta descansaba en las entrañas de la impenetrable oscuridad. Al parecer, lo único que podíamos hacer ya era quedarnos quietos y esperar a que nos disparasen. Los españoles de la ametralladora no querían ocultarse, antes bien se dejaban ver deliberadamente, y yo tuve que hacer lo mismo. En términos generales, fue una experiencia menor pero muy interesante. Era la primera vez que estaba, hablando con propiedad, bajo el fuego enemigo, y me sentí avergonzado cuando me di cuenta de que me moría de miedo. He advertido que siempre se siente lo mismo cuando se está a merced de un fuego intenso: no es tanto miedo a que nos alcancen cuanto miedo a no saber dónde nos van a dar. Todo el rato nos preguntamos por dónde nos penetrará el proyectil y nos invade una sensibilidad corporal muy desagradable.

Al cabo de un par de horas el fuego disminuyó hasta detenerse. No habíamos tenido más que una sola baja. Los fascistas habían avanzado un par de ametralladoras a la tierra de nadie, pero seguían estando a mucha distancia y no hicieron nada por atacar nuestro parapeto. En realidad no nos habían atacado; se habían limitado a malgastar cartuchos alegremente y a hacer ruido para celebrar la caída de Málaga. Lo más importante del asunto es que me enseñó a leer las noticias de guerra de los periódicos con más escepticismo. Un par de días después, los periódicos y la radio notificaron que se había producido un ataque monstruoso con caballería y carros de combate (¡por laderas casi verticales!) que había sido rechazado por los heroicos ingleses.

Cuando los fascistas nos dijeron que Málaga había caído, lo tomamos por un bulo, pero al día siguiente llegaron rumores más convincentes, y creo que un par de días más tarde se admitió oficialmente. Poco a poco se fueron filtrando los detalles de la desdichada historia: cómo se había evacuado la ciudad sin disparar un solo tiro y cómo los italianos habían dado rienda suelta a su furia, no contra los soldados, que se habían ido, sino contra los pobres civiles, a algunos de los cuales persiguieron con fuego de ametralladoras durante ciento cincuenta kilómetros. La noticia produjo un escalofrío general en toda la línea del frente, porque, fuera cual fuese la verdad, todos los milicianos creyeron que Málaga había caído por culpa de los traidores. Fue la primera vez que oí hablar de traición o de división de objetivos. Introdujo en mi mente la primera duda inconcreta sobre aquella contienda en la que la cuestión del bien y el mal me había parecido hasta entonces fabulosamente sencilla.

A mediados de febrero abandonamos Monte Trazo y nos mandaron, con todos los efectivos del POUM en la zona, a engrosar el ejército que cercaba Huesca. Fueron ochenta kilómetros en camión por una llanura con cepas todavía peladas y los primeros brotes de la cebada de invierno aún a ras del suelo. Huesca se alzaba a cuatro kilómetros de las nuevas trincheras, pequeña y transparente como una ciudad de casas de muñecas. Meses antes, tras la captura de Siétamo, el general que mandaba las tropas republicanas había dicho alegremente: «Mañana tomaremos café en Huesca». Por lo visto se equivocó. Se habían producido sangrientos combates, pero la ciudad no había caído y todo el ejército utilizaba ya «mañana tomaremos café en Huesca» como una coletilla humorística. Si alguna vez vuelvo a España, prometo firmemente tomarme un café en Huesca.

V

En el flanco oriental de Huesca no ocurrió casi literalmente nada hasta fines de marzo. Estábamos a mil doscientos metros del enemigo. Al replegarse los fascistas hacia Huesca, el avance de las tropas republicanas no había sido muy sistemático y la primera línea del frente formaba una especie de bolsa. Habría que adelantarla después −un trabajo delicado bajo el fuego enemigo—, pero por el momento habría dado lo mismo que el enemigo no estuviera allí; nuestras únicas preocupaciones eran el frío y la comida.

Entretanto, las faenas del día —sobre todo de la noche—, las ocupaciones habituales. Estar de guardia, salir de patrulla, cavar; barro, lluvia, vientos aullantes y de vez en cuando nieve. Hasta bien entrado el mes de abril no notamos que las noches eran un poco más cálidas. Los días de marzo que pasamos en aquella meseta no se diferenciaban mucho de los del marzo inglés, con un cielo azul muy luminoso y vientos incesantes. La cebada tenía ya un palmo de altura y había brotes rojos en los cerezos (el frente cruzaba huertos y campos de árboles frutales), y escarbando en las zanjas se encontraban violetas y unos jacintos silvestres que parecían campánulas mustias. Inmediatamente por detrás de las líneas discurría un riachuelo maravilloso, verde, borboteante, el primer curso de agua incolora que veía desde que había llegado al frente. Un día hice de tripas corazón y me metí en el riachuelo para darme un baño, el primero en seis semanas. Fue lo que se dice un baño rápido, porque el agua era aguanieve y poco le faltaba para helarse.

Mientras tanto no ocurría nada; nunca ocurría nada. Los ingleses nos habíamos acostumbrado a decir que aquello no era una guerra, sino una puñetera pantomima. Casi nunca estábamos bajo el fuego directo de los fascistas. El único peligro eran las balas perdidas, que llegaban de distintas direcciones, porque el frente se curvaba por ambos lados. Todas las bajas que tuvimos por entonces las causaron las balas perdidas; Arthur Clinton recibió un misterioso proyectil que le destrozó el hombro izquierdo y le inutilizó el brazo, me temo que para siempre. A veces nos lanzaban lluvias de obuses, pero no surtían casi ningún efecto; en realidad, el gemido y la explosión de los obuses nos parecían una pequeña distracción. Los fascistas no bombardeaban nuestro parapeto. Detrás de nosotros, a unos centenares de metros, había una casa de campo que llamaban La Granja, con grandes edificios agrícolas, que se utilizaba como almacén, como puesto de mando y como cocina de aquel sector del frente. Era contra este complejo contra el que tiraban los artilleros fascistas, pero estaban a cinco o seis kilómetros y su puntería no daba más que para reventar los cristales de las ventanas y desconchar las paredes. Sólo había peligro si por casualidad estaba uno en la carretera en el momento de iniciarse el fuego, porque entonces los obuses caían en los campos de ambos lados. Uno aprendía casi de inmediato el misterioso arte de averiguar, por el gemido que producían los proyectiles, lo cerca que iban a caer. Los obuses que nos disparaban los fascistas por entonces eran rematadamente malos. Pese a sus 150 mm de calibre, se limitaban a abrir un cráter de dos metros de anchura por uno y pico de profundidad, y como mínimo uno de cada cuatro no explotaba. Circulaban las típicas historias románticas sobre sabotajes llevados a cabo en las fábricas fascistas merced a los cuales las bombas que no explotaban contenían, en vez de la carga explosiva, un papelito que decía «Frente Rojo», pero yo nunca vi ninguno. La verdad era que aquellos obuses habían envejecido sin remedio; en una tapa de espoleta que encontró uno estaba grabada la fecha, y era 1917. Los cañones fascistas eran de la misma clase y calibre que los nuestros, y los obuses que no explotaban se reparaban y se volvían a disparar. Se decía que había un viejo obús, con nombre y todo, que iba y venía de una línea a otra sin explotar nunca.

Por la noche solían mandarse pequeñas patrullas a la tierra de nadie, para que se metieran en zanjas cercanas a las líneas fascistas y escucharan los ruidos (toques militares, bocinas de coche, etc.) de la actividad que había en Huesca. Era incesante el ir y venir de tropas fascistas, cuyo número se podía saber hasta cierto punto por los informes de los escuchas. Siempre nos ordenaban que prestáramos especial atención al tañido de las campanas, pues, al parecer, los fascistas oían misa antes de entrar en acción. En los campos y huertos había chozas de barro vacías que se podían inspeccionar tranquilamente con una cerilla encendida después de cegar las ventanas. A veces se encontraba un buen botín, por ejemplo un hacha o una cantimplora fascista (eran mejores que las nuestras y estaban buscadísimas). También se podían inspeccionar de día, pero entonces había que hacerlo preferentemente andando a gatas. Qué extraño resultaba reptar por aquellos campos fértiles y vacíos en los que todo se había detenido justo antes de la cosecha. Los cultivos de la temporada anterior seguían intactos. Los sarmientos sin podar culebreaban por el terreno. Las panochas del enhiesto maíz estaban duras como las piedras, y las remolachas forrajeras y azucareras se habían hinchado como troncos. ¡Cuánto debieron de maldecir los campesinos a ambos ejércitos! A veces se mandaba a un grupo de hombres a recoger patatas en la tierra de nadie. A nuestra derecha, a cosa de un kilómetro, en el punto donde más se aproximaban las líneas, había un campo de patatas frecuentado tanto por los fascistas como por los nuestros. Nosotros íbamos allí de día; ellos, sólo de noche, dado que estaba al alcance de nuestras ametralladoras. Una noche nos dejaron pasmados: salieron en masa y se llevaron todas las patatas. Encontramos otro campo más allá, pero al carecer prácticamente de protección teníamos que desenterrar las patatas tendidos boca abajo, y era pesadísimo. Si te veían sus equipos de ametralladoras, tenías que pegarte al suelo como una rata que quisiera pasar por debajo de una puerta, mientras los proyectiles levantaban la tierra a unos metros de distancia. Pero merecía la pena en aquel momento, porque las patatas se estaban agotando y si llenabas un saco, te ibas a la cocina y las cambiabas por una cantimplora de café.

Y a pesar de todo no ocurría nada ni daba la sensación de que fuera a ocurrir. Españoles e ingleses no dejaban de preguntar cuándo íbamos a atacar, por qué no atacábamos. Cuando se reflexiona sobre lo que significa combatir resulta extraño que los soldados lo deseen, pero sin lugar a dudas lo desean. Hay tres cosas por las que suspiran todos los soldados en una guerra estancada: una batalla, más tabaco y una semana de permiso. Estábamos un poco mejor armados que antes. Cada hombre tenía ahora ciento cincuenta cartuchos en lugar de cincuenta y poco a poco nos iban dando bayonetas, cascos de acero y bombas de mano. Se rumoreaba sin cesar que pronto empezarían las batallas, pero hoy creo que aquellos rumores se propalaban adrede para mantener elevado el ánimo de los hombres. No hacía falta tener muchos conocimientos militares para darse cuenta de que no iba a haber ninguna acción importante en aquel flanco de Huesca, al menos por el momento. El punto estratégico era la carretera de Jaca, que estaba al otro lado. Tiempo después, cuando los anarquistas se lanzaran sobre aquella carretera, nuestra misión consistiría en hacer «ataques de distracción» para obligar a los fascistas a trasladar tropas desde el otro frente.

Durante todo aquel tiempo, unas seis semanas, sólo hubo una acción en nuestro frente. Fue cuando las tropas de asalto atacaron el *Manicomio,* un asilo para locos ya en desuso que los fascistas habían convertido en fortaleza. Había centenares de refugiados alemanes que luchaban con el POUM. Estaban organizados en una unidad especial, llamada *batallón de choque,* y desde el punto de vista militar eran muy distintos del resto de los milicianos; sin lugar a dudas eran los que tenían más aspecto castrense entre todos los que había visto en España, exceptuando a la Guardia de Asalto y a ciertos elementos de la Columna Internacional. El ataque fue una pifia, como siempre. ¿Y cuántas operaciones emprendidas en aquella guerra por las fuerzas republicanas no fueron una pifia?, me pregunto yo. El batallón de choque tomó por asalto el Manicomio, pero los hombres de no recuerdo qué milicia, que tenían que apoyarlo apoderándose del monte vecino que dominaba el Manicomio, fracasaron estrepitosamente. El capitán que los mandaba era uno de aquellos militares profesionales de lealtad dudosa que el gobierno se empeñaba en seguir empleando. Fuera por miedo o por espíritu de traición, alertó a los fascistas lanzando una bomba de mano cuando aún estaban a doscientos metros. Me complace decir que sus hombres lo fusilaron allí mismo. Pero el ataque sorpresa no sorprendió y los milicianos fueron diezmados y expulsados del monte, y al anochecer el batallón de choque tuvo que abandonar el Manicomio. Por la noche desfilaron las ambulancias por la abominable carretera de Siétamo, matando a los heridos graves con sus bandazos. Todos estábamos ya cubiertos de piojos; aún hacía frío, pero también calor suficiente para que los pilláramos. Tengo mucha experiencia en verdugos del cuerpo humano de diversas clases y en salvajismo puro el piojo gana a todos los que he conocido. Otros insectos, por ejemplo los mosquitos, hacen sufrir más, pero al menos no son parásitos. El piojo humano se parece un poco a una langosta en miniatura y vive básicamente en los pantalones. Exceptuando la incineración de toda la ropa, no hay forma conocida de deshacerse de ellos. Ponen en las costuras de los pantalones unos huevos blancos y relucientes que parecen granos de arroz muy pequeños y que se abren y multiplican a una velocidad endiablada. Creo que los pacifistas ganarían mucho si ilustraran sus octavillas con fotos ampliadas de piojos. ¡La gloria de la guerra, en efecto! En la guerra todos los soldados tienen piojos, por lo menos cuando hace suficiente calor. Todos y cada uno de los hombres que combatieron en Verdún, en Waterloo, en Flodden, en Senlac y en las Termópilas tenían piojos correteándoles por los testículos. Nosotros los manteníamos a raya hasta cierto punto quemando sus huevos y bañándonos con toda la frecuencia con que nos atrevíamos a hacerlo, y es que nada salvo los piojos habría podido obligarme a meterme en aquel río helado.

Todo escaseaba ya, las botas, la ropa, el tabaco, el jabón, las velas, las cerillas, el aceite de oliva. Los uniformes se nos caían a pedazos y muchos hombres que no tenían botas iban con alpargatas. Por todas partes había montones de botas deshechas. Una vez mantuvimos encendida la hoguera de un refugio durante dos días echándole sobre todo restos de botas, que no son mal combustible. Por entonces mi mujer estaba ya en Barcelona y me enviaba té, chocolate e incluso puros, cuando podía conseguirlos; pero también en Barcelona faltaba ya de todo, en particular el tabaco. El té fue un regalo del cielo, aunque no teníamos leche y el azúcar llegaba de uvas a peras. En Inglaterra no dejaban de mandar paquetes para los nuestros, pero no llegaban; comida, ropa, tabaco, todo lo rechazaba Correos o se lo quedaban en Francia. Es curioso, pero la única entidad que consiguió que mi mujer recibiera las cajas de té —incluso, en una ocasión memorable, una caja de galletas— que le enviaba fue Army and Navy Stores. ¡Pobre y querido Army and Navy! Cumplió su misión con nobleza, aunque puede que le hubiera gustado un poco más que la mercancía hubiera ido a parar al lado franquista del frente. La falta de tabaco era lo peor de todo. Al principio nos habían dado un paquete al día; después, ocho cigarrillos; luego, cinco. Al final transcurrían diez días sin nada en absoluto. Por primera vez vi en España lo que se ve en Londres todos los días: gente recogiendo colillas.

A finales de marzo se me infectó una mano, me la sajaron y la llevé en cabestrillo. Tuvieron que hospitalizarme, pero, como no valía la pena ir a Siétamo por una herida tan insignificante, me quedé en el llamado hospital de Monflorite, que no era más que un centro de transeúntes. Pasé allí diez días, parte del tiempo en cama. Los *practicantes* me robaron prácticamente todo lo que tenía de valor, incluidas la cámara y todas las fotos. Todos robaban en el frente, pues era el efecto inevitable de la escasez, pero el personal de hospital siempre era peor. Tiempo después, en el hospital de Barcelona, un americano que había llegado para unirse a la Columna Internacional en un barco que había sido torpedeado por un submarino italiano me contó que lo llevaron herido a la costa y que cuando lo metieron en la ambulancia los camilleros le birlaron el reloj de pulsera.

Con el brazo en cabestrillo pasé unos días de ensueño paseando por el campo. Monflorite era la típica acumulación de casas de barro y piedras, con callejas tortuosas que los camiones habían recorrido hasta dejarlas como los cráteres de la luna. La iglesia había quedado muy mal parada, pero se aprovechaba como almacén militar. En toda la zona no había más que dos casas de labor de cierta envergadura, Torre Lorenzo y Torre Fabián, y sólo dos edificios en verdad grandes, evidentemente el domicilio de los terratenientes que antaño habían sido los amos del lugar y cuya riqueza se reflejaba en las tristes chozas de los campesinos. Justo detrás del río, cerca del frente, había un molino gigantesco con una casa de labor adosada. Era vergonzoso ver aquella costosa maquinaria oxidándose por la falta de uso y las tolvas de la harina destrozadas para hacer leña. Tiempo después llegarían cuadrillas en camiones que destruirían el lugar sistemáticamente para proveer de leña a las tropas de retaguardia; solían levantar las tablas del suelo de las habitaciones tirando una bomba de mano. Creo que La Granja, nuestro almacén y cocina, había sido antaño un convento; tenía patios grandes y edificios adosados, alrededor de media hectárea o más, con cuadras para treinta o cuarenta caballos. Las casas de campo de aquella parte de España carecen del menor interés arquitectónico, pero las casas de labor, de piedra encalada, arcos en los vanos y unas vigas estupendas, son lugares nobles, construidos según un trazado que no se ha modificado durante siglos. A veces, al ver cómo trataban los milicianos las antiguas propiedades de los ex terratenientes fascistas se me despertaba cierta secreta simpatía por éstos. Las habitaciones de La Granja que no se utilizaban se habían transformado en letrinas y eran una horrenda confusión de muebles rotos y excrementos. La capilla adjunta, con las paredes agujereadas por los obuses, tenía el suelo cubierto por varios dedos de materia fecal. Las latas oxidadas, el barro, las boñigas de mula y la comida podrida que alfombraban el amplio patio donde los cocineros nos daban el rancho revolvían las tripas. Justificaban la letra de aquella vieja canción militar que decía:

Hay ratas, ratas
gordas como gatos,
¡en el cuarto del furriel!

Las de La Granja eran realmente gordas como gatos, o casi, grandes y abotargados animalejos que correteaban por las capas de basura, demasiado insolentes incluso para huir, a menos que se les disparase.

La primavera había llegado por fin. El azul del cielo era más suave y el aire estaba repentinamente cargado de aromas. Las ranas se apareaban ruidosamente en las acequias. Junto al pilar del pueblo vi exquisitas ranas verdes del tamaño de una moneda, tan brillantes que la hierba más reciente parecía apagada a su lado. Los jóvenes lugareños salían con cubos a recoger caracoles, que asaban vivos en planchas de hojalata. Con la llegada del buen tiempo, los campesinos habían reaparecido para arar la tierra. Algo típico de la suprema ambigüedad que envuelve la reforma agraria española es que fui incapaz de saber si la tierra estaba allí colectivizada o si los campesinos se habían limitado a repartírsela. Imagino que en teoría estaba colectivizada, ya que era territorio del POUM y de los anarquistas. En cualquier caso, los terratenientes habían desaparecido, los campos se cultivaban y la gente parecía satisfecha. La cordialidad con que nos trataban los campesinos nunca dejaba de sorprenderme. A los más viejos la guerra tenía que parecerles un sinsentido, ya que traía escasez de todo y desgracia para todos, y a los campesinos no les gusta, ni en los mejores momentos, que haya tropas acantonadas con ellos. Sin embargo, siempre se mostraban cordiales; supongo que se daban cuenta de que, por insoportables que pudiéramos serles en otros aspectos, estábamos entre ellos y sus antiguos amos. Una guerra civil es un acontecimiento extraño. Huesca, que no estaba ni a ocho kilómetros, era el mercado de aquella gente, y todos tenían familiares allí; todas las semanas, desde que eran pequeños, iban allí a vender sus aves y hortalizas. Y de pronto, desde hacía ocho meses, se había levantado una barrera impenetrable de alambradas y ametralladoras entre unos y otros. A veces les fallaba la memoria. Cierta vez me puse a hablar con una anciana que llevaba una de esas lámparas de hierro en las que los españoles queman el aceite de oliva.

—¿Dónde puedo comprar un candil como ése? —le pregunté.

—En Huesca —respondió sin pensar, y nos echamos a reír.

Las muchachas del pueblo eran unas criaturas espléndidas y vivarachas, de pelo negro como el carbón y andar cimbreante, y un trato franco y de tú a tú que sin duda era consecuencia de la revolución.

En los campos había hombres con bombachos negros de pana, camisa azul harapienta y sombrero de paja muy ancho, arando la tierra detrás de las yuntas de mulas que agitaban rítmicamente las orejas. Los arados eran unos objetos impresentables que se limitaban a rascar el suelo, sin penetrar lo suficiente para abrir un surco. Todas las herramientas estaban lastimosamente anticuadas, dado que los aperos de metal eran caros. Si se rompía, por ejemplo, la reja del arado, se reparaba una y otra vez, hasta que al final no era más que un cúmulo de reparaciones. Las horcas y los rastrillos eran de madera. Los lugareños apenas tenían botas, de modo que desconocían las palas y cavaban con unos azadones como los que emplean en la India. Había una especie de grada que nos devolvía directamente a finales de la Edad de Piedra. Estaba confeccionada con tablas unidas y tenía el tamaño de una mesa de cocina; se habían practicado cientos de agujeros en las tablas y se había incrustado en cada uno un fragmento de pedernal, tallado tal como se hacía hace diez mil años. Recuerdo que experimenté algo cercano al horror la primera vez que vi una de aquellas herramientas en una choza abandonada de la tierra de nadie. Me quedé largo rato mirándola con desconcierto, hasta que comprendí que era una grada. Me puso enfermo el pensar en el trabajo que había debido de costar la fabricación de semejante artilugio y en la pobreza que había obligado a emplear el pedernal en vez del acero. Desde entonces he sido un poco más indulgente con la industrialización. No obstante, en el pueblo había dos tractores modernos, sin duda robados en la hacienda de algún terrateniente importante.

En un par de ocasiones me acerqué al pequeño camposanto vallado que se alzaba a kilómetro y medio del pueblo. Los muertos del frente se llevaban por lo general a Siétamo; allí yacían los muertos del lugar. Era muy distinto de los cementerios ingleses. Allí no se respetaba a los muertos. Todo estaba invadido por la maleza y había restos humanos por doquier. Pero lo realmente sorprendente era la ausencia casi total de inscripciones religiosas en las lápidas, a pesar de que todas eran anteriores a la revolución. Creo que sólo en una ocasión vi aquello de «Rezad por el alma de Fulano» que es habitual en las tumbas católicas. Casi todas las inscripciones eran exclusivamente laicas, con ridículos poemas que cantaban las virtudes del difunto. Cada cuatro o quizá cada cinco tumbas había una pequeña cruz o una referencia formal al Cielo, por lo general borrada con un cincel por algún ateo industrioso.

Me llamó la atención que la gente de aquella parte de España fuera tan ajena a los sentimientos religiosos, quiero decir en sentido ortodoxo. Es curioso, pero en todo el tiempo que estuve en España nunca vi santiguarse a nadie, aun cuando se diría que un gesto así tenía que ser instintivo, con revolución o sin ella. Si bien es evidente que la Iglesia española volverá (ya lo dice el refrán, la noche y los jesuitas siempre vuelven), no hay duda de que se hundió con el estallido de la revolución y quedó aplastada hasta un extremo imposible de imaginar para la moribunda Iglesia anglicana en circunstancias parecidas. Para los españoles, o por lo menos en Cataluña y Aragón, la Iglesia era pura y simplemente un robo organizado. Es posible que la fe cristiana haya sido reemplazada hasta cierto punto por el anarquismo, cuya influencia está muy extendida y que tiene un indudable matiz religioso.

El día que volví del hospital adelantamos la línea unos mil metros, hasta donde debía haber estado, junto al riachuelo que discurría a unos doscientos metros de las líneas fascistas. La operación tenía que haberse efectuado hacía meses. El motivo de hacerlo ahora era que los anarquistas estaban atacando por la carretera de Jaca, y avanzar por nuestro lado obligaba al enemigo a emplear tropas para hacernos frente.

Hacía sesenta o setenta horas que no dormíamos y tengo los recuerdos borrosos o, mejor dicho, reducidos a una sucesión de imágenes. De escucha en la tierra de nadie, a cien metros de la *Casa Francesa*, una casa de labor fortificada que formaba parte de las líneas fascistas. Siete horas tendido en un marjal horrible, en un agua que olía a juncos y en la que me iba hundiendo poco a poco: el olor a juncos, el frío entumecedor, las estrellas inmóviles en el cielo negro, el croar desapacible de las ranas. Aunque estábamos en abril, fue la noche más fría que recuerdo haber pasado en España. Cien metros detrás de nosotros se afanaban los equipos de trabajo, pero, salvo por el coro de las ranas, el silencio era absoluto. Sólo una vez en toda la noche percibí un sonido: el conocido ruido de una pala allanando un saco terrero. Por extraño que parezca, los españoles consiguen organizarse de vez en cuando con mucha eficacia. Todo aquel movimiento estaba minuciosamente planeado. En siete horas, seiscientos hombres construyeron mil doscientos metros de trinchera y parapeto, unas veces a ciento cincuenta metros de las líneas enemigas, otras a trescientos, con tanto sigilo que los fascistas no oyeron nada, y en toda la noche no hubo más que una baja. Cayeron más al día siguiente, desde luego. Todos los hombres tuvieron un cometido, incluso los del servicio de cocina, que al terminar la faena aparecieron con cubos de vino mezclado con brandy.

Llegó el amanecer y los fascistas se dieron cuenta de que estábamos allí. La masa blanca y chaparra de la Casa Francesa distaba doscientos metros de nosotros, pero era como si la tuviéramos encima y las ametralladoras de las ventanas superiores, protegidas con sacos terreros, apuntasen al fondo de la trinchera. Todos contuvimos la respiración, preguntándonos por qué no nos veían los fascistas. Entonces recibimos una rabiosa lluvia de balas y todos caímos de rodillas, y nos pusimos a cavar con desesperación, para hacer más profunda la trinchera y abrir escondrijos en sus paredes. Yo, como seguía con el brazo vendado y no podía cavar, me pasé casi todo el día leyendo una novela policíaca; se titulaba *The Missing Moneylender* [El prestamista desaparecido]. No recuerdo el argumento, pero sí, y con mucha claridad, el hecho de estar allí leyendo; la arcilla húmeda del fondo de la trinchera, el tener que apartar las piernas continuamente para dejar paso a los hombres que corrían doblados por la cintura, el silbido de las balas a treinta o cincuenta centímetros por encima de mi cabeza. Thomas Parker recibió un balazo en la parte superior del muslo y, según dijo, estuvo más cerca de ser un DSO de lo que él mismo quería. Hubo bajas en todo el frente, pero insignificantes en comparación con las que se habrían producido de habernos sorprendido de noche en plena faena. Un desertor nos contó más tarde que habían fusilado a cinco centinelas fascistas por negligencia. Habrían podido hacer una escabechina con nosotros incluso en aquel momento si hubieran tenido iniciativa suficiente para acercar unos cuantos morteros. Trasladar a los heridos por la estrecha y atestada trinchera fue un trabajo difícil. Vi a un pobre diablo, con los bombachos manchados de sangre, caer de la camilla y jadear de dolor. Había que transportar a los heridos muy lejos, a un par de kilómetros de allí, porque las ambulancias no se acercaban al frente aunque hubiese carreteras; si se acercaban demasiado, los fascistas acostumbraban a bombardearlas, cosa comprensible, porque en la guerra moderna nadie tiene reparos en transportar municiones en ambulancia.

Y luego, la noche siguiente, a esperar en Torre Fabián un ataque que cancelaron por radio en el último momento. En el suelo del granero donde aguardábamos una delgada capa de paja cubría otra más profunda de huesos, huesos humanos y vacunos mezclados, y todo estaba infestado de ratas. Aquellos animalejos nauseabundos salían en tropel por todas partes. Si hay algo que detesto en el mundo es que una rata me corra por encima en la oscuridad. Tuve la satisfacción de darle a una un puñetazo que la lanzó por el aire.

Y después, a esperar la orden de ataque a cincuenta o sesenta metros del parapeto fascista. Una larga fila de hombres acuclillados en una acequia, con las bayonetas asomando por el borde y el blanco de los ojos destellando en la oscuridad. Kopp y Benjamín agachados junto a nosotros con un hombre que llevaba un receptor de radio colgado de la espalda. En el horizonte occidental, rosados fogonazos de cañones seguidos al cabo de unos segundos por una descarga de explosiones fortísimas. Y luego el pitido de la radio y, entre susurros, la orden de que nos fuéramos de allí mientras pudiéramos. Eso hicimos, pero no con la rapidez que exigía el caso. Doce infelices criaturas de la JCI (la Juventud Comunista Ibérica del POUM, equivalente a la JSU del PSUC), que se encontraban sólo a cuarenta metros del parapeto fascista, seguían allí cuando amaneció y quedaron atrapados. Tuvieron que quedarse en la acequia todo el día, sin más protección que los matojos, con los fascistas disparándoles cada vez que se movían. Al caer la noche habían muerto siete, y los cinco restantes se las apañaron para huir más tarde en la oscuridad.

Y luego, durante muchas mañanas, el fragor de los ataques de los anarquistas por el otro flanco de Huesca. El ruido siempre era el mismo. De súbito, en algún momento de la madrugada, el estruendo inicial de docenas de bombas que estallaban al unísono −incluso a kilómetros de distancia era un estruendo diabólico que rasgaba el aire−, y a continuación el rugido ininterrumpido de multitud de fusiles y ametralladoras, un ruido grave y retumbante, curiosamente parecido a los redobles de tambores. Poco a poco, el fuego se extendía por todas las líneas que rodeaban Huesca y nosotros acabábamos en la trinchera, apoyados en el parapeto, muertos de sueño, mientras nos pasaban por encima unos cuantos tiros dispersos.

Por el día había algún cañoneo ocasional. Torre Fabián, donde teníamos ahora la cocina, fue bombardeada y parcialmente destruida. Es curioso, pero cuando uno ve fuego de artillería a una distancia segura siempre quiere que el artillero dé en el blanco, aunque el blanco sea la propia comida y un puñado de compañeros. Los fascistas dispararon bien aquella mañana; puede que los artilleros fuesen alemanes. Supieron ajustar el tiro contra Torre Fabián. Una bomba cayó demasiado lejos, otra demasiado cerca, y a continuación sssssss ¡BUUM! Las vigas volaron al cielo, y un pedazo de uralita cortó el aire como un naipe arrojado con fuerza. La siguiente bomba se llevó la esquina de un edificio con la misma limpieza que si un gigante la hubiera cortado con un cuchillo. Pero los cocineros sirvieron la comida a su hora; toda una hazaña.

Los invisibles pero audibles cañones, cada uno con sus rasgos distintivos, comenzaron a identificarse con el paso de los días. Había dos baterías cercanas de cañones rusos de 75 mm que disparaban desde detrás de nosotros y que no sé por qué me hacían pensar en un gordo golpeando una pelota de golf. Fueron los primeros cañones rusos que vi o, mejor dicho, que oí. Las bombas eran de trayectoria baja y muy veloces, de tal manera que se oían casi al mismo tiempo la explosión de la carga de proyección, el silbido y la explosión de la carga de la bomba. Detrás de Monflorite se habían emplazado dos cañones pesados que hacían unos cuantos disparos al día, con un rugido profundo y ahogado que parecía el lamento de un monstruo encadenado. En la fortaleza medieval de Monte Aragón que las tropas republicanas habían tomado por asalto el año anterior (por primera vez en su historia, según se decía), y que vigilaba uno de los accesos a Huesca, había un cañón pesado que tenía que datar del siglo XIX. Sus grandes proyectiles iban tan despacio que uno se creía capaz de correr con ellos sin quedarse atrás; hacían menos ruido al pasar que un ciclista silbando. Los morteros ligeros, a pesar de su pequeño tamaño, eran los más ruidosos. Sus granadas eran literalmente torpedos con aletas, iguales que los dardos que se lanzan en los bares, y abultaban lo mismo que una botella de litro; salían con un zambombazo metálico, como si reventaran una gigantesca bola de acero encima de un yunque. A veces pasaban nuestros aviones y dejaban caer unos torpedos aéreos cuya retumbante explosión hacía temblar la tierra en un radio de más de tres kilómetros. Los disparos de los cañones antiaéreos de los fascistas ponían manchas en el cielo que parecían nubecillas de una mala acuarela, pero nunca vi que dieran a menos de mil metros de ningún aparato. Cuando un avión se lanza en picado y ametralla el objetivo, el ruido, desde abajo, parece el aleteo de un pájaro.

En nuestro sector del frente ocurría poca cosa. A unos doscientos metros a la derecha había una posición fascista en terreno elevado, y desde allí abatieron a algunos compañeros nuestros. Doscientos metros a la izquierda, en el puente que cruzaba el riachuelo, se había entablado una especie de duelo entre los morteros fascistas y los hombres que estaban levantando una barrera de hormigón en sentido perpendicular al puente. Las malignas y pequeñas granadas salían disparadas, ¡clonc-sssss!, ¡clonc-ssss!, y aquel endiablado ruido era el doble de intenso cuando aterrizaban en el asfalto de la carretera. A cien metros de distancia uno podía quedarse de pie, completamente a salvo, mirando las columnas de tierra y humo negro que saltaban en el aire como árboles mágicos. Los pobres diablos que estaban junto al puente pasaron buena parte del día escondidos en los pequeños agujeros unipersonales que habían abierto en la escarpa de la trinchera. Pero hubo menos bajas de lo que cabía esperar y la barrera, un murete de hormigón de sesenta centímetros de anchura, con aspilleras para dos ametralladoras y un cañón ligero fue construyéndose poco a poco. El hormigón se reforzó con viejos armazones de cama; al parecer fue el único hierro que pudo encontrarse para aquel fin.

VI

Una tarde Benjamín nos dijo que quería quince voluntarios. Aquella noche tenía que llevarse a cabo el ataque contra el reducto fascista cuya toma se había suspendido la vez anterior. Engrasé mis diez cartuchos mexicanos, tizné la bayoneta (si refleja la luz, lo delata a uno de lejos) e hice un hatillo con un trozo de pan, algo de chorizo y un puro que mi mujer me había mandado de Barcelona y que me estaba reservando desde hacía tiempo. Se distribuyeron bombas de mano, tres por cabeza. Por fin había conseguido el gobierno español fabricar bombas de mano decentes. Se basaban en el principio de la bomba de Mills, pero con dos pasadores en lugar de uno. Después de quitar los pasadores, disponía uno de siete segundos antes de que la bomba explotase. Su principal inconveniente era que un pasador estaba muy duro y el otro flojo, de modo que había dos alternativas: dejar los dos en su sitio y no poder quitar el duro en el momento decisivo, o quitar el duro de antemano y quedarse con el corazón en un puño esperando que la bomba no le estallara a uno en el bolsillo. Aun así, era una bomba de mano muy práctica.

Poco antes de medianoche, Benjamín nos condujo a los quince a Torre Fabián. Llovía sin parar desde el atardecer. Las acequias estaban a rebosar y cada vez que metíamos el pie en una salíamos empapados hasta la cintura. En el corral de la casa, sumidos en la oscuridad, esperaban más hombres bajo la lluvia. Kopp nos explicó el plan de ataque, primero en español y luego en inglés. La primera línea fascista formaba allí un ángulo y el parapeto que íbamos a atacar estaba en el vértice, en una elevación del terreno. Un pelotón de treinta hombres, la mitad ingleses y la otra mitad españoles, a las órdenes de Jorge Roca, el jefe del batallón (los batallones milicianos tenían unos cuatrocientos hombres), y de Benjamín, teníamos que acercarnos reptando y cortar la alambrada. Jorge daría la señal tirando la primera bomba y los demás lo secundaríamos arrojando una buena ración, echaríamos a los fascistas del parapeto y nos apoderaríamos de él antes de que pudieran reaccionar. Al mismo tiempo, setenta hombres del batallón de choque asaltarían la «posición» fascista más cercana, que estaba a doscientos metros a la derecha de la otra y que se unía a ella por una trinchera de comunicación. A fin de evitar dispararnos entre nosotros en la oscuridad llevaríamos brazaletes blancos. En aquel instante llegó un enlace con la noticia de que no había brazaletes blancos. Alguien dijo con voz quejumbrosa:

—¿Y no podríamos llegar a un acuerdo para que sean los fascistas los que lleven los brazaletes blancos?

Faltaba aún un par de horas. El pajar que había encima de la cuadra estaba tan destrozado por los bombazos que era imposible moverse en su interior sin luz. Medio suelo se lo había llevado por delante una bomba que había caído a plomo, y se abría un abismo de siete metros hasta el empedrado suelo de la cuadra. Alguien encontró un pico y levantó del suelo un tablón reventado; pocos minutos después, las ropas empapadas se secaban al calor de la lumbre. Otro sacó una baraja. Corrió el rumor —uno de esos rumores misteriosos que son endémicos en la guerra— de que nos iban a dar café caliente con brandy. Bajamos a toda velocidad la escalera medio hundida y anduvimos por el patio a oscuras preguntando dónde estaba el café. Pero, ay, no había café. Ya que estábamos allí, nos congregaron, y nos hicieron formar en columna de a uno. Jorge y Benjamín se adentraron entonces en la negrura, y nosotros detrás de ellos.

Persistían la lluvia y la oscuridad absoluta, aunque el viento había cesado. El barro era indescriptible. Los ribazos que cruzaban los campos de remolachas eran una sucesión de charcos y bultos más resbaladizos que una cucaña. Todos nos caímos varias veces y acabamos con los fusiles llenos de lodo mucho antes de llegar a nuestro propio parapeto; en él nos aguardaba otro pelotón, nuestros reservas, con el médico y una fila de camillas. Salimos por el agujero del parapeto y vadeamos otra acequia. ¡Plash, glo-glo! Otra vez con el agua hasta la cintura y con el viscoso y repugnante barro colándosenos en las botas. Jorge esperó en la orilla hasta que hubimos pasado todos. Luego, doblado por la cintura, avanzó despacio. El parapeto fascista quedaba a unos ciento cincuenta metros. No teníamos otra forma de llegar allí que moviéndonos sin hacer ruido.

Yo iba en vanguardia, con Jorge y Benjamín. Doblados por la cintura, con la cara levantada, avanzamos en medio de aquella impenetrable negrura a una velocidad que se reducía cada paso que dábamos. La lluvia nos golpeaba la cara. Volví la cabeza y vi a los hombres que tenía detrás, un grupo de figuras jorobadas, semejantes a champiñones gigantes, que avanzaba con lentitud. Pero cada vez que levantaba la cabeza, Benjamín, que iba a mi lado, me murmuraba con energía en el oído: «¡Baja la cabeza, baja la cabeza!». Habría podido decirle que no se preocupara. Yo ya sabía por experiencia que en una noche oscura no se distingue a un hombre a veinte pasos. Era mucho más importante guardar silencio. Si nos oían una sola vez, estábamos listos. Les bastaría segar la oscuridad con la ametralladora para que nuestra única alternativa fuera salir corriendo o morir.

Pero era imposible moverse en silencio en aquel terreno empapado. Hicieras lo que hicieras tus pies quedaban pegados al barro y cada paso sonaba flop-flop, flop-flop. Y, por si fuera poco, ya no hacía viento, y a pesar de la lluvia era una noche muy tranquila. Los ruidos se oían a mucha distancia. Hubo un momento espantoso cuando golpeé una lata con el pie e imaginé que me oían todos los fascistas en un radio de varios kilómetros. Pero no, no hubo ningún ruido, ningún disparo de réplica, ningún movimiento en las líneas enemigas. Seguimos adelante, siempre reduciendo la velocidad. Soy incapaz de explicar el ardiente deseo que tenía de llegar. ¡De estar por lo menos a tiro de bomba antes de que nos descubrieran! En tales ocasiones ni siquiera es miedo lo que uno experimenta, sólo unas ganas locas de cruzar el terreno intermedio. He sentido exactamente lo mismo mientras acechaba a un animal salvaje; el mismo deseo torturante de tenerlo a tiro, la misma convicción irreal de que no va a ser posible. ¡Y cómo se alargaba la distancia! Conocía bien el terreno y sabía que apenas eran ciento cincuenta metros, pero parecía más de un kilómetro. Cuando avanzas con pies de plomo te percatas de las tremendas variaciones del suelo, como si fueras una hormiga: el magnífico tramo de hierba blanda aquí, el asqueroso tramo de limo pegajoso allí, las altas y crujientes cañas que hay que evitar, el montón de piedras que está a punto de echarlo todo a perder porque parece imposible saltarlo sin hacer ruido.

Llevábamos tanto rato avanzando que empecé a pensar que habíamos errado el camino. Entonces entrevimos unas delgadas rayas paralelas más negras que la oscuridad circundante. Era la primera alambrada (los fascistas tenían dos). Jorge se puso de rodillas y se metió la mano en el bolsillo. Las únicas cizallas con que contábamos las llevaba él. Clic, clic. Apartamos con cuidado aquellos tentáculos colgantes, y esperamos a que llegaran los rezagados. Parecían hacer un ruido infernal. Ya sólo faltaban unos cincuenta metros para llegar al parapeto fascista. Seguimos adelante, doblados por la cintura. Un paso sigiloso, apoyando el pie con la suavidad de un gato que se aproxima a un nido de ratones; luego, una pausa para escuchar; después, otro paso. Levanté la cabeza; sin decir nada, Benjamín me puso la mano en la nuca y me agachó con fuerza. Yo sabía que sólo veinte metros separaban la alambrada interior del parapeto. Me parecía increíble que treinta hombres pudieran acercarse sin ser oídos. Nuestra respiración bastaba para delatarnos. Y sin embargo llegamos. Ya podía verse el parapeto fascista, una barrera negra que se alzaba por encima de nosotros. Jorge volvió a arrodillarse y a meter la mano en el bolsillo. Clic, clic. No había forma de cortar aquello en silencio.

Así pues, aquello era la alambrada interior. Nos colamos por ella a gatas y con algo más de velocidad. Si conseguíamos desplegarnos todo iría bien. Jorge y Benjamín avanzaron hacia la derecha. Pero los hombres que venían detrás y estaban dispersos tuvieron que ponerse en columna de uno para pasar por el pequeño agujero de la alambrada, y en aquel momento estalló un fogonazo y se oyó una detonación en el parapeto fascista. El centinela había acabado por oírnos. Jorge hincó la rodilla y avanzó el brazo como si jugase a los bolos. ¡Plam! La bomba de mano alcanzó el parapeto. Inmediatamente, a una velocidad mayor de lo que habría parecido posible, se oyó una descarga de fusiles, diez o veinte, en el parapeto enemigo. De modo que, después de todo, habían estado esperándonos. Durante unos segundos, iluminados por aquella luz mortecina, vimos todos y cada uno de los sacos terreros. Algunos hombres rezagados estaban lanzando bombas y algunas caían delante del parapeto. Todas las aspilleras parecían vomitar chorros de fuego. Siempre es horrible que disparen contra uno en la oscuridad —cada fogonazo parece dirigirse a ti—, pero las bombas eran lo peor de todo. Es imposible imaginar el horror que producen hasta que ves estallar una cerca en la oscuridad; de día sólo percibes el estruendo de la explosión, pero en la oscuridad hay además un resplandor rojizo y cegador. Yo me había echado al suelo en cuanto oí la primera descarga y desde entonces yacía de costado en el barro pegajoso, bregando con furia con el seguro de una bomba. Aquel maldito pasador no salía. Al final me di cuenta de que lo estaba girando en sentido contrario. Saqué el pasador, me puse de rodillas, lancé la bomba y volví a echarme de bruces. La bomba explotó hacia la derecha, delante del parapeto; el miedo había desviado mi puntería. En aquel preciso instante estalló otra bomba delante de mí, tan cerca que sentí el calor de la explosión. Me pegué al suelo y enterré la cara en el barro, con tanta fuerza que me hice daño en la nuca y creí que me habían herido. En medio de aquel tumulto oí detrás de mí una voz que decía en inglés: «Me han dado». La bomba, en efecto, había alcanzado a algunos compañeros que estaban a mi alrededor, pero no a mí. Me puse de rodillas y arrojé otra. He olvidado dónde fue a parar.

Los fascistas disparaban, aquellos de los nuestros que estaban detrás disparaban, y yo sabía muy bien que estaba en medio. Oí una detonación y caí en la cuenta de que un compañero estaba disparando justo detrás de mí. Me puse en pie y le dije a gritos:

—¡No me tires a mí, desgraciado!

Vi a Benjamín, a diez o quince metros a la derecha, que me hacía señas con el brazo. Corrí hacia él. Aquello significaba pasar por delante de las tonantes aspilleras, y mientras corría me puse la mano en la mejilla; fue un gesto idiota —como si las balas no pudieran atravesar una mano—, pero me horrorizaba la idea de que me diesen en la cara. Benjamín estaba rodilla en tierra con expresión pícara y complacida, disparando cuidadosamente con la pistola automática contra los fogonazos de los fusiles. A Jorge le habían dado en la primera descarga y no lo veía por ninguna parte. Me arrodillé junto a Benjamín, quité el seguro de mi tercera bomba y la arrojé. ¡Ah! Aquella vez no hubo dudas. Explotó al otro lado del parapeto, en el ángulo, junto al nido de la ametralladora.

El fuego fascista pareció menguar de pronto. Benjamín se puso en pie y gritó:

—¡Adelante! ¡A la carga!

Nos lanzamos hacia la breve cuesta en la que se alzaba el parapeto. He dicho «nos lanzamos», pero habría sido mejor decir «trastabillamos»; y es que es imposible moverse rápido cuando se está empapado y embarrado de pies a cabeza, y va uno cargado con el fusil, la bayoneta y ciento cincuenta cartuchos. Estaba convencido de que había un fascista esperándome en lo alto. No podía fallar a aquella distancia si me disparaba, pero sin saber por qué no esperaba que lo hiciese, sino que tratara de reducirme con la bayoneta. Ya me veía cruzando el acero con él, y me pregunté si su brazo sería más fuerte que el mío. Pero no había ningún fascista aguardándome. Con un breve suspiro de alivio comprobé que el parapeto era bajo y que se podía apoyar el pie con seguridad en los sacos terreros, que suelen ser difíciles de saltar. En el interior todo estaba destrozado, lleno de vigas caídas y de fragmentos de uralita. Nuestras bombas habían reventado todas las chozas y refugios. Sin embargo, no se veía ni un alma. Pensé que estarían acechando en algún escondrijo subterráneo y grité en inglés (no podía pensar en español en aquellos momentos):

—¡Salid de ahí! ¡Rendíos!

No hubo respuesta. De pronto, un hombre, un bulto oscuro, se descolgó de la techumbre de una choza destruida y corrió hacia la izquierda. Corrí tras él, dando bayonetazos inútiles en la oscuridad. Al doblar la esquina de la choza vi a un hombre —no sé si el mismo al que perseguía— corriendo por la trinchera de comunicación que conducía a la otra posición fascista. Tenía que estar muy cerca de él porque lo veía con claridad. Era calvo y no parecía llevar nada puesto, salvo una manta que se sujetaba alrededor de los hombros. Si le hubiera disparado lo habría hecho puré. Pero se nos había ordenado, para no dispararnos entre nosotros, que en el interior del parapeto empleáramos sólo la bayoneta; en cualquier caso, en ningún momento se me ocurrió dispararle. Lejos de ello, mi memoria retrocedió veinte años y recordé al instructor de boxeo de mi colegio haciendo una animada pantomima para enseñarme cómo había atravesado a un turco con la bayoneta en los Dardanelos. Empuñé el fusil por la culata y lancé un bayonetazo a la espalda del hombre. No le di. Otro bayonetazo, y tampoco. Y durante unos metros seguimos así, él corriendo por la trinchera y yo persiguiéndolo por arriba, lanzándole bayonetazos entre las paletillas, pero sin alcanzarlo: una situación cómica para mí cuando la recuerdo, aunque supongo que para él lo será menos.

Como es lógico, él conocía el terreno mejor que yo y no tardó en escapárseme. A mi regreso, la posición estaba llena de hombres que daban gritos. El ruido del tiroteo se había reducido un poco. Los fascistas seguían disparándonos por tres flancos, pero a cierta distancia. Los habíamos hecho retroceder por el momento. Recuerdo haber profetizado: «Podemos defender este puesto media hora, no más». No sé por qué decidí que fuese media hora. Por encima del parapeto de la derecha se veía multitud de verdosos fogonazos de fusil rasgando la oscuridad; pero estaban lejos, a cien o doscientos metros. Nuestra misión era registrar la posición y llevarnos cuanto valiera la pena. Benjamín y otros ya estaban revolviendo las ruinas de una choza o refugio que había en el centro de la posición. Benjamín avanzó con cara emocionada por la derruida techumbre, tirando del asa de esparto de una caja de cartuchos.

—¡Camaradas! ¡Municiones! ¡Hay para parar un carro!

—No queremos municiones —replicó uno—, queremos fusiles.

Era verdad. Muchos fusiles se nos habían encasquillado por culpa del barro y no servían para nada. Podían limpiarse, pero era peligroso desmontar el cerrojo en la oscuridad; lo dejabas en cualquier sitio y era fácil perderlo para siempre. Yo llevaba encima una pequeña linterna eléctrica que mi mujer había adquirido en Barcelona; aparte de eso, no teníamos ninguna otra forma de alumbrarnos, absolutamente ninguna. Unos cuantos hombres con el fusil en buen estado disparaban sin ganas contra los fogonazos que estallaban en la lejanía. Nadie se atrevía a disparar con rapidez; incluso los mejores fusiles podían encasquillarse si se calentaban demasiado. Éramos dieciséis en el interior del parapeto, contando a un par de heridos. Patrick O'Hara, un oriundo de Belfast que tenía nociones de enfermería, iba de aquí para allá con paquetes de vendas, curando a los heridos y, como era de esperar, recibiendo una lluvia de plomo cada vez que volvía al parapeto, a pesar de que gritaba «¡POUM, POUM!» con voz indignada.

Nos pusimos a registrar la posición. Encontramos algunos muertos, pero no nos detuvimos a mirarlos. Lo que yo buscaba era la ametralladora. Todo el tiempo que habíamos estado fuera me había preguntado vagamente por qué no disparaba aquella arma. Iluminé con la linterna el interior del nido. ¡Cruel desengaño! La ametralladora no estaba. El trípode sí, y varias cajas de munición, y piezas de recambio, pero la ametralladora había desaparecido. Probablemente la habían desmontado y se la habían llevado al oír la primera alarma. Sin duda habían actuado obedeciendo órdenes, pero había sido un movimiento absurdo y cobarde, porque si hubieran dejado la ametralladora donde estaba nos habrían liquidado a todos. Nos pusimos furiosos. Habíamos salido dispuestos a capturar una ametralladora.

Miramos por todas partes, pero no encontramos casi nada de valor. Había muchas bombas fascistas por allí —de un modelo algo inferior a las nuestras y que se activaban tirando de un cordel—, y me guardé dos en el bolsillo para llevármelas de recuerdo. No pude menos de reparar en la absoluta miseria de los refugios fascistas. La alfombra de mudas, libros, comida y objetos personales que caracterizaba los nuestros brillaba allí por su ausencia; al parecer, aquellos pobres galeotes no tenían nada más que mantas y un puñado de mendrugos de pan. En el otro extremo había un pequeño refugio un poco por encima del suelo, provisto de un ventanuco. Metimos la linterna por el ventanuco y lanzamos un grito de júbilo. Apoyado en la pared había un objeto cilíndrico con una funda de cuero, de algo más de un metro de altura y quince centímetros de diámetro. Evidentemente era la ametralladora. Dimos la vuelta corriendo y cruzamos la puerta, y entonces vimos que lo que contenía el estuche de cuero no era la ametralladora, sino un objeto más valioso aún para nuestro ejército ayuno de armas. Era un anteojo, probablemente de sesenta o setenta aumentos, con un trípode plegable. No había anteojos así en nuestro lado del frente y se necesitaban con muchísima urgencia. Lo sacamos con alegría y lo dejamos apoyado en el parapeto para transportarlo más tarde.

En aquel punto se oyó gritar que se acercaban los fascistas. El fragor de los disparos había aumentado mucho, pero era obvio que el enemigo no iba a contraatacar por la derecha, puesto que en tal caso tendría que cruzar la tierra de nadie y asaltar su propio parapeto. Si eran mínimamente sensatos, volverían por dentro de la línea. Fui a ver el otro lado de los refugios. La posición tenía una vaga forma de herradura, con los refugios en el centro, de modo que contábamos con otros parapetos que nos protegían por la izquierda. Por aquel flanco disparaban a discreción, pero no me pareció importante. El punto más peligroso era el que tenía delante mismo, donde no había ninguna protección en absoluto. Por encima pasaba volando una lluvia de proyectiles. Tenían que proceder de la otra posición enemiga que había más allá; saltaba a la vista que el batallón de choque no la había capturado. Pero allí el ruido era ensordecedor. Era el bramido continuo, semejante al redoblar de tambores, de multitud de fusiles disparando; yo ya había oído de lejos en muchas ocasiones aquel fragor pero era la primera vez que estaba en medio de la refriega. Y como es lógico, a aquellas alturas, el tiroteo se había contagiado por todo el frente en varios kilómetros a la redonda. Douglas Thompson, con el brazo herido colgando, se apoyaba en el parapeto y disparaba con una sola mano contra los fogonazos; le cargaba el fusil un compañero que tenía el suyo encasquillado.

Éramos cuatro o cinco en aquella parte. No había dudas sobre lo que debíamos hacer. Debíamos arrastrar los sacos del parapeto delantero y levantar una barricada en el flanco desprotegido. Y teníamos que hacerlo enseguida. Disparaban alto por el momento, pero podían bajar el tiro sin previo aviso; por la cantidad total de fogonazos calculé que nos atacaban cien o doscientos hombres. Nos pusimos a tirar de los sacos, los transportábamos veinte metros y los dejábamos caer desordenadamente. Era un trabajo infame. Pesaban aquellos sacos, por lo menos cincuenta kilos, y había que servirse de todos los músculos para levantarlos del parapeto; y entonces la arpillera podrida se rompía y nos caía encima un reguero de tierra húmeda, por dentro del cuello y de las mangas. Recuerdo que acabó por horrorizarme todo: el caos, la oscuridad, aquel ruido espantoso, el ir y venir por el barro, el forcejeo con los sacos a punto de reventar, y siempre con el fusil a cuestas, pues no me atrevía a soltarlo para no quedarme sin él. Recuerdo que mientras transportaba un saco con otro compañero, le grité:

—¡Esto es la guerra! ¿Verdad que es un asco?

De súbito, una columna de figuras altas entró en la posición saltando el parapeto delantero. Al acercarse vi que llevaban el uniforme del batallón de choque, y dimos gritos de alegría pensando que eran los refuerzos. Pero sólo eran cuatro hombres, tres alemanes y un español. Más tarde nos enteramos de lo que le había sucedido al batallón de choque. No conocían el terreno, se habían equivocado de posición en la oscuridad y habían acabado acorralados contra las alambradas fascistas, donde muchos habían resultado muertos. Aquellos cuatro estaban allí porque se habían perdido, por suerte para ellos. Los alemanes no hablaban inglés, francés ni español. Con serias dificultades y muchos gestos les explicamos lo que estábamos haciendo y los pusimos a trabajar con nosotros en la construcción de la barricada.

Los fascistas habían conseguido ya una ametralladora. Se la podía ver vomitando fuego como un buscapiés a cien o doscientos metros; los proyectiles nos llovían con un traqueteo monótono y glacial. Al cabo del rato habíamos amontonado sacos de sobra para formar un banco de apoyo tras el que apostarnos los que estábamos allí y abrir fuego. Yo estaba arrodillado detrás de ellos. Una granada de mortero cayó silbando y explotó en la tierra de nadie. Aquel era otro peligro, pero les llevaría algunos minutos encontrar nuestro ángulo. Habíamos terminado de forcejear con aquellos sacos nauseabundos, pero la diversión no se había acabado: el ruido, la oscuridad, los fogonazos que se acercaban, los nuestros que disparaban contra los fogonazos... Había incluso tiempo para recapacitar un poco. Recuerdo que me pregunté si estaba asustado y que llegué a la conclusión de que no; fuera de allí, donde seguramente había corrido menos peligro, había estado medio muerto de miedo. De pronto oí gritar otra vez que se acercaban los fascistas. Pero ahora no había duda, los fogonazos estaban mucho más cerca. Vi uno apenas a veinte metros. Estaba claro que avanzaban por la trinchera de comunicación. A veinte metros estábamos a tiro de bomba; éramos ocho o nueve apelotonados y una sola bien lanzada podía hacernos pedazos. Bob Smillie, con la cara manchada de la sangre que manaba de una pequeña herida de la cara, puso la rodilla en tierra y lanzó una bomba. Nos encogimos, esperando la explosión. La espoleta se puso roja y silbó mientras surcaba el aire, pero la bomba no explotó. (Al menos una de cada cuatro bombas de mano era defectuosa.) Las únicas bombas que me quedaban eran las fascistas, pero no sabía bien cómo funcionaban. Grité a los demás si les quedaba alguna bomba. Douglas Moyle se palpó el bolsillo y me alargó una. La lancé y me eché de bruces. Por una de esas casualidades que se dan una vez al año, la arrojé casi en el mismo punto donde había visto el fogonazo de fusil. Retumbó la explosión y un segundo después estalló un diabólico clamor de alaridos y gemidos. Por lo menos le habíamos dado a uno; no sé si estaba muerto, pero seguro que estaba malherido. ¡Pobre infeliz, pobre infeliz! Sentí un vago pesar mientras oía sus gritos. Pero en aquel instante, a la tenue luz de los fogonazos de los fusiles, vi o creí ver una figura cerca del punto donde antes había estado el fusil que disparaba. Me eché el mío a la cara y apreté el gatillo. Otro grito, pero creo que se debía aún a los efectos de la explosión. Se lanzaron más bombas. Los siguientes fogonazos que vimos estaban mucho más lejos, a cien metros o más. Los habíamos rechazado, al menos temporalmente.

Todos empezamos a soltar tacos y a preguntar a gritos por qué diantres no nos habían enviado ningún refuerzo. Con un subfusil ametrallador o veinte hombres con fusiles decentes habríamos podido contener desde allí a un batallón. En aquel momento, Paddy Donovan, que era el segundo en el mando después de Benjamín y que había retrocedido a nuestra posición para recibir órdenes, apareció por el parapeto delantero.

—¡Eh! ¡Venga, fuera de ahí! ¡A retirarse todos!

—¿Qué?

—¡A retirarse! ¡Fuera de ahí!

—¿Por qué?

—Órdenes. Hay que volver a las líneas, y a escape.

Los hombres saltaban ya el parapeto delantero. Un grupo forcejeaba con una pesada caja de municiones. Me acordé del anteojo que había dejado apoyado en el parapeto del otro lado de la posición. Pero en aquel momento vi que los cuatro del batallón de choque, supongo que obedeciendo ignotas órdenes que hubieran recibido de antemano, echaban a correr por la trinchera de comunicación. Por allí se iba a la otra posición fascista y —si llegaban— a una muerte segura. Desaparecieron en la oscuridad. Eché a correr tras ellos, esforzándome por recordar cómo se decía «retirada» en español; al final grité: «¡*Atrás, atrás!*», que creo que transmitía la misma idea. El español lo entendió e hizo retroceder a los otros. Paddy nos esperaba en el parapeto.

—Venga, aprisa.

—¡Pero el anteojo...!

—¡Que le den por culo al anteojo! Benjamín espera fuera.

Saltamos. Paddy apartó el alambre para que yo pasara. En cuanto abandonamos la protección del parapeto fascista, nos cayó encima un fuego infernal que parecía brotar de los cuatro puntos cardinales. En parte, no me cabe la menor duda, procedía de los nuestros, ya que en aquel momento disparaba todo el frente. Fuéramos donde fuésemos nos recibía una lluvia de proyectiles; íbamos de aquí para allá como una manada de borregos. Para empeorar las cosas arrastrábamos la caja de municiones capturada —una de esas cajas que contienen 1750 cartuchos y pesan cincuenta kilos—, además de una caja de bombas y varios fusiles fascistas. Al cabo de unos minutos nos habíamos perdido, aunque de parapeto a parapeto no había ni doscientos metros y casi todos conocíamos el terreno. De pronto nos encontramos empantanados en un cenagal, sin ver otra cosa que proyectiles que llegaban de ambos lados. No había luna con la que orientarnos, aunque el cielo comenzaba a clarear. Nuestras líneas quedaban al este de Huesca; yo quería que nos quedáramos allí hasta que la primera luz del alba nos indicara dónde estaban el este y el oeste, pero los otros se opusieron. Seguimos chapoteando, cambiando de dirección varias veces y turnándonos para tirar de la caja de municiones. Por fin vimos delante de nosotros el achaparrado perfil de un parapeto. Podía ser tanto el nuestro como el de los fascistas, pues nadie tenía la menor idea de dónde estábamos. Benjamín se arrastró boca abajo entre unas matas altas y blanquecinas hasta que estuvo a veinte metros del parapeto y se arriesgó a lanzar un «quién vive». «¡POUM!», nos respondieron. Nos incorporamos, avanzamos hacia el parapeto, vadeamos otra vez la acequia —¡plash, glo-glo!— y entramos en la posición.

Kopp nos esperaba con unos cuantos españoles. El médico y las camillas se habían esfumado. Al parecer habían evacuado a todos los heridos menos a Jorge y a uno de nuestro grupo, de apellido Hiddlestone, que estaban en paradero desconocido. Kopp, muy pálido, no dejaba de pasearse arriba y abajo, sin hacer caso de los proyectiles que se colaban por encima del parapeto y le pasaban silbando junto a la cabeza. Casi todos estábamos agachados, escondidos detrás del parapeto. Kopp no paraba de murmurar: «¡Jorge! ¡Coño! ¡Jorge!». Y luego en inglés: «¡Si Jorge ha caído, terrible, terrible!». Jorge era amigo suyo y uno de sus mejores oficiales. De pronto se volvió hacia nosotros y pidió cinco voluntarios, dos ingleses y tres españoles, para ir en busca de los desaparecidos. Moyle, yo y tres españoles nos levantamos.

Mientras salíamos, los españoles murmuraron que había ya una claridad muy peligrosa. Y tenían razón: el cielo estaba azuleando. En el reducto fascista todo era griterío y confusión. Era obvio que habían vuelto a ocupar la posición con una dotación más numerosa que la anterior. Cuando estábamos ya a sesenta o setenta metros del parapeto nos vieron o nos oyeron, porque nos enviaron una lluvia de proyectiles que nos lanzó cuerpo a tierra. Uno de ellos nos arrojó una bomba por encima del parapeto: un claro indicio de pánico. Estábamos tendidos en la hierba, esperando una oportunidad para seguir avanzando, cuando oímos, o creímos oír –hoy no me cabe la menor duda de que fue fruto de la imaginación, pero entonces me pareció muy real–, que las voces de los fascistas sonaban mucho más próximas. Habían salido del parapeto y nos estaban buscando.

–¡Corre! –grité a Moyle, y me puse en pie de un salto.

Y cómo corrí, válgame el cielo. Aquella misma noche había pensado que no se podía correr empapado de pies a cabeza y cargado con el fusil y los cartuchos, pero aprendí que siempre es posible hacerlo si cree uno que cincuenta o cien hombres armados andan buscándolo. Pero si uno va rápido, otros pueden ir más rápido aún. Mientras corría pasó por mi lado algo que habría podido ser perfectamente una lluvia de meteoritos. Eran los tres españoles que habían avanzado delante de nosotros y que volvieron a nuestro parapeto sin detenerse y sin que yo pudiera darles alcance. La verdad era que teníamos los nervios destrozados. Sin embargo, yo sabía que en la penumbra cinco hombres son claramente visibles, mientras que un hombre solo es invisible, de modo que volví por mi cuenta. Llegué a la alambrada exterior e inspeccioné el terreno lo mejor que pude, que fue más mal que bien, pues tenía que estar boca abajo. No vi el menor rastro de Jorge ni de Hiddlestone, así que retrocedí. Luego supimos que los dos habían sido trasladados a la enfermería hacía mucho. Jorge tenía una herida leve en el hombro. Las que había recibido Hiddlestone tenían un aspecto horrible; un proyectil le había atravesado el brazo izquierdo y le había roto el hueso por varios puntos; mientras yacía inerme en tierra, una bomba había explotado cerca de él y le había desgarrado otras partes del cuerpo. Me alegra decir que se recuperó. Más tarde me contó que había conseguido avanzar un trecho tendido de espaldas, luego se había sujetado a un español herido y entre los dos habían conseguido volver. Ya era prácticamente de día. Había disparos racheados y sin objeto por toda la línea del frente, como la lluvia que sigue cayendo después de una tormenta. Recuerdo el aspecto desolado de todo lo que me rodeaba, los lodazales, los chopos temblones, el agua amarilla del fondo de las trincheras; y la cara de los hombres, agotada, sin afeitar, manchada de barro y ennegrecida por el humo hasta los ojos. Cuando regresé a mi refugio, los tres hombres con quienes lo compartía estaban ya durmiendo. Se habían desplomado con todo el equipo puesto, abrazados a sus embarrados fusiles. Todo estaba cubierto de fango dentro del refugio, y fuera también. Tras una larga búsqueda recogí fragmentos de madera seca suficientes para encender una pequeña hoguera. Entonces me fumé el puro que me había estado reservando; fue una sorpresa ver que no se había roto durante la noche.

Más tarde supimos que la operación había sido un éxito, dentro de lo que cabía. Tan sólo se había tratado de una incursión para obligar a los fascistas a desplazar tropas del otro flanco de Huesca, por donde los anarquistas habían efectuado un nuevo ataque. Yo había calculado que los fascistas habían movilizado a cien o doscientos hombres en el contraataque, pero un desertor nos dijo luego que habían sido seiscientos. Sospecho que mentía; los desertores, por motivos evidentes, suelen buscar la simpatía del enemigo. Lo del anteojo sí que fue una lástima. Incluso hoy me pongo triste al recordar la pérdida de aquel hermoso botín.

VII

Los días empezaron a ser más cálidos, y también las noches se suavizaron. En un arbolillo acribillado a balazos que teníamos delante del parapeto se estaban formando gruesos racimos de cerezas. Bañarse en el río dejó de ser una tortura y se transformó casi en un placer. En los cráteres de las bombas de los alrededores de Torre Fabián crecían rosas silvestres de rosados pétalos del tamaño de un plato de café. Detrás de las líneas era fácil cruzarse con lugareños que llevaban rosas silvestres en la oreja. Al anochecer salían con redes verdes a cazar codornices. Extendían la red por encima de los arbustos, se echaban en tierra e imitaban la voz de la codorniz hembra. Cualquier macho que oyera el grito acudía con rapidez, y una vez que se había situado debajo de la red había que tirar una piedra para asustarlo y hacer que se enganchara en la red al tratar de remontar el vuelo. Por lo visto sólo cazaban codornices machos, lo que me pareció injusto.

En la línea, cerca de nosotros, había ahora una sección de andaluces. La explicación que se daba entonces era que habían huido de Málaga tan aprisa que se habían olvidado de parar en Valencia; claro que esto lo decían los catalanes, que despreciaban a los andaluces y los tenían por una raza medio salvaje. La verdad es que los andaluces eran muy ignorantes. Pocos sabían leer, en el caso de que supiera alguno, y al parecer desconocían incluso lo que saben absolutamente todos los españoles: a qué partido político pertenecían. Pensaban que eran anarquistas, pero no estaban seguros; a lo mejor eran comunistas. Tenían aire rústico, de pastores o aceituneros, la piel curtida y muy manchada por el sol abrasador del sur de la península. Nos resultaban muy útiles, ya que tenían una gran habilidad para liar cigarrillos con el seco tabaco español. La provisión de cigarrillos había cesado, aunque en Monflorite se podían comprar de vez en cuando algunos paquetes del peor tabaco que había, una picadura que tenía el aspecto y el tacto de la broza triturada. No sabía mal, pero estaba tan seco que, cuando conseguías liar un cigarrillo, el tabaco se salía y te quedabas con un cilindro de papel vacío. Los andaluces, sin embargo, los liaban de un modo admirable y conocían una técnica especial para remeter los extremos.

Dos ingleses pillaron una insolación. Lo que más recuerdo de aquel periodo es el calor del sol de mediodía, y estar trabajando medio desnudo, con los sacos terreros castigándome los hombros, pelados ya por el sol; y la suciedad de la ropa y las botas, que se caían literalmente en pedazos; y los forcejeos con la mula que nos llevaba las raciones, que hacía caso omiso de los disparos de fusil pero salía corriendo cuando reventaban en el aire las bombas de metralla; y los mosquitos (que empezaban a dejarse sentir), y las ratas, que eran una molestia general y roían el correaje y las cartucheras. Nada ocurría por entonces, excepción hecha de las bajas que ocasionaban las balas perdidas y del fuego de artillería y los ataques aéreos de que a veces era objeto Huesca. Como los árboles habían recuperado la hoja, construimos plataformas para francotiradores, al estilo de las de los cazadores de tigres de la India, en los chopos que bordeaban la línea. Los ataques estaban cesando en el otro flanco de Huesca. Los anarquistas habían sufrido muchas bajas y no habían llegado a cortar totalmente la carretera de

Jaca. Habían conseguido situarse muy cerca por ambos lados y tenían la carretera a merced de sus ametralladoras, haciéndola intransitable; sin embargo, el tramo tenía un kilómetro de anchura y los fascistas habían construido una carretera por debajo del nivel del suelo, una especie de trinchera enorme por la que podían circular algunos camiones. Los desertores decían que en Huesca había muchísima munición y poquísima comida. Pero saltaba a la vista que la ciudad no iba a caer. Probablemente habría sido imposible tomarla con los quince mil hombres mal armados de que se disponía en el sector. Más tarde, en junio, el gobierno republicano trasladó tropas del frente de Madrid y concentró treinta mil hombres y multitud de aviones sobre Huesca, pero aun así la ciudad no cayó.

Cuando nos fuimos de permiso llevaba ya ciento quince días en el frente, y entonces tenía la impresión de que aquél había sido uno de los periodos más inútiles de mi vida. Me había unido a las milicias para combatir el fascismo y hasta el momento apenas había entrado en acción; me había limitado a existir como una especie de objeto pasivo, sin hacer nada para ganarme el rancho salvo pasar frío y sueño. Puede que sea ésta la suerte de casi todos los soldados en casi todas las guerras. Pero ahora que puedo enfocar aquel periodo con más objetividad, no me arrepiento en absoluto. Es verdad que desearía haber servido a la República española con más eficacia, pero desde un punto de vista personal —desde el punto de vista de mi evolución— aquellos tres o cuatro primeros meses que pasé en el frente fueron más provechosos de lo que pensaba entonces. Representaron una especie de interregno en mi vida, totalmente distinto de todo cuanto había ocurrido antes y quizá de todo lo que ocurrirá después, y me enseñaron cosas que no habría podido aprender de otro modo.

Lo fundamental es que todo aquel tiempo había estado aislado —pues en el frente estábamos casi completamente aislados del mundo exterior: incluso de lo que pasaba en Barcelona teníamos una idea muy vaga— entre hombres que a grandes rasgos, y sin necesidad de exagerar, podían calificarse de revolucionarios. Era el resultado de la organización de las milicias, que en el frente de Aragón no se modificó sustancialmente hasta junio de 1937. Estas milicias, basadas en los sindicatos y compuestas por personas de opiniones políticas parecidas, conseguían canalizar los sentimientos más revolucionarios del país. Yo había ido a caer más o menos por casualidad en la única comunidad relativamente grande de Europa occidental donde la conciencia política y el desdén por el capitalismo eran lo normal. Allí en Aragón estaba entre decenas de millares de personas, muchísimas de ellas, aunque no todas, de origen obrero, y todas estábamos en el mismo nivel y nos mezclábamos con sentido de la igualdad. En teoría era una igualdad perfecta, e incluso en la práctica le faltaba poco para serlo. En cierto modo sería exacto decir que allí se paladeaba un anticipo del socialismo, con lo que quiero decir que el clima allí dominante era el del socialismo. Muchas motivaciones normales de la vida civilizada –el arribismo, la avidez de dinero, el miedo al patrón, etc.– habían dejado de existir. La habitual división de la sociedad en clases había desaparecido hasta un punto inimaginable en una Inglaterra emponzoñada por el dinero; allí sólo estábamos los campesinos y nosotros, y nadie era el amo de nadie. Evidentemente, una situación así no podía durar. No era más que una fase temporal y localizada de un juego gigantesco que se está jugando en toda la superficie del planeta. Pero duró suficiente para que dejara huella en todos cuantos la vivieron. Por mucho que maldijera entonces, acabé dándome cuenta después de que había estado en contacto con algo extraño y valioso. Había estado en una comunidad en que prevalecía la esperanza sobre la apatía o el escepticismo, donde la palabra «camarada» quería decir eso, camarada, y no, como en casi todos los países, farsante. Había respirado el aire de la igualdad. Sé muy bien que hoy está de moda negar que el socialismo tenga que ver con la igualdad. En todos los países del mundo hay una nutrida tribu de funcionarios de partido y pulcros profesorzuelos que se dedica a «demostrar» que socialismo no significa más que un capitalismo de estado planificado que deja intacto el ánimo de lucro. Pero, por fortuna, hay un concepto de socialismo que es completamente diferente. Lo que atrae a los hombres corrientes al socialismo y los impulsa a jugarse la vida por él, la «mística» del socialismo, es la idea de igualdad; para la gran mayoría de las personas, o socialismo significa sociedad sin clases o no significa nada en absoluto. Por esto fueron tan provechosos para mí aquellos meses pasados entre los milicianos: porque las milicias españolas, mientras duraron, fueron como una versión microcósmica de la sociedad sin clases. En aquella comunidad en la que nadie estaba para sacar tajada, en la que había escasez de todo, pero no privilegios ni servilismo, había quizás una imagen rudimentaria de lo que podía ser la etapa preliminar del socialismo. Y en vez de decepcionarme, me atrajo profundamente. El resultado fue que mi deseo de construir el socialismo se volvió más real que antes. Quizás en parte se debiera a la buena suerte de hallarme entre españoles, que, con su innata honradez y su omnipresente inclinación anarquista, harían tolerables incluso las primeras etapas del socialismo, si tuvieran la oportunidad.

Claro que por entonces apenas me daba cuenta de los cambios que se estaban produciendo en mi interior. Al igual que cuantos me rodeaban, yo era consciente sobre todo del aburrimiento, del calor, del frío, de la suciedad, de los piojos, de las privaciones y, de vez en cuando, del peligro. Ahora es muy diferente. Ese periodo que entonces se me antojó inútil y sin incidentes ha cobrado una gran importancia para mí. Es tan distinto del resto de mi vida que ha adquirido ya la cualidad mágica que, por lo general, es propia sólo de los recuerdos que tienen muchos años. Fue horrible mientras transcurrió, pero es un buen prado para poner a pacer el espíritu. Me gustaría ser capaz de transmitir al lector la atmósfera de aquella época. Espero haberlo hecho ya, un poco al menos, en los capítulos anteriores. Está íntimamente unido en mi interior al frío invernal, a los harapientos uniformes de los milicianos, a las caras ovaladas de los españoles, al morse de las ametralladoras, al olor a orina y a pan rancio, al sabor metálico de los guisados de judías que devorábamos en las sucias marmitas.

Recuerdo todo el periodo con una viveza curiosa. En la memoria revivo hechos que podrían parecer demasiado insignificantes para tomarse la molestia de rememorarlos. Estoy otra vez en el refugio de Monte Pocero, en el saliente de piedra que hace de cama, y el joven Ramón ronca con la nariz pegada entre mis omóplatos. Avanzo a trompicones por la sucia trinchera, en medio de la niebla, que me envuelve como un vapor frío. Estoy subiendo por una grieta de la falda montañosa, esforzándome por no perder el equilibrio y por arrancar una mata de romero silvestre. Por encima silban unos cuantos proyectiles sin objeto.

Estoy escondido entre los pequeños abetos del terreno llano que hay al oeste de Monte Trazo, con Kopp, Bob Edwards y tres españoles. Por la pelada y grisácea colina de la derecha asciende una columna de fascistas, semejantes a hormigas. Más cerca, frente a nosotros, en las líneas enemigas, se oye un toque militar. Kopp ve que lo miro y, al igual que un colegial, apoya el pulgar en la nariz y agita el resto de la mano.

Estoy en el mugriento corral de La Granja, con la multitud que se afana, marmita en mano, alrededor del perol del guisado. El gordo y agobiado cocinero los aleja con el cazo. En una mesa cercana, un barbudo con una pistola automática en el cinto parte panes en cinco pedazos. Detrás de mí canturrea una voz con acento *cockney* (es Bill Chambers, con quien tuve una fuerte discusión y que después cayó en las afueras de Huesca):

131

Hay ratas, ratas
gordas como gatos,
en el...

Se acerca silbando una bomba. Niños de quince años se arrojan al suelo. El cocinero se encoge detrás del perol. Todos nos levantamos con cara de alivio cuando la bomba cae y explota cien metros más allá. Paseo recorriendo los puestos de los centinelas, bajo las oscuras ramas de los chopos. Las ratas chapotean en la acequia inundada de fuera, haciendo tanto ruido como las nutrias de mar. Cuando despunta la amarillenta aurora a nuestras espaldas, el centinela andaluz, embozado en el capote, se pone a cantar. Al otro lado de la tierra de nadie, a unos cien o doscientos metros, el centinela fascista canta también.

El 25 de abril, después de mucho repetir *mañana*, llegó otra sección a relevarnos; entregamos los fusiles, hicimos el macuto y volvimos a Monflorite. No me entristeció abandonar el frente. Los piojos se multiplicaban en mis pantalones más deprisa de lo que tardaba yo en exterminarlos, hacía un mes que no tenía calcetines y las suelas de las botas casi se habían gastado, de modo que andaba ya prácticamente descalzo. Quería un baño caliente, ropa limpia y una noche entre sábanas limpias, y lo deseaba con una vehemencia imposible de imaginar cuando se lleva una vida civilizada normal. Dormimos unas horas en un pajar de Monflorite, subimos a un camión de madrugada, tomamos el tren de las cinco en Barbastro y —tras tener la suerte de empalmar con un tren rápido en Lérida— llegamos a Barcelona a las tres de la tarde del día 26. Y entonces comenzaron los problemas.

VIII

De Mandalay, en el norte de Birmania, se puede ir en tren a Maymyo, la principal estación de montaña de la provincia, al borde de la meseta de Shan. Es una experiencia un poco rara. Al salir uno está en la típica atmósfera de las ciudades orientales —sol abrasador; palmeras polvorientas; olor a pescado, especias y ajo; frutos tropicales jugosos; enjambres de seres humanos de tez oscura—, y al estar acostumbrado a ella, uno se la lleva intacta, por decirlo así, en el vagón del tren. Mentalmente sigue en Mandalay cuando el tren se detiene en Maymyo, a mil doscientos metros sobre el nivel del mar. Pero al bajar del vagón se entra en otro hemisferio; de súbito se respira un aire frío y aromático que podría ser el de Inglaterra y alrededor de uno no hay más que hierba verde, helechos, abetos y montañesas de mejillas coloradas que venden cestas de fresas.

Me acordé de aquella experiencia al llegar a Barcelona después de haber pasado tres meses y medio en el frente. El brusco cambio de atmósfera fue el mismo. Mientras nos dirigíamos a la Ciudad Condal, el ambiente del frente seguía en el tren: la suciedad, el ruido, la incomodidad, los andrajos, las privaciones, el sentimiento de compañerismo e igualdad. El tren, repleto ya de milicianos cuando salió de Barbastro, no dejó de recoger campesinos en todos los apeaderos del trayecto; campesinos con cajas de hortalizas, con gallinas aterrorizadas que llevaban colgando cabeza abajo, con sacos que temblaban y daban saltos por el suelo y que según supimos luego estaban llenos de conejos vivos, y con una considerable cantidad de ovejas que metían en los compartimentos y empotraban en todos los huecos que había. Los milicianos vociferaban canciones revolucionarias que ahogaban el traqueteo del vagón y arrojaban besos o saludaban con pañuelos rojinegros a todas las chicas guapas que veían por las ventanillas. Las botellas de vino y de *anís*, un licor aragonés nauseabundo, pasaban de mano en mano. Con la típica bota española se puede lanzar un chorro de vino a la garganta de un compañero situado en el otro lado del vagón, y así se ahorran muchos problemas. A mi lado iba un quinceañero de ojos negros que no paraba de contar anécdotas sensacionales y seguramente falsas sobre sus hazañas en el frente a dos viejos campesinos de cara arrugada que lo escuchaban boquiabiertos. Los campesinos acabaron por deshacer los bultos y por ofrecernos un vino negro y denso. Todos estaban muy contentos, más de lo que soy capaz de explicar con palabras. Pero cuando el tren dejó atrás Sabadell y llegó a Barcelona, el ambiente se hizo para nosotros y los de nuestra especie tan extraño y hostil que casi parecía que nos estuviésemos adentrando en París o Londres.

Quienes han estado dos veces en Barcelona durante la guerra, con unos meses de intervalo entre visita y visita, no han dejado de señalar los profundos cambios que se produjeron en la ciudad. Y es curioso, pero aunque primero fueran en agosto y luego en enero, o, como yo, primero en diciembre y luego en abril, decían siempre lo mismo: que el clima revolucionario se había desvanecido. No hay duda de que a cualquiera que hubiese estado allí en agosto, cuando aún no se había secado la sangre de las calles y los milicianos estaban acantonados en los mejores hoteles, en diciembre le habría parecido una ciudad burguesa; a mí, que acababa de llegar de Inglaterra, me resultó lo más parecido a una ciudad proletaria, más de lo que había creído posible. Pero la marea había retrocedido. Volvía a ser una ciudad corriente, un poco apurada y cascada por la guerra, pero sin ningún signo visible de predominio obrero.

El cambio que se había operado en la apariencia de la gente era asombroso. El uniforme miliciano y el mono azul casi habían desaparecido; todos parecían lucir esos elegantes trajes estivales que son la especialidad de los sastres españoles. Por todas partes había hombres gordos y prósperos, mujeres de punta en blanco y coches elegantes. (A primera vista seguía sin haber coches privados; sin embargo, todo el que «era alguien» parecía tener uno a su disposición.) Los mandos del recién constituido Ejército Popular, un tipo humano que escaseaba la primera vez que había estado en Barcelona, se habían multiplicado de un modo asombroso. En el Ejército Popular había un mando por cada diez hombres; muchos oficiales habían sido milicianos y habían recibido orden de volver del frente para recibir instrucción técnica, pero eran mayoritarios los jóvenes que habían preferido ir a la Escuela de la Guerra a unirse a las milicias. Sus relaciones con los soldados no eran exactamente las mismas que en el ejército burgués, pero había una diferencia social concreta que se percibía en la paga y en el uniforme. Los soldados llevaban un mono marrón de tela basta; los oficiales, un elegante uniforme caqui, ceñido por la cintura, como en el ejército británico, aunque un poco más. No creo que hubieran estado todavía en el frente más de cinco de cada cien, y sin embargo todos llevaban una pistola automática en el cinto; nosotros no conseguíamos una pistola en el frente ni en sueños. Al salir a la calle nos fijamos en que la gente se quedaba mirando nuestros sucios harapos. Como es lógico, al igual que sucede con todos los que han pasado varios meses en el frente, nuestro aspecto era asqueroso. Me daba perfecta cuenta de que parecíamos espantapájaros. Mi cazadora de cuero estaba hecha jirones, el gorro de punto ya no tenía forma y se me escurría constantemente hacia los ojos, y mis botas eran poco más que empeines reventados. Todos teníamos más o menos el mismo aspecto, y para postre íbamos sucios y sin afeitar, así que no era extraño que la gente nos mirase. Pero la situación me produjo cierto desánimo y me hizo pensar que en los últimos tres meses habían sucedido allí cosas extrañas.

Al cabo de unos días vi multitud de indicios que corroboraban la exactitud de mi primera impresión. La ciudad había sufrido un cambio profundo. Dos detalles venían a ser la clave de todo los demás: uno era que la gente −la población civil− había perdido buena parte de su interés por la guerra; el otro, que estaba cristalizando otra vez la división habitual de la sociedad en ricos y pobres, en clase superior y clase inferior. La indiferencia general por la guerra causaba sorpresa y no poca indignación. Los que llegaban de Madrid y de Valencia se quedaban horrorizados. En parte se debía a que Barcelona estaba muy lejos de las zonas donde se combatía; vi lo mismo un mes después en Tarragona, que proseguía casi sin interrupción su vida habitual de elegante población costera. Pero era significativo que en toda España se hubiera reducido el alistamiento voluntario aproximadamente desde el mes de enero. En Cataluña, en febrero, durante la primera campaña en favor del Ejército Popular se había desatado una ola de entusiasmo, pero el voluntariado no había experimentado ningún aumento espectacular. Seis meses después de que la guerra estallara el gobierno tuvo que recurrir a las levas obligatorias, una medida normal en un conflicto con un país extranjero, pero un poco rara tratándose de una guerra civil. Sin duda la medida tuvo que ver con el desmoronamiento de las esperanzas revolucionarias con que había comenzado la contienda. Los miembros de los sindicatos que se habían organizado en milicias y habían perseguido a los fascistas hasta Zaragoza durante las primeras semanas se habían entregado en cuerpo y alma porque creían que combatían por el poder obrero; pero cada día era más evidente que el poder obrero era una causa perdida, y no se podía reprochar a la gente sencilla, en particular al proletariado urbano, al que nutre las filas de los ejércitos en cualquier guerra, civil o internacional, que se sintiera un poco desanimada. Nadie quería que la guerra se perdiese, pero la mayoría estaba, más que nada, deseosa de que terminase. Se notaba en todas partes. Se oía el mismo comentario mecánico por doquier: «Esta guerra... es terrible, ¿verdad? ¿Cuándo se acabará?». Los que tenían conciencia política estaban más al tanto de las luchas internas entre anarquistas y comunistas que de la lucha contra Franco. Para la inmensa mayoría, la escasez de comida era lo más importante. Ahora se pensaba en «el frente» como en un lugar mítico y lejano en el que los jóvenes desaparecían y del que no volvían o lo hacían al cabo de tres o cuatro meses con los bolsillos repletos de dinero. (Los milicianos solían recibir la paga cuando se iban de permiso.) Los heridos no recibían ningún trato especial, ni siquiera cuando iban con muletas. Ya no se llevaba ser miliciano. En los comercios, eternos barómetros del gusto público, se veía con claridad. La primera vez que había estado en Barcelona, las tiendas, aunque pobres y destartaladas, vendían sobre todo indumentaria y accesorios para milicianos, y en todos los escaparates había gorros de faena, exhibían cazadoras de cremallera, correajes, cuchillos de monte, cantimploras y pistoleras. Ahora eran notablemente más selectas, pero la guerra había quedado en segundo plano. Más tarde, cuando me puse a renovar el equipo antes de volver al frente, comprobé que costaba mucho proveerse de ciertos artículos muy necesarios en el frente.

Mientras tanto había una propaganda sistemática contra las milicias de los partidos y en favor del Ejército Popular. Esta postura era bastante curiosa. En teoría, todos los cuerpos armados estaban integrados en el Ejército Popular desde el mes de febrero, y las milicias, también en teoría, se habían reconstruido según el modelo del Ejército Popular, con escalas salariales, graduación oficial y todo lo demás. Las divisiones estaban compuestas por «brigadas mixtas», que en principio tenían que agrupar por un lado a tropas del Ejército Popular y por otro a unidades de milicianos. Pero los únicos cambios que se habían producido en realidad eran cambios de nombre; las fuerzas del POUM, por ejemplo, que hasta entonces habían constituido la División Lenin, eran ahora la División 29. Hasta el mes de junio fueron escasos los efectivos del Ejército Popular que llegaron al frente de Aragón y en consecuencia las milicias conservaron su estructura aparte y su carácter especial. Pero los organismos del gobierno habían escrito en todas las paredes: «Necesitamos un Ejército Popular»; y en la radio y en la prensa comunista se sucedían los pullazos, a veces muy malintencionados, contra las milicias, diciendo que estaban mal adiestradas, que eran indisciplinadas, etc., mientras que el Ejército Popular siempre era «heroico». De acuerdo con esta propaganda, uno podía considerar en cierto modo deshonroso el hecho de haber ido voluntario al frente y juzgar que esperar la leva forzosa tenía mucho mérito. Por el momento, sin embargo, los milicianos mantenían las posiciones republicanas en el frente, mientras el Ejército Popular se adiestraba en la retaguardia, y este detalle tenía que comentarse lo menos posible. Los reemplazos de milicianos que volvían al frente ya no desfilaban por las calles con batir de tambores y ondear de banderas. Los metían calladamente en un tren o en camiones a las cinco de la madrugada. Ya empezaban a ir al frente los primeros contingentes del Ejército Popular, y a éstos, como antes a nosotros, sí se les dejaba desfilar con toda ceremonia por las calles, aunque a causa del menguante interés por la guerra despertaban poco entusiasmo. La propaganda de prensa utilizó hábilmente el hecho de que los milicianos fueran también, en teoría, soldados del Ejército Popular: todos los méritos se atribuían automáticamente al Ejército Popular, mientras que las culpas se achacaban a los milicianos, y a veces ocurría que una misma unidad recibía elogios por ser una cosa y censuras por ser otra.

Pero al margen de todo esto se había producido un cambio asombroso en el clima social, un acontecimiento difícil de entender si no se ha vivido. La primera vez que estuve en Barcelona me pareció una ciudad donde apenas existían las diferencias de clase y de posición económica. Por lo menos ésa era la impresión que me había dado. La ropa «elegante» era la excepción; nadie pedía ni aceptaba propinas; los camareros, las floristas y los limpiabotas miraban a los ojos al cliente y lo llamaban «camarada». No me había percatado de que era sobre todo una mezcla de esperanza y camuflaje. La clase obrera creía en una revolución que había comenzado pero no acababa de consolidarse y los burgueses estaban asustados y se disfrazaban provisionalmente de trabajadores. Durante los primeros meses de revolución tuvo que haber muchos millares de personas que para salvar el pellejo se habían puesto el mono voluntariamente y habían voceado consignas revolucionarias. Pero las cosas estaban volviendo a la normalidad. Los restaurantes y hoteles de prestigio estaban llenos de ricos que devoraban comidas caras, mientras los precios de los bienes de consumo subían a un ritmo muy superior al del jornal de los trabajadores. Al margen de que todo estuviera caro, había escasez crónica de muchas cosas, y esta escasez siempre afectaba más a los pobres que a los ricos. Al parecer, los restaurantes y hoteles no tenían problemas para conseguir lo que querían, pero en los barrios obreros se formaban colas de centenares de metros para comprar pan, aceite y otros artículos de primera necesidad. Antes me había llamado la atención que en Barcelona no hubiera mendigos; ahora los había en abundancia. Delante de las charcuterías del principio de las Ramblas siempre había grupos de niños descalzos que esperaban el momento de rodear a quienes salían para pedirles a gritos algo de comida. Las fórmulas «revolucionarias» de tratamiento estaban cayendo en desuso. Los desconocidos raramente se hablaban ya de *tú* ni se decían *camarada;* lo habitual era decir *señor* y *usted*. *Buenos días* empezaba a sustituir a *salud*. Los camareros volvían a llevar pechera y cuello almidonados y los encargados eran tan serviles como antaño. Mi mujer y yo entramos en una mercería de las Ramblas para comprar unas medias. El tendero nos hizo una reverencia y se frotó las manos, gestos ya desusados incluso en Inglaterra, aunque se veían hace veinte o treinta años. De un modo indirecto y furtivo estaba volviendo la costumbre de dar propina. Las patrullas obreras se habían disuelto y la policía de preguerra había vuelto a las calles; en consecuencia, los cabarés y los burdeles de categoría, mu-

chos clausurados por las patrullas obreras, volvieron a abrir.* La escasez de tabaco podría ser un pequeño pero significativo ejemplo de la
forma en que todo se orientaba ahora en favor de las clases pudien-
tes. Dicha escasez era tan desesperante para las masas populares que
por las calles se vendían cigarrillos de regaliz picado. Probé uno en
cierta ocasión. (Muchas personas los probaron en alguna ocasión.)
Franco era dueño de las Canarias, de donde procede todo el tabaco español; en consecuencia, las únicas existencias que quedaban en
el sector republicano eran las que ya había antes del estallido de la
guerra. Eran tan escasas que los estancos sólo abrían una vez a la semana; después de hacer cola durante un par de horas se podía adquirir, con un poco de suerte, un paquete de tabaco de veinte gramos. En
teoría, el gobierno no quería que se comprara tabaco en el extranjero,
porque significaba reducir las reservas de oro y éstas había que con-
servarlas para adquirir armas y otros artículos de primera necesidad. La
verdad es que en el país entraba un flujo ininterrumpido de tabaco de
contrabando de las marcas más caras, Lucky Strike y demás, y era una
excelente oportunidad para hacer negocio. Se podía comprar el tabaco de contrabando con toda tranquilidad en los hoteles elegantes y
con casi la misma tranquilidad en las calles, siempre que el compra-
dor tuviese diez pesetas (la paga diaria de un miliciano) para adquirir
un paquete. El contrabando beneficiaba a los ricos y por lo tanto se
toleraba. Quien tuviera dinero suficiente podía comprar de todo en la
cantidad que quisiera, con la única dudosa excepción del pan, que estaba estrictamente racionado. Este marcado contraste entre riqueza y
pobreza habría sido imposible unos meses antes, cuando el poder estaba o parecía estar en manos de la clase obrera. Pero no sería justo
culpar de todo a los cambios en el poder político. En parte se debía
a la seguridad con que se vivía en Barcelona, donde apenas había nada
que hiciese pensar en la guerra, salvo los ocasionales ataques aéreos.
Todos los que habían estado en Madrid decían que allí era por entero diferente. En Madrid el peligro era común y la gente de casi todas
las clases se sentía allí más o menos solidaria. Un gordo comiendo codornices mientras los niños mendigan pan es un espectáculo repug-

* Se dice que las patrullas obreras clausuraron el 75 por ciento de los burdeles.
[Orwell anotó en su Fe de Erratas: «No tengo pruebas concluyentes de que la
prostitución se redujese en un 75 por ciento al comienzo de la guerra, y creo que los
anarquistas eran partidarios de "colectivizar" los burdeles, no de suprimirlos. Pero
hubo una campaña contra la prostitución (carteles, etc.) y es un hecho que el burdel
elegante y el cabaré con desnudos se cerraron al comienzo de la guerra y se reabrie-
ron al cabo de un año». La traducción francesa ha conservado la nota original, sin el
comentario. *(N. del E.)*]

nante, pero hay menos probabilidades de verlo cuando se oyen cañones al fondo.

Recuerdo que un par de días después de los combates callejeros pasé por una calle elegante y vi una pastelería con el escaparate lleno de pasteles y bombones de la mejor calidad, a unos precios desorbitados. Era el típico establecimiento que podría verse en Bond Street o en la Rue de la Paix. Y recuerdo que me produjo una vaga sensación de horror y asombro el hecho de que el dinero se pudiera todavía malgastar en aquellas cosas en un país hambriento y azotado por la guerra. Pero Dios me libre de haberme arrogado ninguna superioridad personal; tras varios meses de penalidades sentía un deseo desmedido de consumir comida y vino decentes, cócteles, tabaco americano y cosas por el estilo, y confieso que me harté de todos los lujos que pude costearme. Durante aquella primera semana, antes de que comenzara la lucha en las calles, me dominaron varias preocupaciones que interactuaron del modo más curioso. En primer lugar, como ya he dicho, me dediqué a tratarme lo mejor que pude; en segundo, a causa de los hartazgos de comida y bebida estuve algo indispuesto toda la semana. Me sentía mal, pasaba medio día en la cama, me levantaba, me daba otro atracón y volvía a sentirme mal. Al mismo tiempo estaba haciendo gestiones clandestinas para adquirir un revólver. Tenía muchas ganas de hacerme con uno —en el fuego de trincheras es mucho más útil que un fusil—, pero eran difíciles de conseguir. El gobierno se los proporcionaba a las fuerzas de policía y a los oficiales del Ejército Popular, pero no a las milicias, de modo que había que comprarlos, ilegalmente, en los almacenes secretos de los anarquistas. Después de mucho trajín y mucha lata, un amigo anarquista me consiguió una pequeña pistola automática de 6 mm, un arma infame que no servía a más de cinco metros pero que era mejor que nada. Y además estaba tramitando mi baja de las milicias del POUM para alistarme en otra unidad que me garantizase el traslado al frente de Madrid.

Hacía tiempo que venía diciendo a todo el mundo que iba a dejar el POUM. Personalmente habría preferido unirme a los anarquistas. Quien se hacía miembro de la CNT podía ingresar en las milicias de la FAI, pero me dijeron que era más probable que la FAI me enviara a Teruel que a Madrid. Si quería ir a Madrid, tenía que alistarme en la Columna Internacional, para lo cual necesitaba una recomendación de algún miembro del Partido Comunista. Localicé a un amigo comunista, agregado al Socorro Rojo Español, y le expliqué mi caso. Pareció muy interesado por reclutarme y me pidió que, si podía, convenciera a otros ingleses del ILP de que imitaran mi ejemplo. Si hubiera estado bien de salud, es probable que hubiera aceptado en aquel punto y hora. Hoy es difícil saber de qué habría servido. Posiblemente me habrían destinado a Albacete antes de que comenzaran los combates en Barcelona, en cuyo caso habría creído a pies juntillas la versión oficial sobre los mismos, dado que no habría tenido ocasión de verlos de cerca. También es verdad que si me hubiera quedado en Barcelona a las órdenes de los comunistas, mi situación habría sido insoportable a causa de la lealtad personal que sentía por los compañeros del POUM. Pero aún me quedaba otra semana de permiso y deseaba con vehemencia ponerme bien antes de volver al frente. Además –uno de esos detalles que siempre acaban por decidir la propia suerte–, tenía que esperar a que el zapatero me hiciera otras botas de campaña. (En todo el ejército español no había ni un solo par lo bastante grande para que yo pudiera meter los pies.) Le dije a mi amigo comunista que ya decidiría sobre el asunto más tarde. Mientras tanto quería descansar. Incluso se me pasó por la cabeza que podíamos –mi mujer y yo– estar un par de días en la playa. ¡Qué ocurrencia! El clima político habría debido advertirme que era lo menos indicado en aquellos momentos.

Porque por debajo de la cara pública de la ciudad, por debajo del lujo y la creciente pobreza, por debajo de la aparente alegría de las calles, con los puestos de flores, las banderas multicolores, los carteles de propaganda y el gentío que deambulaba, se percibían de un modo horrible e inconfundible la rivalidad y el odio políticos. Gente de todas las tendencias profetizaba: «Esto no tardará en estallar». El peligro era muy sencillo y fácil de comprender. Era un antagonismo entre quienes querían que la revolución siguiera adelante y quienes querían frenarla o impedirla, en última instancia entre anarquistas y comunistas. En Cataluña no había ya más poder político que el del PSUC y sus aliados liberales. Frente a ellos estaba la dudosa capacidad de la CNT, peor armada y menos segura de sus objetivos que sus adversarios, pero poderosa a causa de su numerosa militancia y su predominio en algunas industrias decisivas. Dada la distribución de fuerzas, el conflicto era inevitable. Desde el punto de vista de la *Generalidad,* controlada por el PSUC, lo primero que había que hacer para asegurar su posición era desarmar a los trabajadores cenetistas. Como ya he dicho,* la desarticulación de las milicias de los partidos fue en el fondo una maniobra que perseguía este fin. Al mismo tiempo se habían recuperado los cuerpos de seguridad de preguerra, la Guardia Civil y otros, y se es-

* Véase el Apéndice I, originalmente situado entre los capítulos IV y V. *(N. del E.)*

taban reforzando y armando a conciencia. Aquello sólo podía significar una cosa, pues la Guardia Civil en concreto era el clásico cuerpo militar con autoridad civil que suele verse en Europa, y durante casi un siglo había sido una especie de guardia personal de la clase de los propietarios. Entretanto se había publicado una orden en la que se exigía a todos los particulares que tuviesen armas que las entregaran. Como es lógico, no se había cumplido; estaba claro que a los anarquistas sólo podrían quitarles las armas por la fuerza. Durante todo este tiempo circularon rumores, siempre vagos y contradictorios por culpa de la censura de prensa, sobre que en toda Cataluña se estaban produciendo enfrentamientos de poca envergadura. Las fuerzas de seguridad habían atacado algunos baluartes anarquistas. En Puigcerdá, en la frontera francesa, mandaron a los carabineros a apoderarse de la aduana, hasta entonces en poder de los anarquistas, y resultó muerto Antonio Martín, un anarquista conocido. En Figueras se habían producido episodios parecidos y creo que también en Tarragona. En Barcelona, en los barrios obreros, se habían producido reyertas más o menos extraoficiales. Los de la CNT y la UGT venían matándose entre sí desde hacía algún tiempo; a veces, después de las muertes se organizaban entierros multitudinarios de provocación cuyo objeto deliberado era excitar el odio político. Hacía poco habían matado a un cenetista y el día del entierro se habían congregado detrás del ataúd cientos de miles de anarquistas. A fines de abril, a poco de llegar yo a Barcelona, había caído Roldán Cortada, un ugetista destacado, probablemente a manos de uno de la CNT. El gobierno ordenó el cierre de todos los comercios y organizó, sobre todo con soldados del Ejército Popular, un cortejo fúnebre impresionante que tardó dos horas en pasar; yo lo presencié sin ningún entusiasmo desde la ventana del hotel. Saltaba a la vista que el presunto entierro era una simple exhibición de fuerza; unos cuantos episodios más y aquello podía ser un baño de sangre. Aquella misma noche nos despertó a mi mujer y a mí un tiroteo que se había producido en la plaza de Cataluña, que estaba a cien o doscientos metros del hotel. Al día siguiente nos enteramos de que había caído un cenetista, al parecer a manos de un ugetista. Desde luego era muy posible que todos aquellos homicidios los estuvieran cometiendo agentes provocadores. Se puede calibrar la actitud de la prensa capitalista extranjera hacia el conflicto entre los anarquistas y los comunistas en el hecho de que a la muerte de Roldán Cortada se le diera mucho bombo y se silenciara totalmente el homicidio de réplica.

El primero de mayo estaba al caer y se hablaba de una manifestación monstruo en la que iban a participar la CNT y la UGT. Los dirigentes cenetistas, más moderados que muchos afiliados de a pie, llevaban algún tiempo tratando de hacer las paces con la UGT; la verdad es que la nota dominante de su política era conseguir que los dos supersindicatos se unieran y formaran una coalición gigantesca. El plan era que CNT y UGT desfilaran juntas y dieran muestras de su solidaridad. Pero en el último momento se desconvocó la manifestación. Estaba clarísimo que sólo iba a ocasionar disturbios. Así pues, el primero de mayo no hubo nada. Una situación muy curiosa: Barcelona, la presunta capital revolucionaria, fue probablemente la única ciudad de la Europa no fascista que no celebró aquel primero de mayo. Pero he de confesar que saberlo me tranquilizó. Estaba previsto que los del ILP desfiláramos con los del POUM y todo el mundo esperaba que surgiesen incidentes. Lo que menos deseaba era verme envuelto en peleas callejeras sin sentido. Desfilar por las calles detrás de pancartas rojas adornadas con consignas edificantes y acabar derribado por un desconocido apostado en una ventana con un subfusil ametrallador no es, en mi opinión, una forma útil de morir.

IX

El 3 de mayo, hacia el mediodía, un amigo que pasó por el salón del hotel me comentó con indiferencia:

–Dicen que ha habido jaleo en la Telefónica.

No sé por qué, pero en aquel momento no presté atención a aquellas palabras.

Aquella tarde, entre las tres y las cuatro, estaba en mitad de las Ramblas cuando oí disparos de fusil a mis espaldas. Me volví y en una travesía de la derecha, según se sube, vi a unos jóvenes armados con fusiles y con el pañuelo rojinegro de los anarquistas. Intercambiaban disparos con alguien situado en una alta torre octogonal –era una iglesia, creo– que dominaba la travesía. «¡Ya ha empezado!», me dije al instante. Pero lo pensé sin experimentar sorpresa, porque hacía días que todos esperábamos que sucediera. Comprendí que tenía que volver al hotel para comprobar que mi mujer estaba sana y salva. Pero los anarquistas que ocupaban la bocacalle de la travesía indicaban a la gente por señas que retrocediese y gritaban que nadie se pusiera a tiro. Se oyeron más disparos. Los proyectiles que disparaban de la torre cruzaban las Ramblas, por donde corría un pelotón de gente asustada por el tiroteo; por toda la arteria se oía el clac, clac, clac de los comerciantes que bajaban las persianas metálicas de ventanas y escaparates. Vi a dos oficiales del Ejército Popular alejándose cautelosamente de árbol en árbol, con la mano en el revólver. Delante de mí, el gentío corría para refugiarse en la estación de metro del centro de las Ramblas. De inmediato me dije que yo no me metía allí, pues eso bien podía implicar quedar atrapado durante horas en el subsuelo.

En aquel momento, un médico americano que había estado con nosotros en el frente se me acercó corriendo y me asió del brazo. Estaba muy alterado.

—Vamos, hay que llegar al hotel Falcón. —El hotel Falcón era una especie de casa de huéspedes del POUM donde se alojaban básicamente los milicianos de permiso—. Los amigos del POUM van a reunirse allí. El jaleo ha empezado. Tenemos que estar unidos.

—Pero ¿qué diantres es todo esto? —pregunté.

El médico tiraba ya de mí. Estaba demasiado nervioso para decir nada con claridad. Al parecer se encontraba en la plaza de Cataluña cuando habían aparecido varios camiones de guardias de asalto* que se habían dirigido a la Telefónica, cuyos empleados eran mayoritariamente cenetistas, y se habían lanzado al ataque. Habían llegado más anarquistas y se había organizado una refriega. Entendí entonces que el «jaleo» de horas antes lo había causado la exigencia gubernamental de que se entregara la Telefónica, exigencia que a todas luces no se había cumplido.

Mientras bajábamos por la arteria vimos subir un camión a toda velocidad, lleno de anarquistas armados con fusiles. Delante iba un joven harapiento, tendido en un montón de colchones y con una ametralladora ligera. Cuando llegamos al hotel Falcón, que estaba en la parte baja de las Ramblas, el vestíbulo era un hervidero de gente; en aquella enorme confusión, nadie parecía saber cuál era nuestro cometido y los únicos hombres armados eran los miembros del batallón de choque que solían custodiar el edificio. Me dirigí al Comité Local del POUM, que estaba casi enfrente. Arriba, en la habitación donde los milicianos cobraban la paga, se congregaba otra muchedumbre. Un individuo de unos treinta años, alto, pálido, apuesto y vestido de civil, trataba de calmar los ánimos y nos alargaba los cintos y cartucheras que había amontonados en el rincón. Al parecer aún no había fusiles. El médico había desaparecido —creo que ya se habían producido heridos y se había llamado a los médicos—, pero acababa de llegar otro inglés. En aquel momento, el alto y otros sacaron brazadas de fusiles de

---

* Véase la segunda nota de la pág. 232. *(N. del E.)*

un despacho interior y los distribuyeron. El inglés y yo, como extranjeros que éramos, despertábamos sospechas y al principio nadie nos dio ningún arma. Luego apareció un miliciano al que yo había conocido en el frente, me identificó y nos dieron fusiles y algunos cargadores, pero un poco a regañadientes.

Había ruido de disparos a lo lejos y las calles estaban completamente despejadas de viandantes. Todos decían que era imposible subir por las Ramblas. La Guardia de Asalto había tomado algunos edificios estratégicos y abrían fuego contra cualquiera que pasase. Yo me habría arriesgado a volver al hotel, pero en el Comité Local estaban vagamente convencidos de que íbamos a sufrir un ataque en cualquier momento, de modo que era mejor quedarse. Por todo el edificio, en las escaleras y en la misma calle, pequeños grupos de personas mantenían nerviosas conversaciones. Nadie parecía saber con exactitud lo que pasaba. Lo único que entendí fue que la Guardia de Asalto había atacado la Telefónica y ocupado diversos puntos estratégicos desde los que dominaban otros edificios en manos de los trabajadores. Se tenía la impresión general de que la Guardia de Asalto iba «detrás» de la CNT y de toda la clase obrera. Era de notar que en aquella etapa nadie parecía echarle la culpa al gobierno; las capas más humildes de Barcelona miraban a la Guardia de Asalto como si fueran los Black and Tans* y al parecer daban por sentado que habían comenzado el ataque por propia iniciativa. Una vez que supe cómo estaban las cosas, me quedé más tranquilo. El asunto estaba bastante claro. Por un lado la CNT, por el otro la policía. No siento ninguna simpatía especial por el «obrero» idealizado, tal como se lo representa el comunista burgués, pero cuando veo a un trabajador de carne y hueso enfrentado a su enemigo natural, el policía, no tengo que preguntarme de parte de quién estoy.

Pasó un rato muy largo y nada parecía suceder en nuestro sector de la ciudad. No se me ocurrió llamar por teléfono al hotel para averiguar si mi mujer estaba bien, pues di por hecho que la Telefónica había dejado de funcionar, aunque en realidad sólo suspendió el servicio durante un par de horas. En los dos edificios tenía que haber alrededor de trescientas personas. Eran básicamente elementos de las clases más humildes, de la zona del puerto; había mujeres entre ellos, algunas con niños, y un enjambre de chiquillos harapientos. Imagino que

---

* Nombre que dieron los irlandeses (por un club de cazadores de Limerick, que se llamaba así) a las fuerzas especiales que el gobierno británico envió a Irlanda en 1920, a raíz de la fundación oficial del IRA. *(N. del T.)*

muchos, ignorantes de lo que sucedía, se habían limitado a buscar refugio en los edificios del POUM. También se hallaban algunos milicianos de permiso y un puñado de extranjeros. Por lo que pude calcular, entre todos no contábamos más que con unos sesenta fusiles. En la oficina de arriba, una multitud no dejaba de pedir armas y no dejaba de repetírsele que no quedaban. Los milicianos más jóvenes, que parecían tomarse el asunto como una especie de excursión dominical, iban de aquí para allá convenciendo a otros de que les dieran los fusiles o tratando de robárselos. También a mí se me acercó uno al cabo del rato, me arrebató el fusil con un hábil juego de manos y desapareció por arte de magia. Y otra vez me quedé sin más armas que la pistolita automática y sin más municiones que un cargador.

Estaba anocheciendo, tenía hambre y al parecer no había comida en el Falcón. Mi amigo me condujo a su hotel, que no estaba lejos, para cenar allí. En las calles, oscuras y silenciosas, no se veía ni un alma; todos los comercios habían bajado las persianas metálicas, pero no se habían levantado barricadas todavía. Tuvimos que gritar mucho para que nos dejaran entrar en el hotel, que estaba cerrado a cal y canto. Al volver me enteré de que el servicio telefónico funcionaba y subí a la oficina para llamar a mi mujer desde allí. Fue un detalle típico que en todo el edificio no hubiera ningún listín telefónico, y no sabía de memoria el número del hotel Continental; tras pasar una hora registrando habitaciones, di con una guía de la ciudad que traía el número del hotel. No pude hablar con mi mujer, pero conseguí comunicarme con John McNair, delegado del ILP en Barcelona, que me dijo que todo estaba en orden y que nadie había resultado herido, y me preguntó si en el Comité Local estábamos todos bien. Le respondí que habríamos estado bien de haber tenido tabaco, y, a pesar de que no hablaba en serio, media hora más tarde se presentó con dos paquetes de Lucky Strike. Se había atrevido a afrontar las oscuras calles infestadas de patrullas de anarquistas, que en dos ocasiones lo habían parado a punta de pistola y le habían pedido la documentación. No olvidaré aquella pequeña heroicidad. El tabaco nos animó mucho.

Habían apostado vigilantes armados en casi todas las ventanas, y había miembros del batallón de choque que paraban e interrogaban en la calle a los escasos viandantes que acertaban a pasar. Llegó un coche de patrulleros anarquistas, armados hasta los dientes; al lado del conductor iba una hermosa muchacha morena de unos dieciocho años, con un subfusil ametrallador en el regazo. Pasé mucho tiempo vagando por el edificio, un lugar enorme y laberíntico cuya topografía era imposible retener en la memoria. Estaba lleno de la consabida basura, los muebles rotos y los periódicos estrujados que parecen acompañar inevitablemente a las revoluciones. Había gente durmiendo por todos los rincones; en un pasillo, acomodados en un sofá roto, roncaban apaciblemente dos pobres mujeres del puerto. El edificio había sido un teatro de variedades antes de que se lo apropiara el POUM; en algunas salas había escenario, y encima de uno vi un desolado piano de cola. Al final di con lo que buscaba: la armería. No sabía cómo iba a acabar aquello y necesitaba un arma con urgencia. Había oído decir tantas veces que los grupos rivales, el PSUC, el POUM y la CNT-FAI, tenían armas escondidas en Barcelona que no podía creerme que en los dos principales edificios del POUM no hubiera más que los cincuenta o sesenta fusiles que había visto. La puerta de la habitación que hacía de armería era frágil y no estaba vigilada, de modo que entre otro inglés y yo la abrimos sin problemas. Cuando entramos descubrimos que lo que nos habían dicho era verdad: no había más armas. Sólo vimos dos docenas de fusiles anticuados de pequeño calibre y algunas escopetas, pero ni un solo cartucho. Subí a la oficina y pregunté si les sobraban cartuchos de pistola. No tenían ninguno, pero sí dos cajas de bombas de mano que nos había llevado un coche patrulla anarquista. Me guardé un par en las cartucheras; eran de un tipo rudimentario que se activaba frotando una especie de cerilla que tenía en el extremo, y probablemente explotaban cuando les venía en gana.

El suelo estaba cubierto de gente que dormía. En una habitación se oía el llanto incesante de un niño. Aunque estábamos en mayo, la noche se estaba poniendo fría. Corté con mi cuchillo una de las bambalinas que seguían colgando sobre uno de los escenarios, me envolví en ella y dormí unas horas. Recuerdo que fue un sueño inquieto, asaltado por la idea de que aquellas bombas pudieran hacerme pedazos si me ponía de costado con demasiada brusquedad. A las tres de la madrugada me despertó el hombre alto y apuesto que parecía estar al mando, me entregó un fusil y me puso de guardia en una ventana. Según decía, habían detenido a Salas, el jefe de policía y responsable del ataque a la Telefónica. (En realidad, tal y como supimos después, sólo lo habían destituido, pero la noticia confirmaba la impresión de que la Guardia de Asalto había obrado sin recibir órdenes superiores.) En cuanto se hizo de día, los de la planta baja empezaron a levantar barricadas, una delante del edificio del Comité Local y otra delante del hotel Falcón. Las calles de Barcelona están pavimentadas con adoquines, con los que es fácil levantar una muralla, y descansan sobre una especie de gravilla que es perfecta para llenar sacos terreros. La construcción de aquellas barricadas fue un espectáculo extraño y maravilloso; habría dado cualquier cosa por fotografiarlo. Haciendo gala de esa vehemencia que despliegan los españoles cuando por fin se deciden a hacer algo, las largas cadenas de hombres, mujeres y niños arrancaban adoquines, los transportaban en una carretilla que habían encontrado no sé dónde e iban de aquí para allá cargados con sacos. En la puerta del Comité Local, una niña judeoalemana, enfundada en unos bombachos de miliciano cuyos botones rodilleros le llegaban a los tobillos, miraba sonriente. Al cabo de dos horas, las barricadas tenían ya la altura de un hombre; en las aspilleras se habían apostado tiradores, y detrás de las barricadas estaban friendo huevos con el fuego de una hoguera.

Habían vuelto a quitarme el fusil y no parecía que pudiera hacer nada útil allí. Decidí volver al hotel Continental en compañía de otro inglés. Se oían muchos disparos a lo lejos, pero en las Ramblas no parecía haber novedad. Mientras subíamos pasamos por el mercado. Habían abierto muy pocos puestos y éstos estaban asediados por una multitud procedente de los barrios obreros de la izquierda de las Ramblas. En cuanto llegamos se oyó fuera una descarga de fusiles, algunos vidrios de la techumbre tintinearon y la multitud corrió hacia las salidas traseras. Pese a todo, algunos puestos siguieron abiertos; aprovechamos para tomar un café y comprar una porción de queso de cabra que guardé con las bombas. Días después habría de alegrarme mucho de haberlo comprado.

En la bocacalle donde el día anterior había visto a los anarquistas disparando se erguía ahora una barricada. El hombre apostado detrás (yo subía por la otra acera) me gritó que tuviera cuidado, pues los guardias de asalto emplazados en la torre de la iglesia disparaban indiscriminadamente a todo el que pasaba. Me detuve y luego atravesé aquel tramo corriendo; en efecto, un proyectil restalló desagradablemente cerca. Me acercaba a la sede central del POUM, y, aunque yo seguía subiendo por la acera de enfrente, los miembros del batallón de choque que estaban en la entrada también me lanzaron gritos de advertencia que no entendí en aquel primer momento; había árboles y un quiosco entre donde me encontraba y el edificio (las calles españolas como aquélla tienen un ancho paseo central) y no veía el punto que me señalaban. Subí al Continental, comprobé que todo estaba bien, me lavé la cara y regresé a la sede central del POUM (que estaba a unos cien metros del hotel) para cumplir las órdenes que me dieran. El ruido de los disparos de fusil y ametralladora que se oía ya en distintos sitios casi era comparable al fragor de una batalla. Acababa de encontrar a Kopp y le estaba preguntando qué tenía que hacer cuando oímos una serie de detonaciones terribles en la planta baja. Aquel estruendo era tan tremendo que di por sentado que nos estaban disparando con un cañón ligero, pero en realidad sólo eran bombas de mano, que hacen el doble de ruido cuando explotan entre edificios de piedra.

Kopp miró por la ventana, se llevó las manos a la espalda sin soltar el bastón y dijo: «Investiguemos». Bajó las escaleras con su despreocupación habitual, y fui tras él. En el vestíbulo había un grupo de hombres del batallón de choque haciendo rodar bombas de mano por la acera como si estuvieran jugando a los bolos. Las bombas explotaban veinte metros más allá con un estruendo ensordecedor que se mezclaba con los disparos de los fusiles. En el paseo central, por detrás del quiosco de periódicos, asomaba una cabeza —de un miliciano americano a quien conocía bien—, ni más ni menos que como un coco de feria. Tardé un poco en comprender lo que ocurría. Al lado de la sede del POUM había un establecimiento, la cafetería Moka, con un hotel encima. El día anterior habían entrado en el café veinte o treinta guardias de asalto armados y, al comenzar el tiroteo, se habían apoderado del edificio y se habían atrincherado allí. Probablemente habían recibido orden de tomar el establecimiento como primer paso para atacar después las oficinas del POUM. Por la mañana habían querido salir y habían cruzado disparos, con el resultado de que un hombre del batallón de choque había resultado herido de gravedad y un guardia de asalto muerto. Los guardias de asalto se habían replegado hacia el café y, cuando el americano pasó por allí, le dispararon, a pesar de que no iba armado. El americano se había escondido detrás del quiosco y los del batallón de choque tiraban bombas a los guardias de asalto para forzarlos a entrar de nuevo en el establecimiento.

Kopp evaluó la situación de un vistazo, y entonces se adelantó y tiró de un hombre del batallón de choque, un alemán pelirrojo que iba a quitarle el seguro a una bomba con los dientes. Ordenó a todos que se apartaran de la puerta y nos dijo en varios idiomas que había que evitar el derramamiento de sangre. Luego salió a la acera y, a la vista de los guardias de asalto, sacó la pistola con gestos exagerados y la dejó en el suelo. Dos españoles, oficiales de las milicias, hicieron lo mismo, y los tres echaron a andar hacia la puerta donde estaban apelotonados los guardias de asalto. Yo no habría hecho aquello ni por todo el oro del mundo. Iban a pie y desarmados para enfrentarse a hombres muertos de miedo y con armas cargadas en las manos. Un guardia de asalto, en mangas de camisa y pálido del susto, salió para parlamentar con Kopp. Mientras avanzaba señalaba con mano trémula dos bombas sin explotar que había en la acera. Kopp retrocedió y nos dijo que hiciéramos explotar las bombas. Dejarlas allí suponía un peligro para cualquiera que pasase. Un hombre del batallón de choque disparó a una con el fusil y la bomba explotó; luego disparó a la otra y falló. Le dije que me dejara el fusil, puse la rodilla en tierra y apreté el gatillo. Lamento decir que yo también fallé. Fue el único disparo que hice durante aquellos disturbios. La acera estaba alfombrada con los vidrios rotos del rótulo de la cafetería. Junto al bordillo había dos coches aparcados, uno de los cuales era el vehículo oficial de Kopp; estaban acribillados a balazos y las explosiones habían hecho saltar las lunas.

Kopp me llevó arriba otra vez y me explicó la situación. Teníamos que defender los edificios del POUM si los atacaban, pero los dirigentes de la organización habían dado orden de que había que estar a la defensiva y evitar abrir fuego siempre que se pudiera. Delante mismo había un cine, el Poliorama, que tenía encima un museo y en lo alto, por encima de los tejados circundantes, un pequeño observatorio con dos cúpulas. Desde las cúpulas se dominaba la calle, y unos cuantos hombres apostados allí arriba con fusiles podían atajar cualquier ataque contra la sede del POUM. Los encargados del cine eran de la CNT y nos dejarían entrar y salir. En cuanto a los guardias de asalto de la cafetería Moka, no había nada que temer; no querían gresca y se alegrarían mucho de vivir y dejar vivir. Kopp me repitió que las órdenes eran no disparar si no se nos disparaba ni se nos atacaba, y, aunque no lo dijo, deduje que los dirigentes del POUM, pese a estar furiosos por haberse dejado arrastrar a aquella situación, se sentían obligados a apoyar a la CNT.

Ya había vigilantes en el observatorio. Pasé tres días con sus noches en lo alto del Poliorama y no bajé de allí más que durante los breves descansos que me tomaba para cruzar las Ramblas y comer algo en el hotel. No corría ningún peligro, el aburrimiento y el hambre eran mis peores dolencias, y sin embargo aquellos días estuvieron entre los periodos más insoportables de mi vida. Creo que pocas experiencias podrían superar el fastidio, la decepción y al final la irritante impaciencia de aquellos horribles días de lucha callejera.

Sentado allí arriba, solía ponerme a pensar con asombro en la insensatez de todo aquello. Por los tragaluces del observatorio se divisaba, en un radio de varios kilómetros, una sucesión de paisajes con edificios altos y espigados, cúpulas de cristal y unos ondulados tejados de fantasía construidos con tejas verdes y cobrizas; y al este, el azul destellante del mar, el primer retazo de mar que veía desde que estaba en España. Y la gran ciudad por entero, con su millón de habitantes, era presa de una especie de violencia inerte, de una pesadilla de ruido sin movimiento. Las soleadas calles estaban completamente vacías. Al margen de los disparos que salían de barricadas y ventanas protegidas con sacos, no sucedía nada. Ni un solo vehículo surcaba las calles; en distintos puntos de las Ramblas había tranvías inmóviles, abandonados por los conductores al inicio de los combates. Y mientras tanto aquel ruido que no cesaba, que retumbaba en miles de edificios de piedra, eterno como un diluvio tropical. Crac, crac, ra-ta-ta-tá, pum, unas veces reducido a unos cuantos disparos, otras creciendo hasta transformarse en descargas ensordecedoras, pero siempre incesante mientras era de día y reanudándose al amanecer con toda puntualidad.

Al principio me costó mucho averiguar qué diantres pasaba, quién era el enemigo y quién estaba venciendo. Los barceloneses están tan acostumbrados a los combates callejeros y conocen tan bien la geografía local que intuyen qué grupo político se apoderará de qué calles y de qué edificios. Un forastero está en desventaja sin remedio. Desde el observatorio me parecía que las Ramblas, una de las arterias principales de la ciudad, formaba una línea divisoria. A la derecha, según se bajaba, estaban los barrios obreros, decididamente anarquistas; en las tortuosas callejas de la parte izquierda se estaba desarrollando una confusa lucha, pero el PSUC y la Guardia de Asalto controlaban más o menos esa zona. En mi extremo de las Ramblas, en la plaza de Cataluña y alrededores, la situación era tan complicada que habría sido incomprensible de no haber ondeado una bandera en cada edificio. El principal punto de referencia era allí el hotel Colón, puesto de mando del PSUC, desde el que se dominaba toda la plaza. En una ventana cercana a la penúltima «O» del gigantesco rótulo HOTEL COLÓN, que cruzaba la fachada del edificio, se había emplazado una ametralladora capaz de barrer toda la plaza con una precisión letal. A cien metros de nosotros, Ramblas abajo, en unos grandes almacenes cuyas parapetadas ventanas laterales se veían desde el observatorio, se encontraba la JSU, la organización juvenil del PSUC (equivalente a la Young Communist League de Inglaterra). Habían arriado la bandera roja e izado la nacional catalana. En la Telefónica, origen de todo el desaguisado, ondeaban conjuntamente la catalana y la anarquista; debían de haber llegado a alguna clase de acuerdo temporal, porque el servicio telefónico funcionaba sin interrupciones y no salían disparos del edificio.

En nuestra posición reinaba una paz muy singular. Los guardias de asalto de la cafetería Moka habían bajado las persianas metálicas y levantado una barricada con el mobiliario del local. Más tarde subieron seis hombres a la azotea, que quedaba enfrente de nosotros, y levantaron otra barricada con colchones en la que clavaron una bandera nacional catalana. Pero saltaba a la vista que no querían iniciar ningún combate. Kopp había llegado a un acuerdo concreto con ellos: si no nos disparaban, no les dispararíamos. Se había hecho ya muy amigo de los guardias de asalto y los había visitado varias veces en la cafetería. Como es natural, habían saqueado todos los licores del establecimiento, pero regalaron a Kopp quince cervezas. Kopp, a cambio, les había dado un fusil de los nuestros, para compensar otro que los guardias, al parecer, habían perdido la víspera. A pesar de todo, me sentía raro en aquellas alturas. Unas veces me dominaba el aburrimiento más absoluto, me olvidaba de aquel ruido infernal y me pasaba las horas leyendo una serie de libros de Penguin que había tenido el acierto de comprar unos días antes; otras veces no podía dejar de pensar en los hombres armados que me vigilaban a cincuenta metros de allí. Era un poco como estar otra vez en las trincheras; en varias ocasiones, sin darme cuenta y movido por la costumbre, me referí a los guardias de asalto llamándolos «los fascistas». Por lo general éramos seis en el observatorio; situábamos a un hombre de guardia en cada cúpula y los demás nos colocábamos en la emplomada azotea de más abajo, con la única protección de un murete de piedra. Sabía muy bien que los guardias de asalto podían recibir en cualquier momento la orden de disparar; habían quedado en avisarnos antes de ejecutarla, pero no había ninguna garantía de que fueran a cumplir su palabra. Sólo en una ocasión, sin embargo, dio la impresión de que iban a empezar los problemas. Un guardia de asalto de la azotea de enfrente puso la rodilla en tierra y abrió fuego. Yo estaba de vigilancia en el observatorio en aquel momento. Apunté al individuo con el fusil y le grité:

–¡Eh! ¡No nos dispares!

–¿Qué?

–¡Que no dispares o responderemos!

–¡No, no! No os disparo a vosotros. ¡Es allí abajo!

Me señaló con su arma la travesía que desembocaba en las Ramblas al pie de nuestro edificio. En efecto, apostado tras la esquina había un joven de mono azul y con un fusil en las manos. Daba la sensación de que acababa de disparar contra los guardias de la azotea.

–Le disparaba a él. Él disparó primero –aseguró, y creo que decía la verdad–. No queremos dispararos a vosotros. Sólo somos trabajadores, lo mismo que vosotros.

Me hizo el saludo antifascista y se lo devolví.

–¿Os queda más cerveza? –pregunté.

–No, se ha acabado.

Aquel mismo día, sin ningún motivo visible, un hombre situado enfrente pero más abajo, en el edificio de la JSU, se echó el fusil a la cara y me disparó cuando me asomaba a la claraboya. Puede que resultara un blanco tentador. No devolví el disparo. Aunque me tenía sólo a cien metros, el tiro le salió tan desviado que ni siquiera alcanzó el tejado del observatorio, de modo que, una vez más, la acostumbrada puntería de los españoles me había salvado la vida. Me dispararon más veces desde aquel edificio.

El insoportable fragor del tiroteo no cesaba. Pero por lo que veía y oía, ambas partes estábamos a la defensiva. El personal se limitaba a quedarse dentro de los edificios, o detrás de las barricadas, y a tirar contra los de enfrente. A unos ochocientos metros de nosotros había una calle en la que unas importantes oficinas de la CNT quedaban enfrente mismo de otras de la UGT; el ruido que procedía de allí era tremendo. Yo pasé por el lugar veinticuatro horas después de terminarse la refriega y los escaparates de las tiendas parecían coladores. (Casi todos los comerciantes de Barcelona cubrían las lunas con tiras de papel, para que no saltaran en pedazos cuando un proyectil alcanzaba el vidrio.) A veces, el rugir de los fusiles y las ametralladoras llegaba contrapunteado por explosiones de bombas de mano. Y a intervalos más largos, quizás una docena de veces en total, se oían explosiones tremendas que entonces no fui capaz de identificar; parecían bombas aéreas, pero eso era imposible, porque no había aviones por ninguna parte. Luego me contaron —y posiblemente fuera cierto— que había agentes provocadores poniendo explosivos para aumentar el ruido y el pánico generales. Sin embargo, no había fuego de artillería; prestaba especial atención a ese detalle, porque si empezaban a disparar los cañones significaría que la cosa se estaba poniendo seria (la artillería es el factor determinante en la guerra urbana). Los periódicos contaron después historias fantásticas sobre baterías de cañones que disparaban en las calles, pero nadie fue capaz de señalar ni un solo edificio alcanzado por un obús. En cualquier caso, para quien está acostumbrado, el ruido de los cañonazos es inconfundible.

Casi desde el comienzo mismo escaseó la comida. Con dificultades y al amparo de la oscuridad de la noche (porque los guardias de asalto no dejaban de pegar tiros en las Ramblas) llevaban comida del hotel Falcón a los quince o veinte milicianos que permanecían en la sede central del POUM, pero no había suficiente para todos y los que podíamos íbamos a comer al hotel Continental. Este establecimiento había sido «colectivizado» por la *Generalidad* y no, como casi todos los restantes hoteles, por la CNT o la UGT, y se consideraba terreno neutral. Nada más iniciarse los combates se había llenado hasta el techo de personas de lo más extraordinario: periodistas extranjeros; sospechosos políticos de todas las tendencias; un piloto americano al servicio del gobierno; diversos agentes comunistas, entre ellos un ruso gordo y de aspecto siniestro, apodado Charlie Chan, que llevaba al cinto un revólver y una pequeña bomba de mano y del que se rumoreaba que era agente de la Ogpu; varias familias españolas acomodadas que parecían simpatizantes fascistas; dos o tres heridos de la Columna Internacional; unos camioneros franceses que volvían a Francia con naranjas y que habían tenido que interrumpir el viaje por culpa de los enfrentamientos; y unos cuantos oficiales del Ejército Popular. Éste, en cuanto institución, se mantuvo neutral durante todo el conflicto, aunque algunos soldados se escaparon de los cuarteles e intervinieron a título individual; el martes por la mañana había visto a un par de ellos en las barricadas del POUM. Al principio, antes de que la escasez de comida se agudizara y los periódicos se pusieran a soliviantar los ánimos, dominaba la tendencia a tomar el asunto a broma. Todos los años pasaba lo mismo en Barcelona, decía la gente. George Tioli, un periodista italiano, gran amigo nuestro, llegó con los pantalones manchados de sangre. Había salido para ver qué pasaba, se había puesto a vender a un herido y alguien, en broma, le había tirado una bomba de mano que por suerte no le había hecho nada serio. Recuerdo haberle oído decir que deberían poner números a los adoquines de Barcelona, pues así se ahorrarían muchos problemas a la hora de levantar y derribar barricadas. Y recuerdo a dos hombres de la Columna Internacional que estaban en mi habitación del hotel cierta vez que volví cansado, hambriento y sucio tras haber pasado toda una noche de guardia. Su actitud fue completamente neutral. Supongo que si hubieran sido buenos militantes me habrían instado a cambiar de bando, o me habrían sujetado para vaciarme los bolsillos, que llevaba llenos de bombas; lejos de hacer tal cosa, se limitaron a compadecerme por haber malgastado mi permiso haciendo guardias en una azotea. La opinión general era que aquello era sólo una trifulca entre los anarquistas y la policía, y que carecía de importancia. A pesar de la magnitud del enfrentamiento y del número de bajas, creo que esta opinión se acercaba más a la verdad que la versión oficial, que presentaba el conflicto como una insurrección planeada.

Hacia el miércoles (5 de mayo) pareció producirse un cambio. Las calles tenían un aspecto fantasmal con todos los locales cerrados. Unos pocos viandantes, obligados a salir por una razón u otra, iban encogidos de aquí para allá con un pañuelo blanco en la mano, y en un rincón de la parte central de las Ramblas que estaba a cobijo de los proyectiles un puñado de vendedores de periódicos los anunciaba a gritos ante un público inexistente. El martes, *Solidaridad Obrera*, el periódico anarquista, había dicho que el ataque a la Telefónica había sido una «monstruosa provocación» (o algo por el estilo), pero el miércoles cambió de parecer y se puso a pedir a todos que volvieran al trabajo. Los dirigentes anarquistas lanzaban el mismo mensaje por la radio. La redacción de *La Batalla*, el órgano del POUM, había sido atacada y tomada por la Guardia de Asalto aproximadamente al mismo tiempo que la Telefónica, aunque el periódico se estaba imprimiendo en otra parte y de ese modo pudieron distribuirse algunos ejemplares en los que se animaba a todos a quedarse en las barricadas. La gente no sabía qué pensar y se preguntaba con inquietud cómo iba a terminar aquello. Dudo que nadie dejara las barricadas tan pronto, pero todos estaban hartos de aquel enfrentamiento sin objeto que sin duda no podía tener un desenlace real, porque nadie quería que desembocara en una guerra civil a gran escala que a la postre pudiera conducir a la derrota frente a las fuerzas de Franco. Oí expresar este temor en todos los bandos. Por lo que se decía entonces, las bases de la CNT sólo querían, y habían querido desde el comienzo, dos cosas: la devolución de la Telefónica y el desarme de la Guardia de Asalto. Si la *Generalidad* hubiera accedido, y si además hubiera prometido acabar con la especulación alimentaria, estoy convencido de que se habrían desmantelado las barricadas en un par de horas. Pero saltaba a la vista que la *Generalidad* no iba a ceder. Corrían rumores alarmantes; se decía que el gobierno de Valencia iba a enviar seis mil hombres para tomar Barcelona y que cinco mil militantes anarquistas y del POUM habían abandonado el frente de Aragón para salirles al encuentro. Sólo el primero de ellos era cierto. Desde el observatorio vimos entrar en el puerto las formas chatas y grises de los buques de guerra. Douglas Moyle, que había sido marino, dijo que parecían destructores británicos. La verdad es que eran destructores británicos, pero no lo supimos hasta más tarde.

Aquel mismo día al anochecer oímos decir que en la plaza de España cuatrocientos guardias de asalto se habían rendido y habían entregado las armas a los anarquistas; también se filtró de un modo inconcreto la noticia de que la CNT dominaba la situación en los barrios periféricos (mayoritariamente de clase obrera). Parecía que estábamos ganando. Pero Kopp me mandó llamar aquella misma noche y, con expresión adusta, me informó de que, según los informes que acababa de recibir, el gobierno estaba a punto de ilegalizar el POUM y de declararse en estado de guerra contra él. Me quedé sin habla. Fue el primer vislumbre de la interpretación que más tarde se daría a aquellos hechos. Empecé a darme cuenta de que cuando terminaran los enfrentamientos se iba a responsabilizar de todo al POUM, que era el grupo más débil y por lo tanto el chivo expiatorio ideal. Y mientras tanto, nuestra neutralidad local tocaba a su fin. Si el gobierno nos declaraba la guerra, no tendríamos más remedio que defendernos, y era evidente que los guardias de asalto de la cafetería Moka recibirían orden de atacar la sede central en la que nos hallábamos. Nuestra única oportunidad era atacar primero. Kopp esperaba órdenes telefónicas; si se confirmaba la ilegalización del POUM, debíamos prepararnos para tomar la cafetería de inmediato.

Recuerdo la larga noche de pesadilla que pasamos fortificando el edificio. Bajamos la persiana metálica de la entrada principal y detrás levantamos una barricada con las losas de piedra abandonadas allí por unos albañiles que habían estado haciendo reformas. Pasamos revista a las armas. Con los seis de la azotea del Poliorama disponíamos de veintiún fusiles, uno de ellos defectuoso, unos cincuenta cartuchos por fusil, unas docenas de bombas de mano, un puñado de pistolas y revólveres y nada más. Un grupo de unos doce hombres, casi todos alemanes, se habían ofrecido voluntarios para asaltar la cafetería, llegado el caso. Atacaríamos por la azotea, como es lógico, en algún momento de la madrugada, y los pillaríamos por sorpresa; nos superaban en número, pero nosotros teníamos más ánimo y era indudable que podíamos tomar la posición, aunque habría muertos en el intento. En el edificio no había más comida que unas tabletas de chocolate y se rumoreaba que nos iban a cortar el agua. (Nadie sabía quién iba a hacerlo. Podía ser el gobierno, que controlaba el servicio de abastecimiento, o la CNT; nadie lo sabía.) Pasamos un buen rato llenando las pilas de todos los lavabos, todos los cubos que vimos y, por último, las quince botellas de cerveza, ya vacías, que los guardias de asalto le habían dado a Kopp.

Después de casi sesenta horas sin apenas pegar ojo, me sentía muy pesimista y agotado. Era ya muy tarde. La gente dormía en el suelo, detrás de la barricada de la planta baja. Arriba había una habitación con un sofá que teníamos intención de utilizar como enfermería, aunque huelga decir que en todo el edificio no había ni yodo ni vendas. Mi mujer había dejado el hotel y se había presentado por si hacían falta enfermeras. Yo me tendí en el sofá, deseando descansar aunque fuese media hora antes del ataque contra el café, durante el que seguramente caería muerto. Recuerdo la tremenda molestia que me causaba la pistola, que se me clavaba en los riñones. Lo siguiente que me viene a la memoria es que desperté sobresaltado y vi a mi mujer junto a mí. Ya era de día, no había ocurrido nada, el gobierno no había declarado la guerra al POUM, no habían cortado el agua y, salvo por los tiros aislados que se oían en la calle, la situación era normal. Mi mujer me dijo que no había tenido valor para despertarme y que había dormido en una butaca que había encontrado en otra habitación.

Por la tarde hubo una especie de armisticio. Terminó el tiroteo y las calles se llenaron de gente con una rapidez asombrosa. Algunas tiendas empezaban a levantar las persianas y en el mercado se había congregado una multitud que pedía comida a gritos, aunque los puestos estaban casi vacíos. Sin embargo, los tranvías no habían reanudado el servicio. Los guardias de asalto seguían en las barricadas de la cafetería Moka; ninguno de los edificios fortificados de ambos bandos se había desalojado. Todo el mundo corría tratando de conseguir comida, y por todas partes se oían las mismas angustiosas preguntas:

—¿Crees que se ha acabado? ¿Crees que volverá a empezar?

El combate había pasado a considerarse una especie de catástrofe natural, como un huracán o un terremoto, que nos afectaba a todos por igual y que no podíamos detener con nuestras fuerzas. Y, en efecto, muy poco después —supongo que hubo realmente una tregua de unas horas, aunque más bien parecieron minutos— se oyó el estampido de un disparo de fusil, como un trueno en pleno junio, y todo el mundo se escabulló; las persianas metálicas volvieron a caer, las calles se vaciaron por arte de magia, se ocuparon los puestos de las barricadas y la «catástrofe natural» se reanudó.

Regresé a mi puesto de la azotea conteniendo el asco y la cólera. Cuando toma uno parte en sucesos así, supongo que en cierto modo, en un modo muy menor, está haciendo historia y tiene derecho a sentirse un personaje histórico. Pero esto no pasa nunca, porque los detalles físicos eclipsan todo lo demás en tales ocasiones. Desde el inicio de los combates, en ningún momento había hecho yo el «análisis» correcto de la situación que hacían con facundia ciertos periodistas situados a cientos de kilómetros de allí. No era en lo justo y lo injusto de aquellas desdichadas luchas intestinas en lo que más pensaba, sino en la incomodidad y el tedio que me suponía estar día y noche apostado en aquella insufrible azotea, y en el hambre que arreciaba por momentos, ya que nadie había comido medianamente bien desde el lunes. A lo que no dejaba de darle vueltas era a la idea de volver al frente en cuanto concluyera aquella historia. Estaba furioso. Había pasado ciento quince días en primera línea y había vuelto a Barcelona deseoso de un poco de descanso y comodidad, y en lugar de conseguirlos tenía que perder el tiempo apostado en una azotea, enfrente de unos guardias de asalto, tan aburridos como yo, que de vez en cuando me saludaban con la mano y me confirmaban que eran «trabajadores» (queriendo decir que esperaban que no abriese fuego contra ellos), pero que indiscutiblemente abrirían fuego contra mí si así se lo ordenaban. Si aquello era historia, no lo parecía. Recordaba más a un mal momento en el frente, cuando había pocos hombres y teníamos que hacer guardias larguísimas; en vez de ser un héroe, se veía uno obligado a permanecer en su puesto, aburrido, cayéndose de sueño y sin sentir ningún interés por lo que estaba pasando.

Dentro del hotel, entre la heterogénea muchedumbre que, salvando algunas excepciones, no se había atrevido a asomarse a la puerta, se había ido gestando un horrible clima de suspicacias. Ciertos elementos afectados por la fiebre del espionaje iban de aquí para allá, susurrando que todos los demás eran espías comunistas, o trotskistas, o anarquistas, o lo que se terciara. El gordo que era agente ruso arrinconaba por turno a todos los refugiados extranjeros y les explicaba con convincentes argumentos que todo aquel asunto era un complot anarquista. Lo miré con curiosidad, dado que era la primera vez que veía a alguien dedicado profesionalmente a contar mentiras, exceptuando a los periodistas, claro. Había algo repulsivo en aquel simulacro de elegante vida hotelera que seguía cultivándose detrás de las ventanas cerradas y entre el fragor de los disparos. El comedor frontal se había abandonado por culpa de un proyectil que había entrado por la ventana y descascarado una columna, y los huéspedes se habían concentrado en una sombría sala del fondo, demasiado pequeña para que todos tuvieran mesa. Ahora había menos camareros –algunos eran de la CNT y se habían sumado a la huelga general–, y además habían dejado de ponerse pechera y cuello almidonados, si bien las comidas seguían sirviéndose con alguna ceremonia. No obstante, no había prácticamente nada que comer. Aquel jueves por la noche, el plato principal de la cena fue una sardina. Hacía días que se había acabado el pan, y el vino andaba tan escaso que el que nos servían era cada vez más añejo y más caro. Esta escasez se mantuvo durante varias jornadas después de que hubieran acabado los combates. Durante tres días seguidos mi mujer y yo desayunamos un pedazo de queso de cabra sin pan ni nada para beber. Lo único que había en abundancia eran naranjas, de las que los camioneros franceses habían llenado el hotel. Todos eran hombretones de aspecto endurecido; llevaban consigo unas muchachas españolas muy ostentosas y un corpulento mozo de blusa negra. Si la situación hubiera sido otra, el pretencioso director del hotel les habría hecho la estancia imposible, es más, se habría negado a admitirlos en el establecimiento, pero en aquel momento los aceptaba todo el mundo, porque, a diferencia de los demás huéspedes, tenían reservas particulares de pan de las que todos trataban de pillar algo.

Aquella última noche la pasé en la azotea y al día siguiente sí tuve la impresión de que el combate iba a acabarse de veras. No creo que hubiera muchos tiros aquel viernes. Nadie sabía con seguridad si estaban en camino o no las fuerzas procedentes de Valencia; de hecho, llegaron aquel mismo día al anochecer. El gobierno lanzaba por radio mensajes en los que se mezclaban el apaciguamiento y la amenaza, ya que por un lado pedía a los ciudadanos que se quedaran en su casa y por otro advertía que todo el que circulase con armas después de determinada hora sería detenido. Nadie hacía mucho caso de las emisiones radiofónicas gubernamentales, pero el personal empezó a abandonar las barricadas. A mí no me cabe la menor duda de que fue por culpa de la escasez de comida. Por todas partes se oía el mismo comentario:

—Se nos ha acabado la comida, hay que volver al trabajo.

Los guardias de asalto, sin embargo, se mantuvieron en sus puestos, ya que mientras hubiera provisiones en la ciudad tenían garantizada su ración. Por la tarde las calles ofrecían un aspecto casi normal, aunque las solitarias barricadas seguían en pie; las Ramblas estaban atestadas de gente, casi todos los comercios habían abierto sus puertas y —lo más tranquilizador de todo— los tranvías, paralizados durante tanto tiempo, volvían a estar en servicio. Los guardias de asalto de la cafetería seguían allí y no habían desmantelado sus barricadas, pero algunos sacaban sillas a la acera y se sentaban con los fusiles en los muslos. Cuando pasé por delante le guiñé el ojo a uno, que me sonrió con cierta cordialidad; me había reconocido, claro. En la Telefónica se había arriado la bandera anarquista y sólo ondeaba la catalana. Aquello significaba que los trabajadores habían sido definitivamente derrotados; y comprendí —aunque no con la claridad que debía, a causa de mi ignorancia política— que cuando el gobierno se sintiera más seguro habría represalias. Pero entonces no prestaba atención a aquel aspecto del asunto. Lo único que sentía era un alivio profundo por el cese del ruido infernal de los disparos y porque al menos podría conseguir algo de comida y de descanso antes de volver al frente.

Creo que anochecía ya cuando se vio por las calles a los primeros hombres llegados de Valencia. Eran guardias de asalto, un cuerpo parecido a la Guardia de Asalto local, a la odiada Guardia Civil y a los carabineros (es decir, un cuerpo cuya primera función era la policial), y las tropas selectas de la República. Parecían haber salido de la tierra; de pronto estaban por todas partes, patrullando las calles en grupos de diez, hombres altos con uniforme gris o azul, con un largo fusil colgado del hombro y un subfusil ametrallador por cada grupo. Entretanto quedaba por realizar un trabajo delicado. Los seis fusiles con que habíamos hecho guardia en las cúpulas del observatorio seguían allí y de un modo u otro teníamos que volverlos a llevar al edificio del POUM. Sólo había que cruzar las Ramblas con ellos. Formaban parte del armamento oficial del edificio, pero sacarlos a la calle contravenía la orden gubernamental, y si nos sorprendían con ellos encima nos detendrían sin remedio, o peor aún, nos los confiscarían; únicamente había veintiún fusiles en el edificio y no podíamos permitirnos perder seis. Tras mucho deliberar sobre el método que más nos convenía, un español pelirrojo y yo nos decidimos a transportarlos. Era bastante fácil eludir a las patrullas de guardias valencianos; el peligro lo representaban los guardias locales apostados en la cafetería Moka, que sabían perfectamente que teníamos fusiles en el observatorio y podían levantar la liebre si nos veían con ellos. Nos desnudamos a medias y nos colgamos el fusil del hombro izquierdo, con la culata en la axila y el cañón metido en la pernera del pantalón. Por desgracia eran máuseres largos, y ni siquiera un hombre de mi estatura puede llevar un máuser largo en la pernera sin sentir molestias; fue un martirio bajar por la escalera de caracol del observatorio con la pierna izquierda completamente rígida. Ya en la calle nos dimos cuenta de que teníamos que movernos con mucha lentitud para no doblar la rodilla. Delante del cine había un grupo de personas que me miró con curiosidad mientras yo avanzaba a paso de tortuga. Me he preguntado muchas veces qué pensaría aquella gente que me pasaba. Que me habían herido en la guerra, tal vez. El caso es que pudimos pasar los fusiles sin contratiempos.

Al día siguiente los guardias valencianos estaban por todas partes, recorriendo las calles como conquistadores. No había duda de que el gobierno estaba empleándose en una exhibición de fuerza para impresionar a una población que se sabía ya que no opondría resistencia, pues, de haber temido más brotes, los guardias valencianos se habrían acuartelado en lugar de dispersarse por las calles en pequeños grupos. Su porte militar era espléndido, con diferencia lo mejor que había visto en España, y, a pesar de que en cierto modo supongo que eran «el enemigo», no podía evitar que su aspecto me gustara y me quedaba pasmado mirándolos ir de aquí para allá. Estaba acostumbrado a los milicianos andrajosos y mal armados del frente de Aragón y no sabía que la República tuviera tropas como aquéllas. Era un cuerpo selecto físicamente, pero lo que más me admiraba era su armamento. Todos sus fusiles eran nuevos, de los llamados «fusiles rusos» (fusiles enviados por la URSS, aunque creo que se fabricaban en Estados Unidos). Miré uno de cerca. No era un arma perfecta, pero sí infinitamente mejor que los viejos y temibles trabucos que empuñábamos en el frente. Cada guardia iba armado con un fusil y una pistola, y cada grupo de diez llevaba un subfusil ametrallador; en el frente contábamos con una ametralladora por cada cincuenta hombres, más o menos, y en cuanto a las pistolas y revólveres sólo se podían conseguir ilegalmente. En realidad pasaba lo mismo en todas partes, pero hasta entonces no había reparado en ello: la Guardia de Asalto y el cuerpo de Carabineros, cuyo cometido no era combatir en el frente, estaban mejor armados y mejor vestidos que nosotros. Sospecho que en todas las guerras sucede igual, que siempre hay el mismo contraste entre la acicalada policía de la retaguardia y los harapientos soldados del frente. Al cabo de un par de días, en términos generales, los guardias valencianos congeniaron bien con la población. El primer día surgieron algunos problemas porque algunos —que habían recibido instrucciones, imagino— se comportaron con agresividad provocadora. Subían en grupos a los tranvías, cacheaban a los pasajeros y, si alguno tenía una cartilla de la CNT en el bolsillo, la rompían y la pisoteaban. Por esta actitud tuvieron roces con los anarquistas armados y hubo un par de muertos. Pero los guardias valencianos abandonaron muy pronto este aire de conquistadores y las relaciones se volvieron más cordiales. Es de destacar que casi todos se habían echado novia al cabo de unos días.

Los combates de Barcelona habían facilitado al gobierno de Valencia la excusa que llevaba tiempo esperando para reforzar su dominio sobre Cataluña. Las milicias iban a disolverse y a integrarse en el Ejército Popular. La bandera republicana ondeaba ya por toda Barcelona; descontando la que coronaba una trinchera fascista,* era la primera vez que veía aquella bandera. Las barricadas de los barrios obreros se estaban desmantelando, si bien poco a poco, porque es mucho más fácil levantarlas que devolver las piedras a su sitio. A los edificios del PSUC se les permitió conservar las que protegían sus puertas y estuvieron en pie hasta junio. La Guardia de Asalto no se movió de los puntos estratégicos que había ocupado. En los baluartes de la CNT se requisaron muchas armas, aunque no me cabe la menor duda de que

* Véase la nota de la pág. 87. *(N. del E.)*

muchas otras se libraron de la requisa. *La Batalla* seguía apareciendo, pero censurada, hasta el extremo de que la primera página salía prácticamente en blanco. Los periódicos del PSUC no pasaban por la censura y publicaban artículos incendiarios que exigían la eliminación del POUM. Se aseguraba que el POUM era una organización fascista camuflada y los hombres del PSUC se dedicaban a distribuir una caricatura en la que se veía una figura que representaba al POUM quitándose una careta con la hoz y el martillo y dejando al descubierto una cara odiosa y criminal con la esvástica grabada. Era evidente que se había decidido ya la versión oficial de los combates de Barcelona: iba a presentarse como una insurrección de la quinta columna fascista, organizada por el POUM.

Con el fin de los combates había empeorado el horrible clima de sospechas y hostilidad que reinaba en el hotel. Era imposible permanecer neutral ante las acusaciones que se estaban difundiendo. Correos volvía a estar en servicio, la prensa comunista extranjera empezaba a llegar y su versión de los combates no sólo era de un sectarismo violento, sino que además incurría en increíbles inexactitudes al referir los hechos. Creo que algunos comunistas que estuvieron presentes y vieron lo que había sucedido en realidad se quedaron de piedra al ver el modo en que se interpretaban los acontecimientos, pero como es lógico tenían que ser leales a su bando. Nuestro amigo comunista volvió a abordarme y me sugirió una vez más que me pasara a la Columna Internacional. Aquello no me lo esperaba.

—Vuestra prensa dice que soy fascista –le respondí–. Está claro que sería políticamente sospechoso, viniendo del POUM.

—Bah, no te preocupes. Tú sólo obedecías órdenes.

Me vi obligado a decirle que, después de aquel asunto, no podía unirme a ninguna unidad controlada por los comunistas, porque esto significaría que antes o después podría utilizárseme contra la clase obrera española. Nada garantizaba que aquellas cosas no volverían a ocurrir, y si llegaba el caso en que tenía que apretar el gatillo, lo haría en el lado de los trabajadores y no contra ellos. Nuestro amigo era un hombre muy honrado en estas cuestiones, pero a partir de ese momento las relaciones en general cambiaron. Ya no se podía, como antes, «aceptar las diferencias» y tomar un trago con alguien que, en teoría, era un rival político. En el salón del hotel estallaban disputas acaloradas. Mientras tanto, las cárceles estaban ya a rebosar. Al terminar los combates, los anarquistas, como es natural, habían liberado a sus prisioneros, pero la Guardia de Asalto no había hecho lo propio con los suyos, y casi todos fueron encarcelados y, en muchos casos, retenidos allí durante meses sin juicio previo. Como de costumbre, se estaba deteniendo a personas completamente inocentes por culpa de la ineptitud policial. Ya conté más arriba que a Douglas Thompson lo habían herido a comienzos de abril. Desde entonces habíamos dejado de tener noticias suyas, como suele ocurrir cuando hieren a alguien, porque normalmente a los heridos los mandaban de hospital en hospital. En realidad había estado en el hospital de Tarragona y lo habían trasladado a Barcelona en los días en que comenzaron los combates. El martes por la mañana me lo había encontrado en la calle, muy desconcertado por los disparos que se oían por todas partes. Me preguntó lo que preguntaba todo el mundo.

—¿A santo de qué viene todo esto?

Se lo expliqué como buenamente pude, y respondió de inmediato:

—Yo estoy al margen. Aún tengo el brazo mal. Volveré al hotel y me quedaré allí.

Volvió al hotel, pero por desgracia (¡qué importante es conocer la geografía local en un combate callejero!) el hotel estaba en una zona controlada por la Guardia de Asalto. Atacaron el establecimiento y a Thompson lo detuvieron, lo llevaron a la cárcel y lo tuvieron ocho días encerrado en una celda tan atestada de gente que nadie tenía sitio para echarse en el suelo. Hubo muchos casos parecidos. Multitud de extranjeros con un historial político dudoso estaban en paradero desconocido, con la policía siguiéndoles la pista y siempre temerosos de las delaciones. La situación era peor para los italianos y los alemanes, que carecían de pasaporte y por lo general estaban buscados por la policía secreta de sus países. Si los detenían serían probablemente deportados a Francia, desde donde cabía la posibilidad de que se los mandara a Italia o a Alemania, y sólo Dios sabe los horrores que les aguardarían allí. Un par de extranjeras normalizaron su situación aprisa y corriendo, «casándose» con españoles. Una alemana indocumentada burló a la policía fingiéndose amante de otro durante unos días. Recuerdo la vergüenza y la desdicha que vi en la cara de la pobre muchacha cuando me tropecé con ella casualmente mientras salía del dormitorio del hombre en cuestión; no era su amante, desde luego, pero sin duda pensó que yo creía que sí. Todo el tiempo tenía uno la odiosa impresión de que cualquiera que hasta entonces hubiera sido amigo suyo podría estar denunciándolo a la policía secreta. Yo estaba con los nervios de punta después de aquella larga pesadilla de los tiros, el ruido, la falta de comida y de sueño, la mezcla de tensión y aburrimiento mientras estaba en la azotea, temiendo que en cualquier momento me disparasen o me obligaran a disparar. Había llegado a tal extremo que cada vez que oía un portazo echaba mano a la pistola. El sábado por la mañana se oyeron disparos fuera y todo el mundo exclamó:

—¡Ya empieza otra vez!

Salí corriendo a la calle y vi que se trataba sólo de unos guardias de asalto de Valencia que disparaban a un perro rabioso. Nadie que estuviera en Barcelona entonces o los meses que siguieron podrá olvidar el horrible clima generado por el miedo, la sospecha, el odio, los periódicos censurados, las cárceles atestadas, las larguísimas colas de la compra y los grupos armados que recorrían las calles.

He procurado dar una idea de lo que fue estar en medio de los enfrentamientos de Barcelona, pero no creo que haya sabido describir bien la rareza de aquel periodo. Algo que se me quedó grabado en la memoria es la serie de relaciones accidentales que hacíamos entonces, la visión repentina de personas no combatientes para quienes todo aquello era un tumulto sin objeto. Recuerdo a la mujer vestida con elegancia que paseaba por las Ramblas, con la cesta de la compra en el brazo y tirando de un perro de aguas, mientras se oía fragor de disparos a un par de calles de allí; es posible que estuviera sorda. Y al hombre que vi corriendo por una desierta plaza de Cataluña con un pañuelo blanco en cada mano. Y el nutrido grupo de individuos, todos vestidos de negro, que durante casi una hora trató de cruzar la plaza sin lograrlo, pues cada vez que asomaban por la esquina los hacían retroceder las ametralladoras del PSUC apostadas en el hotel Colón, no sé por qué, porque saltaba a la vista que iban desarmados; después pensé que quizá se tratase de un cortejo fúnebre. Y al hombrecillo que hacía de conserje del museo que había encima del Poliorama y que al parecer se tomaba todo el asunto como una ocasión social y se sentía complacido de que lo visitaran ingleses, de quienes decía que eran muy *simpáticos;* expresó su deseo de que volviéramos por allí cuando todo terminara y la verdad es que fui a verlo. Y a aquel otro hombrecillo, refugiado en un portal, que movía complacido la cabeza hacia el tiroteo de la plaza de Cataluña y decía (como para indicar que hacía una mañana espléndida): «¡Esto es otro 19 de julio!».* Y al personal de la zapatería donde me estaban confeccionando las botas de campaña. Estuve allí antes de los combates, después y, aunque sólo unos minutos, durante el breve armisticio del 5 de mayo. Era una tienda cara, cuyos empleados eran ugetistas y es posible que también miembros del PSUC; en cualquier caso, pertenecían al otro bando político

---

* El levantamiento militar contra la República se produjo en Barcelona el 19 de julio de 1936. *(N. del T.)*

163

y sabían que yo estaba con el POUM. La actitud de estos hombres, sin embargo, fue muy distinta: «Es una pena que pasen estas cosas, ¿verdad? Y qué malo es para el negocio. Qué lástima que no se acabe. Como si no bastara con lo que hay en el frente», etc., etc. No hay duda de que había muchísimas personas, tal vez la mayoría de los barceloneses, que miraban aquel conflicto sin el menor interés o, en su defecto, con el mismo interés que les habría despertado un ataque aéreo.

En este capítulo he descrito sólo mis experiencias personales. En el Apéndice II expongo como mejor puedo los temas generales, lo que realmente pasó y con qué resultados, quiénes tenían la razón y quiénes no la tenían, y de quiénes fue la culpa, si es que hubo responsables. Se han explotado tanto políticamente los combates de Barcelona que es necesario contar con un juicio ecuánime acerca de los mismos. Se ha escrito ya mucho sobre el tema, suficiente para llenar muchos libros, y no creo exagerar si afirmo que el noventa por ciento es falso, pues casi todos los informes de prensa publicados entonces se deben a periodistas que estaban lejos y no sólo malinterpretaban los hechos, sino que además los deformaban para que los malinterpretasen otros. Como de costumbre, el gran público sólo ha oído la versión de un bando. Al igual que todos los que estaban en Barcelona en aquellas fechas, yo sólo vi y oí lo que había en mi entorno inmediato, pero vi y oí más que suficiente para salir al paso de muchas mentiras que han estado circulando.

X

Unos tres días después del cese de los combates volvimos al frente. Después de lo que había sucedido –sobre todo después de los cruces de insultos en la prensa– costaba mucho pensar en aquella guerra con la misma actitud ingenua e idealista que antes. Supongo que nadie pasaba unas semanas en España sin acabar un tanto decepcionado. No dejaba de recordar al corresponsal de prensa que había conocido durante mi primer día de estancia en Barcelona y que me había dicho: «Esta guerra es tan sucia como cualquier otra». Aquella observación me había impresionado mucho y no creí por entonces (diciembre) que fuese cierta; tampoco era cierta en mayo, pero empezaba a serlo. El hecho es que en todas las guerras hay un proceso de degradación conforme pasan los meses, porque cosas como la libertad personal y una prensa fidedigna son incompatibles con la eficacia militar.

Ahora había que especular sobre lo que podía ocurrir. Era evidente que el gobierno de Largo Caballero iba a caer y que lo iba a sustituir un gobierno más derechista con más presencia comunista (ocurrió un par de semanas después), que destruiría el poder de los sindicatos obreros de una vez para siempre. El panorama posterior, cuando se derrotara a Franco –y al margen de los tremendos problemas que plantearía la reorganización de España–, no sería de color de rosa. En cuanto a los tópicos periodísticos sobre que aquello era una «guerra por la democracia», no eran sino simples patrañas. Nadie en sus cabales imaginaba que la democracia tuviera ninguna posibilidad, ni siquiera como se entendía en Inglaterra o en Francia, en un país tan dividido y agotado como lo estaría España cuando finalizase la contienda. Habría una dictadura, y saltaba a la vista que las condiciones para implantar una dictadura del proletariado ya no existían; de modo que en términos generales se orientaría hacia alguna forma de fascismo. Un fascismo con otro nombre, indudablemente, más humano y menos eficaz que las variantes alemana e italiana, porque aquello era España. Las otras alternativas eran una dictadura de Franco, que sería infinitamente peor, y (siempre cabía la posibilidad) que la guerra concluyese con una España dividida o por fronteras auténticas o en zonas económicas.

Se adoptara la perspectiva que se adoptase, el panorama era desalentador. Pero de aquí no se infería que no valiera la pena luchar con el gobierno en contra de un fascismo más crudo y desarrollado como era el de Franco y Hitler. A pesar de todos los defectos que pudieran imputarse al gobierno de posguerra, no cabía duda de que el régimen de Franco sería peor. Quién ganara podía tener a la postre poca importancia para el proletariado urbano, pero España es un país básicamente agrícola y casi con seguridad los campesinos saldrían ganando con la victoria del gobierno. Conservarían al menos algunas tierras ocupadas, en cuyo caso también habría reparto de tierras en el territorio que había sido de Franco, y no se restauraría el feudalismo encubierto que había existido en ciertas zonas del país. El gobierno que tuviera el poder al acabar la guerra sería en cualquier caso anticlerical y antifeudal; tendría a la Iglesia a raya, al menos por el momento, y modernizaría el país, construyendo carreteras, por ejemplo, y fomentando la educación y la sanidad públicas, empresas que en cierta medida se habían acometido ya incluso después de estallar la guerra. Franco, por otro lado, en la medida en que no era un simple títere de Italia y Alemania, estaba vinculado a los latifundistas feudales y representaba a la reacción eclesiástico-militar más anquilosada. El Frente Popular podía ser un engañabobos, pero Franco era un anacronismo. Sólo los millonarios y los ilusos podían desear su victoria.

Además estaba el problema del prestigio internacional del fascismo, que me venía acosando como una pesadilla desde hacía un par de años. Los fascistas habían vencido en todos los frentes desde 1930; ya era hora de que mordieran el polvo, e importaba poco quién lo consiguiera. Aplastar a Franco y a sus mercenarios extranjeros podía contribuir muchísimo a mejorar la situación mundial, incluso si España acababa bajo una dictadura opresiva y con todos sus mejores hombres en la cárcel. Valía la pena ganar la guerra aunque sólo fuera por eso.

Así es como veía yo las cosas entonces. Hoy debo decir que tengo en más alto concepto al gobierno de Negrín que cuando entró en funciones. Ha arrostrado la difícil lucha con un valor espléndido y dado muestras de más tolerancia política de lo que se esperaba. Pero sigo creyendo que –siempre y cuando España no se parta en dos, con consecuencias inimaginables– la tendencia del gobierno de posguerra será fascista. Una vez más, doy constancia de mi opinión y afronto las consecuencias de que el tiempo me trate como trata a casi todos los profetas.

Acabábamos de llegar al frente cuando nos enteramos de que Bob Smillie había sido detenido en la frontera cuando regresaba a Inglaterra, y había sido conducido a Valencia y encarcelado. Smillie había estado en España desde octubre del año anterior. Había trabajado unos meses en las oficinas del POUM y se había unido a las milicias cuando habían llegado los demás miembros del ILP, pensando que pasaría tres meses en el frente y luego volvería a Inglaterra para participar en una gira de propaganda. Tardamos algún tiempo en averiguar por qué lo habían detenido. Lo tenían *incomunicado* y ni siquiera podía verlo un abogado. En España no existe –al menos en la práctica– el derecho de hábeas corpus, de modo que cualquiera puede pasarse varios meses encerrado sin que haya acusación y menos aún un juicio. Al final nos enteramos, por un preso puesto en libertad, de que a Smillie lo habían detenido por «llevar armas». Las «armas», según supe después, eran dos bombas de mano, de las rústicas que se utilizaban al principio de la guerra, que Smillie se llevaba para enseñarlas en sus conferencias, junto con fragmentos de un obús y otros recuerdos. Les había quitado la carga explosiva y los detonadores, de modo que no eran más que unos botes de acero, completamente inofensivos. Saltaba a la vista que sólo había sido una excusa y que lo habían detenido por su conocida vinculación con el POUM. Los combates de Barcelona acababan de terminar y las autoridades no estaban dispuestas en aquel momento a permitir que saliera de España nadie calificado para desmentir la versión oficial. Era bastante lógico por lo tanto que se detuviera a la gente en la frontera con el pretexto más caprichoso. Es muy posible que al principio sólo tuvieran intención de retener a Smillie unos días. Pero el problema es que, en España, cuando a uno lo meten en la cárcel ahí se queda, con juicio o sin él.

Estábamos todavía en Huesca, pero nos habían situado más a la derecha, enfrente del reducto fascista que habíamos tomado temporalmente semanas atrás. Yo hacía las veces de *teniente* –que viene a ser como un alférez en el ejército británico– y tenía bajo mi mando a unos treinta hombres, ingleses y españoles. Me habían propuesto para darme una graduación permanente, pero no sabía si la iba a conseguir. Los oficiales milicianos se habían negado hasta entonces a admitir las graduaciones permanentes, que significaban paga extra y conflictos con las ideas igualitarias de las milicias, pero ya no había más remedio. A Benjamín lo habían nombrado oficialmente capitán y a Kopp le faltaba poco para que lo nombraran comandante. El gobierno, como es natural, no podía prescindir de los oficiales de las milicias, pero en ningún caso los homologaba por encima del grado de comandante, a buen seguro porque reservaba los grados superiores para los oficiales del ejército regular y para los que salían de la Escuela de Guerra. En consecuencia, en nuestra división, la 29, se dio durante un tiempo la extraña circunstancia de que el jefe de la unidad, los jefes de brigada y los jefes de los batallones eran todos comandantes.

En el frente sucedía poca cosa. La batalla de la carretera de Jaca estaba en punto muerto y no volvió a reanudarse hasta mediados de junio. El principal peligro en nuestra posición eran los francotiradores. Las trincheras fascistas estaban a más de ciento cincuenta metros, pero en un terreno más elevado, y nos copaban por dos flancos, ya que nuestra línea trazaba un ángulo saliente de noventa grados. El vértice era un lugar peligroso, en el que siempre ocasionaban bajas los francotiradores. De vez en cuando nos disparaban con granadas de fusil o algo parecido. Producían una explosión horrible –y era muy angustioso porque no se oían con tiempo suficiente para esquivarlas–, pero no eran realmente peligrosas; el agujero que abrían en el suelo no era mayor que una tinaja. Las noches eran agradablemente cálidas; los días, abrasadores. Los mosquitos empezaban a ser un fastidio y, a pesar de la ropa limpia que nos habíamos llevado de Barcelona, cogimos piojos casi inmediatamente. En los huertos abandonados de la tierra de nadie, las cerezas se estaban cubriendo de blanco. Durante dos días cayó una lluvia torrencial que inundó los refugios e hizo que el parapeto se hundiera treinta centímetros; después tuvimos que sacar el barro con las maltrechas palas españolas, que no tienen mango y se doblan como cucharas de estaño.

Habían prometido dotar a la compañía de un mortero ligero, algo que yo esperaba con mucha impaciencia. Por la noche salíamos de patrulla, como siempre, aunque era más peligroso que antes porque en las trincheras enemigas había más hombres y se habían vuelto más precavidos; habían esparcido botes de metal delante mismo de su alambrada y cuando oían algún ruido respondían con fuego de ametralladora. De día efectuábamos disparos desde la tierra de nadie. Nos arrastrábamos un centenar de metros hasta llegar a una zanja protegida por matas altas, desde la que se dominaba un hueco que había en el parapeto fascista y en la que habíamos preparado un puesto de tirador. Si esperábamos el tiempo suficiente, acabábamos viendo pasar por el hueco una figura vestida de caqui. Yo hice varios disparos. No sé si di a alguien; probablemente no, pues soy muy malo con el fusil. Pero era divertido, los fascistas no sabían desde dónde les disparaban y yo estaba convencido de que antes o después acabaría por acertarle a uno. Pero el cazador resultó cazado y, en vez de dar yo, un francotirador enemigo me dio a mí. Llevaba unos diez días en el frente cuando ocurrió. La experiencia de recibir un balazo es muy interesante y creo que vale la pena describirla con detalle.

Fue en el vértice del parapeto, a las cinco de la mañana. Siempre era una hora peligrosa, porque amanecía por detrás de nosotros y, si asomábamos la cabeza, ésta se perfilaba perfectamente a contraluz. Yo estaba hablando con los centinelas poco antes del cambio de guardia. De súbito, en mitad de una frase, sentí... es difícil describir lo que sentí, aunque lo recuerdo con la máxima claridad.

Fue más o menos como estar en el centro mismo de una explosión. Me pareció percibir una detonación fortísima y un estallido de luz enceguecedora, y sufrí una sacudida tremenda, sin dolor, sólo una sacudida violenta, como cuando se toca un cable eléctrico; y una sensación de debilidad extrema, de estar enfermo y no tener fuerzas para hacer nada. Los sacos terreros que tenía delante se alejaron hasta perderse en el infinito. Imagino que tiene que ser como cuando a uno lo alcanza un rayo. Supe al momento que me habían herido, pero a causa de la explosión y el fogonazo creí que me había alcanzado un fusil de los nuestros que se había disparado solo. Todo sucedió en una fracción de segundo. Un instante después se me doblaron las rodillas, me desplomé y me di contra el suelo un buen cabezazo que por suerte no me dolió. Tenía una vaga sensación de embotamiento, cierta conciencia de estar herido de gravedad, pero no dolor en el sentido corriente del término.

El centinela norteamericano con el que había estado hablando se acercó.

—¡Joder! ¿Te han dado?

El personal se apelotonó a mi alrededor, y se produjo el revuelo de costumbre:

—¡Levantadlo!

—¿Dónde le han dado?

—¡Abridle la camisa!

Etcétera.

El norteamericano pidió un cuchillo para rasgarme la camisa. Yo llevaba uno en el bolsillo, pero al hacer ademán de sacarlo descubrí que se me había paralizado el brazo derecho. La ausencia de dolor me producía una vaga satisfacción. Pensé que la situación complacería a mi mujer; desde el principio había querido que me hiriesen, para no resultar muerto cuando llegase la batalla decisiva. Sólo en aquel instante se me ocurrió preguntarme dónde me habían herido y con qué gravedad; no sentía nada, pero era consciente de que el proyectil me había alcanzado en la parte frontal del torso. Cuando traté de hablar me di cuenta de que no tenía voz, sólo un débil graznido, aunque al segundo intento me las apañé para preguntar dónde me habían dado. Me dijeron que en el cuello. Harry Webb, el camillero, había llegado con una venda y un frasco de alcohol que nos daban para las curas de campaña. Cuando me levantaron me salió un chorro de sangre por la boca y oí decir a mis espaldas a un español que el proyectil me había atravesado limpiamente el cuello. El alcohol, que en otro momento me habría escocido una barbaridad, me cayó sobre la herida con un frescor agradable.

Volvieron a acostarme mientras buscaban una camilla. En cuanto me enteré de que el proyectil me había atravesado el cuello, supe que estaba listo. No conocía ningún caso de hombre o animal que hubiera seguido vivo tras recibir un balazo en mitad del cuello. La sangre me chorreaba por la comisura de la boca. «Se ha roto la arteria», me dije. Me pregunté cuánto se vive con un corte en la carótida; minutos, probablemente. Todo estaba muy borroso. Durante un par de minutos di por hecho que me habían matado. Y también esto resultó interesante; quiero decir que es interesante saber en qué se piensa en tales momentos. Por convencional que parezca, mi primer pensamiento fue para mi mujer. El siguiente fue una furiosa protesta por tener que dejar este mundo, que, a pesar de los pesares, me cae muy bien. Tuve tiempo de sentir estas cosas con mucha claridad. Aquel percance estúpido me puso frenético. ¡Qué absurdo había sido! ¡Caer, no en la batalla, sino en aquel hediondo rincón de las trincheras, en un momento de descuido! También pensé en el hombre que me había disparado, y me pregunté qué sería, si español o extranjero, si sabría que me había dado, y así sucesivamente. No le guardaba ningún rencor. Me dije que, dado que era un fascista, lo habría matado yo a él si hubiera podido, pero también que si lo hubieran capturado y me lo hubieran puesto delante en aquel momento me habría limitado a felicitarlo por su buena puntería. Aunque es posible que sean otros los pensamientos que nos asaltan cuando nos estamos muriendo de verdad.

Acababan de tenderme en la camilla cuando recuperé la movilidad del brazo paralizado, que empezó a dolerme lo indecible. En un principio había creído que me lo había roto al caer; en cualquier caso, el dolor me devolvió la confianza, porque sabía que las sensaciones no se avivan cuando uno se está muriendo. Empecé a sentirme más normal y a compadecerme de los cuatro pobres diablos que iban con la camilla al hombro, sudando y resbalando. Había casi dos kilómetros y medio hasta la ambulancia y el trayecto era infame, con aquellos senderos accidentados y resbaladizos. Sabía que era una paliza porque un par de días antes había ayudado a transportar a un herido. Las hojas de los chopos blancos que en algunos puntos bordeaban nuestras trincheras me acariciaban la cara; pensé que era extraordinario estar vivo en un mundo donde había chopos blancos. Pero el dolor del brazo era infernal e incesante, y primero me deshice en maldiciones y luego me esforcé por contenerme, pues cada vez que respiraba con fuerza echaba sangre por la boca.

El médico me puso otro vendaje, me inyectó una dosis de morfina y me envió a Siétamo. Los hospitales de Siétamo eran unos barracones de madera construidos a toda velocidad donde, por regla general, los heridos permanecían unas horas y luego eran enviados a Barbastro o a Lérida. Yo estaba aturdido por la morfina, pero seguía sintiendo mucho dolor, casi no me podía mover y no dejaba de tragar sangre. En lo que era un rasgo típico de los hospitales españoles, hallándome en aquel estado la inexperta enfermera quiso obligarme a ingerir la comida del hospital —un banquete a base de caldo, huevos, guisado grasiento y otras cosas— y pareció llevarse una sorpresa al comprobar que no me pasaba. Pedí un cigarrillo, pero atravesábamos un periodo de carestía tabaquera y no había ni uno en el lugar. Entonces aparecieron dos compañeros que habían pedido permiso para ausentarse del frente unas horas.

—¡Hola! Estás vivo, ¿no? Estupendo. Venimos a que nos des el reloj, el revólver y la linterna eléctrica. Y el cuchillo, si es que tienes.

Se llevaron todos mis bienes portátiles, como ocurría siempre que herían a alguien: todo cuanto poseía se repartía; y era justo, porque los relojes, revólveres y objetos afines eran muy valiosos en el frente, y si se iban en el macuto de un herido era indudable que los robarían por el camino.

Al caer la tarde habían llegado ya enfermos y heridos como para llenar varias ambulancias, y nos mandaron a Barbastro. ¡Qué viaje! Decían que en aquella guerra uno se curaba si le daban en las extremidades, pero que si lo herían en el abdomen se moría siempre. En aquel momento supe por qué lo decían. Nadie con hemorragias internas habría seguido con vida después de dar tumbos durante tantos kilómetros por aquella carretera con un macadán reventado y machacado por los camiones y que no se había reparado desde el comienzo de la guerra. ¡Bang, bum, zumba! Me acordé de mi infancia y de un artilugio espantoso que vi en la feria del barrio de White City en Londres y que se llamaba «wiggle-woggle». Habían olvidado atarnos a las camillas. A mí aún me quedaban fuerzas en el brazo izquierdo para sujetarme, pero un infeliz se cayó al suelo y sólo Dios sabe lo que sufrió. Otro, que podía andar y estaba sentado en un rincón, lo llenó todo de vómito. El hospital de Barbastro estaba de bote en bote y las camas tan juntas que casi se tocaban. A la mañana siguiente nos metieron a unos cuantos en el tren hospital y nos enviaron a Lérida.

Pasé cinco días en Lérida. El hospital era grande y los enfermos, los heridos y los pacientes civiles normales andaban más o menos mezclados. Algunos hombres de mi sala mostraban unas heridas horribles. En la cama de al lado había un joven de pelo negro que tenía no sé qué enfermedad, y le administraban un medicamento que le teñía la orina de verde esmeralda y que hacía de su orinal una de las atracciones de la sala. Un comunista holandés que hablaba inglés y había oído que había un inglés en el hospital trabó amistad conmigo y me pasó periódicos ingleses. Después de haber recibido una herida feísima durante los combates de octubre, se las había ingeniado para quedarse en el hospital de Lérida y se había casado con una enfermera. Por culpa de la herida, la pierna se le había quedado más delgada que un brazo. Dos milicianos de permiso, unos críos de dieciocho años a los que había conocido durante mi primera semana en el frente, llegaron para ver a un amigo herido y me reconocieron. Se quedaron junto a la cama, sintiéndose torpes mientras se esforzaban por decir algo, y de pronto, para darme a entender que lamentaban lo de mi herida, sacaron todo el tabaco que llevaban en los bolsillos, me lo dieron y escaparon sin darme tiempo a negarme. Qué típicamente español. Más tarde supe que no se podía comprar tabaco en toda la ciudad y que lo que me habían dado equivalía a la ración de una semana.

Días después podía levantarme y pasear con el brazo en cabestrillo. Por el motivo que fuera, me dolía más cuando lo dejaba colgando. También sentía entonces mucho dolor por dentro, por las lesiones que me había producido al desplomarme, y casi no tenía voz, pero la herida de bala en sí no me dolió en ningún momento. Por lo visto, suele ocurrir. El impacto del proyectil es tan fuerte que insensibiliza la zona; un fragmento de obús o de bomba de mano, que tiene una forma irregular y por lo general alcanza con menos fuerza, probablemente dolerá una barbaridad. Había un bonito jardín en el exterior y un estanque con peces de colores y otros más pequeños y de color gris oscuro; alburnos, creo. Solía quedarme allí sentado, mirándolos durante horas. Los métodos que seguían en Lérida me permitieron entrever el funcionamiento del sistema hospitalario en el frente de Aragón, aunque no sé si los centros de otros frentes serían iguales. En ciertos aspectos eran muy buenos; los médicos eran competentes y no parecía haber escasez de medicamentos ni de material. Pero adolecían de dos defectos importantes que estoy convencido de que fueron responsables de la muerte de cientos y millares de hombres que habrían podido salvarse.

Uno era que todos los hospitales que estaban relativamente cerca del frente se utilizaban, unos más que otros, como centros de transeúntes. Esto significaba que no se recibía en ellos ningún tratamiento, a menos que la gravedad de la herida desaconsejara el traslado. En teoría, a casi todos los heridos se les enviaba directamente a Barcelona o a Tarragona, pero por culpa de la falta de medios de transporte a menudo tardaban una semana o diez días en llegar; debían esperar en Siétamo, Barbastro, Monzón, Lérida y otros lugares, y mientras tanto no recibían más asistencia que un cambio de vendaje, y a veces ni eso. A hombres con unas heridas de obús espeluznantes, con los huesos machacados y cosas por el estilo, se los embutía en una especie de armazón de yeso y vendas; en la superficie exterior se apuntaba con lápiz el carácter de la herida, y por norma no se quitaba el yeso hasta que el sujeto llegaba a Barcelona o Tarragona, diez días después. Era casi imposible reconocer a los heridos conforme llegaban; los escasos médicos con que se contaba no daban abasto y se limitaban a pasar por delante de la cama y a decir: «Sí, sí, ya te atenderán en Barcelona». A diario había rumores de que el tren hospital partiría *mañana*. El otro defecto era la falta de enfermeras competentes. Al parecer no había en toda España un plantel de enfermeras con preparación, quizá porque antes de la guerra eran las monjas quienes realizaban este trabajo. No tengo queja de las enfermeras españolas, pues siempre me trataron con mucha amabilidad, pero eran muy ignorantes. Lo único que sabían hacer era tomar la temperatura, y algunas incluso poner una venda, pero nada más. En consecuencia, los hombres demasiado enfermos para valerse por sí mismos solían quedar vergonzosamente desatendidos. Por ejemplo, dejaban a un hombre estreñido durante una semana seguida, y en raras ocasiones lavaban a los que estaban demasiado débiles para asearse solos. Recuerdo que un infeliz que tenía un brazo destrozado me dijo que se había pasado tres semanas sin que le lavaran la cara. Las camas se quedaban sin hacer durante días enteros. La comida de todos los hospitales era muy buena, demasiado, diría yo. Por lo visto, en España se sigue con más celo que en ningún otro sitio la tradición de atiborrar de comida pesada a los enfermos. Las comidas de Lérida eran brutales. El desayuno, a las seis de la mañana, consistía en caldo, tortilla, guisado, pan, vino blanco y café, y el almuerzo era más abundante aún, y todo esto en un periodo en que casi toda la población civil pasaba hambre. Los españoles no parecían saber lo que era un régimen ligero. Daban la misma comida a los enfermos y a los sanos, siempre el mismo menú fuerte y grasiento, con todo empapado en aceite de oliva.

Un día se nos comunicó a todos los de mi sala que se nos iba a mandar a Barcelona aquel mismo día. Envié un telegrama a mi mujer, diciéndole que iba para allá; nos metieron en autobuses y nos llevaron a la estación. Cuando el tren iba a ponerse en marcha, el camillero del hospital que viajaba con nosotros dejó caer de pasada que no íbamos a Barcelona, sino a Tarragona. Supongo que al maquinista le había dado por ahí. «Muy español», pensé. Pero también fue muy español que retrasaran la salida del tren para dejarme enviar otro telegrama, y más español aún que el telegrama no llegase a su destino.

Nos habían puesto en vagones corrientes de tercera clase, con asientos de madera, y muchos hombres estaban gravemente heridos y habían dejado la cama por primera vez aquella mañana. Al cabo de un rato, entre el calor y el traqueteo, la mitad se había desmayado y algunos vomitaban en el suelo. El camillero se paseaba entre los bultos cadavéricos con un odre en la mano, echando chorritos de agua en la boca de éste o aquél. Era un agua repugnante; todavía recuerdo el sabor. Llegamos a Tarragona cuando estaba a punto de ponerse el sol. La vía férrea discurre en sentido paralelo a la playa, a un tiro de piedra del mar. En el momento en que entramos en la estación salía un convoy lleno de hombres de la Columna Internacional, y un grupo de personas los despedía en el andén intermedio. Era un tren largo, a punto de reventar de lo lleno que iba, con cañones ligeros amarrados en vagones descubiertos y más hombres junto a los cañones. Recuerdo con extraña claridad la imagen de aquel tren alejándose bajo la luz amarillenta del crepúsculo; las ventanas llenas de rostros oscuros y sonrientes, los largos e inclinados cañones, los pañuelos rojos ondeando, y toda aquella masa distanciándose lentamente con el mar turquesa al fondo.

—*Extranjeros* —dijo uno—. Italianos.

Saltaba a la vista que eran italianos. Sólo los italianos se apelotonaban de aquel modo tan pintoresco y devolvían los saludos de la gente con aquella gracia, que no lo era menos porque medio tren estuviera empinando el codo. Luego oí decir que aquellos hombres habían contribuido a la gran victoria de Guadalajara, en marzo; habían estado de permiso y los enviaban ahora al frente de Aragón. Casi todos, me temo, murieron en Huesca unas semanas más tarde. Los que podíamos tenernos en pie habíamos cruzado el vagón para saludar a los italianos. Uno sacó una muleta por la ventanilla, y nuestros brazos vendados hicieron el saludo rojo. Era como un cuadro alegórico de la guerra: el tren con las tropas de refresco corriendo con gallardía hacia el frente, el de los mutilados volviendo a rastras, y los cañones de los vagones descubiertos haciendo que los corazones saltaran de entusiasmo, como siempre que se ven cañones, y que reviviese esa perniciosa impresión, tan difícil de erradicar, de que a pesar de todo la guerra es gloriosa.

El hospital de Tarragona era muy grande y estaba lleno de heridos de todos los frentes. ¡Qué heridas se veían allí! La forma en que curaban algunas de ellas supongo que estaría en conformidad con la práctica clínica más reciente, pero producía auténtico horror mirar lo que hacían. Dejaban la herida completamente abierta y sin vendar, aunque protegida de las moscas por una gasa tensada con varillas de alambre, por debajo de la cual se veía la rojiza gelatina de la herida a medio curar. Había un hombre herido en la cara y en el cuello que iba con la cabeza dentro de una especie de escafandra de gasa; tenía la boca cerrada y respiraba por un tubito que apretaba entre los labios. El infeliz parecía muy solo, paseándose de aquí para allá, mirando a todos a través de la gasa, sin poder hablar. Permanecí tres o cuatro días en Tarragona. Estaba recuperando las fuerzas, y un día, caminando despacio, conseguí llegar hasta la playa. Resultaba extraño ver que la vida del litoral seguía más o menos como de costumbre: los cafés elegantes del paseo marítimo y la rolliza burguesía local bañándose y tomando el sol en las tumbonas, como si en mil kilómetros a la redonda no hubiera ninguna guerra. Dio la casualidad, sin embargo, de que viera ahogarse a un bañista, algo que se me antojaba imposible en un mar tan lánguido y tan poco profundo.

Por fin, a los ocho o nueve días de haber salido del frente, me reconocieron la herida. En el consultorio donde se inspeccionaba a los recién llegados, los médicos, ayudándose de unas tijeras gigantescas, cortaban la coraza de yeso que habían ido poniendo en los hospitales de transeúntes a quienes tenían rotas las costillas, la clavícula y otros huesos; por el agujero superior de la abultada y pesada coraza asomaba una cara afanosa y sucia, con barba de una semana. El médico, un individuo vivo y apuesto, de unos treinta años, me sentó en una silla, me tiró de la lengua con un paño de gasa, me la sacó todo lo que pudo, me metió un espejito de dentista hasta la garganta y me ordenó que dijera «¡Ah!». Tras repetirlo hasta que me sangró la lengua y me lloraron los ojos, me explicó que tenía paralizada una cuerda vocal.

—¿Cuándo recuperaré la voz? —pregunté.

—¿La voz? Usted no recuperará nunca la voz —repuso con animación.

Pero resultó que se equivocaba. Pese a que durante dos meses no pude articular más que susurros, pasado ese tiempo mi voz volvió a la normalidad con bastante rapidez, ya que la otra cuerda vocal había «compensado» la diferencia. El proyectil había desgarrado un haz de nervios de la parte inferior de la nuca, lo que originaba el dolor del brazo. Era un dolor penetrante, como el de la neuralgia, y siguió fastidiando sin parar durante cosa de un mes, sobre todo por la noche, así que no dormí mucho por entonces. También tenía medio paralizados los dedos de la mano derecha. Hoy, cinco meses después, sigue dormido el índice: extraño efecto tratándose de una herida en el cuello.

La herida suscitaba una cierta curiosidad y varios médicos la observaron con mucho chascar de lenguas y mucho «*Qué suerte, qué suerte*». Uno me explicó con aire competente que el proyectil había pasado a «un milímetro» de la arteria. No sé cómo lo había sabido. Todas las personas que conocí por entonces —médicos, enfermeras, *practicantes* y pacientes como yo— me aseguraron invariablemente que un hombre alcanzado en el cuello que no muere es el ser más afortunado del mundo. No pude evitar pensar que habría sido más afortunado si no me hubiera alcanzado el proyectil.

XI

Durante esas últimas semanas que pasé en Barcelona había en el aire un mal presentimiento, un clima de sospecha, miedo, incertidumbre y odio simulado. Los combates de mayo habían tenido consecuencias irreversibles. Con la caída de Largo Caballero, los comunistas se habían instalado definitivamente en el gobierno, el orden interior había quedado en manos de ministros comunistas y nadie dudaba que aplastarían a sus rivales políticos a la menor oportunidad. Nada había ocurrido aún; ni yo mismo acertaba a imaginar qué iba a suceder. Sin embargo, había una vaga y persistente sensación de peligro, la convicción de que estaba a punto de pasar algo malo. Por poco que uno conspirase en realidad, el clima dominante obligaba a que cualquiera se sintiese como un conspirador; nos pasábamos el día hablando entre susurros en los rincones de los cafés, preguntándonos si la persona que ocupaba la mesa contigua sería confidente de la policía.

Por todas partes corrían rumores siniestros por culpa de la censura de prensa. Uno decía que el gobierno Negrín-Prieto tenía intención de negociar el fin de la guerra. Yo me lo creí entonces, porque los fascistas se estaban acercando a Bilbao y el gobierno no hacía nada por impedirlo. Por toda la ciudad había banderas vascas y muchachas que recorrían los cafés agitando huchas, y los partes que se oían por la radio hablaban, como siempre, de los «heroicos defensores», pero los vascos no habían recibido ninguna ayuda. Era una tentación creer que el gobierno estaba haciendo un doble juego. Los sucesos posteriores han demostrado que me equivocaba, pero creo que Bilbao habría podido salvarse si se hubiera desplegado un poco más de energía. Una ofensiva en el frente de Aragón, por poco eficaz que hubiera sido, habría obligado a Franco a dividir sus fuerzas; pero el gobierno no lanzó ninguna ofensiva hasta que fue demasiado tarde, aproximadamente cuando cayó Bilbao. La CNT repartía por todas partes una octavilla en que se leía: «¡Estad en guardia!», e insinuaba que «cierto partido» (refiriéndose al comunista) planeaba un golpe de Estado. También se había generalizado el temor ante una inminente invasión de Cataluña. Al volver al frente había visto las poderosas defensas que se estaban levantando a muchos kilómetros de la primera línea y que por toda Barcelona se construían refugios antiaéreos. Había alarmas continuas sobre ataques aéreos y marítimos; solían ser falsas, pero con el clamor de las sirenas siempre se apagaban las luces de toda la ciudad durante varias horas y los timoratos se escondían en los sótanos. Los confidentes de la policía rondaban por doquier. Las cárceles seguían abarrotadas de presos que estaban allí desde los sucesos de mayo y otros —invariablemente anarquistas y simpatizantes del POUM— que desaparecían de uno en uno y de dos en dos. Por lo que se sabía, no se juzgaba ni se acusaba formalmente a nadie, ni siquiera de ser algo tan definido como «trotskista»; se limitaban a meterlos en las celdas y a dejarlos allí, casi siempre *incomunicados*. Bob Smillie seguía encerrado en Valencia. Lo único que pudimos saber es que ni al delegado del ILP en aquella ciudad ni al abogado que le habían asignado les estaba permitido verlo. Cada vez había en las cárceles más personal extranjero de la Columna Internacional y otras milicias. Normalmente los detenían por desertores. Un rasgo típico de la situación general era que a aquellas alturas nadie supiera ya si un miliciano era un voluntario o un soldado profesional. Unos meses antes, a quien se alistaba en las milicias populares se le recordaba que estaba allí por propia voluntad y que podía solicitar la licencia aprovechando cualquier permiso. Ahora era como si el gobierno hubiese cambiado de opinión: los milicianos eran soldados profesionales y se los consideraba desertores si querían irse. Pero ni siquiera sobre esto se sabía nada con certeza. En algunos puntos del frente las autoridades seguían licenciando personal. En la frontera se reconocían unas licencias y otras no; a quien no se la reconocían lo encerraban inmediatamente en la cárcel. Con el tiempo, los «desertores» extranjeros acabaron contándose por centenares, pero como en los respectivos países de origen se levantaron voces de protesta, casi todos fueron repatriados.

Por las calles desfilaban grupos armados de la Guardia de Asalto valenciana, los guardias de asalto locales seguían atrincherados en cafés y edificios situados estratégicamente, y muchas sedes del PSUC estaban aún protegidas por sacos terreros y barricadas. En distintos puntos de la ciudad se habían instalado puestos de control donde los guardias de asalto locales o los carabineros pedían la documentación a los peatones. Todos me advertían que no enseñara la cartilla de miliciano del POUM, sólo el pasaporte y el volante del hospital. Incluso que se supiera que uno había estado en las milicias del POUM era vagamente peligroso. A los milicianos heridos o de permiso se los castigaba con mezquindades; por ejemplo, les costaba cobrar la paga. *La Batalla* seguía publicándose, pero tan censurada que era como si no existiese, y *Solidaridad* y los demás periódicos anarquistas se censuraban también con extremo rigor. La nueva norma era que el espacio de los artículos censurados no debía dejarse en blanco, sino que había que llenarlo con otro material, y de ese modo resultaba imposible saber si se había suprimido algo o no.

La escasez de comida, fluctuante desde el comienzo de la guerra, estaba en una de sus peores etapas. Había poco pan y el más barato se adulteraba con arroz; el que llegaba a los cuarteles, para los soldados, era una atrocidad que parecía yeso. También escaseaba mucho la leche y el azúcar, y el tabaco apenas se veía, salvo el de contrabando, que era caro. Lo mismo sucedía con el aceite de oliva, que los españoles utilizaban para mil cosas; las colas del aceite estaban protegidas por guardias montados que a veces se entretenían haciendo recular a los caballos para que pisaran los pies a las mujeres. Una molestia menor durante aquellos días fue la desaparición de la calderilla. Las monedas de plata se habían retirado y, como no se habían puesto otras en circulación, no había nada entre las de diez céntimos y los billetes de dos cincuenta, y se veían muy pocos billetes inferiores a los de diez pesetas.* Esta situación no hacía más que agravar la escasez de la comida entre las capas más humildes. Una mujer que sólo llevase en el bolsillo un billete de diez pesetas podía pasarse horas haciendo cola delante de una tienda y encontrarse con que no podía comprar nada porque el tendero no tenía cambio y ella no podía gastar todo el dinero.

No es fácil entender el clima de pesadilla de aquellos días, la inquietud característica que producían los rumores siempre cambiantes, los periódicos censurados y la presencia continua de hombres armados. No es fácil porque lo esencial de un clima así no existe por el momento en Inglaterra. En Inglaterra no se da por descontada todavía la intolerancia política. Hay persecución política a pequeña escala; si yo fuese minero, preferiría que el patrón no supiera que soy comunista; pero el «buen militante», el esbirro-gramófono de la Europa continental es todavía una rareza y la idea de «liquidar» o «eliminar» a quien piensa de otro modo aún no nos parece natural. Sin embargo, en Barcelona era totalmente natural. Los «estalinistas» tenían la sartén por el mango, y en consecuencia era normal que todos los «trotskistas» estuvieran en peligro. Lo que todos temían era precisamente lo que no ocurrió, otro brote de luchas callejeras del que se responsabilizaría, como en la ocasión anterior, al POUM y a los anarquistas. Había veces en que, de un modo inconsciente, me ponía a escuchar por si se

* El poder adquisitivo de la peseta era de unos cuatro peniques [alrededor de 1,7 peniques de la reforma decimal].

oían disparos. Era como si sobre la ciudad pesara una gigantesca y maligna inteligencia. Todos lo notaban y lo comentaban. Y era curioso que todos lo expresaran casi con las mismas palabras: «Esta situación es horrible. Es como estar en un manicomio». Aunque no debería decir «todos», pues algunos ingleses que revoloteaban por España, de hotel en hotel, no parecían darse cuenta de nada. Señalo lo que dice la duquesa de Atholl (*Sunday Express*, 17 de octubre de 1937):

«Estuve en Valencia, en Madrid y en Barcelona [...] en las tres ciudades reinaba un orden absoluto sin que hubiera el menor despliegue de fuerza. Todos los hoteles en que me hospedé eran no sólo "normales" y "decentes", sino también muy cómodos, a pesar de la escasez de café y mantequilla».

Una característica de los viajeros ingleses es que no creen realmente que exista nada aparte de los hoteles elegantes. Espero que encuentren un poco de mantequilla para la duquesa de Atholl.

Yo estaba en el Sanatorio Maurín, uno de los administrados por el POUM. Se encontraba en las afueras, cerca del Tibidabo, la montaña de rara forma que se alza abruptamente por detrás de Barcelona y que según la tradición es el lugar donde Satanás enseñó a Jesús los reinos de la tierra (de aquí su nombre). El edificio había sido de un burgués rico y se había requisado durante la revolución. Casi todos los que estaban en él habían sido declarados inútiles para el frente o recibido heridas que los habían incapacitado: miembros amputados y cosas por el estilo. Había más ingleses allí: Williams, con una pierna en mal estado; Stafford Cottman, de dieciocho años, devuelto por los mandos del frente por posible tuberculosis; y Arthur Clinton, con el brazo izquierdo machacado y todavía metido en un artilugio confeccionado con alambres que llamaban «avión» y que se utilizaba en los hospitales españoles. Mi mujer seguía hospedada en el hotel Continental y yo solía bajar a Barcelona por el día. Por la mañana iba al Hospital General para que me dieran corrientes eléctricas en el brazo; era un tratamiento curioso —una serie de cosquilleantes descargas que contraían y estiraban los músculos—, pero pareció surtir efecto, porque recuperé el dominio de los dedos y el dolor se calmó un poco. Los dos habíamos llegado a la conclusión de que lo mejor era volver a Inglaterra cuanto antes. Yo estaba muy débil, me había quedado sin voz, al parecer para siempre, y los médicos me decían que con un poco de suerte podría estar listo para combatir al cabo de unos meses. Antes o después tendría que ponerme a ganar dinero, y no parecía muy sensato quedarse en España consumiendo una comida que necesitaban otros. Pero mis motivos eran básicamente egoístas. Ardía en deseos de alejarme de todo aquello, de aquel horrible clima de sospecha y odio políticos, de las calles tomadas por hombres armados, de los ataques aéreos, de las trincheras, las ametralladoras, los ruidosos tranvías, el té sin leche, la comida aceitosa y la falta de tabaco: de casi todo lo que había acabado asociando con España.

Los médicos del Hospital General me habían declarado oficialmente inútil, pero para obtener la licencia tenía que visitar a un inspector médico de un hospital próximo al frente y luego ir a Siétamo para que me sellaran los papeles en el puesto de mando de las milicias del POUM. Kopp acababa de volver del frente, lleno de júbilo. Había entrado en combate hacía poco y me dijo que Huesca iba a caer por fin. El gobierno había enviado tropas de Madrid y estaba reuniendo un ejército de treinta mil hombres, con muchos aviones. Los italianos que había visto en Tarragona habían atacado la carretera de Jaca, pero habían tenido muchas bajas y perdido dos carros de combate. Aun así, según decía Kopp, la ciudad estaba a punto de caer. (No cayó. El ataque fue un caos espantoso y lo único que consiguió fue una lluvia de descaradas mentiras en la prensa.) Kopp, mientras tanto, tenía que ir a Valencia para entrevistarse con el ministro de la Guerra. Llevaba una carta del general Pozas, que tenía el mando del Ejército del Este; la típica carta que certificaba que Kopp era «persona de toda confianza» y lo recomendaba para un puesto especial en el cuerpo de ingenieros (Kopp había sido ingeniero en la vida civil). Se fue a Valencia el 15 de junio, el mismo día que partí yo para Siétamo.

Estuve cinco días fuera de Barcelona. Llegamos en camión a Siétamo a eso de medianoche y, nada más entrar en el puesto de mando del POUM, nos formaron y nos dieron fusiles y cartuchos, sin preguntarnos siquiera cómo nos llamábamos. Por lo visto, el ataque estaba comenzando y era probable que movilizaran a la reserva en cualquier momento. Yo llevaba el volante del hospital en el bolsillo, pero me daba no sé qué no ir con los demás. Me acosté en el suelo, con las cartucheras por almohada, profundamente deprimido. Haber sido herido me había dejado momentáneamente sin ánimos —creo que es algo que suele ocurrir— y la idea de volver a estar en medio de los disparos me ponía los pelos de punta. Sin embargo, también aquello se dejó para *mañana* y al final no nos movilizaron, de modo que al día siguiente enseñé el volante del hospital y fui a buscar la licencia. Me supuso una serie de desplazamientos complicados y aburridos. Como de costumbre, lo mandaban a uno de hospital en hospital —Siétamo,

Barbastro, Monzón, otra vez a Siétamo para que me sellaran la licencia, y luego de nuevo a Barbastro y después a Lérida— y, todo estaba desorganizado a causa de la convergencia de tropas en Huesca, que había acaparado los medios de transporte. Recuerdo haber dormido en los sitios más singulares; una vez en una cama de hospital, otra en una zanja, otra en un banco estrechísimo del que me caí en plena noche y otra en una especie de albergue municipal de Barbastro. En cuanto se alejaba uno del ferrocarril, como único medio de transporte quedaban los bamboleantes camiones que deparaba la suerte. Había que esperar en la cuneta durante horas, a veces tres y cuatro horas seguidas, con grupos de campesinos desconsolados que llevaban bultos llenos de patos y conejos, haciendo señas a un camión tras otro. Cuando encontrabas por fin un camión que no estaba hasta los topes de hombres, panes o cajas de municiones, los botes que daba en aquellas inmundas carreteras te hacían papilla. Ningún caballo me ha lanzado jamás a tanta altura como aquellos camiones. La única forma de soportarlo era amontonarnos todos y sujetarnos unos a otros. Me sentí humillado cuando comprobé que estaba demasiado débil para subir a un camión sin ayuda.

Pasé una noche en el hospital de Monzón, donde fui a ver al inspector médico. En la cama contigua había un guardia de asalto herido en el ojo izquierdo, que se mostró cordial y me dio tabaco.

—En Barcelona estaríamos pegándonos tiros —dije, y nos echamos a reír.

Era curioso ver de qué modo cambiaba el ánimo general cuando se estaba cerca del frente. Todos o casi todos los odios morbosos de los partidos políticos se esfumaban. No recuerdo, durante todo el tiempo que estuve en el frente, que ningún simpatizante del PSUC se mostrase hostil conmigo por ser yo del POUM. Esas cosas ocurrían en Barcelona y en lugares aún más alejados de los combates. Había muchos guardias de asalto en Siétamo, todos enviados de Barcelona para participar en la carga contra Huesca. La Guardia de Asalto no era un cuerpo ideado para combatir en la guerra y muchos de sus hombres no habían entrado jamás en batalla. En Barcelona eran los amos de la calle, pero allí sólo eran *quintos* y confraternizaban con milicianos de quince años que llevaban meses en el frente.

El médico del hospital de Monzón me sometió al habitual tirón de lengua con introducción de espejito, me aseguró, con la misma alegría que sus restantes colegas, que no volvería a recuperar la voz y me firmó el certificado. Mientras esperaba el reconocimiento, en el consultorio se estaba practicando una intervención sin anestesia; el motivo de que se hiciese sin anestesia no lo sé. Los gritos no parecían tener fin, y cuando entré, vi sillas volcadas y charcos de sangre y orina en el suelo.

Tengo presentes en la memoria, y con extraña claridad, los detalles de aquel último viaje. Mi estado de ánimo no era ya el de los últimos meses y ahora estaba más observador. Me habían dado la licencia, con el sello de la División 29, y el certificado médico en el que se me declaraba «inútil». Era libre de volver a Inglaterra y por lo tanto me sentía capaz, casi por vez primera, de ver España. Tenía que quedarme un día en Barbastro, dado que sólo había un tren al día. Ya había visto algo de Barbastro en visitas anteriores y entonces me había parecido sólo parte del paisaje de la guerra, un lugar frío, gris, lleno de barro, de camiones ruidosos y de soldados desharrapados. En aquel momento se me antojaba extrañamente distinto. Mientras paseaba por él me fijé en las agradables calles retorcidas, en los viejos puentes de piedra, en las bodegas con sus grandes y rezumantes toneles, altos como un hombre, y en las misteriosas covachuelas donde se hacían ruedas de carro, puñales, cucharas de madera y odres. Mirando a un hombre que confeccionaba odres descubrí algo que desconocía, y es que se hacen con el pelo hacia dentro, sin quitarlo, así que lo que en realidad bebe uno es esencia de pelo de cabra. Durante meses había estado bebiendo de aquellos odres sin enterarme. Al final del pueblo había un riachuelo de aguas de color verde jade y al lado mismo se alzaba un risco de paredes verticales, con viviendas construidas en la roca, de modo que se podía escupir al río desde la ventana del dormitorio, a treinta metros de altura. En los agujeros del risco vivía un ejército de palomas. Y en Lérida había viejos edificios en ruinas en cuyas cornisas habían anidado miles de golondrinas; vista a cierta distancia, la pauta general de los pegotes de los nidos recordaba las recargadas molduras de la época rococó. Me parecía extraño que durante seis meses no me hubiera fijado en aquellas cosas. Con los papeles de la licencia en el bolsillo me sentía de nuevo un ser humano, y también un poco turista. Casi por primera vez tenía la impresión de que estaba realmente en España, en un país que siempre había deseado visitar. En las tranquilas callejuelas de Lérida y Barbastro me pareció percibir un vislumbre pasajero, una especie de eco lejano de la España que mora en la imaginación de todos. Montes pelados, rebaños de cabras, mazmorras de la Inquisición, palacios moriscos, negras y serpeantes reatas de mulas, olivares y limonares verdes, mujeres con mantilla negra, el vino de Málaga y Alicante, catedrales, cardenales, corridas de toros, gitanos, canciones en la calle; en resumen, España. Era el país europeo que más atraía mi imaginación. Me parecía una lástima que, una vez que había conseguido por fin llegar allí, sólo hubiera visto aquel rincón nororiental, en medio de una guerra confusa y casi todo el tiempo en invierno.

Cuando llegué a Barcelona era tarde y no había taxis. Tratar de llegar al Sanatorio Maurín era inútil, porque estaba en las afueras de la ciudad, de modo que me dirigí al hotel Continental, deteniéndome a cenar por el camino. Recuerdo la conversación que sostuve con un camarero muy paternal a propósito de los jarros de roble y latón en que servían el vino. Le dije que quería comprar un juego para llevármelo a Inglaterra. El camarero estuvo afable. Sí, bonitos, ¿verdad? Pero imposibles de comprar en aquellos días. Ya no los fabricaba nadie; nadie fabricaba ya nada. Esta guerra... qué lástima. Estábamos de acuerdo en que la guerra era una lástima. Otra vez me sentía turista. Me preguntó amablemente si me había gustado España, y si pensaba volver. Claro que sí, claro que volveré. El carácter pacífico de la conversación sigue vivo en mis recuerdos a causa de lo que sucedió justo después.

Cuando llegué al hotel, mi mujer estaba sentada en el salón. Se levantó y salió a mi encuentro con una actitud que me pareció muy despreocupada; me rodeó el cuello con el brazo y con una dulce sonrisa dirigida expresamente para los que estaban en el salón, me murmuró al oído:

—¡Vete!

—¿Qué?

—¡Sal de aquí inmediatamente!

—¿Qué?

—¡No te quedes aquí! ¡Tienes que irte enseguida!

—¿Qué? ¿Por qué? ¿A qué te refieres?

Me había cogido por el brazo y me llevaba ya hacia las escaleras. Estábamos ya en ellas cuando nos cruzamos con un francés; no diré su nombre, porque aunque no tenía nada que ver con el POUM se portó muy bien con nosotros durante todo el barullo. Me miró con cara de preocupación.

—Escuche, no debe estar aquí. Váyase ahora mismo y escóndase antes de que avisen a la policía.

Y hete aquí que, ya al pie de las escaleras, un empleado del hotel que era del POUM (aunque imagino que la dirección no lo sabía) salió furtivamente del ascensor y me dijo que me fuera en un inglés pésimo. Ni siquiera entonces caí en la cuenta.

—¿A santo de qué viene todo esto? —pregunté en cuanto estuvimos en la acera.

—¿No te has enterado?

—No. ¿De qué había de enterarme? No sé nada.

—Han prohibido el POUM. Han clausurado todos los locales, y han detenido a casi todos. Y dicen que ya están fusilando gente.

Así que era aquello. Tenía que encontrar un sitio para hablar. Todas las cafeterías importantes de las Ramblas estaban acordonadas por la policía, pero dimos con un bar tranquilo en una travesía. Mi mujer me explicó lo sucedido mientras estaba fuera.

El 15 de junio, la policía, inesperadamente, había detenido a Andrés Nin en su despacho, y aquel mismo atardecer habían hecho una redada en el hotel Falcón y arrestado a todos los que estaban en él, básicamente milicianos de permiso. El edificio se había transformado de inmediato en prisión y poco después rebosaba detenidos de todas clases. Al día siguiente el POUM fue declarado ilegal y todos sus locales administrativos, puestos de libros, hospitales, centros de Socorro Rojo, etc., etc., quedaron embargados. Mientras tanto, la policía detenía a todos los militantes y simpatizantes del POUM a los que podía echar el guante. Al cabo de un par de días, los cuarenta miembros del Comité Ejecutivo estaban todos o en su mayoría en la cárcel. Quizás un par de ellos se hubiera librado escondiéndose, pero la policía estaba recurriendo al truco (practicado ampliamente por ambos bandos en la guerra) de retener como rehenes a las esposas de los fugitivos. No había manera de saber a cuántos habían detenido. Mi mujer había oído decir que a unos cuatrocientos sólo en Barcelona. Tiempo después se me ocurrió que incluso entonces debieron de ser muchos más. Y habían detenido a las personas más increíbles. En algunos casos, la policía había llegado al extremo de sacar a rastras de los hospitales a los milicianos heridos.

Era de lo más deprimente. ¿A santo de qué venía todo aquello? Podía entender que prohibieran el POUM, pero ¿para qué detenían a la gente? Por lo que se sabía, para nada. Por lo visto, la prohibición del POUM tenía efectos retroactivos; la organización era ilegal ahora y en consecuencia quien hubiera pertenecido a ella infringía la ley. Como de costumbre, no se había acusado de nada a los detenidos. Sin embargo, los periódicos comunistas de Valencia proclamaban a los cuatro vientos la patraña de que se había tramado una gigantesca «conspiración fascista», contactos por radio con el enemigo, documentos firmados con tinta simpática, etc., etc. Explico esta historia con más detalles en el Apéndice II. Lo significativo era que sólo apareciese en los periódicos de Valencia; o mucho me equivoco o en los periódicos de Barcelona, anarquistas, comunistas y republicanos, no se dijo ni una sola palabra sobre aquello, ni sobre la prohibición del POUM. Nos enteramos del carácter concreto de las acusaciones contra los dirigentes del POUM no por la prensa española sino por los periódicos ingleses, que llegaban a Barcelona con un par de días de retraso. Lo que no podíamos saber entonces era que el gobierno no tenía nada que ver con las acusaciones de traición y espionaje y que sus miembros las repudiaron más tarde. Sólo sabíamos vagamente que se acusaba a los dirigentes del POUM, y probablemente a todos los demás, de estar a sueldo de los fascistas. Y ya corrían rumores de que a la gente se la estaba fusilando secretamente en la cárcel. Esta cuestión se ha exagerado mucho, pero es indudable que hubo casos y es muy probable que uno fuera el de Nin. Cuando lo detuvieron, lo trasladaron a Valencia y de aquí a Madrid, y el 21 de junio ya se rumoreaba en Barcelona que lo habían fusilado. Con el paso del tiempo se fue concretando el rumor: la policía secreta lo había fusilado en la cárcel y había tirado el cadáver a la calle. Esta versión procedía de varias fuentes, una de las cuales era la ex ministra Federica Montseny. Hasta la fecha nadie ha vuelto a ver vivo a Nin. Tiempo después, cuando los delegados de varios países preguntaron al gobierno, sus portavoces titubearon y se limitaron a decir que Nin había desaparecido y desconocían su paradero. Algunos periódicos inventaron que había huido a territorio fascista. No se aportó ninguna prueba en este sentido, e Irujo, el ministro de Justicia, diría después que la agencia de noticias Espagne había falseado su comunicado oficial.* En cualquier caso, es muy improbable que se dejara escapar a un preso político de la importancia de Nin. Si no aparece vivo en el futuro, creo que hay que dar por hecho que lo asesinaron en la cárcel.

Las noticias sobre las detenciones prosiguieron durante meses, hasta que los presos políticos, excluyendo los fascistas, se contaron por miles. Algo que llamaba la atención era la autonomía de los mandos inferiores de la policía. Muchas detenciones eran claramente ilegales, y algunas personas que debían ser puestas en libertad por orden del jefe superior de la policía eran arrestadas de nuevo y trasladadas a «cárceles secretas». Un caso típico es lo que les sucedió a Kurt Landau y a su mujer. Los detuvieron hacia el 17 de junio y el marido «desapareció» de inmediato. Cinco meses después, la esposa seguía en la cárcel, sin juicio ni noticias del marido. Se declaró en huelga de hambre y el ministro de Justicia le comunicó que su marido había muerto. La soltaron poco después, pero casi al momento volvieron a detenerla y a encerrarla. Y es de

* Véanse los informes de la delegación Maxton [en el Apéndice II].

señalar que la policía, al menos al principio, parecía por completo indiferente al efecto que pudiera tener su conducta en el desarrollo de la guerra, pues eran totalmente capaces de detener a oficiales del ejército que ocupaban puestos importantes sin ninguna autorización previa. A fines de junio, José Rovira, el general que estaba al frente de la División 29, fue detenido cerca del frente por un destacamento de la policía enviado de Barcelona; sus hombres enviaron una delegación para quejarse en el Ministerio de la Guerra. Así supieron que ni el Ministerio de la Guerra, ni Ortega, el director general de Seguridad, habían sido informados de aquella detención. Lo que más tengo atravesado de todo aquel asunto, aunque quizá no tenga mucha importancia, es que ocultaran a los soldados del frente lo que estaba pasando. Como ya se ha visto, ni yo ni ninguno de cuantos estábamos en el frente habíamos oído una palabra acerca de la prohibición del POUM. Todos los puestos de mando de las milicias, los centros de Socorro Rojo y demás entidades del partido funcionaban como siempre, y hasta el 20 de junio y por lo menos hasta Lérida, que está sólo a unos ciento cincuenta kilómetros de Barcelona, nadie se había enterado de lo que estaba ocurriendo. En los periódicos de Barcelona no se hacía mención alguna (los de Valencia, que eran los que contaban las historias de espías, no llegaban al frente de Aragón) y no hay duda de que si se detuvo a todos los milicianos del POUM que estaban de permiso en Barcelona fue para impedir que volvieran al frente con la noticia. El reemplazo con el que me había acercado al frente el 15 de junio fue con seguridad el último que se incorporó. Todavía no acierto a explicarme cómo se pudo mantener en secreto, con el constante ir y venir de los camiones de víveres y demás; pero lo indudable es que se mantuvo en secreto y que, como he acabado por saber a través de ciertas personas, los hombres que estaban en el frente no se enteraron de nada hasta pasados unos días. El motivo está muy claro. Había comenzado la ofensiva contra Huesca y las milicias del POUM eran todavía una unidad independiente, de modo que probablemente se temía que si los hombres se enteraban se negaran a combatir. La verdad es que cuando llegó la noticia no sucedió nada de esto. Mientras tanto, tuvieron que ser muchos los que murieron a manos del enemigo sin saber que los periódicos de la retaguardia los llamaban fascistas. Resulta un poco difícil perdonar estas cosas. Sé que la medida habitual era impedir que los soldados conocieran las malas noticias, y quizás esté justificada como norma, pero enviar a los hombres a la batalla sin decirles que a sus espaldas están prohibiendo su partido, acusando de traición a sus dirigentes y encarcelando a sus amigos y familiares es algo completamente distinto.

Mi mujer pasó a contarme la suerte que habían corrido diversos amigos nuestros. Algunos ingleses y otros extranjeros habían conseguido cruzar la frontera. Williams y Stafford Cottman no habían sido detenidos durante la redada del Sanatorio Maurín y estaban escondidos por ahí. Lo mismo sucedía con John McNair, que había regresado desde Francia cuando declararon ilegal al POUM; había sido una imprudencia, pero no podía quedarse cómodamente cruzado de brazos mientras sus compañeros estaban en peligro. En cuanto a los demás, fue simplemente una crónica de «Han pillado a Fulano» y «Han pillado a Mengano»; por lo visto habían «pillado» a casi todos, y para mi sorpresa me enteré de que también habían «pillado» a Georges Kopp.

−¿Cómo? ¿A Kopp? Creía que estaba en Valencia.

Al parecer había vuelto a Barcelona, con una carta del Ministerio de la Guerra para el coronel responsable de las operaciones de ingenieros en el frente oriental. Sabía que se había ilegalizado el POUM, desde luego, pero seguramente pensó que la policía no iba a ser tan idiota como para detenerlo cuando se dirigía al frente en misión militar de urgencia. Había pasado por el hotel Continental para recoger el macuto; mi mujer no estaba en aquel momento y los del hotel lo habían retenido con un cuento mientras avisaban a la policía. Confieso que me enfurecí cuando me enteré de la detención de Kopp. Era mi amigo y había luchado a sus órdenes durante meses, un hombre que lo había sacrificado todo −familia, nacionalidad, medios de vida− sólo para ir a España y luchar contra el fascismo. Por haber salido de Bélgica sin autorización y haberse enrolado en un ejército extranjero cuando era reservista del ejército belga, y por haber colaborado en fecha anterior en la fabricación ilegal de municiones para el gobierno español, había acumulado condenas suficientes para pasar muchos años en la cárcel si alguna vez volvía a su país. Había estado en el frente desde octubre de 1936, había ascendido de miliciano a comandante, había entrado en acción no sé cuántas veces y lo habían herido en una ocasión. Durante los conflictos de mayo, como yo mismo había presenciado, había impedido las refriegas en su sector y probablemente le había salvado la vida a diez o veinte personas. Y la única recompensa que se les ocurría era meterlo en la cárcel. Enfurecerse era perder el tiempo, pero la obtusa maldad que hay en estos episodios pone a prueba la paciencia de cualquiera.

A mi mujer, por el momento, no la habían «pillado». Aunque se había quedado en el Continental, la policía no había hecho nada por detenerla. No cabía la menor duda de que la estaban utilizando de cebo. Hacía un par de días, sin embargo, seis policías de paisano se habían presentado de madrugada para registrar nuestra habitación. Se habían llevado absolutamente todos los papeles que teníamos y tuvimos suerte de que se dejaran los pasaportes y el talonario de cheques. Habían arramblado con mis diarios, todos nuestros libros, todos los recortes de prensa que habíamos acumulado durante meses (a menudo me he preguntado para qué querrían aquellos recortes), todos mis recuerdos de guerra y todas nuestras cartas. (También, por cierto, se llevaron las cartas que me habían escrito algunos lectores. No había respondido a todas y ahora, como es natural, no tengo las direcciones. Si leen por casualidad estas líneas aquellos que me escribieron a propósito de mi libro anterior y no han recibido respuesta, ¿tendrían la amabilidad de aceptar esto como disculpa?) Después me enteré de que la policía se había incautado asimismo de algunas pertenencias que había dejado en el Sanatorio Maurín, incluso de un hato de ropa interior sucia. Puede que pensasen encontrar en ella mensajes escritos con tinta simpática.

Saltaba a la vista que lo más seguro para mi mujer era quedarse en el hotel, al menos por el momento. Si se marchaba, irían tras ella de inmediato. En cuanto a mí, debía esconderme sin más dilación. La perspectiva me sublevaba. A pesar de las numerosas detenciones que se estaban produciendo me resultaba casi imposible creer que estuviera en peligro. Todo el asunto me parecía demasiado absurdo. Kopp había acabado en la cárcel precisamente por aquella misma renuncia a tomarse en serio aquella cretina agresión. No paraba de preguntarme por qué iban a querer detenerme a mí. ¿Qué había hecho? Ni siquiera era militante del POUM. Es cierto que había llevado armas durante los disturbios de mayo, pero lo mismo habían hecho cuarenta o cincuenta mil personas. Además, necesitaba con urgencia dormir una noche de un tirón, de modo que sugerí arriesgarme a volver al hotel. Mi mujer se negó en redondo y me explicó la situación con suma paciencia. No importaba lo que hubiera hecho o dejado de hacer. No era una redada de delincuentes, era simplemente el imperio del terror. Yo no era culpable de ningún acto concreto, sino de «trotskismo». El hecho de que hubiera estado en las milicias del POUM bastaba para que me encerraran. No tenía sentido aferrarse a la idea inglesa de que quien no ha quebrantado la ley no tiene nada que temer. En la práctica, la ley era lo que decía la policía. Lo único que podía hacer era mentir y negar cualquier vínculo con el POUM. Revisamos los documentos que tenía en los bolsillos. Mi mujer me obligó a romper la cartilla de miliciano, en la que ponía «POUM» en letras grandes y en la que había además una foto de un grupo de milicianos con una bandera del partido al fondo; era por tener esa clase de cosas por lo que lo detenían a uno entonces. No obstante, tenía que conservar los papeles de la licencia. También éstos eran un peligro, porque llevaban estampado el sello de la División 29 y la policía sabía a buen seguro que la División 29 era el POUM; pero sin ellos me podían detener por desertor. En lo que teníamos que pensar ahora era en salir de España. No tenía sentido quedarse allí sabiendo que nos detendrían antes o después. La verdad es que a los dos nos habría gustado mucho quedarnos, sólo para ver qué pasaba. Pero preveía que las cárceles españolas serían lugares inmundos (en realidad eran mucho peores de lo que imaginaba), que una vez dentro ya no sabía uno cuándo iba a salir, y mi salud estaba bastante maltrecha, por no hablar del dolor del brazo. Quedamos en reunirnos al día siguiente en el consulado británico, adonde también acudirían Cottman y McNair. Probablemente tardarían un par de días en prepararnos los pasaportes. Para salir de España tenían que sellar el pasaporte en tres lugares diferentes: la jefatura de policía, el consulado francés y el negociado catalán de inmigración. El peligro estaba, por supuesto, en la jefatura de policía. No obstante, cabía la posibilidad de que el cónsul británico arreglara las cosas sin que se supiera nuestra relación con el POUM. Era evidente que debía existir una lista de extranjeros sospechosos de «trotskismo», y era muy probable que nuestros nombres figurasen en ella, aunque con suerte podíamos llegar a la frontera antes que la lista. Seguro que antes había mucho lío y muchos *mañana*, pero afortunadamente estábamos en España y no en Alemania; la policía secreta española se parecía un poco a la Gestapo en espíritu, pero no en efectividad.

Entonces nos separamos. Ella volvió al hotel y yo anduve por las calles en busca de un sitio donde dormir. Recuerdo que me sentía malhumorado y harto. ¡Había deseado tanto dormir en una cama! No conocía ningún sitio adonde ir, ninguna casa donde refugiarme. El POUM no tenía prácticamente ninguna red clandestina. Es indudable que los dirigentes sabían desde el principio que era muy probable que ilegalizaran la organización, pero en ningún momento habían esperado una caza de brujas de aquella magnitud. Se habían confiado hasta tal punto que habían proseguido las reformas de los locales de la organización (entre otras cosas, estaban construyendo un cine en la sede central, que antes había sido un banco) hasta el mismo día de la ilegalización. En consecuencia, carecían de esos lugares clandestinos de encuentro y refugio con que ha de contar toda organización revolucionaria. Sólo el cielo sabe cuánta gente –gente cuya casa había sido registrada por la policía– dormiría en la calle aquella noche. Entre un viaje y otro me había pasado cinco días de aquí para allá, durmiendo en los lugares más inverosímiles, con el brazo doliéndome horrores, y ahora tenía que dormir otra vez en el suelo porque aquellos imbéciles andaban buscándome. Mi capacidad de razonamiento no daba para más. No hice ninguna de esas reflexiones políticas que son de rigor. Nunca las hago en tanto están pasando cosas. Por lo visto, en lo único que pienso cuando me meto en guerras o en cuestiones políticas es en el malestar físico y en desear intensamente que acabe todo. Después entiendo el significado de los acontecimientos, pero mientras se desarrollan sólo quiero alejarme de ellos; una actitud poco noble, quizá.

Anduve mucho rato y acabé en los alrededores del Hospital General. Buscaba un sitio donde poder echarme sin peligro de que me despertara la policía para pedirme a gritos la documentación. Probé en un refugio antiaéreo, pero estaba recién construido y lleno de goteras. Entonces vi las ruinas de una iglesia saqueada e incendiada durante la revolución. No eran más que cuatro paredes sin techo alrededor de montones de escombros. Me puse a palpar en la oscuridad y encontré un agujero donde tenderme. Los cascotes son un colchón poco recomendable, pero por suerte hacía buena noche y conseguí dormir varias horas.

XII

Lo peor de que a uno lo busque la policía en una ciudad como Barcelona es que todos los comercios abren muy tarde. Cuando se duerme en la calle siempre se despierta uno al amanecer, y ningún bar de Barcelona abre antes de las ocho o las nueve. Pasaron horas hasta que pude tomarme un café y afeitarme. Resultó curioso ver en la pared de la barbería el rótulo anarquista que prohibía las propinas. LA REVOLUCIÓN NOS HA LIBERADO DE NUESTRAS CADENAS. Estuve a punto de decir a los barberos que si se descuidaban sus cadenas iban a volver pronto.

Me acerqué al centro de la ciudad. En los locales del POUM se habían arrancado las banderas rojas e izado en su lugar las republicanas, y grupos de guardias de asalto armados se repantigaban en las puertas. En la casa de Socorro Rojo de la plaza de Cataluña la policía se había entretenido rompiendo la mayoría de las ventanas. En los puestos de libros del POUM ya no había libros, y en el tablón de anuncios de las Ramblas colgaba un cartel contra el POUM, el de la careta y el rostro fascista debajo. En la parte baja de las Ramblas, cerca del puerto, vi algo singular: un grupo de milicianos, todavía con los andrajos y el barro del frente, y con aspecto de agotados, estaban sentados de cualquier manera en las sillas de los limpiabotas. Sabía quiénes eran; incluso reconocí a uno. Eran milicianos del POUM que habían llegado del frente el día anterior, se habían enterado de que habían prohibido la organización y habían pasado la noche en la calle porque la policía había estado en sus domicilios. El miliciano del POUM que volvía a Barcelona en aquel momento sólo podía elegir entre esconderse e ir a la cárcel; no era una recepción agradable después de haber combatido durante tres o cuatro meses.

Estábamos en una situación muy extraña. Por la noche éramos fugitivos, pero por el día podíamos llevar una vida casi normal. Todas las casas que se sabía que albergaban simpatizantes del POUM estaban vigiladas —o cuando menos era probable que lo estuviesen— y era imposible ir a un hotel o a una pensión, pues ahora era obligatorio dar parte a la policía en cuanto se presentara un desconocido. Esto implicaba pasar la noche al sereno. En cambio, de día se estaba relativamente a salvo en una ciudad del tamaño de Barcelona. Las calles estaban tomadas por guardias de asalto locales y valencianos, por carabineros, por la policía corriente y quién sabe por cuántos espías de paisano; pero aun así no podían pedir la documentación a todos los transeúntes, de modo que uno pasaba inadvertido si su apariencia era normal. Lo principal era no acercarse a los locales del POUM ni a los bares y restaurantes donde los camareros lo conocían a uno de vista. Aquel día y el siguiente pasé muchas horas metido en unos baños públicos. Me pareció una buena forma de ocupar el tiempo y de estar fuera de la circulación. Por desgracia, a mucha gente se le ocurrió la misma idea, y unos días después —cuando yo ya había salido de Barcelona— la policía hizo una redada en uno de aquellos establecimientos y detuvo a un batallón de «trotskistas» en cueros vivos.

En mitad de las Ramblas me crucé con un herido del Sanatorio Maurín. Nos hicimos las señas disimuladas que la gente acostumbraba a hacer por entonces y nos las arreglamos sin ningún problema para coincidir en un bar cercano. Había escapado durante la redada del sanatorio, pero al igual que los demás se había visto obligado a vivir en la calle. Iba en mangas de camisa —no había podido recoger la chaqueta al huir— y no tenía dinero. Me contó que un guardia de asalto había descolgado de la pared el retrato en color de Maurín y lo había pisoteado. Maurín (uno de los fundadores del POUM) estaba en manos de los fascistas y por entonces se creía que lo habían fusilado.

A las diez me reuní con mi mujer en el consulado británico. McNair y Cottman aparecieron poco después. Lo primero que me contaron fue que Bob Smillie había muerto. Había fallecido en una cárcel de Valencia, pero nadie sabía exactamente de qué. Se habían apresurado a enterrarlo y no habían dejado que el delegado local del ILP, David Murray, viera el cadáver.

Como es lógico, di por hecho que Smillie había sido fusilado. Era lo que todo el mundo pensaba en aquel momento, pero desde entonces he recapacitado y creo que es posible que me equivocara. Después se dijo que la causa de la muerte había sido una apendicitis y, efectivamente, otro detenido que había sido puesto en libertad nos contó que Smillie había sufrido una indisposición en la cárcel. De modo que es posible que la versión de la apendicitis fuese cierta. Puede que a Murray no le dejaran ver el cadáver por puro y simple desprecio. No obstante, he de decir que Bob Smillie sólo tenía veintiún años y que físicamente era una de las personas más vigorosas que he conocido. Creo que, entre todos los que conocí, ingleses y españoles, fue el único que no estuvo ni un solo día enfermo en los tres meses que pasó en las trincheras. No es normal que personas tan fuertes mueran de apendicitis si se las atiende como es debido. Pero a fin de conocer las probabilidades que tenía un enfermo de que lo atendieran debidamente tenía uno que ver lo que eran las prisiones españolas, las cárceles improvisadas para meter a los presos políticos. Más que cárceles eran mazmorras. Para encontrar algo parecido en Inglaterra habría que retroceder al siglo XVIII. La gente se hacinaba en pequeñas habitaciones donde apenas había sitio para acostarse, por lo general en sótanos y otros lugares a oscuras. No era una medida temporal; hubo personas que estuvieron hasta cuatro y cinco meses sin ver la luz del sol. Para comer les daban un rancho asqueroso e insuficiente, dos platos de caldo y dos mendrugos al día. (Parece que la comida mejoró un poco al cabo de unos meses.) No exagero; pregunten a cualquier sospechoso político que haya estado detenido en España. Mi información sobre las cárceles de España procede de múltiples fuentes y todas las versiones coinciden demasiado para mostrarse escéptico; además, tuve ocasión de ver fugazmente cómo eran. Otro amigo inglés que fue encerrado en fecha posterior cuenta que sus experiencias carcelarias «permiten comprender mejor lo que le pasó a Smillie». No me resulta fácil perdonar la muerte de Smillie. Un joven valiente y dotado que había dejado la carrera que estudiaba en la Universidad de Glasgow para ir a luchar contra el fascismo y que, como pude ver por mis propios ojos, cumplió en el frente con voluntad y valor intachables, y todo lo que se les ocurrió hacer con él fue encarcelarlo y dejar que muriera allí como un animal abandonado. Ya sé que en medio de una sangrienta guerra generalizada no hay que alborotar demasiado por la muerte de un simple individuo; un avión que deja caer una bomba sobre una calle concurrida causa más sufrimiento que muchas persecuciones políticas. Pero lo que subleva ante una muerte semejante es que carece por completo de sentido. ¿Que caes en la batalla? Bueno, es un riesgo que uno asume; pero que te metan en la cárcel, ni siquiera por un delito inventado sino por desprecio ciego y obtuso, y que te dejen morir solo... eso es otra historia. No consigo entender de qué modo contribuían estos episodios —porque el caso de Smillie no fue el único— a la victoria.

Mi mujer y yo fuimos a hacerle una visita a Kopp aquella tarde. Se podía ver a los detenidos que no estaban *incomunicados*, aunque era peligroso hacerlo más de dos veces. La policía tomaba nota de los que entraban y salían, y si se acudía allí con frecuencia uno mismo se delataba como amigo de «trotskistas» y a buen seguro acababa quedándose. Ya había ocurrido en más de una ocasión.

Kopp no estaba *incomunicado* y nos dejaron verlo sin poner trabas. En el momento de cruzar la verja de hierro vi que salía, escoltado por dos guardias de asalto, un miliciano español al que había conocido en el frente. Nuestras miradas se cruzaron; otra vez la seña secreta. La primera persona que vimos en el interior fue un miliciano estadounidense que había partido hacia su país hacía unos días; tenía los papeles en regla, pero lo habían detenido en la frontera de todos modos, probablemente porque llevaba todavía las polainas de pana que lo identificaban como miliciano. Nos cruzamos como si no nos hubiéramos visto en la vida. Fue horrible. Lo había tratado durante meses, había compartido un refugio con él, y cuando me hirieron fue uno de los que me transportaron. Pero no se podía hacer otra cosa, pues los guardianes de uniforme azul se fijaban en todo y reconocer a demasiadas personas habría resultado fatal.

Lo que llamaban cárcel era en realidad la planta baja de un comercio. En dos habitaciones que tendrían unos seis metros de lado cada una habían embutido casi un centenar de personas. El lugar parecía realmente una prisión del siglo XVIII: sucio, maloliente, los cuerpos humanos hacinados, ningún mueble —sólo el desnudo suelo de piedra, un banco y unas cuantas mantas destrozadas— y apenas sin luz, porque se habían bajado las persianas metálicas para cerrar las ventanas. En las mugrientas paredes se habían garabateado consignas, «*Vis-*

ca el POUM!», «*¡Viva la Revolución!*» y otras, pues hacía unos meses que el lugar se venía empleando como calabozo de presos políticos. El griterío era ensordecedor. Era la hora de la visita y había tanta gente que costaba dar un paso. Casi todos los visitantes eran de las capas trabajadoras más pobres. Vi mujeres que abrían conmovedores paquetes de comida que llevaban a los hombres de su familia. Entre los presos había algunos heridos del Sanatorio Maurín; a dos les habían amputado una pierna, y a uno de éstos lo habían llevado allí sin la muleta y no hacía más que dar saltos con la pierna que le quedaba. También vi a un chico que no tendría más de doce años; al parecer detenían incluso a los niños. El lugar tenía ese hedor penetrante que suele haber cuando se concentra a mucha gente y no hay instalaciones higiénicas en condiciones.

Kopp se acercó a nosotros abriéndose paso entre la muchedumbre. Su rostro mofletudo y rubicundo no había cambiado, y se las había ingeniado para mantener limpio el uniforme e incluso para afeitarse en aquel lugar infecto. Entre los prisioneros había otro oficial con el uniforme del Ejército Popular. Se saludaron mientras forcejeaban por adelantarse; el detalle me pareció enternecedor. Kopp estaba de un humor excelente.

—Bueno, supongo que nos pegarán un tiro —dijo con desenfado.

La palabra «tiro» me hizo temblar por dentro. Me habían metido una bala en el cuerpo hacía poco y aún recordaba la sensación; y no hace ninguna gracia pensar que le puede pasar lo mismo a alguien a quien se conoce mucho. Por entonces daba por sentado que iban a fusilar a los principales elementos del POUM, Kopp entre ellos. Acababan de filtrarse los primeros rumores sobre la muerte de Nin y sabíamos ya que a los miembros del POUM los acusaban de traición y espionaje. Todo apuntaba a que se organizaría un aparatoso simulacro de proceso tras el que se exterminaría a los «trotskistas» más destacados. Es terrible ver a un amigo encarcelado y saber que nada podemos hacer por él. Pues el caso es que nada podía hacerse, y habría sido inútil recurrir a las autoridades belgas porque Kopp había infringido las leyes de su propio país al ir a España. Mi mujer habló por los dos, ya que con aquel barullo no había forma de que se oyera mi chirriante voz. Kopp nos habló de los amigos que había hecho allí, entre los presos, y de los guardianes; unos guardianes eran buenas personas, mientras que otros maltrataban y pegaban a los presos más tímidos; y también nos habló de la comida, que era «bazofia». Por suerte nos habíamos acordado de llevarle un paquete con comida y tabaco. Kopp pasó a hablarnos a continuación de los documentos que le habían quitado cuando lo detuvieron, entre los cuales estaba la carta del Ministerio de la Guerra para el coronel que estaba al frente de las operaciones de ingenieros del Ejército del Este. La policía se la había arrebatado y se había negado a devolvérsela; al parecer estaba en jefatura. Podían cambiar las tornas si la recuperaba.

No tardé en comprender la importancia de aquella carta. Una carta oficial de aquella clase, con la recomendación del Ministerio de la Guerra y del general Pozas, demostraría la veracidad de Kopp. Pero el problema era demostrar que existía la carta; si se abría en la jefatura de policía, nadie podía garantizar que no la destruyese un chivato cualquiera. Sólo había una persona con posibilidades de recuperarla y era el oficial al que iba dirigida. Kopp ya había pensado en aquello y había escrito una carta que quería que yo sacara a escondidas para echarla al correo. Desde luego, era más rápido y seguro ir personalmente. Dejé a mi mujer con Kopp, salí corriendo y después de mucho buscar encontré un taxi. Sabía que el tiempo era nuestro peor enemigo; eran alrededor de las cinco y media, el coronel saldría de su despacho a las seis y al día siguiente la carta estaría Dios sabría dónde, quizá destruida, o perdida entre los papeles que probablemente se acumulaban conforme se detenía a un sospechoso tras otro. La oficina del coronel estaba en la Delegación de Defensa, delante de los muelles. Cuando subí corriendo las escaleras, el guardia de asalto que estaba en la puerta me impidió el paso con su larga bayoneta y me exigió «papeles». Le puse ante los ojos el volante de la licencia; saltaba a la vista que no sabía leer, así que me dejó pasar, vencido por el vago misterio de los «papeles». El interior era un intrincado laberinto que rodeaba un patio central, con cientos de despachos en cada planta; y, como estábamos en España, nadie tenía la más remota idea de dónde se encontraba el que yo andaba buscando. No hacía más que repetir:

—*¡El coronel ***, jefe de ingenieros, Ejército del Este!*

El personal me sonreía y se encogía de hombros con despreocupación. Todos los que creían saber algo me enviaban en direcciones opuestas, que si suba esas escaleras, que si baje aquellas de allá, y por pasillos interminables que no conducían a ningún lado. Y el tiempo se acababa. Tenía la extraña sensación de estar viviendo una pesadilla: subir y bajar escaleras a toda velocidad, gente desconocida que iba y venía, puertas entornadas tras las que había oficinas caóticas con papeles por todas partes y mucho tecleo de máquina de escribir; y el tiempo seguía pasando, y podía haber una vida en juego.

Pero llegué a tiempo, y me llevé una ligera sorpresa cuando me dijeron que podía pasar. No vi al coronel, sino a su ayudante o secretario, un oficial pequeñito con un uniforme elegante y unos grandes ojos que se encogían para observar. Salió para hablar conmigo en el antedespacho, y le conté un cuento. Yo estaba allí por orden de mi superior en el mando, el comandante Jorge Kopp, que había sido enviado al frente en misión de urgencia y detenido por equivocación. La carta dirigida al coronel*** era confidencial y debía recuperarse sin demora. Yo había estado a las órdenes de Kopp durante meses; era un oficial con una reputación excelente, saltaba a la vista que lo habían detenido por error, la policía lo había confundido con otro, etc., etc., etc. Seguí insistiendo en la urgencia de la misión de Kopp en el frente, aun a sabiendas de que era el punto más flojo. Debió de parecerle una historia curiosa, contada en un español traicionero que se convertía en francés en los momentos de crisis. Lo peor de todo es que la voz empezaba a írseme y sólo tras muchos esfuerzos conseguía proferir una serie de graznidos; tenía miedo de quedarme completamente mudo, y el oficialillo estaba cansándose de escucharme. A menudo me he preguntado a qué achacaría aquel hombre mi forma de hablar, si a una borrachera o a una conciencia culpable.

Pese a todo, me escuchó con paciencia, asintió con la cabeza muchas veces y aceptó con cautela lo que le dije. Sí, parecía que se había cometido una equivocación. Sin lugar a dudas, había que investigar el asunto. *Mañana...* Protesté. ¡*Mañana* no! Se trataba de una emergencia; Kopp debería haber estado ya en el frente. El oficial pareció estar de acuerdo una vez más. Entonces formuló la pregunta que me andaba temiendo.

–Ese comandante Kopp, ¿en qué unidad estaba?

La terrible palabra tenía que salir:

–En las milicias del POUM.

–¡El POUM!

Soy incapaz de reproducir el timbre de horror y alarma que había en su voz. Hay que recordar el concepto del POUM que se tenía en aquel momento. La fobia del espionaje estaba en su punto culminante y es probable que todos los buenos republicanos creyeran durante un par de días que el POUM era una gigantesca red de espionaje al servicio de los alemanes. Decirle todo aquello a un oficial del Ejército Popular fue como si hubiera entrado en un club de oficiales británicos durante el pánico de la Carta Roja* y me hubiera proclamado comu-

---

* Supuesta carta que Grígori Zinóviev, presidente del comité ejecutivo de la III Internacional, escribió en 1924, instigando al Partido Comunista de Gran Bretaña a infiltrarse en las fuerzas armadas británicas. *(N. del T.)*

nista. Sus ojos negros me miraron de soslayo y recorrieron mis facciones. Se produjo otra pausa y al final dijo:

—¿Y dice usted que estuvo con él en el frente? Entonces, ¿usted también estuvo con las milicias del POUM?

—Sí.

Se dio la vuelta y entró en el despacho del coronel. Percibí el rumor de una conversación agitada. «Se acabó», pensé. Nunca recuperaríamos la carta de Kopp. Además, había tenido que decir que también yo había estado con los del POUM y lo lógico era que avisaran a la policía y me detuviesen, aunque sólo fuera para tener a otro trotskista en el saco. Pero en aquel momento reapareció el oficial, se caló la gorra y me indicó con gesto adusto que lo acompañase. Nos dirigíamos a la jefatura de policía. Estaba un poco lejos, a veinte minutos andando. El pequeño oficial iba delante de mí, muy tieso, marcando el paso. Durante el camino no cruzamos ni una sola palabra. Cuando llegamos a jefatura vi en la puerta una muchedumbre de bribones malcarados, seguramente soplones, confidentes de la policía y espías de todas clases. El oficialillo cruzó la puerta, y se inició una conversación larga y acalorada. A veces se oía vociferar con furia; imaginé ademanes violentos, encogimientos de hombros, puñetazos en la mesa. Era evidente que la policía se negaba a devolver la carta. Sin embargo, el ayudante del coronel salió por fin, con la cara enrojecida, pero con un sobre oficial en la mano. Era la carta de Kopp. Habíamos conseguido una pequeña victoria... aunque tal como salieron las cosas, no tuvo ninguna importancia. La carta se entregó como estaba mandado, pero los superiores de Kopp no pudieron sacarlo de la cárcel.

El oficial me prometió entregar la carta. Pero ¿y Kopp?, pregunté. ¿No podríamos ponerlo en libertad? Se encogió de hombros. Aquello era otra cuestión. No sabían por qué lo habían detenido. Lo único que podía decirme era que se harían las investigaciones oportunas. No había más que decir; había llegado la hora de despedirse. Nos saludamos con una ligera inclinación de cabeza. Y entonces ocurrió algo extraño y conmovedor: el oficialillo titubeó un instante, dio un paso hacia mí y me estrechó la mano.

No sé si seré capaz de expresar hasta qué punto me afectó aquel detalle. Sonará como una minucia, pero no lo fue. Hay que tener en cuenta el clima que dominaba en aquel periodo, la horrible atmósfera de sospechas y odio, las mentiras y rumores que circulaban por todas partes, los carteles que proclamaban en paredes y vallas que yo, y cualquiera que fuese como yo, era un espía fascista. Y hay que recordar que estábamos en la puerta de jefatura, delante de aquella nauseabunda pandilla de murmuradores y agentes provocadores, cualquiera de los cuales podía saber que yo estaba «buscado» por la policía. Fue como dar la mano públicamente a un alemán durante la Gran Guerra. Supongo que a su modo había llegado a la conclusión de que yo no era en el fondo un espía fascista; pese a todo, tuvo a bien darme la mano.

Doy constancia del episodio, por insignificante que parezca, porque hasta cierto punto esos rasgos de magnanimidad que tienen los españoles en las peores circunstancias son característicos del país. Conservo muchos malos recuerdos de España, pero muy pocos de los españoles; creo haberme enfadado seriamente con un español sólo en dos ocasiones, y en ambas, cuando miro atrás, creo que fui yo quien tuvo la culpa. Es indudable que poseen una generosidad, una especie de nobleza que no es propia del siglo XX. Es esto lo que permite pensar que incluso el fascismo adoptaría allí una forma relativamente flexible y soportable. Pocos españoles tienen el deplorable espíritu eficaz y sistemático que se precisa en un estado totalitario moderno. Una extraña y pequeña prueba que viene a constatar este hecho es lo sucedido unas noches antes, en el registro que había practicado la policía en la habitación de mi mujer. La verdad es que fue un registro muy instructivo que me habría gustado presenciar, aunque quizás haya sido mejor que yo no estuviera delante, porque no sé si habría podido contenerme.

La policía hizo el registro según el conocido método de la GPU y la Gestapo. A altas horas de la madrugada aporrearon la puerta, entraron seis hombres, encendieron la luz y se situaron estratégicamente en la habitación, sin duda de acuerdo con un plan establecido de antemano. A continuación se pusieron a registrar las dos estancias (había un cuarto de baño adjunto) con una minuciosidad inconcebible: golpearon las paredes, levantaron las alfombras, inspeccionaron el suelo, palparon las cortinas, hurgaron debajo de la bañera y del radiador, vaciaron todos los cajones y maletas, registraron todas las prendas y las miraron al trasluz. Se incautaron de todos los papeles, incluidos los de la papelera, y, por si fuera poco, también de nuestros libros. Las campanas de la sospecha tocaron a rebato cuando vieron que teníamos *Mein Kampf* de Hitler en versión francesa. Si hubiera sido nuestro único libro, todo habría concluido allí, pero entonces encontraron un ejemplar de un folleto de Stalin, titulado *Cómo acabar con los trotskistas y otros traidores*, que los tranquilizó hasta cierto punto. En un cajón había unos cuantos libritos de papel de fumar, las hojas de los cuales sacaron una por una para ver si había algún mensaje escrito en ellas. El registro duró en total casi dos horas. Sin embargo, en ningún momento tocaron la cama. Mi mujer estuvo tendida en ella todo el tiempo, y es evidente que debajo del colchón se habría podido ocultar una docena de subfusiles ametralladores, por no hablar de la biblioteca de documentos trotskistas de debajo de la almohada. Sin embargo, aquellos agentes de policía no hicieron ademán de tocar la cama, ni siquiera de mirar debajo. No puedo creer que esto sea un rasgo habitual en los procedimientos de la GPU. Hay que recordar que la policía estaba casi totalmente en manos comunistas y es probable que aquellos hombres fueran también militantes del partido. Pero además eran españoles, y sacar a una mujer de la cama era excesivo para ellos. Esta parte del trabajo se omitió tácitamente, haciendo que todo el ejercicio careciera de sentido.

Aquella noche, McNair, Cottman y yo dormimos entre las matas que creían junto a un solar abandonado. Hacía frío, a pesar de que estábamos en verano, y dormimos poco. Recuerdo las largas horas de vagabundeo en espera de que abrieran los bares para tomar un café. Por vez primera desde que estaba en Barcelona fui a ver la catedral,* una catedral moderna y uno de los edificios más espantosos del mundo. Tenía cuatro torres denticuladas, con la misma forma que las botellas del vino blanco alemán. A diferencia de lo ocurrido con la mayoría de las iglesias de Barcelona durante la revolución, aquélla no había sido dañada; la gente decía que se había respetado por su «valor artístico». Creo que los anarquistas hicieron una declaración de mal gusto al no dinamitarla cuando tuvieron ocasión, aunque colgaron un pendón rojinegro entre las torres. Por la tarde fui con mi mujer a visitar a Kopp por última vez. Ya no podíamos hacer nada más por él, absolutamente nada, sólo despedirnos y dar dinero a nuestros amigos españoles para que le llevaran comida y tabaco. Poco después, cuando ya habíamos salido de Barcelona, pasó a situación de *incomunicado* y ya ni siquiera fue posible enviarle comida. Aquella noche, bajando por las Ramblas, comprobamos que la cafetería Moka seguía ocupada por los guardias de asalto. Movido por un impulso, me acerqué y me puse a hablar con dos guardias que estaban apoyados en el mostrador, con el fusil colgado del hombro. Les pregunté si conocían a los que habían estado allí de servicio durante los combates de mayo. No los conocían, y con la típica imprecisión española dijeron que tampoco sabían cómo averiguarlo. Les comenté que mi amigo Jorge Kopp estaba en la cárcel y

---

* Es sabido que Orwell tomó por la catedral lo que en realidad era el templo de la Sagrada Familia, proyectado por Gaudí y todavía en costrucción. *(N. del T.)*

199

que a lo mejor lo juzgaban por algo relacionado con esos combates; que los guardias que habían estado allí de servicio tenían que saber que había detenido el combate, salvándole la vida a más de uno; que deberían presentarse para hacer una declaración en ese sentido. Uno de los guardias era un individuo de aspecto burdo y torpe que no dejaba de mover la cabeza porque el ruido del tráfico le impedía oírme. Pero el otro no era así. Me dijo que había oído comentar el gesto de Kopp a algunos compañeros; Kopp era un *buen chico*. Pero por entonces yo ya sabía que todo era inútil. Si a Kopp lo juzgaban alguna vez, sería con pruebas falsas, como ocurre siempre en estos casos. Si lo han fusilado a estas alturas (y me temo que es muy probable), sea éste su epitafio: un *buen chico* para un pobre guardia de asalto que formaba parte de un sistema vergonzoso, pero que conservaba humanidad suficiente para reconocer un acto digno cuando lo veía.

La vida que llevábamos era anormal, una vida de locos. De noche éramos criminales; de día, prósperos turistas ingleses, o al menos era lo que fingíamos. Incluso después de pasar una noche a la intemperie, un afeitado, un baño y un poco de betún en el calzado hacen maravillas. Lo más seguro en aquellos momentos era tener el aspecto más burgués posible. Frecuentábamos el elegante barrio residencial de la ciudad, donde no nos conocían, íbamos a restaurantes caros y éramos muy ingleses con los camareros. Por primera vez en mi vida me dio por escribir en las paredes. En los pasillos de algunos restaurantes elegantes garabateé *«Visca el POUM!»* con los caracteres más grandes que pude. Aunque técnicamente estaba en la clandestinidad, en ningún momento me sentí en peligro. Todo era demasiado absurdo. Tenía la arraigada convicción inglesa de que no se me podía detener mientras no infringiera la ley, una convicción peligrosísima durante un pogromo político. Había una orden de detención contra McNair y muchas probabilidades de que los demás figurásemos también en la lista. Las detenciones, las redadas y los registros continuaban sin cesar; casi todos los hombres que conocíamos, salvo los que seguían en el frente, estaban ya en la cárcel. La policía llegaba al extremo de subir a los barcos franceses que periódicamente se llevaban cargamentos de refugiados para detener a los «trotskistas».

Gracias a la bondad del cónsul británico, que debió de pasar muy malos ratos aquella semana, conseguimos tener los pasaportes en regla. Cuanto antes nos fuéramos, mejor. Había un tren que salía para Port-Bou a las siete y media de la tarde, aunque lo normal era que saliese con una hora de retraso. Quedamos en que mi mujer pediría un taxi, luego haría las maletas, pagaría la cuenta y abandonaría el hotel en el último momento, pues si avisaba al personal del hotel con antelación, era indudable que llamarían a la policía. Yo pasé por la estación a eso de las siete y descubrí que el tren ya se había ido; había partido a las siete menos diez. El maquinista, como de costumbre, se lo había pensado mejor. Por suerte pudimos avisar a tiempo a mi mujer. Había otro tren que salía a la mañana siguiente. McNair, Cottman y yo cenamos en una casa de comidas próxima a la estación y, preguntando con discreción averiguamos que el encargado era de la CNT y muy simpático. Nos alquiló una habitación de tres camas y no dio parte a la policía. Fue la primera vez en cinco noches que pude quitarme la ropa para dormir.

Al día siguiente, mi mujer salió del hotel según lo previsto. El tren iba a salir con una hora de retraso. Ocupé aquel tiempo escribiendo una larga carta al Ministerio de la Guerra, en la que explicaba el caso de Kopp: que sin duda había sido detenido por equivocación, que hacía mucha falta en el frente, que muchísimas personas podían declarar que era inocente de todo delito, etc., etc., etc. Me pregunto si leería alguien aquellas páginas, arrancadas de un cuaderno de notas, cubiertas de caligrafía temblorosa (aún tenía los dedos parcialmente paralizados) y escritas en un español más tembloroso aún. En cualquier caso, ni la carta ni ninguna otra cosa surtió efecto, y mientras escribo estas líneas, seis meses después de los acontecimientos, Kopp (si no ha sido ya fusilado) sigue en la cárcel, sin juicio ni acusación formal. Al principio recibimos dos o tres cartas suyas; unos detenidos liberados las sacaron a escondidas y las echaron al correo en Francia. Todas hablaban de lo mismo: del encierro en cuchitriles sucios y oscuros, de la comida mala e insuficiente, de las enfermedades graves que se declaraban en aquellas condiciones, de la falta total de asistencia médica. Otras fuentes, inglesas y francesas, me habían confirmado ya estos detalles. Poco después desapareció en una de aquellas «cárceles secretas» con las que era imposible establecer ninguna clase de comunicación. En su mismo caso se hallaban docenas o centenares de extranjeros y quién sabe cuántos millares de españoles.

Al final cruzamos la frontera sin problemas. El tren tenía primera clase y vagón restaurante, el primero que veía en España. Hasta hacía poco sólo había habido una clase en los ferrocarriles de Cataluña. Dos policías recorrieron el tren tomando el nombre de los extranjeros, pero cuando nos vieron en el vagón restaurante por lo visto consideraron que éramos gente respetable. Qué extraño era ver cómo había cambiado todo. Hacía sólo seis meses, durante el dominio anarquista, lo respetable era tener aspecto proletario. Al bajar de Perpiñán a Cerbère, un viajante de comercio francés me había dicho con toda solemnidad: «No debe usted entrar en España con ese aspecto. Quítese el cuello de la camisa y la corbata o se los arrancarán en cuanto llegue a Barcelona». Exageraba, pero me dio a entender la imagen que se tenía de Cataluña. Ya en la frontera, los guardias anarquistas habían obligado a dar media vuelta a un matrimonio francés muy bien vestido, únicamente —pienso yo— porque tenían un aspecto demasiado burgués. Ahora sucedía al contrario, y parecer burgués era la única salvación. En el control de pasaportes buscaron nuestros nombres en el fichero de sospechosos, pero gracias a la ineficacia de la policía no estaban allí, ni siquiera el de McNair. Nos cachearon de arriba abajo, pero no llevábamos nada comprometedor, salvo los papeles de mi licencia, y aquellos carabineros no sabían que la División 29 era el POUM. Y así pasamos la barrera y yo volví a pisar suelo francés después de casi seis meses. Los únicos recuerdos que me llevaba de España eran un odre de cabra y uno de aquellos candiles en los que los campesinos aragoneses quemaban aceite de oliva —candiles que tenían casi la misma forma que los de terracota que utilizaban los romanos hace dos mil años— que yo había cogido en una choza en ruinas y que sin saber cómo había ido a parar a mi equipaje.

Al final supimos que nos habíamos marchado en el momento oportuno. En el primer periódico que vimos se hablaba ya de la detención de McNair acusado de espionaje. Las autoridades españolas se habían precipitado un poco al dar la noticia. Por suerte, el «trotskismo» no es motivo de extradición.

Me pregunto qué es lo primero que debe hacerse cuando se sale de un país en guerra y se llega a otro en paz. Lo primero que hice yo fue correr al puesto de tabaco y comprar todo el que me cupo en los bolsillos. Luego fuimos a la cafetería y tomamos un té, el primer té con leche natural que bebíamos en muchos meses. Tardé varios días en acostumbrarme a la idea de que podía comprar tabaco siempre que quisiera, y en todas las ocasiones medio esperaba encontrarme con el estanco cerrado y con el aterrador NO HAY TABACO en el escaparate.

McNair y Cottman prosiguieron hacia París, mientras que mi mujer y yo nos apeamos en Banyuls, la primera estación del trayecto, con intención de descansar. No nos acogieron bien en el pueblo cuando supieron que llegábamos de Barcelona. Me vi obligado a mantener la misma conversación un sinfín de veces: «¿Vienen de España? ¿En qué bando luchaban? ¿En el republicano? ¡Ah!», y todo era frialdad. Por lo visto, aquel pueblo era firmemente franquista, casi con seguridad a causa de los refugiados fascistas que llegaban de vez en cuando. El camarero del bar que frecuentaba era español y franquista, y mientras me servía el aperitivo me miraba de reojo con el ceño fruncido. La situación era por entero diferente en Perpiñán, donde había multitud de partidarios del gobierno y donde cada facción conspiraba contra la otra, casi como en Barcelona. Había un bar donde si uno decía «POUM» se ganaba de inmediato amigos franceses y las sonrisas del camarero.

Creo que pasamos tres días en Banyuls, con una extraña inquietud. En aquel tranquilo pueblo de pescadores, alejado de las bombas, de las ametralladoras, de las colas de la comida, de la propaganda y de las intrigas, se diría que debíamos sentir mucho alivio y mucha gratitud. Sin embargo, no sentíamos nada parecido. Lo que habíamos vivido en España seguía allí y, aunque habíamos puesto tierra por medio, no podíamos verlo en perspectiva; lejos de olvidarlo, nos perseguía y acosaba, y con mucha más fuerza que antaño. Pensábamos en España, hablábamos de España y soñábamos continuamente con España. Durante meses nos habíamos estado diciendo que «cuando nos vayamos de España» iríamos a algún lugar del Mediterráneo para descansar una temporada y quizá pescar un poco; pero ahora que estábamos allí sólo sentíamos aburrimiento y contrariedad. Hacía frío, siempre soplaba viento del mar, un mar picado y de un feo color, y en el puerto había una cenefa de cenizas, tapones de botella y tripas de pescado que se restregaba contra las piedras. Parecerá una locura, pero los dos queríamos regresar a España. Aunque no habría beneficiado a nadie, antes bien habría podido causar serios problemas, lamentábamos no habernos quedado para acompañar a los demás en la cárcel. Supongo que no he sabido explicar bien lo que aquellos meses en España significaron para mí, pues, si bien he contado algunos acontecimientos externos, no puedo explicar la huella sentimental que dejaron en mi interior. Está todo tan mezclado con paisajes, olores y sonidos que no se puede expresar con palabras: el olor de las trincheras, el amanecer entre montañas que se perdían de vista, el helado silbido de los proyectiles, la explosión y el resplandor de las bombas; la luz clara y fría de las mañanas barcelonesas, y el resonar de las botas en el patio del cuartel, allá en diciembre, cuando la gente aún creía en la revolución; y las colas de la comida, las banderas rojinegras y la cara de los milicianos españoles; por encima de todo los rostros de los milicianos, hombres a los que conocí en primera línea y que ahora estarán Dios sabe dónde, unos muertos en el campo de batalla, otros mutilados, otros en la cárcel, aunque espero que la mayoría esté bien y a salvo. Buena suerte a todos; espero que ganen la guerra y echen de España a todos los extranjeros, a los alemanes, a los rusos y a los italianos por igual. Esta guerra, en la que he tenido un papel tan poco eficaz, me ha dejado muchísimos recuerdos desagradables, pero no habría querido perdérmela. Cuando se es testigo de una catástrofe de esta magnitud –porque, termine como termine, la guerra española se considerará una catástrofe terrible, al margen de las matanzas y el sufrimiento físico– no se ve uno abocado necesariamente a la desilusión y al escepticismo. Es curioso, pero después de las experiencias que he vivido no tengo menos sino más fe que antes en la honradez de los seres humanos. Y espero que lo que he contado no confunda demasiado a nadie. Creo que en estos temas nadie es ni puede ser del todo imparcial; es difícil estar seguro de nada, salvo de lo que se ha visto en persona, y consciente o inconscientemente todo el mundo escribe desde una posición. Por si no lo he dicho ya en páginas anteriores, lo diré ahora: tenga cuidado el lector con mi partidismo, con mis detalles erróneos y con la inevitable distorsión que nace del hecho de haber presenciado los acontecimientos sólo desde un lado. Y tenga cuidado exactamente el mismo con las mismas cosas cuando lea otros libros sobre este periodo de la guerra civil española.

A causa de aquella sensación de que debíamos hacer algo, aunque en realidad no pudiéramos hacer nada, nos fuimos de Banyuls antes de lo que habíamos planeado. Conforme nos adentrábamos en Francia aumentaban el verdor y la horizontalidad del paisaje. La montaña y la vid se esfumaban y de nuevo aparecían la llanura y el olmo. Al pasar por París, camino de España, me había parecido decrépito y lóbrego, muy diferente del París que había conocido ocho años antes, cuando la vida era barata y nadie había oído hablar de Hitler; la mitad de los bares a los que solía ir estaban cerrados por falta de clientela y todo el mundo andaba obsesionado por el encarecimiento de la vida y el miedo a la guerra. Ahora, después de haber estado en la paupérrima España, hasta París me parecía alegre y próspero. Y la Exposición estaba en su apogeo, aunque nos las arreglamos para no ir a verla.

Y luego Inglaterra, el sur de Inglaterra, probablemente el paisaje mejor cuidado del mundo. Cuando pasa uno por allí, sobre todo si se está recuperando del mareo del viaje, cómodamente recostado en los mullidos cojines del vagón, cuesta creer que en realidad esté sucediendo algo en alguna parte. ¿Terremotos en Japón, hambre en China, revoluciones en México? No hay que preocuparse, la leche estará en la puerta por la mañana y el viernes saldrá el *New Statesman*. Las ciudades industriales quedaban lejos, una mancha de humo y desdicha oculta por la curvatura de la tierra. Ahí estaba todavía la Inglaterra que había conocido en la infancia, con las flores silvestres ahogando los pasos del ferrocarril, los hondos prados donde pastan y meditan los lustrosos caballos, los lentos arroyos bordeados de sauces, las verdes copas de los olmos, las espuelas de caballero en los jardines de las casas de campo, y luego el páramo inmenso y pacífico del extrarradio londinense, las barcazas en el río mugriento, las calles conocidas, los carteles que anuncian partidos de críquet y bodas reales, los hombres con sombrero hongo, las palomas de Trafalgar Square, los autobuses rojos, los policías de uniforme azul, todo, todo sumido en el profundísimo sueño de Inglaterra, del que a veces creo que no despertaremos hasta que nos sobresalten las explosiones de las bombas.

APÉNDICE I
[Antiguo capítulo V de la primera edición.
Situado aquí por voluntad de Orwell]

Al principio me había despreocupado del aspecto político de la guerra, pero por entonces empecé a fijarme más. El lector que no esté interesado en los horrores de la política de partidos, por favor, que se salte estas páginas; trato de agrupar las cuestiones políticas de esta historia en capítulos aparte pensando precisamente en eso. Pero por otro lado es casi imposible escribir sobre la guerra española desde un punto de vista puramente militar, ya que por encima de todo es un conflicto político. Ningún acontecimiento de la misma resulta comprensible, al menos durante el primer año de la contienda, si no se dispone de cierta información sobre las luchas partidistas que se estaban produciendo detrás de las líneas republicanas.

Al principio de mi estancia en España no sólo no me interesaba la situación política sino que, por otro lado, la desconocía. Sabía que había una guerra, pero no sabía de qué clase. Si me hubieran preguntado para qué me había hecho miliciano, habría respondido: «Para luchar contra el fascismo», y si me hubieran preguntado por qué, habría respondido: «Por simple honradez». Había dado por buena la versión que ofrecían el *News Chronicle* y el *New Statesman*, en el sentido de que era una defensa de la civilización frente a la agresividad maníaca de unos espadones reaccionarios a sueldo de Hitler. Me había atraído intensamente el clima revolucionario de Barcelona, pero me había esforzado poco por entenderlo. En cuanto al abanico de partidos y sindicatos, con sus siglas incomprensibles –PSUC, POUM, FAI, CNT, UGT, JCI, JSU, AIT–, a lo sumo me producía una ligera exasperación. A simple vista era como si España estuviera sufriendo una epidemia de iniciales. Sabía que yo estaba integrado en algo llamado POUM (si me había alistado en las milicias del POUM y no en otra unidad había sido sólo porque había llegado a Barcelona con papeles del ILP), pero no veía entonces que hubiera diferencias serias entre los partidos. En Monte Pocero, cuando me señalaron la posición de nuestra izquierda y me dijeron: «Son los socialistas» (refiriéndose al PSUC), me sentí desconcertado y dije: «¿Es que no somos todos socialistas?». Me parecía una idiotez que gente que luchaba por su vida se dividiera en partidos políticos. Yo siempre defendí la idea de dejar a un lado las diferencias para concentrarnos en la guerra; tal era al menos la postura «antifascista» oficial que habían repetido puntillosamente los periódicos ingleses, siendo su principal intención impedir que se entendiera la verdadera naturaleza del conflicto. Pero en España, y sobre todo en Cataluña, era una postura que nadie podía mantener ni mantenía indefinidamente. Quieras que no, todos acababan por tomar partido tarde o temprano, aunque fuese a regañadientes. Porque, aun en el caso de que a uno no le importaran en absoluto los partidos políticos y sus «directrices» en conflicto, era evidente que lo que estaba en juego era la propia vida. Un miliciano era un soldado que luchaba contra Franco, pero también un peón en la titánica lucha que se estaba librando entre dos teorías políticas. Que fuera a buscar leña a la montaña preguntándome si aquello era una guerra de verdad o una invención del *News Chronicle*, que tuviese que esquivar las ametralladoras comunistas durante los disturbios de Barcelona y que finalmente saliera huyendo de España con la policía pisándome los talones, todo ello me sucedió de aquel modo concreto por servir en las milicias del POUM y no en el PSUC. ¡Tan grande es la diferencia entre dos siglas!

Para entender el alineamiento de fuerzas en el bando republicano hay que recordar cómo comenzó la guerra. Es probable que el 18 de julio todos los antifascistas de Europa sintieran renacer la esperanza. Porque allí había por fin, al menos en apariencia, una democracia que plantaba cara al fascismo. Los países llamados democráticos llevaban años rindiéndose ante el fascismo. Los japoneses habían impuesto su voluntad en Manchuria sin que nadie lo impidiese. Hitler había subido al poder y eliminado a la oposición política de todas las tendencias. Mussolini había bombardeado a los abisinios mientras cincuenta y tres naciones (creo que eran cincuenta y tres) hacían farisaicas peticiones. Pero cuando Franco quiso derrocar un gobierno de izquierdas moderado, el pueblo español, contra todo pronóstico, se levantó contra él. Parecía que estaban cambiando las tornas, y posiblemente fuera así.

Pero hubo algunos detalles que escaparon a la atención general. En primer lugar, no se podía equiparar matemáticamente a Franco con Hitler y Mussolini. Su insurrección fue un levantamiento militar apoyado por la nobleza y la Iglesia católica, y en términos generales, sobre todo al principio, fue un intento no tanto de imponer el fascismo como de restaurar el feudalismo. Esto significaba que Franco tenía en contra no sólo a la clase trabajadora, sino también a diversos sectores de la burguesía liberal, esto es, a las mismas personas que apoyan el fascismo cuando se presenta con un rostro más moderno. Más importante fue el hecho de que la clase obrera española no se opusiera a Franco, como habría podido ocurrir tal vez en Inglaterra, en nombre de la «democracia» y del sistema vigente; su resistencia vino acompañada de un inequívoco estallido revolucionario y casi podría decirse que consistió en dicho estallido. Los campesinos ocuparon tierras; los sindicatos obreros se apoderaron de muchas fábricas y de casi todos los medios de transporte; las iglesias fueron saqueadas, y expulsados o asesinados los curas. El *Daily Mail*, entre los aplausos del clero católico, llegó a presentar a Franco con las prendas del patriota que estaba liberando a su país de las hordas de los demoníacos «rojos».

Durante los primeros meses de la guerra, el verdadero contrincante de Franco no fue tanto el gobierno como los sindicatos. En cuanto se produjo el alzamiento militar, los obreros urbanos organizados replicaron primero con un llamamiento a la huelga general y más tarde exigiendo —y, tras algunos forcejeos, consiguiendo— armas de los arsenales públicos. Si no hubieran reaccionado espontánea y más o menos independientemente, Franco no habría encontrado oposición. Claro está, es imposible saberlo con certeza, pero creo que al menos da que pensar. El gobierno había hecho bien poco para impedir la insurrección, que se veía venir desde hacía tiempo, y cuando se presentó el problema adoptó una actitud débil y titubeante, hasta tal punto que en España hubo tres jefes de gobierno en un solo día.* Además, la única medida que podía salvar la situación inmediata, la entrega de armas a los trabajadores, se tomó a regañadientes y tras violentas peticiones populares. El caso es que las armas se repartieron, y en las grandes ciu-

---

* Casares Quiroga, Martínez Barrio y José Giral. Los dos primeros se negaron a armar a los sindicatos.

dades del este peninsular los fascistas fueron derrotados gracias a un poderoso esfuerzo, sobre todo de la clase obrera, ayudada por las unidades de las fuerzas de seguridad (Guardia de Asalto, etc.) que habían permanecido leales al gobierno. Fue probablemente la clase de esfuerzo que sólo fueron capaces de hacer las personas que combatían con un fin revolucionario, es decir, que creían estar luchando por algo mejor que el sistema establecido. Se calcula que en las ciudades donde hubo sublevación murieron en total tres mil personas en un solo día. Hombres y mujeres con cartuchos de dinamita como única arma cruzaban corriendo las plazas y atacaban edificios de piedra defendidos por soldados adiestrados armados con ametralladoras, y los taxis se lanzaban a cien por hora contra los nidos de ametralladoras emplazados por los fascistas en puntos estratégicos. Aun en el caso de que no se hubiera oído hablar de la ocupación de tierras por los campesinos, ni de la fundación de sóviets locales y demás, habría resultado difícil creer que los anarquistas y socialistas que habían articulado la resistencia se hubieran movilizado para conservar la democracia capitalista, que, sobre todo desde el punto de vista anarquista, no era más que un robo organizado.

Mientras tanto, los trabajadores conservaron las armas, y en esta etapa se negaron a devolverlas. (Un año después se calculó que los anarcosindicalistas de Cataluña contaban con 30.000 fusiles.) Los campesinos ocuparon en muchos sitios las grandes fincas de los terratenientes franquistas. Además de colectivizarse la industria y los transportes, hubo un tosco intento de establecer un gobierno obrero mediante la creación de comités locales, patrullas de trabajadores que reemplazaban a la anterior policía capitalista, milicias obreras de procedencia sindical y otras entidades. Por supuesto, el proceso no fue uniforme, y en Cataluña fue más lejos que en el resto de España. Hubo zonas donde las instituciones del gobierno local quedaron intactas y otras en que coexistieron con los comités revolucionarios. En unos cuantos lugares se fundaron comunas anarquistas independientes y algunas duraron alrededor de un año, hasta que el gobierno las disolvió por la fuerza. En Cataluña casi todo el poder real estuvo, durante los primeros meses, en manos de los anarcosindicalistas, que controlaban la mayoría de las industrias básicas. Lo que había estallado en España no era sólo una guerra civil, sino también una revolución, y éste es el detalle que más se ha empeñado en oscurecer la prensa antifascista no española. El conflicto se ha reducido al enfrentamiento entre fascismo y democracia, y los aspectos revolucionarios se han ocultado al máximo. En Inglaterra, donde la prensa está más centralizada y el público es más fácil de engañar que en el resto de países, no se puede decir que circulen más de dos versiones de la guerra civil española: la versión derechista de los patriotas cristianos contra los bolcheviques sedientos de sangre y la versión izquierdista de los educados republicanos que sofocan una revuelta militar. El meollo de la cuestión se ha ocultado con eficacia.

No faltaban razones para hacerlo. En primer lugar, aparecían mentiras terribles sobre atrocidades en la prensa partidaria de los fascistas, y es indudable que los propagandistas bienintencionados pensaron que ayudaban al gobierno republicano negando que España se hubiera «hecho roja». Pero el motivo principal era el siguiente: exceptuando a los pequeños grupos revolucionarios que existen en todos los países, el mundo entero estaba decidido a impedir la revolución en España. En particular, el Partido Comunista, que, respaldado por la Rusia soviética, lanzó toda su maquinaria contra la revolución. La tesis comunista era que en aquella etapa una revolución sería catastrófica y que lo que había que defender en España no era el poder obrero, sino la democracia burguesa. Ni que decir tiene que la opinión capitalista «liberal» adoptó esta misma perspectiva. Había muchas inversiones extranjeras en España. Por ejemplo, la Barcelona Traction («La Canadiense»), que manejaba capital británico por valor de diez millones, y que veía cómo mientras tanto los sindicatos se habían apoderado de los transportes de Cataluña; si la revolución proseguía no habría compensaciones o serían mínimas, pero si la república capitalista se mantenía a flote las inversiones extranjeras estarían seguras. Y como había que aplastar la revolución, simplificaba muchísimo las cosas fingir que no se había producido ninguna. De este modo podría escamotearse el significado real de todos y cada uno de los acontecimientos; cada traspaso de poder de los sindicatos al gobierno de la nación podría presentarse como una medida necesaria para la reorganización militar. La situación que se creó fue curiosísima. Fuera de España eran pocos los que se apercibían de que había una revolución; dentro de España nadie dudaba de su existencia. Incluso los periódicos del PSUC, que eran comunistas y estaban más o menos comprometidos con las medidas antirrevolucionarias, hablaban de «nuestra gloriosa revolución». Y mientras tanto, la prensa comunista extranjera vociferaba que no había el menor indicio de revolución en ninguna parte, que la ocupación de fábricas, la fundación de comités obreros y demás no habían existido; o que habían existido pero que «no tenían ningún significado político». Según el *Daily Worker* (6 de agosto de 1936), quienes afirmaran que los españoles luchaban por la revolución social eran «unos canallas embusteros».

Por el contrario, Juan López, ministro del gobierno de Valencia, afirmaba en febrero de 1937 que «el pueblo español no derrama su sangre por la República democrática ni por su Constitución de papel, sino por [...] una revolución». Así pues, entre los canallas embusteros había miembros de ese mismo gobierno por el que se nos invitaba a luchar. Algunos periódicos antifascistas extranjeros incluso se rebajaron a mentir de un modo impresentable, alegando que sólo se asaltaban las iglesias cuando los fascistas las utilizaban para hacerse fuertes en ellas. La verdad es que las iglesias fueron saqueadas en todas partes y por rutina, porque se tenía muy claro que la Iglesia española formaba parte de la trampa capitalista. En los seis meses que pasé en España sólo vi dos templos intactos y, exceptuando un par de iglesias protestantes de Madrid, a ninguna se le permitió abrir sus puertas ni celebrar servicios religiosos aproximadamente hasta julio de 1937.

Pero, al fin y al cabo, era sólo el comienzo de una revolución, no su culminación. Pese a que los trabajadores, al menos en Cataluña y posiblemente también en otros lugares, habían concentrado poder suficiente para actuar, no lo emplearon en derrocar al gobierno ni en reemplazarlo del todo. No tenía sentido hacer tal cosa con Franco aporreando en la puerta y parte de la clase media de su lado. El país se encontraba en una fase de transición en que lo mismo podía echar a andar por el camino del socialismo que volver a la república capitalista. Los campesinos se habían apoderado de casi toda la tierra y a buen seguro la conservarían, a no ser que venciera Franco; todas las grandes industrias se habían colectivizado, pero que siguieran colectivizadas o que se reintrodujera el capitalismo dependía en última instancia del grupo que dominase. No hay duda de que, al principio, tanto el gobierno de la nación como la *Generalidad* de Cataluña (el semiautónomo órgano de gobierno catalán) representaban a la clase trabajadora. El gobierno estaba presidido por Largo Caballero, socialista del ala izquierda, y en él había ministros de la UGT (sindicato socialista) y de la CNT (agrupación sindical dominada por los anarquistas). La *Generalidad* catalana fue prácticamente sustituida durante un tiempo por un Comité de Defensa Antifascista,* compuesto básicamente por delegados de los sindicatos. Este Comité se disolvió más tarde y la *Generalidad* se reorganizó para que en ella estuvieran representados los sindicatos y los distintos partidos de izquierda. Sin embargo, desde en-

---

* *Comité Central de Milicias Antifascistas.* Los delegados se elegían en proporción con la cantidad de afiliados de las organizaciones. Nueve delegados representaban a los sindicatos, tres a los partidos liberales catalanes y dos a los grupos marxistas (POUM, comunistas y otros).

tonces cada reestructuración del gobierno implicaba un paso hacia la derecha. Primero se expulsó al POUM de la *Generalidad;* seis meses más tarde cayó Largo Caballero y fue sustituido por Negrín, socialista del ala derecha; poco después se eliminó a la CNT del gobierno; luego, a la UGT; más tarde se echó a la CNT de la *Generalidad;* al final, tras un año de guerra y de revolución, sólo quedó un gobierno compuesto en su totalidad por miembros de la derecha socialista, liberales y comunistas.

El giro a la derecha data de octubre o noviembre de 1936, momento en que la URSS empezó a abastecer de armas al gobierno y el poder pasó de los anarquistas a los comunistas. Descontando a Rusia y a México, ningún país había tenido la decencia de prestar apoyo a la República, y México, por razones evidentes, no podía aportar armas en grandes cantidades. En consecuencia, los rusos estuvieron en situación de imponer condiciones. No hay duda de que estas condiciones se resumían en una: «Impedid la revolución o no hay armas». Y está igualmente claro que el primer movimiento contra los elementos revolucionarios, la expulsión del POUM de la *Generalidad* catalana, se hizo por orden de la URSS. Se ha negado que hubiera presiones directas del gobierno ruso, pero el detalle tiene poca importancia, dado que los partidos comunistas de todos los países pueden considerarse ejecutores de la política rusa, y nadie niega que el Partido Comunista fuera el principal instigador primero contra el POUM, luego contra los anarquistas y contra la facción socialista de Largo Caballero y, en general, contra cualquier línea revolucionaria. Una vez que la URSS hubo intervenido, el Partido Comunista tuvo el triunfo asegurado. Para empezar, la gratitud hacia Rusia por las armas y el hecho de que, sobre todo después de la llegada de las Brigadas Internacionales, el Partido Comunista pareciese capaz de ganar la guerra aumentaron muchísimo su prestigio. En segundo lugar, las armas rusas llegaron a través del Partido Comunista y los partidos asociados a él, que se encargaron de que a sus rivales políticos se les entregara la menor cantidad posible.* En tercer lugar, proclamando una política no revolucionaria, los comunistas consiguieron aglutinar a todos los que se sentían atemorizados por los extremistas. No les costó, por ejemplo, agrupar a los agricultores prósperos contra la política de colectivizaciones de los anarquistas. El número de afiliados creció de

---

* Por este motivo hubo tan pocas armas rusas en el frente de Aragón, donde los combatientes eran básicamente anarquistas. Hasta abril de 1937, la única arma rusa que vi —exceptuando algunos aviones, que a lo mejor eran rusos y a lo mejor no— fue un solitario subfusil ametrallador.

un modo espectacular, sobre todo con la incorporación de elementos de la clase media: tenderos, funcionarios, oficiales del ejército, agricultores acomodados, etc. La guerra pasó a ser básicamente una contienda trilateral. La lucha contra Franco tenía que proseguir, pero el gobierno se fijó como objetivo paralelo recuperar todo el poder que quedaba en manos de los sindicatos. Se consiguió mediante una serie de pequeños movimientos –una política de puñeterías, como alguien la llamó– y con mucha astucia. No se generalizó ningún movimiento manifiestamente contrarrevolucionario, de modo que hasta mayo de 1937 apenas hizo falta emplear la fuerza. A los trabajadores se los metía en vereda con un argumento casi redundante por su obviedad: «Si no hacéis esto, aquello y lo otro, perderemos la guerra». Huelga decir que lo que se pedía en nombre de la necesidad militar era, en todos los casos, la cesión de algo que los trabajadores habían conquistado en 1936. Pero el argumento era prácticamente infalible, porque perder la contienda era lo último que habrían deseado los grupos revolucionarios; si se perdía la guerra, democracia, revolución, socialismo y anarquismo serían palabras vacías. Los anarquistas, la única organización revolucionaria con suficiente volumen para que se la tuviera en cuenta, fueron obligados a retroceder un paso tras otro. Las colectivizaciones se detuvieron, los comités locales se eliminaron, las patrullas obreras se suprimieron, las fuerzas de seguridad de preguerra reaparecieron con más dotación y más material, y una serie de industrias clave controladas hasta entonces por los sindicatos quedaron en manos del gobierno (la toma de la Telefónica de Barcelona, que desencadenó los disturbios de mayo, fue un episodio más de este proceso); por último, lo más importante de todo: las milicias obreras, organizadas por los sindicatos, fueron disueltas paulatinamente e integradas, ya diseminadas en el recién fundado Ejército Popular, un ejército «apolítico» con directrices semiburguesas, escala salarial, oficialidad privilegiada, etc., etc. Dadas las condiciones especiales del momento, fue un paso en verdad decisivo, un paso que en Cataluña, dada la fuerza que allí tenían las organizaciones revolucionarias, se dio más tarde que en otros lugares. Era obvio que los trabajadores sólo podían defender sus conquistas si parte de las fuerzas armadas estaba bajo su control. Como de costumbre, la disolución de las milicias se llevó a cabo en nombre de la eficacia militar; y nadie negaba que hiciera falta una reorganización militar completa. Sin embargo, podrían haberse organizado las milicias y aumentar su eficacia permaneciendo éstas bajo el control directo de los sindicatos; el objetivo principal del cambio fue impedir que los anarquistas siguieran contando con un ejército propio. Además, el espíritu democrático de las milicias las convertía en terreno abonado para las ideas revolucionarias, algo que los comunistas sabían muy bien y que los impulsaba a arremeter continua y enconadamente contra el principio poumista y anarquista que propugnaba la equiparación de los sueldos de todos los cargos militares. Fue un aburguesamiento general, la destrucción consciente del espíritu igualitario que caracterizaba los primeros meses de la revolución. Y ocurrió con tanta rapidez que personas que visitaron España con intervalos de pocos meses han manifestado que les parecía estar en otro país; lo que en la superficie y durante un breve periodo había parecido un estado obrero se transformaba en las mismas narices del observador en una república burguesa corriente, con la habitual división en ricos y pobres. En otoño de 1937, el «socialista» Negrín manifestaba ya en discursos públicos que «respetamos la propiedad privada», algunos parlamentarios que al principio de la guerra habían huido porque se sospechaba que simpatizaban con los fascistas estaban volviendo a España.

Es fácil comprender todo el proceso si se recuerda que determinadas formas de fascismo obligan a la burguesía y a la clase obrera a aliarse temporalmente. Esta alianza, conocida como Frente Popular, es básicamente una alianza entre enemigos, por lo que parece lógico que un socio acabe siempre por comerse al otro. El único rasgo imprevisto de la situación española –que ha causado muchísimos malentendidos fuera de España– es que los comunistas no estaban en el extremo izquierdo del bloque gubernamental, sino en el extremo derecho. La verdad es que no debería sorprender, porque las tácticas de otros partidos comunistas, sobre todo el de Francia, han puesto de manifiesto que el comunismo oficial es, al menos por el momento, una fuerza antirrevolucionaria. Toda la política de la Komintern está actualmente subordinada (cosa comprensible, si se tiene en cuenta la situación mundial) a la defensa de la URSS, que depende de un sistema de alianzas militares. Por ejemplo, la URSS ha firmado una alianza con Francia, que es un país capitalista e imperialista. De poco le servirá a Rusia tal alianza si el capitalismo francés se debilita, de modo que la política comunista en Francia está obligada a ser antirrevolucionaria. En consecuencia, no sólo los comunistas franceses desfilan ahora con la bandera tricolor y cantando *La Marsellesa,* sino que más importante aún, también han tenido que abandonar toda la campaña de agitación en las colonias francesas. Han transcurrido menos de tres años desde que Thorez, secretario general del Partido Comunista, afirmara que los trabajadores franceses no lucharían jamás contra sus hermanos alemanes;* hoy es uno de los portavoces más ruidosos del chovinismo francés. La clave del comportamiento del partido comunista de un país dado es la relación militar real o potencial de dicho país con la URSS. En Inglaterra, por ejemplo, la relación no está definida y por lo tanto el Partido Comunista de Gran Bretaña todavía es contrario al gobierno de la nación y, aparentemente al menos, al rearme. Sin embargo, si Gran Bretaña firmase una alianza o llegase a alguna clase de acuerdo con la URSS, a los comunistas ingleses, al igual que le sucede a los franceses, no les quedaría más remedio que volverse buenos patriotas y buenos imperialistas; hay indicios que apuntan ya en esa dirección. Es innegable que la postura francesa influyó en las directrices de los comunistas españoles, pues Francia, aliada de Rusia, no deseaba una vecina revolucionaria y habría removido cielo y tierra para impedir la liberación del Marruecos español. El *Daily Mail* se equivocó mucho más que de costumbre con sus patrañas sobre la revolución roja financiada por Moscú, porque en realidad fueron los comunistas los más empeñados en impedir la revolución española. Cuando las fuerzas derechistas se hicieron con todo el control, los comunistas fueron más implacables que los liberales a la hora de perseguir a los dirigentes revolucionarios.**

He resumido el curso general del primer año de la revolución española porque ayuda a comprender la situación en todo momento. Pero no pretendo decir con esto que en febrero ya pensara lo que he expuesto más arriba. En primer lugar, los sucesos que más me abrieron los ojos no se habían producido aún y, en cualquier caso, mis simpatías son asimismo diferentes de lo que antaño fueron. Esto se debió en parte a que el aspecto político de la guerra me cansaba y, de un modo natural, cargué contra la opinión que tenía más cerca, es decir, contra la opinión del POUM-ILP. Los ingleses entre los que estuve eran mayoritariamente del ILP, aunque también había algunos del Partido Comunista, y casi todos tenían una formación política superior a la mía. Durante semanas enteras, en aquel monótono periodo en que no ocurrió nada en los alrededores de Huesca, estuve metido en discusiones políticas que no parecían tener fin. En el cerrado y maloliente pajar de la casa de labor donde nos habían acantonado, en la cargada oscuridad de los refugios, detrás del parapeto y con el frío de la ma-

   * Ante la Asamblea Nacional, marzo de 1935.
   ** La mejor descripción de las relaciones entre los partidos del bloque gubernamental se encuentra en Franz Borkenau, *The Spanish Cockpit*. Es con mucha diferencia el mejor libro sobre la guerra española que ha aparecido hasta la fecha. [Versión castellana: *El reñidero español*, Ruedo Ibérico, París, 1971.]

drugada, se debatía sin parar la «línea general» del partido. Entre los españoles pasaba lo mismo, y casi todos los periódicos que veíamos dedicaban la primera página a las trifulcas interpartidistas. Habría tenido que ser idiota o sordo para no enterarme de lo que defendían los grupos en pugna.

Desde el punto de vista de la teoría política sólo había tres grupos de importancia: el PSUC, el POUM y la CNT-FAI, informalmente llamada «los anarquistas». Hablaré primero del PSUC, por ser el más importante; fue el grupo que venció al final, e incluso entonces se notaba ya su influencia.

Conviene explicar que cuando hablamos de directrices o línea general del PSUC, hablamos en realidad de la línea general del Partido Comunista. PSUC quiere decir *Partido Socialista Unificado de Cataluña* y aunque se formó al comienzo de la guerra con la fusión de diversos partidos marxistas, entre ellos el Partido Comunista de Cataluña, estaba ya por entero en manos comunistas y se había adherido a la III Internacional. En el resto de España no se había procedido a ninguna unificación oficial de socialistas y comunistas, aunque el punto de vista de los comunistas y el de los socialistas de derecha era prácticamente el mismo en todas partes. En términos generales, el PSUC era la organización política de la UGT (*Unión General de Trabajadores*), el sindicato socialista. Por entonces contaba con millón y medio de afiliados en toda España. En él se integraban muchas secciones de trabajadores manuales, pero tras el estallido de la guerra había crecido con la llegada masiva de miembros de la clase media, porque a todo el mundo le había parecido útil integrarse en la UGT o la CNT al comienzo del periodo «revolucionario». Estas dos grandes formaciones sindicales se solapaban, pero la CNT era más claramente obrera que la UGT. El PSUC era, pues, un partido tanto de la clase trabajadora como de la pequeña burguesía: los tenderos, los funcionarios y los agricultores más acomodados.

La «línea general» del PSUC, la que predicaba la prensa comunista y filocomunista de todo el mundo, venía a ser como sigue:

«Lo único que importa en el presente es ganar la guerra; sin la victoria, todo lo demás carece de sentido. Por lo tanto no es el momento de hablar de proseguir la revolución. No podemos permitirnos la enemistad de los agricultores imponiéndoles la colectivización, ni podemos permitirnos que la clase media que combate a nuestro lado se aleje asustada. Por encima de todo y en aras de la eficacia debemos acabar con el caos revolucionario. Debemos tener un gobierno central fuerte en lugar de comités locales, y un ejército bien adiestrado y totalmente militarizado, a las órdenes de un mando único. Es inútil aferrarse a pequeñas parcelas de poder obrero y repetir mecánicamente consignas revolucionarias, y peor aún, no sólo es obstaculizador sino contrarrevolucionario, porque conduce a divisiones que los fascistas pueden aprovechar contra nosotros. En esta etapa no combatimos por la dictadura del proletariado, sino por la democracia parlamentaria. Todo el que trate de transformar la guerra civil en revolución social está haciendo el juego a los fascistas y, por sus actos, y acaso también por sus intenciones, es un traidor».

La «línea general» del POUM era diametralmente opuesta, salvo en lo referente a ganar la guerra, como es lógico. El POUM (*Partido Obrero de Unificación Marxista*) era uno de esos partidos comunistas disidentes que han aparecido en muchos países en los últimos años en oposición al «estalinismo», es decir, al cambio, real o aparente, de la política comunista. Lo componían ex comunistas por un lado y por el otro miembros de un grupo anterior, el Bloque Obrero y Campesino. Era muy pequeño en cuanto al número de afiliados,* sin influencia apenas fuera de Cataluña, pero era importante porque integraba a una proporción insólitamente elevada de elementos con conciencia política. Su principal plaza fuerte en Cataluña era Lérida. No representaba a ningún sindicato. Los milicianos del POUM eran casi todos de la CNT, pero los militantes con carnet pertenecían a la UGT; aun así, la CNT era el único sindicato en que el POUM tenía influencia. La «línea general» del POUM era más o menos como sigue:

«Es absurdo hablar de oponer al fascismo la "democracia" burguesa. La "democracia" burguesa no es sino otro nombre del capitalismo, igual que el fascismo; luchar contra el fascismo en nombre de la "democracia" es luchar contra una forma de capitalismo en nombre de otra que se puede convertir en la anterior en cualquier momento. La única alternativa real al fascismo es el poder obrero. Un objetivo menos radical otorgaría la victoria a Franco o, en el mejor de los casos, dejaría que el fascismo entrase por la puerta de atrás. Mientras tanto, los trabajadores tienen que defender hasta el último centímetro conquistado. Si ceden ante el gobierno semiburgués, por poco que sea, el gobierno acabará engañándolos. Hay que mantener la situación actual de las milicias obreras y de las fuerzas de seguridad y es necesario oponerse a todas las medidas tendentes a aburguesarlas. Si los trabajadores

* En julio de 1936 tenía 10.000 afiliados; en diciembre, 70.000; en junio de 1937, 40.000. Pero se trata de cifras proporcionadas por el mismo POUM; una estimación hostil probablemente las dividiría por cuatro. Lo único que puedo decir con certeza sobre el tamaño de los partidos políticos españoles es que todos hinchan sus cifras.

no controlan a las fuerzas armadas, las fuerzas armadas controlarán a los trabajadores. La guerra y la revolución son inseparables».

Definir el enfoque anarquista resulta más complicado. En cualquier caso, el vago concepto de «anarquistas» abarca de manera informal un amplio colectivo de personas con opiniones muy variadas. El bloque sindical que formaba la CNT (*Confederación Nacional del Trabajo*), con unos dos millones de afiliados en total, tenía como órgano político la FAI (*Federación Anarquista Ibérica*), un ejemplo de organización anarquista. Pero los miembros de la FAI, aunque en todos los casos hubieran bebido algo, como quizá la mayoría de los españoles, de la filosofía anarquista, tampoco eran necesariamente anarquistas en sentido estricto. De modo especial desde el comienzo de la guerra, habían avanzado más bien en la dirección del socialismo corriente, porque las circunstancias los habían obligado a tomar parte en la administración centralizada e incluso a infringir todos sus principios entrando en el gobierno. Sin embargo, se diferenciaban de los comunistas en que, al igual que el POUM, querían el poder obrero y no una democracia parlamentaria. Aceptaban la consigna del POUM: «La guerra y la revolución son inseparables»; no obstante, eran menos dogmáticos al respecto. En términos generales, la CNT-FAI defendía: (1) control directo de la industria por los trabajadores del ramo en cuestión, transportes, el sector textil, etc.; (2) un sistema de gobierno de comités locales y resistencia a todas las formas de autoritarismo centralizado; (3) guerra abierta contra la burguesía y la Iglesia. Pese a ser el más inconcreto, este último punto fue el más importante. Los anarquistas se diferenciaban de la mayoría de los llamados revolucionarios en que, si bien sus principios eran un poco vagos, su odio por los privilegios y la injusticia eran muy sinceros. Comunismo y anarquismo son filosofías radicalmente opuestas. En la práctica —es decir, en la forma de sociedad que se busca—, las diferencias se radican sobre todo en las prioridades, pero son irreconciliables. Las prioridades comunistas son siempre la centralización y la eficacia; mientras que las anarquistas son la libertad y la igualdad. El anarquismo está muy arraigado en España y es probable que viva más que el comunismo cuando desaparezca la influencia rusa. Durante los dos primeros meses de la guerra fueron los anarquistas quienes salvaron la situación y, ya en fecha posterior, las milicias anarquistas, a pesar de su indisciplina, destacaron por ser las más eficaces en combate entre las unidades compuestas exclusivamente por españoles. Hasta cierto punto, a partir de febrero de 1937 podría integrarse en un mismo grupo a los anarquistas y al POUM. Si los anarquistas, el POUM y los socialistas de izquierda hubieran tenido la sensatez de coaligarse al comienzo para forzar la adopción de una política realista, quizá la historia de la guerra hubiera sido otra; pero esto no fue posible ni siquiera cuando los partidos revolucionarios parecían tenerlo todo a su favor. Había antiguos rencores entre los anarquistas y los socialistas; el POUM, en cuanto marxista, desconfiaba del anarquismo, mientras que desde las posiciones puramente anarquistas, el «trotskismo» del POUM no era mucho mejor que el «estalinismo» de los comunistas. Sin embargo, la táctica comunista tendía a acercar las posiciones de ambos. Si el POUM participó en los catastróficos combates de mayo fue sobre todo por el instinto de apoyar a la CNT, y más tarde, cuando se ilegalizó el POUM, los anarquistas fueron los únicos que se atrevieron a levantar la voz en su defensa.

Tal era, en términos generales, la distribución de las fuerzas. Por un lado, la CNT-FAI, el POUM y un sector socialista defendían el poder obrero; por el otro, la derecha socialista, los liberales y los comunistas defendían el sistema de gobierno centralizado y la profesionalización del ejército.

Es fácil entender por qué prefería yo entonces el punto de vista comunista al del POUM. Los comunistas tenían una actitud práctica concreta, una actitud que sin duda era mejor desde el punto de vista del sentido común, que sólo se fija objetivos a corto plazo. Y la política cotidiana del POUM, su propaganda, etc., era increíblemente nefasta; de no haberlo sido, a buen seguro, habrían atraído a muchos más seguidores. Lo que empeoraba las cosas era que los comunistas —eso me pareció por lo menos— seguían adelante con la contienda, mientras que nosotros y los anarquistas estábamos estancados. Tal era la impresión general que había entonces. Los comunistas habían adquirido poder y un considerable incremento de su militancia en parte animando a las clases medias contra los revolucionarios, pero en parte también porque parecían los únicos capaces de ganar la guerra. Las armas rusas y la impresionante defensa de Madrid por contingentes formados básicamente por comunistas habían hecho de ellos los héroes de España. Como alguien dijo, cada avión ruso que nos sobrevolaba era propaganda comunista. En cambio, aunque entendía la lógica del purismo del POUM, me parecía un poco inútil, pues a fin de cuentas lo que en verdad importaba era ganar la guerra.

Mientras tanto proseguía aquella maligna contienda interpartidista, en periódicos, en panfletos, en carteles, en libros, en todas partes. Los periódicos que más leía yo por entonces eran los del POUM, *La Batalla* y *Adelante*, y sus continuas críticas contra los «contrarrevolucionarios» del PSUC me parecían aburridas y propias de mojigatos. Más tarde, cuando leí con más detenimiento la prensa del PSUC y del Partido Comunista de España, reparé en que, comparado con sus adversarios, el POUM era una entidad casi inmaculada. Y encima tenía muchas menos oportunidades. A diferencia de los comunistas, carecía por completo de influencia en la prensa extranjera, y dentro de España estaba en tremenda desventaja, porque los comunistas prácticamente controlaban la censura de prensa, con lo que los periódicos del POUM se exponían a vetos y sanciones si publicaban algo perjudicial. Hay que decir también en justicia que, aunque el POUM predicara sermones inacabables sobre la revolución y citara a Lenin *ad nauseam*, no se dedicaba a calumniar a los individuos. Por lo general sus polémicas no salían de los periódicos. Sus grandes carteles de colores, dirigidos a un público más vasto (los carteles son muy importantes en España, que cuenta con un elevado porcentaje de analfabetos), no atacaban a los partidos rivales y se limitaban a ser antifascistas o revolucionarios de un modo abstracto; lo mismo cabe decir de las canciones que cantaban los milicianos. Los ataques comunistas eran otra cosa. Volveré sobre ellos más adelante. Por el momento me limitaré a señalar cuál era la línea de ataque de los comunistas.

La polémica entre los comunistas y el POUM se refería a primera vista a la táctica. El POUM quería la revolución inmediata; los comunistas, no. Hasta aquí todos contentos: los dos bandos tenían mucho que decir. Además, los comunistas alegaban que la propaganda del POUM dividía y debilitaba a las fuerzas republicanas y por lo tanto ponía en peligro la victoria; aunque en última instancia no estoy de acuerdo, es un argumento defendible. Pero en este punto intervenía la táctica comunista. Con disimulo al principio, luego más abiertamente, empezaron a decir que el POUM dividía a las fuerzas republicanas, no por su mal criterio, sino con mala intención. Se afirmó que el POUM no era más que una banda de fascistas camuflados, a sueldo de Franco y de Hitler, que adoptaba una política seudorrevolucionaria para ayudar a la causa fascista. El POUM era una organización «trotskista» y la «quinta columna de Franco». Esto suponía que docenas de miles de trabajadores, entre ellos los ocho o diez mil soldados que pasaban frío en las trincheras y los centenares de extranjeros que habían ido a España para luchar contra el fascismo, renunciando a menudo a sus medios de vida y a su nacionalidad, no eran más que traidores a sueldo del enemigo. Y semejante patraña se divulgó por todo el país por medio de carteles y demás, y se repitió sin cesar en los periódicos comunistas y filocomunistas del todo el mundo. Podría llenar media docena de libros con citas, si me pusiera a coleccionarlas.

Esto era lo que decían de nosotros: que éramos trotskistas, fascistas, traidores, asesinos, cobardes, espías y todo lo que se quiera. Confieso que no era agradable, en particular cuando se pensaba en algunos responsables de aquello. No hace ninguna gracia ver a un español de quince años al que se llevan del frente en camilla, aturdido y con la cara pálida asomando entre las mantas, y acordarse de ciertas personas bien vestidas que escriben folletos en Londres y en París para demostrar que este muchacho es un fascista camuflado. Uno de los rasgos más horribles de la guerra es que toda la propaganda bélica, todas las alharacas, todas las mentiras y todo el odio procedían de manera invariable de individuos que no estaban combatiendo. Ni los milicianos del PSUC que conocí en el frente ni los comunistas de las Brigadas Internacionales que veía de vez en cuando me llamaron nunca trotskista ni traidor; esas cosas se las dejaban a los periodistas de la retaguardia. Los que escribían folletos contra nosotros y nos calumniaban en la prensa vivían cómodamente en el extranjero o, en el peor de los casos, en las redacciones de Valencia, a cientos de kilómetros de las balas y el barro. Y no sólo las calumnias de las rencillas interpartidistas, sino también todo lo que es habitual en una guerra, la demagogia, la exaltación de los héroes y los insultos contra el enemigo, era obra, como de costumbre, de individuos que no combatían y que en muchos casos habrían corrido doscientos kilómetros sin detenerse para no tener que hacerlo. Si algo deprimente me ha enseñado esta guerra es que la prensa de izquierdas es tan falsa y deshonesta como la de derechas.* Estoy firmemente convencido de que para nuestro bando —el bando republicano— esta guerra no ha sido una guerra corriente, una guerra imperialista; pero no se diría a juzgar por el carácter de la propaganda. No bien había comenzado el conflicto cuando ya los periódicos de la izquierda y la derecha se lanzaban de cabeza al estercolero del insulto. Todos recordamos el cartel del *Daily Mail*, LOS ROJOS CRUCIFICAN MONJAS, mientras que según el *Daily Worker* la Legión Extranjera de Franco estaba «compuesta por asesinos, proxenetas, toxicómanos y la escoria de todos los países europeos». Todavía en octubre de 1937, el *New Statesman* nos contaba que los fascistas levantaban barricadas con niños vivos (un material muy poco práctico para hacer barricadas) y el señor Arthur Bryant afirmaba que «serrarle las piernas a un comerciante conservador» era «una práctica habitual» en la España re-

* Quisiera señalar que el *Manchester Guardian* es una excepción. Para redactar este libro he tenido que repasar los archivos de muchos periódicos ingleses. Entre los periódicos británicos más importantes, el *Manchester Guardian* es el único cuya honradez me inspira un creciente respeto.

publicana. Las personas que escriben estas cosas nunca combaten; posiblemente crean que el escribir suple la lucha. En todas las contiendas pasa lo mismo: los soldados combaten, los periodistas vociferan y ningún superpatriota se acerca jamás al frente, salvo cuando hay una brevísima gira de propaganda. A veces me consuela pensar que la aviación podría cambiar las condiciones de la guerra. Es posible que cuando estalle el siguiente conflicto bélico internacional asistamos a un espectáculo sin precedentes en toda la historia: un superpatriota con un balazo.

Por lo que se refiere a su vertiente periodística, esta guerra ha sido una guerra sucia, como todas las guerras. Pero se aprecia una diferencia, y es que, así como los periodistas suelen reservar sus invectivas más venenosas para el enemigo, en el presente caso, conforme pasaba el tiempo, los comunistas y los poumistas acabaron por hablar pestes de ellos mismos más que de los fascistas. Sin embargo, yo no me podía tomar esto muy en serio por aquel entonces. Las rencillas entre partidos eran fastidiosas y hasta repugnantes, pero las veía como una disputa doméstica. No creía que modificase nada ni que hubiera ninguna diferencia estratégica irreconciliable. Me daba cuenta de que los comunistas y los liberales se habían empeñado en impedir que la revolución siguiera adelante; de lo que no me di cuenta es de que eran muy capaces de hacerla retroceder.

Tenía buenos motivos. Todo aquel tiempo estuve en el frente, y allí no cambió la atmósfera social y política. Había salido de Barcelona a comienzos de enero y no me dieron permiso hasta fines de abril; durante todo aquel tiempo, y también después, las condiciones fueron siempre las mismas en la franja de Aragón defendida por los anarquistas y los poumistas, al menos exteriormente. Persistía el clima revolucionario que había visto la primera vez. El general y el soldado raso, el campesino y el miliciano se trataban como iguales; todos recibían la misma paga, llevaban la misma ropa, comían la misma comida y se llamaban de «tú» y «camarada»; no había ninguna clase patronal, ninguna clase servil, ni mendigos, ni prostitutas, ni abogados, ni curas, ni adulaciones, ni saludos militares. Allí se respiraba aire de igualdad, y fui tan inocente como para pensar que así sería en toda España. No reparé en que, casi por casualidad, me encontraba aislado con los elementos más revolucionarios de la clase obrera española.

Por eso, cuando compañeros con más educación política que yo me decían que no se podía tener una actitud exclusivamente militar ante la guerra, y que había que elegir entre la revolución y el fascismo, solía echarme a reír. En términos generales aceptaba el punto de vista comunista, que venía a decir: «No hay que hablar de revolución hasta que ganemos la guerra», y no el del POUM, que venía a decir: «Hay que seguir adelante para no retroceder». Cuando tiempo después llegué a la conclusión de que el POUM estaba en lo cierto, o en cualquier caso más en lo cierto que los comunistas, no fue por razones teóricas. Sobre el papel, la postura de los comunistas era defendible; sin embargo, su forma de actuar impedía creer que la estuvieran defendiendo de buena fe. La archirrepetida consigna de «Primero la guerra y después la revolución», aunque aceptada sin reservas por el miliciano medio del PSUC, que creía sinceramente que la revolución proseguiría después de la victoria, era un camelo. Lo que perseguían los comunistas no era posponer la revolución hasta un momento más propicio, sino impedir que ésta se produjera. Fue poniéndose cada vez más de manifiesto conforme pasaba el tiempo, conforme iba arrebatándole el poder a la clase trabajadora, conforme se iban llenando las cárceles con elementos revolucionarios de todas las tendencias. Cada movimiento se hacía en nombre de la necesidad militar, porque era una excusa servida en bandeja, como quien dice, pero el resultado era que se apartaba a los trabajadores de una posición ventajosa y se los situaba en otra en la que, una vez concluida la guerra, no podrían impedir la reintroducción del capitalismo. Por favor, adviértase que no estoy diciendo nada contra los comunistas de base y menos aún contra los miles de comunistas que cayeron heroicamente en Madrid, pues no eran ellos quienes dirigían la política del partido. Por lo que se refiere a los de arriba, es imposible creer que no fueran conscientes de lo que hacían.

Pero en última instancia, aun perdiendo la revolución, valía la pena ganar la guerra. Y al final acabé dudando de que la política comunista favoreciese la victoria a largo plazo. Por lo que parece, muy pocos han pensado que podía haberse aplicado una política diferente en cada periodo de la guerra. Los anarquistas seguramente salvaron la situación durante los dos primeros meses, pero su capacidad para organizar la resistencia era limitada; los comunistas seguramente salvaron la situación en octubre-diciembre, pero conseguir la rendición del enemigo era harina de otro costal. En Inglaterra se ha aceptado sin discusión la política bélica de los comunistas, porque se han censurado casi todas las críticas y porque su línea general —eliminar el caos revolucionario, acelerar la producción, militarizar el ejército— parece práctica y eficaz. Señalemos su debilidad intrínseca.

Para contener las tendencias revolucionarias y hacer que aquella guerra se pareciese lo más posible a una contienda normal fue necesario defenestrar las oportunidades estratégicas que ya existían. He descrito más arriba cómo estábamos armados, o desarmados, en el frente de Aragón. Poca duda cabe de que las armas fueron retenidas adrede a fin de que no cayeran en manos de los anarquistas, quienes más tarde podrían utilizarlas con fines revolucionarios; en consecuencia, no se emprendió la gran ofensiva de Aragón, que habría podido expulsar a Franco de Bilbao y posiblemente también de Madrid. Pero esto no fue nada. Mayor importancia reviste el hecho de que una vez reducida la contienda a una «guerra por la democracia», fue imposible formular peticiones de ayuda a gran escala a la clase trabajadora de otros países. Si repasamos los hechos tendremos que admitir que la clase obrera internacional ha contemplado la guerra española con frialdad. A España fueron a combatir decenas de millares de personas, pero las decenas de millones que no fueron se mantuvieron indiferentes. Se calcula que todo lo que dieron los británicos durante el primer año de conflicto a través de los fondos de «ayuda a España» fue un cuarto de millón de libras, probablemente menos de la mitad de lo que gastaban en el cine a la semana. El medio por el que la clase obrera de los países democráticos habría podido ayudar realmente a sus compañeros españoles era la acción industrial: huelgas y boicoteos. No hubo nada. Los dirigentes laboristas y comunistas de todas partes afirmaban que era inconcebible; y sin duda tenían razón, dado que también gritaban a voz en cuello que la España «roja» no era «roja». Desde 1914-1918, la expresión «guerra por la democracia» suena siniestra. Los mismos comunistas habían estado diciendo durante años a los obreros de todos los países que «democracia» era el nombre civilizado del capitalismo. Decir primero «La democracia es una estafa» y luego «¡Lucha por la democracia!» es mala táctica. Si, apoyados por todo el prestigio de la Unión Soviética, hubieran apelado a los trabajadores del mundo no en nombre de la «España democrática» sino de la «España revolucionaria», cuesta creer que no habrían obtenido respuesta.

Pero lo más importante de todo era que con una política no revolucionaria era difícil, cuando no imposible, golpear en la retaguardia de Franco. En verano de 1937, Franco, con un ejército de similares efectivos dominaba una zona más populosa que la controlada por el gobierno republicano, mucho más si contamos las colonias. Como todo el mundo sabe, con una población hostil en la retaguardia es imposible tener en el campo de batalla un ejército sin que otro igual de nutrido se encargue de proteger las comunicaciones, reprimir los sabotajes, etc. Sin embargo, no hubo ningún movimiento popular digno de mención en la retaguardia franquista. Era inconcebible que los habitantes de este territorio, o al menos los trabajadores urbanos y los campesinos más humildes, simpatizaran con Franco, pero la superioridad del gobierno fue reduciéndose con cada paso que daba hacia la derecha. El caso de Marruecos lo explica todo. ¿Por qué no hubo ninguna sublevación en Marruecos? Teniendo Franco la intención de imponer una dictadura infame, ¿los moros lo preferían a él al gobierno del Frente Popular? La verdad pura y simple es que no se hizo nada por promover una sublevación en Marruecos, porque promoviéndola se habría ofrecido un modelo revolucionario a la guerra. El primer requisito, para convencer a los moros de la buena fe del gobierno habría sido proclamar la independencia de Marruecos. ¡El gusto que les habría dado a los franceses! La mejor oportunidad estratégica de la contienda se perdió por la vana esperanza de calmar al capital francés y británico. Toda la política comunista se concentraba en reducir la guerra a un conflicto vulgar, no revolucionario, en el que el gobierno tenía las de perder, ya que una guerra así se ha de ganar por medios mecánicos, es decir, en última instancia, por la provisión ilimitada de armas, y la principal suministradora de armas del gobierno, la URSS, estaba en una situación geográfica mucho más desventajosa que Italia y Alemania. Puede que la consigna del POUM y de los anarquistas, «La guerra y la revolución son inseparables», fuera menos visionaria de lo que parecía.

He expuesto las razones por las que considero errónea la política antirrevolucionaria de los comunistas, pero espero haberme equivocado en lo relativo a sus efectos sobre la guerra. Espero haberme equivocado por completo. Me gustaría que esta guerra se ganara por cualquiera que fuese el medio. Como es lógico, no sabemos aún lo que puede ocurrir. El gobierno podría dar un giro a la izquierda, los moros podrían sublevarse ellos solos, Inglaterra podría comprar la neutralidad de Italia y la guerra podría ganarse por medios estrictamente militares; no hay forma de saberlo. Yo he expresado mi opinión y el tiempo dirá hasta qué punto tenía razón o no la tenía.

Pero en febrero de 1937 no veía las cosas de este modo. Estaba harto de la inactividad del frente de Aragón y me sentía como si no hubiera cumplido con mi deber. Me acordaba del cartel de reclutamiento que había visto en Barcelona y que preguntaba acusadoramente a los viandantes: «¿Qué has hecho tú por la democracia?», y yo sólo podía dar una respuesta: «Comer el rancho». Al incorporarme a las milicias me había hecho la promesa de matar a un fascista —a fin de cuentas, si cada uno de nosotros mataba a uno, pronto se acabarían— y aún no había acabado con ninguno, ya que apenas me habían dado la oportunidad. Y, como es lógico, yo quería ir a Madrid. Todos los combatientes, fueran cuales fuesen sus opiniones políticas, querían ir a Madrid. Para ello seguramente tendría que reengancharme en la Columna Internacional, pues el POUM contaba ya con muy pocos combatientes en Madrid y los anarquistas con muchos menos que en fechas anteriores.

Por el momento tenía que quedarme donde estaba, pero le decía a todo el mundo que cuando me fuese de permiso me pasaría a la Columna Internacional, lo que significaría ponerme a las órdenes de los comunistas. Algunos quisieron disuadirme, pero nadie trató de impedírmelo. Hay que decir en justicia que en el POUM se perseguían poco las herejías, quizá demasiado poco, considerando sus especiales circunstancias; salvo que uno fuera partidario de los fascistas, no se castigaba a nadie por defender posiciones políticas heterodoxas. Pasé mucho tiempo en las milicias criticando con dureza la línea general del POUM, pero nunca tuve ningún problema por ello. Ni siquiera se coaccionaba a nadie para que se afiliara al partido, aunque creo que casi todos los milicianos lo hicieron. El caso es que yo no me afilié y, cuando tiempo después ilegalizaron el POUM, lamenté un poco no haberlo hecho.

APÉNDICE II
[Antiguo capítulo XI de la primera edición, situado aquí por voluntad de Orwell. Precedido por el último párrafo del antiguo capítulo X, capítulo IX de la presente edición]

He de repetir aquí que quien no esté interesado por las polémicas políticas ni por la multitud de partidos y subpartidos de nombre confuso (más o menos como los nombres de los generales de las guerras chinas) puede saltarse las páginas que siguen. Es horrible tener que entrar en detalles sobre las polémicas interpartidistas, es como bucear en un pozo ciego. Pero mientras sea posible hay que tratar de establecer la verdad. Esta insignificante reyerta que se produjo en una ciudad lejana es más importante de lo que pueda parecer a simple vista.

Nunca se podrá hacer una descripción totalmente exacta e imparcial de los combates de Barcelona, porque no existen los documentos imprescindibles para ello. Los historiadores de mañana no tendrán nada en que basarse salvo una masa de acusaciones y de propaganda partidista. Yo mismo dispongo de pocos datos, aparte de lo que vieron mis propios ojos y de lo que supe por otros testigos que creo de confianza. No obstante, puedo desmentir algunas de las afirmaciones más insostenibles y contribuir a enfocar debidamente toda la cuestión.

En primer lugar, ¿qué pasó en realidad?

Hacía tiempo que se venían produciendo fricciones en toda Cataluña. Ya hablé más arriba del choque entre los comunistas y los anarquistas. Las cosas habían llegado a tal punto en mayo de 1937 que podría decirse que era inevitable que estallara la violencia. La causa inmediata del conflicto fue la orden gubernamental de entregar todas las armas que estuvieran en poder de particulares, orden que coincidió con la decisión de formar un cuerpo de seguridad armado y «apolítico» en el que los miembros de los sindicatos no tendrían sitio. El significado de esta medida fue evidente para todos, como también lo fue que el siguiente paso iba a ser la apropiación de algunas industrias clave controladas por la CNT. Había además cierto resentimiento entre las clases trabajadoras a causa del creciente contraste entre ricos y pobres y de la vaga impresión general de que se había saboteado la revolución. Mucha gente se alegró cuando vio que el primero de mayo no se producía ningún disturbio. El 3 de mayo, el gobierno decidió tomar la Telefónica, que desde el comienzo de la guerra estaba básicamente en manos de trabajadores de la CNT, con el pretexto de que estaba mal dirigida y que se pinchaban las llamadas oficiales. Salas, el jefe superior de policía (que tal vez se excedió en el cumplimiento de las órdenes, o tal vez no), envió tres camiones con guardias de asalto para apoderarse del edificio, mientras policías de paisano despejaban las calles adyacentes. Más o menos simultáneamente, otros grupos de guardias de asalto ocupaban edificios situados en puntos estratégicos. Fueran cuales fuesen sus intenciones, casi todo el mundo pensó que era la señal para que la Guardia de Asalto y el PSUC (comunistas y socialistas) lanzaran un ataque general contra la CNT. Por toda la ciudad se extendió el rumor de que estaban atacando las sedes obreras, en las calles aparecieron anarquistas armados, el trabajo se detuvo y la lucha comenzó de inmediato. Aquella noche y durante la mañana siguiente se levantaron barricadas por toda la ciudad y no hubo ningún alto el fuego hasta la mañana del 6 de mayo. Sin embargo, la actitud fue sobre todo defensiva por ambas partes; los edificios fueron rodeados, pero, que yo sepa, ninguno fue asaltado ni hubo fuego de artillería. En términos generales, las fuerzas de la CNT-FAI y el POUM controlaban los barrios obreros, y las fuerzas de seguridad y el PSUC el centro de la ciudad y las zonas de los edificios oficiales. El 6 de mayo hubo un armisticio, pero los combates se reanudaron muy poco después, probablemente porque la Guardia de Asalto quiso desarmar a los trabajadores de la CNT demasiado pronto. Pese a todo, a la mañana siguiente la gente empezó a abandonar las barricadas por propia voluntad. Aproximadamente hasta la noche del 5 de mayo, la CNT había llevado las de ganar y había conseguido que se rindieran amplias dotaciones de guardias de asalto. Sin embargo, no había ninguna jefatura reconocida por todos ni tampoco ningún plan acordado; la verdad es que, por lo que vi, no había ningún plan, al margen de la vaga determinación de enfrentarse a la Guardia de Asalto. Los dirigentes oficiales de la CNT se habían unido a los de la UGT para pedir que todos volvieran al trabajo; lo más grave de todo era que la comida empezaba a escasear. Dadas estas circunstancias, nadie tenía información suficiente para reanudar la lucha. La situación era ya casi normal la tarde del 7 de mayo. Al anochecer llegaron por mar seis mil guardias de asalto, enviados por el gobierno de Valencia, y tomaron la ciudad. El gobierno publicó una orden al efecto de que se entregaran todas las armas salvo las de las fuerzas de seguridad y durante unos días se incautaron de un buen número de ellas. Según las cifras oficiales, durante los combates murieron cuatrocientas personas y alrededor de un millar resultaron heridas. Cuatrocientos muertos tal vez sea una exageración, pero puesto que no hay forma de comprobarlo, hay que aceptar esa cifra como válida.

Segunda cuestión: las repercusiones de los disturbios. Evidentemente, es imposible decir con seguridad cuáles fueron. No hay indicios de que el conflicto afectara de ningún modo al curso de la guerra, aunque, como es lógico, lo habría hecho si se hubiese prolongado unos días. Pero se convirtió en excusa para que el gobierno catalán quedara a merced del de Valencia, para acelerar la disolución de las milicias obreras y para ilegalizar el POUM, y no cabe duda de que tuvo algo que ver en la caída del gobierno de Largo Caballero. Aunque podemos dar por hecho que todo ello habría sucedido igualmente. La cuestión principal es si los trabajadores cenetistas que se echaron a la calle ganaron o perdieron presentando batalla en esta ocasión. No es más que una conjetura, pero mi opinión es que ganaron más que perdieron. La toma de la Telefónica de Barcelona constituyó un mero episodio en un largo proceso. En el curso del año anterior, poco a poco y con maniobras, se había estado restando poder a los sindicatos, la situación general escapaba al control de la clase obrera y tendía a la centralización, al capitalismo de estado o quizás a la reaparición del capitalismo de iniciativa privada. La resistencia que se ofreció en este momento a buen seguro ralentizó el proceso. Al año de estallar la guerra los trabajadores catalanes habían perdido buena parte del poder que tenían, aunque su situación seguía siendo relativamente ventajosa. Habría sido mucho menos ventajosa de haberse puesto de manifiesto que no iban a responder a ninguna provocación. A veces es más rentable combatir y ser derrotado que no combatir.

En tercer lugar, ¿hubo alguna intención tras aquel estallido? ¿Fue alguna variedad de golpe de Estado o de sublevación revolucionaria? ¿Apuntaba decididamente al derrocamiento del gobierno? ¿Se preparó de antemano?

En mi opinión, el combate se preparó sólo en el sentido de que todo el mundo lo esperaba. En ningún bando hubo indicios de que existiera un plan definido. La acción fue casi espontánea en el bando anarquista, ya que fueron sobre todo las bases las que se movilizaron y se echaron a la calle, y los dirigentes políticos los siguieron a regañadientes o no los siguieron. Los únicos que emplearon la retórica revolucionaria fueron los Amigos de Durruti, un pequeño grupo extremista de la FAI, y el POUM, aunque también éstos fueron detrás y no en cabeza. Los Amigos de Durruti repartieron una octavilla revolucionaria, pero fue el 5 de mayo y no puede decirse que precipitara el conflicto, que se había iniciado dos días antes. Los dirigentes oficiales de la CNT se desentendieron del asunto desde el principio. Hubo multitud de razones para ello. En primer lugar, la CNT contaba todavía con representación en el gobierno nacional y en la *Generalidad,* lo que obligaba a los líderes a ser más conservadores que sus seguidores. En segundo lugar, el principal objetivo de los dirigentes de la CNT era formar una alianza con la UGT, y los combates sólo contribuían a distanciarlos, al menos temporalmente. En tercer lugar –aunque esto lo supieron pocos en su momento–, los dirigentes anarquistas temían que intervinieran potencias extranjeras si las cosas se extralimitaban y los trabajadores se apoderaban de la ciudad, como quizás estuvieron en condiciones de hacer el 5 de mayo. Un crucero y dos destructores británicos habían fondeado en la bocana del puerto y es indudable que había más buques de guerra cerca. Los periódicos ingleses afirmaban que aquellos barcos se dirigían a Barcelona «para defender los intereses británicos», pero la verdad es que no hicieron nada en este sentido, es decir, no desembarcaron tropas ni se llevaron refugiados. No tengo ninguna certeza al respecto, pero era lógico y probable que el gobierno británico, que no había movido ni un dedo para salvar a España de la sublevación franquista, interviniera con rapidez para salvarla de su propia clase trabajadora.

Los dirigentes del POUM, lejos de desentenderse del asunto, animaron a sus seguidores a permanecer en las barricadas, e incluso aprobaron (en *La Batalla* del 6 de mayo) la octavilla extremista de los Amigos de Durruti. (Hay mucha incertidumbre a propósito de esta octavilla, de la que nadie parece conservar ahora un ejemplar. En algunos periódicos extranjeros se dijo que era un «cartel incendiario» que se «pegó» por toda la ciudad. No hubo ningún cartel. Tras cotejar diversas informaciones, deduzco que la octavilla pedía: (i) la formación de una junta revolucionaria, (ii) el fusilamiento de los responsables del ataque contra la Telefónica y (iii) el desarme de la Guardia de Asalto. Tampoco se sabe con claridad en qué medida sancionaba *La Batalla* el contenido de la octavilla. Yo no leí ni la octavilla ni *La Batalla* de aquel día. Las únicas octavillas que vi durante los disturbios fueron las que repartió el 4 de mayo un minúsculo grupo trotskista [«Bolchevique-leninistas»], y sólo decían: «Todos a las barricadas, huelga general en todas las fábricas menos en las de guerra». En otras palabras, pedían lo que estaba sucediendo ya.) Pero la actitud de los dirigentes del POUM fue de hecho titubeante. Nunca habían dicho que hubiera que sublevarse antes de ganar la guerra contra Franco; pero los trabajadores se habían echado a la calle, y los dirigentes del POUM adoptaron la pedante actitud marxista según la cual cuando los obreros están en la calle el deber de los partidos revolucionarios es estar con ellos. De aquí que, a pesar de proferir consignas revolucionarias sobre el «renacer del espíritu del 19 de julio» y cosas parecidas, se esforzaran por limitar la acción de los trabajadores a una postura defensiva. Por ejemplo, en ningún momento ordenaron atacar ningún edificio; al contrario, ordenaron a sus seguidores que estuvieran en guardia y, como ya he referido en el capítulo IX, que no disparasen si podían evitarlo. *La Batalla* ordenó asimismo que no se trasladara a Barcelona a ninguna unidad del frente.* Por lo que sé, la responsabilidad del POUM se limita a haber pedido a todos que permanecieran en las barricadas y probablemente a haber convencido a muchos de que se quedaran más tiempo del que se habrían quedado en otras circunstancias. Quienes estaban entonces en contacto personal con los dirigentes del POUM (no era mi caso) me han contado que el episodio en realidad los deprimió, pero que pensaban que no podían lavarse las manos. Más tarde se capitalizó políticamente el asunto de la manera acostumbrada. Gorkin, un dirigente del POUM, llegó a hablar

---

* Un número reciente de la revista *Inprecor* afirma exactamente lo contrario: que *La Batalla* ordenó a los milicianos del POUM que volvieran del frente. La cuestión se puede zanjar fácilmente consultando *La Batalla* de la fecha indicada.

después de «las gloriosas Jornadas de Mayo». Desde el punto de vista propagandístico, es posible que fuera oportuno hacerlo, porque la verdad es que la militancia del POUM aumentó mucho durante el breve periodo que precedió a su prohibición. Tácticamente fue sin duda un error respaldar la octavilla de los Amigos de Durruti, que era una organización muy pequeña y por lo general hostil al POUM. Teniendo en cuenta la alarma general y las manifestaciones de ambos bandos, la octavilla sólo venía a decir: «Quedaos en las barricadas». Pero al dar la sensación de que la aprobaban mientras *Solidaridad Obrera*, el periódico anarquista, la descalificaba, los dirigentes del POUM facilitaron las cosas a la prensa comunista, que afirmó más tarde que los disturbios habían sido una especie de insurrección orquestada en solitario por el POUM; aunque no cabe duda de que la prensa comunista lo habría dicho de todos modos. No era nada comparado con las acusaciones que los dos grupos cruzaron antes y después del episodio con menos fundamento. Los dirigentes de la CNT ganaron poco con su cautela; se elogió su lealtad, pero se los echó tanto del gobierno nacional como del catalán en cuanto se presentó la ocasión.

A juzgar por lo que la gente decía entonces, no hubo ninguna intención revolucionaria en ninguna parte. Los que estaban en las barricadas, trabajadores cenetistas normales y corrientes, acompañados quizá de algunos ugetistas, no querían derrocar al gobierno sino repeler lo que pensaban que era, acertada o equivocadamente, una agresión de la policía. Su actitud fue sobre todo defensiva y dudo que se pueda calificar de «levantamiento», como se dijo en casi todos los periódicos extranjeros. Un levantamiento supone una acción ofensiva y un plan concreto, mientras que esto fue más bien un disturbio, uno muy sangriento dado que ambos bandos tenían armas de fuego y estaban dispuestos a utilizarlas.

Pero ¿y las intenciones del otro bando? Si no fue un golpe de Estado anarquista, ¿fue quizás un golpe de Estado comunista, una medida planeada para aplastar de un mazazo el poder de la CNT?

Creo que no, aunque haya indicios que induzcan a sospechar que sí. Es interesante advertir que dos días después ocurrió en Tarragona algo parecido (toma de la Telefónica por la policía, siguiendo instrucciones de Barcelona). Y el asalto de la Telefónica de Barcelona no fue un hecho aislado. En distintos puntos de la ciudad grupos de guardias de asalto y de militantes del PSUC se apoderaron de edificios situados estratégicamente, si no antes de que comenzara la lucha, sí al menos con una rapidez pasmosa. Pero hay que recordar que estos hechos sucedían en España y no en Inglaterra. Barcelona tiene una larga historia de luchas callejeras. En lugares así las cosas suceden con rapidez, las facciones se improvisan, todo el mundo conoce la geografía local, y cuando los cañones empiezan a disparar la gente ocupa sus puestos como si estuviera en unas maniobras militares. Es probable que los responsables del ataque contra la Telefónica esperasen que surgieran problemas —aunque no de la magnitud de los que hubo— y se hubieran preparado para afrontarlos. Pero de aquí no se sigue que estuvieran planeando un ataque generalizado contra la CNT. Hay dos motivos por los que no creo que ningún bando preparase un combate a gran escala.

(i) Ningún bando había apostado tropas en Barcelona con antelación. Los disturbios se produjeron sólo entre las fuerzas que estaban ya en la ciudad, básicamente civiles y policías.

(ii) La comida empezó a escasear casi al instante. Cualquiera que haya combatido en España sabe que una operación de guerra que los españoles ejecutan con verdadera eficacia es la alimentación de sus hombres. Es muy improbable que los dos bandos no hubieran almacenado comida de haber previsto que sobrevenían un par de semanas de combates callejeros y una huelga general.

Por último, la cuestión de la razón y la sinrazón de los acontecimientos.

En la prensa antifascista extranjera hubo mucho revuelo, pero, como suele suceder, sólo se permitió declarar a una de las partes en litigio. En consecuencia, los combates de Barcelona se han presentado como una insurrección de anarquistas y trotskistas desleales que asestaron «al gobierno español una puñalada por la espalda». La cuestión no era tan sencilla. Es evidente que si estamos en guerra con un enemigo mortal, no es productivo pelearnos entre nosotros; pero hay que recordar que para pelearse hacen falta dos y que nadie se pone a levantar barricadas si no hay una provocación real o aparente.

El conflicto surgió naturalmente con la orden que dio el gobierno a los anarquistas al objeto de que entregaran las armas. Esta circunstancia se tradujo en la prensa inglesa con mentalidad inglesa y quedó como sigue: en el frente de Aragón se necesitaban armas con urgencia y no se pudieron enviar por culpa de los antipatrióticos anarquistas que las retenían. Afirmar tal cosa equivale a pasar por alto las condiciones reales en que se hallaba España. Todos sabían que tanto los anarquistas como el PSUC guardaban armas, y cuando estalló el conflicto ya no cupo la menor duda; ambos bandos estaban bien armados. Los anarquistas sabían muy bien que, aunque entregaran las suyas, el PSUC, la principal fuerza política de Cataluña, no haría lo propio, como pudo comprobarse cuando terminaron los combates.

Mientras tanto se veían en las calles muchísimas armas que habrían cumplido un buen servicio en el frente, pero que se retenían para las «apolíticas» fuerzas de seguridad de la retaguardia. Y por debajo de este paisaje estaba la diferencia irreconciliable entre anarquistas y comunistas, que antes o después tenía que producir un enfrentamiento. El Partido Comunista de España había crecido mucho desde el comienzo de la guerra y se había hecho con casi todo el poder político, y además habían llegado a la península miles de comunistas extranjeros, muchos de los cuales manifestaban en voz alta su intención de «liquidar» el anarquismo en cuanto se consiguiera derrotar a Franco. En tales circunstancias era mucho pedir que los anarquistas entregaran las armas de que se habían adueñado el verano de 1936.

El ataque contra la Telefónica fue tan sólo la chispa que hizo estallar una bomba que ya existía. Tal vez podría llegar a admitirse que los responsables no imaginaron que tendría tales consecuencias. Se ha dicho que Companys, el presidente catalán, había afirmado riendo unos días antes que los anarquistas apechugarían con cualquier cosa.* Pero desde luego no fue una acción prudente. Desde hacía meses se venían produciendo enfrentamientos armados entre los comunistas y los anarquistas en distintas zonas de España. Cataluña, sobre todo Barcelona, vivía en un estado de tensión que ya había producido peleas callejeras, atentados y otros incidentes. De pronto corrió la noticia de que un grupo de hombres armados atacaba los edificios que los trabajadores habían ocupado durante los combates de julio y a los que daban mucha importancia sentimental. Hay que recordar que la clase obrera no simpatizaba con la Guardia Civil. Durante generaciones, *la guardia* no había sido más que el espolón de los terratenientes y los patronos, y se la detestaba el doble porque se sospechaba, con no poca razón, que su lealtad a la República era muy dudosa.** Es probable que el

* *New Statesman*, 14 de mayo.
** Al estallar la guerra, las distintas unidades de la Guardia Civil se habían alineado en todas partes con el bando más fuerte. Más tarde hubo casos, por ejemplo en Santander, en que la Guardia Civil local se pasó en bloque a los fascistas.
[Orwell, en la primera edición, confundió a la Guardia de Asalto de Barcelona con la Guardia Civil y pensó que la Guardia de Asalto era sólo el contingente que llegó de Valencia. En su Fe de Erratas consignó que debía sustituirse «civil» por «de asalto» en lo que en esta edición son el capítulo IX y el Apéndice II. Pero también deseaba que se supiera que se detestaba a la Guardia Civil. Cumplir su voluntad entraña algunos problemas textuales. En la «Nota al Texto» he dado los detalles de su solución. Baste señalar aquí que en esta ocasión corresponde decir «civil» y no «de asalto»; para evitar confusiones, los que en la primera edición eran guardias civiles son aquí guardias de asalto «locales», y los guardias de asalto de la primera edición aparecen aquí como guardias de asalto «valencianos» o «de Valencia». *(N. del E.)]*

impulso que lanzó a la población a la calle durante las primeras horas fuera el mismo que la había movido a oponerse a los generales sublevados al comienzo de la guerra. Por supuesto, podría argumentarse que los trabajadores de la CNT deberían haber entregado la Telefónica sin resistencia. Las opiniones en este sentido estarán determinadas por la postura que se tome ante la cuestión de la forma centralizada de gobierno y el poder obrero. Habría sido más pertinente decir: «Sí, es muy probable que la CNT tuviera sus razones, pero al fin y al cabo había una guerra en curso y la CNT no tenía por qué empezar una contienda en la retaguardia». Con esto estoy totalmente de acuerdo. Era muy probable que cualquier desorden interno beneficiara a Franco. Pero ¿qué desencadenó la lucha en realidad? Al margen de si el gobierno tenía derecho o no a apoderarse de la Telefónica, la cuestión es que en el plano de los hechos era inevitable que la lucha se produjese. Fue una provocación, un acto que venía a decir y que sin duda quería decir: «Vuestro poder se ha acabado; ahora mandamos nosotros». Era absurdo esperar que no hubiera resistencia. Basta una pizca de objetividad para darse cuenta de que la culpa no la tuvo —no podía tenerla en un asunto de esta índole— únicamente una parte. El motivo por el que se ha adoptado una versión unilateral se debe sólo a la nula influencia que los partidos revolucionarios españoles tienen en la prensa extranjera. En la prensa inglesa en concreto hay que buscar mucho para dar con una referencia favorable a los anarquistas españoles en toda la guerra; se les ha denigrado por sistema, mi experiencia me dice que es casi imposible publicar nada en su defensa.

He procurado describir objetivamente los combates de Barcelona, pero nadie, como es lógico, puede ser objetivo por completo en un asunto de esta naturaleza. Uno está prácticamente obligado a tomar partido, y creo que ha quedado bastante claro de qué lado estoy. Repito que es inevitable que haya cometido errores de detalle, aquí y en otros capítulos de este libro. Es muy difícil escribir con precisión sobre la guerra española a causa de la inexistencia de documentos que no sean de propaganda. Aviso, por tanto, a todos los lectores que estén prevenidos contra mi parcialidad y contra mis errores, aunque en todo momento he procurado ser sincero. No obstante, se verá que mi versión es por entero distinta de la que ha ofrecido la prensa extranjera, sobre todo la comunista. Es inevitable repasar la versión comunista, dado que se ha difundido en todo el mundo, se viene remachando periódicamente desde entonces y es sin duda la que goza de una mayor aceptación.

En la prensa comunista y filocomunista se responsabiliza exclusivamente al POUM de los combates de Barcelona. El episodio se presenta no como un estallido espontáneo sino como una insurrección organizada y urdida contra el gobierno, orquestada en exclusiva por el POUM, con ayuda de algunos «incontrolados» de ideas confusas. Más aún: fue en definitiva una conspiración fascista, ejecutada por orden de los fascistas para promover una guerra civil en la retaguardia y maniatar así al gobierno. El POUM era la «quinta columna de Franco», una organización «trotskista» que obraba de acuerdo con los fascistas. Según el *Daily Worker* (11 de mayo):

«Los agentes alemanes e italianos que llegaron en tropel a Barcelona, en apariencia para "preparar" el famoso "Congreso de la IV Internacional", tenían una importante misión. La siguiente:

»Tenían que preparar —en colaboración con los trotskistas locales— una situación en la que hubiera desorden y derramamiento de sangre, para que los alemanes y los italianos pudieran alegar que era imposible "ejercer con eficacia el control naval de las costas catalanas a causa de los desórdenes de Barcelona" y que por lo tanto no iban a tener "más remedio que desembarcar tropas en Barcelona".

»En otras palabras, se estaba preparando la situación ideal para que el gobierno alemán y el italiano pudieran desembarcar tranquilamente tropas del ejército o de la marina en las costas catalanas y alegar que lo hacían "para mantener el orden" [...].

»El medio por el que alemanes e italianos conseguirían sus objetivos era la organización trotskista llamada POUM.

»El POUM, en colaboración con conocidos criminales y con ciertos elementos engañados de grupos anarquistas, planeó y dirigió la ofensiva en la retaguardia, cronometrada con precisión para que coincidiera con la ofensiva en el frente de Bilbao», etc., etc.».

Más abajo, los combates de Barcelona pasan a ser «la ofensiva del POUM», y en otro artículo del mismo número se afirma que «no cabe duda de que hay que responsabilizar al POUM del baño de sangre en Cataluña». El número de *Inprecor* del 29 de mayo afirma que quienes levantaron las barricadas de Barcelona fueron «únicamente miembros del POUM, organizados por este partido a tal fin».

Podría citar más ejemplos, pero creo que es suficiente. El POUM era el único responsable y el POUM obedecía órdenes fascistas. Luego reproduciré más pasajes de las versiones que se fueron publicando en la prensa comunista y se verá que se contradicen hasta el extremo de perder todo valor. Antes quisiera exponer unas cuantas razones apriorísticas por las que la idea de que los disturbios de mayo fueron un motín fascista orquestado por el POUM raya lo increíble:

(i) El POUM no tenía masas ni influencia suficientes para promover desórdenes de tal magnitud, y menos aún capacidad para convocar una huelga general. Era una organización política con poco peso en los sindicatos y sus posibilidades de paralizar Barcelona con una huelga general habrían sido poco más o menos las mismas que (por ejemplo) las del Partido Comunista inglés de paralizar Glasgow. Como ya he dicho, es posible que la actitud de los dirigentes del POUM contribuyera hasta cierto punto a prolongar los combates, pero no habrían podido originarlos ni aunque se lo hubieran propuesto.

(ii) La presunta conspiración con los fascistas se basa sólo en afirmaciones, mientras que todos los indicios sugieren lo contrario. Se nos dice que era un plan para permitir que el gobierno alemán y el italiano desembarcaran tropas en Cataluña; sin embargo, ningún transporte alemán o italiano se acercó a las costas catalanas. En cuanto al «Congreso de la IV Internacional» y a los «agentes alemanes e italianos», son pura fantasía. Por lo que sé, jamás se habló de ningún Congreso de la IV Internacional. Había planes inconcretos para celebrar un Congreso del POUM y otros partidos hermanados (el ILP inglés, el SAP alemán, etc.); se había previsto provisionalmente para julio —dos meses después— y aún no había llegado ni un solo delegado extranjero. Los «agentes alemanes e italianos» sólo han existido en las páginas del *Daily Worker*. Cualquiera que cruzara la frontera por entonces sabe que no era fácil «entrar en tropel» en España, ni tampoco salir, para el caso.

(iii) No sucedió nada ni en Lérida, principal plaza fuerte del POUM, ni en el frente. Es evidente que si los dirigentes del POUM hubieran tenido intención de ayudar a los fascistas habrían ordenado a sus milicianos que se retiraran de las líneas para que pasase el enemigo. Pero no se hizo ni se insinuó nada en este sentido. Tampoco se retiró previamente de las líneas a ningún destacamento, aunque apenas habría entrañado complicaciones reenviar disimuladamente a Barcelona a, por ejemplo, mil o dos mil hombres con diversos pretextos. Y en el frente no hubo ni siquiera un intento indirecto de sabotaje; el transporte de víveres, municiones y demás pertrechos no sufrió alteraciones y siguió como siempre, tal y como comprobé haciendo indagaciones posteriores. Lo principal es que una insurrección de esta índole habría exigido meses de preparación, de propaganda subversiva entre los milicianos, etc. Pero no hubo ningún indicio ni rumor en este sentido. Un hecho que debería ser concluyente es que los milicianos del frente no participaron en la «insurrección». Si el POUM planeaba en serio un golpe de Estado, es inconcebible que no recurriera a los diez mil hombres armados que eran su única fuerza efectiva.

Con lo dicho creo que queda bastante claro que la tesis comunista de que el POUM organizó una «insurrección» por orden de los fascistas carece de todo fundamento. Citaré más pasajes procedentes de la prensa comunista. Las versiones que dan los comunistas del incidente desencadenante, el ataque contra la Telefónica, son esclarecedoras: en lo único en que coinciden es en culpar al otro bando. Es de señalar que los periódicos comunistas ingleses responsabilizaron primero a los anarquistas y después a los poumistas. El motivo es evidente: no todos los ingleses saben lo que es el «trotskismo», mientras que cualquier ciudadano anglófono se echa a temblar cuando oye la palabra «anarquista». En cuanto se sabe que hay «anarquistas» por medio, se consolida el clima propenso al prejuicio; después, la culpa se puede transferir tranquilamente a los «trotskistas». El *Daily Worker* empieza así (6 de mayo): «El lunes y el martes, una reducida banda de anarquistas tomó las centrales de teléfonos y telégrafos y trató de retenerlas, iniciando un tiroteo en la calle».

No hay nada como empezar invirtiendo los papeles. La Guardia de Asalto local atacó un edificio en poder de la CNT; así pues, la CNT aparece aquí atacando un edificio suyo, atacándose a sí misma en última instancia. En cambio, el *Daily Worker* de 11 de mayo afirma: «El ministro catalán de Seguridad Interior, el izquierdista Ayguadé [Aiguader], y el Comisario General de Orden Público, Rodríguez Salas, de los Socialistas Unificados, enviaron a la policía armada republicana a la Telefónica para desarmar a los empleados que se hallaban en su interior y que en su mayoría eran miembros de los sindicatos de la CNT».

Esto no concuerda con la afirmación anterior, pero el *Daily Worker* no confiesa en ningún sitio que la primera noticia fuera falsa. También afirma el mismo 11 de mayo que las octavillas de los Amigos de Durruti, que fueron desautorizadas por la CNT, se repartieron el 4 y el 5 de mayo, durante los combates. El número de *Inprecor* de 22 de mayo dice que se repartieron el 3 de mayo, antes de los combates, y añade que, «en vista de los hechos» (la aparición de un puñado de octavillas), sucedió lo que sigue: «La policía, con el jefe superior en cabeza, se apoderó de la central de teléfonos el 3 de mayo por la tarde. La policía recibía disparos mientras cumplía con su deber. Fue la señal para que los agentes provocadores iniciaran refriegas por toda la ciudad».

Y he aquí ahora lo que refiere la misma revista *Inprecor* el 29 de mayo: «A las tres en punto de la tarde, el Comisario de Seguridad Interior, el camarada Salas, se dirigió a la Telefónica, que había sido tomada la noche anterior por cincuenta miembros del POUM y diversos elementos incontrolados».

No deja de tener gracia. Que cincuenta miembros del POUM tomaran la Telefónica habría tenido su lado pintoresco, y habría sido de esperar que alguien se diera cuenta cuando sucedió. Pero, por lo visto, nadie lo supo hasta tres o cuatro semanas después. En otro número de *Inprecor*, los cincuenta miembros del POUM se convierten en cincuenta milicianos del POUM. Costaría mucho condensar más contradicciones en tan pequeño espacio. Unas veces la CNT ataca la Telefónica, otras es atacada allí; una octavilla aparece antes de la toma de la Telefónica y genera la misma, o bien aparece después y es una consecuencia; los que están en la Telefónica son unas veces de la CNT y otras del POUM, y así sucesivamente. En otro número posterior del *Daily Worker* (3 de junio), el señor J.R. Campbell nos dice que el gobierno se apoderó de la Telefónica porque ya se habían levantado barricadas (!).

Por motivos de espacio me he fijado en un solo episodio, pero en todas las noticias publicadas por la prensa comunista se pueden encontrar las mismas discrepancias. Además hay algunas afirmaciones que son invenciones descaradas. He aquí unas palabras que citaba el *Daily Worker* el 7 de mayo y que según se decía procedían de la embajada de España en París: «Un rasgo significativo de la insurrección ha sido que en los balcones de varias casas barcelonesas se colgaron viejas banderas monárquicas, sin duda en la creencia de que los insurrectos dominaban ya la situación».

Es muy probable que el *Daily Worker* reprodujera de buena fe esta afirmación, pero quien la formuló en la embajada española mentía a sabiendas. Cualquier español comprendía mejor que él la situación interior del país. ¡Una bandera monárquica en Barcelona! Es precisamente lo único que habría unido al instante a las facciones en pugna. Hasta los comunistas que estuvieron allí sonreían cuando leían estas cosas. Lo mismo sucede con las noticias aparecidas en diversos periódicos comunistas acerca de las armas que al parecer empleó el POUM durante la «insurrección». Sólo son creíbles si no se sabe nada de lo ocurrido. En el *Daily Worker* de 17 de mayo, el señor Frank Pitcairn afirma: «Contaron con toda clase de armas en aquella atrocidad. Estaban las armas que venían robando y escondiendo desde hacía meses, y además había carros de combate que robaron de los cuarteles al comienzo de la insurrección. Se sabe que todavía tienen en su poder docenas de ametralladoras y centenares de fusiles».

El número de *Inprecor* de 29 de mayo sostiene además: «El 3 de mayo el POUM disponía de docenas de ametralladoras y millares de fusiles [...]. En la plaza de España, los trotskistas utilizaron baterías de cañones del 75, que estaban destinadas al frente de Aragón y que los milicianos habían escondido concienzudamente en sus locales».

El señor Pitcairn no nos aclara cómo ni cuándo se supo que el POUM poseía docenas de ametralladoras y centenares de fusiles. Ya he dicho más arriba cuántas armas había aproximadamente en tres de las principales sedes del POUM: alrededor de ochenta fusiles, unas cuantas bombas de mano y ni una sola ametralladora; es decir, apenas lo suficiente para pertrechar a los vigilantes que, en aquel periodo, todos los partidos políticos apostaban en la puerta de sus edificios. Es curioso que cuando se ilegalizó el partido y se ocuparon todas sus sedes no aparecieran por ningún lado estos millares de armas; me refiero sobre todo a los carros de combate y a los cañones ligeros, que no son cosas que pueda uno esconder en la chimenea. Pero lo que resulta revelador en las dos declaraciones recién citadas es su total ignorancia de las circunstancias locales. Según el señor Pitcairn, el POUM robaba carros de combate «de los cuarteles». No precisa de cuáles. Los milicianos del POUM que paraban en Barcelona (ya relativamente pocos, porque había cesado el reclutamiento directo para las milicias de partidos) compartían alojamiento con un grupo más numeroso de soldados del Ejército Popular en el Cuartel Lenin. En consecuencia, el señor Pitcairn nos está pidiendo que creamos que el POUM robó los tanques con la complicidad del Ejército Popular. Lo mismo cabe decir de los «locales» donde se habrían escondido los cañones de 75 mm; no se indica dónde estaban estos locales. Lo de las baterías de cañones haciendo fuego en la plaza de España ha aparecido en muchas noticias de prensa, pero no creo equivocarme si afirmo que jamás existieron. Como queda dicho más arriba, yo no oí disparos de artillería durante el conflicto y la plaza de España estaba sólo a kilómetro y medio de donde me encontraba. Días después fui a la plaza y no vi ningún edificio con impactos de cañonazos. Y un testigo que estuvo en aquel barrio durante todo el episodio asegura que no vio aparecer por allí ningún cañón. (A propósito, la patraña de los cañones robados pudo haber salido de la boca de Antonov-Ovseenko, el cónsul general de Rusia. Fue él, en cualquier caso, quien se la comunicó a un conocido periodista inglés, que después la reprodujo de buena fe en un semanario. Antonov-Ovseenko fue víctima de una «purga» en fecha posterior, pero desconozco si esto puede influir en su credibilidad.) Lo cierto es que han tenido que inventarse estas patrañas de los carros de combate, los cañones ligeros y demás porque de lo contrario nadie creería que un grupo tan reducido como el POUM pudiera ser responsable de unos disturbios de tal magnitud. Se precisaba proclamar que el POUM era el único responsable del episodio; y además se precisaba proclamar que era un grupo minúsculo, sin simpatizantes y con «sólo unos cuantos millares de afiliados», según *Inprecor*. La única forma de que coincidieran ambas informaciones era inventar que el POUM estaba equipado como un moderno ejército mecanizado.

Es imposible leer las noticias que aparecían en la prensa comunista y no darse cuenta de que se dirigían deliberadamente a un público ignorante de los hechos, sin otra intención que levantar prejuicios. Véanse, por ejemplo, las afirmaciones que hace el señor Pitcairn en el *Daily Worker* del 11 de mayo respecto a que la «insurrección» fue reprimida por el Ejército Popular. Lo que se persigue con todo esto es lograr que los de fuera tengan la impresión de que toda Cataluña estaba unida como un solo hombre contra los «trotskistas». Sin embargo, el Ejército Popular permaneció neutral durante todo el conflicto; todos los que estaban en Barcelona lo sabían y cuesta creer que el señor Pitcairn no lo supiera también. O véase, si no, el baile de cifras de muertos y heridos que proporcionaba la prensa comunista con objeto de exagerar la magnitud del desorden. José Díaz, el secretario general del Partido Comunista de España, muy citado en la prensa comunista británica, llegó a hablar de 900 muertos y 2.500 heridos. El ministro catalán de Propaganda, que difícilmente habría tendido a la baja, habló de 400 muertos y 1.000 heridos. El Partido Comunista dobla la oferta y añade unos centenares para que haya suerte.

En general, la prensa capitalista extranjera culpó del episodio a los anarquistas, si bien hubo unos cuantos periódicos que siguieron el ejemplo comunista. Uno de ellos fue el británico *News Chronicle*, cuyo corresponsal, el señor John Langdon-Davies, estaba en Barcelona por entonces. Cito algunos pasajes de su artículo:

«UNA REVUELTA TROTSKISTA

»[...] Esto no ha sido una insurrección anarquista. Es un golpe frustrado de los "trotskistas" del POUM, ejecutado por mediación de los "Amigos de Durruti" y las Juventudes Libertarias, que son organizaciones controladas por ellos [...]. La tragedia dio comienzo el lunes por la tarde, cuando el gobierno envió policías armados a la Telefónica para desarmar a los trabajadores que había dentro y que eran sobre todo hombres de la CNT. Había graves y escandalosas irregularidades en el servicio desde hacía tiempo. Delante de la Telefónica, en la plaza de Cataluña, se fue concentrando una gran multitud, mientras los cenetistas resistían, cediendo planta tras planta hasta llegar a la azotea [...]. El episodio fue muy confuso, pero se decía que el gobierno quería presentar batalla a los anarquistas. Las calles se llenaron de hombres armados [...]. Al anochecer se levantaron barricadas delante de todos los centros obreros y edificios oficiales, y a las diez en punto comenzaron a oírse en las calles las primeras refriegas y las primeras ambulancias. Al amanecer sonaban disparos por toda Barcelona [...]. Conforme avanzaba el día y los muertos llegaban al centenar se hacían especulaciones sobre lo que estaba sucediendo. Ni los anarquistas de la CNT ni los socialistas de la UGT se habían "echado a la calle" en sentido estricto; estaban detrás de las barricadas, vigilando y esperando, y al parecer tenían derecho a disparar contra todo bicho armado que pasara por delante [...] y para empeorar las cosas, además de las refriegas generalizadas estaban los *pacos*, francotiradores escondidos, básicamente fascistas, que disparaban desde los tejados sin objetivo concreto, pero aumentando el pánico todo lo posible [...]. El miércoles al atardecer, sin embargo, comenzó a saberse quién estaba detrás de la revuelta. En todas las paredes había un cartel incendiario llamando a una revolución inmediata y exigiendo el fusilamiento de los dirigentes socialistas y republicanos. Lo firmaban los "Amigos de Durruti". El jueves por la mañana, el periódico anarquista alegó que no sabía nada del cartel y que no lo apoyaba, pero *La Batalla*, publicada por el POUM, reprodujo el texto con los mayores elogios. En Barcelona, la primera ciudad de España, ha habido un baño de sangre por culpa de agentes provocadores que se valieron de esta organización subversiva».

Esto no coincide con las versiones comunistas que he reproducido más arriba, aunque es evidente que a pesar de todo encierra contradicciones. Al principio se describe el episodio como «una revuelta trotskista», luego se nos explica que se produjo a raíz del asalto de la Telefónica y por la convicción general de que el gobierno quería «presentar batalla» a los anarquistas. La ciudad se llena de barricadas y la CNT y la UGT se atrincheran en ellas; dos días después aparece el cartel incendiario (en realidad una octavilla) y se decreta que es responsable indirecto de haber comenzado el incidente: un efecto que precede a la causa. Pero hay además un par de hechos que se han distorsionado seriamente. El señor Langdon-Davies dice que los Amigos de Durruti y las Juventudes Libertarias eran «organizaciones controladas» por el POUM, cuando el hecho es que ambas eran organizaciones anarquistas y no tenían ninguna relación con ese partido. Las

Juventudes Libertarias eran la sección juvenil de los anarquistas, equivalentes a la JSU del PSUC y otras, mientras que los Amigos de Durruti eran un pequeño grupo integrado en la FAI y su postura general ante el POUM era muy hostil. Nunca he sabido de nadie que militara en las dos organizaciones a la vez. Sería igual de exacto afirmar que la Liga Socialista es una «organización controlada» por el Partido Liberal inglés. ¿No lo sabía el señor Langdon-Davies? Si lo sabía, habría debido escribir con más cautela sobre este complejísimo asunto.

No pongo en duda la buena fe del señor Langdon-Davies; no obstante, él mismo confiesa que se fue de Barcelona en cuanto terminaron los disturbios, es decir, en el momento en que habría podido empezar a hacer una investigación seria, y su crónica está salpicada de claros indicios que apuntan a aceptar la versión oficial de la «revuelta trotskista» sin hacer las comprobaciones de rigor. También esto se advierte en los pasajes que he citado. «Al anochecer» se levantan las barricadas y «a las diez en punto» comienzan las refriegas. No es la forma en que se expresaría un testigo ocular. Leyendo estas frases se diría que la costumbre es no disparar al enemigo hasta que haya levantado la barricada. La impresión que se da es que entre el levantamiento de las barricadas y las primeras refriegas transcurrieron unas horas, cuando en realidad sucedió al revés; yo y muchos otros vimos los primeros cruces de disparos a primera hora de la tarde. Y luego tenemos a los francotiradores, «básicamente fascistas», que disparaban desde los tejados. El señor Langdon-Davies no explica cómo averiguó que eran fascistas, y no creo que subiera a los tejados para preguntárselo a ellos; se limitó a repetir lo que le habían dicho y, como coincidía con la versión oficial, no lo puso en duda. La verdad es que la imprudente alusión al ministro de Propaganda en el inicio de este artículo indica ya una de sus fuentes probables. Los periodistas extranjeros destacados en España se encontraban indefensos y a merced del Ministerio de Propaganda, un nombre que, me parece a mí, basta para despertar las sospechas. El ministro de Propaganda, como era de esperar, daría una versión de los sucesos de Barcelona tan objetiva como la que habría dado lord Carson de la insurrección de Dublín de 1916.

He expuesto mis motivos para creer que no se puede tomar en serio la versión comunista de los sucesos de Barcelona. Pero debo decir algo más sobre la acusación general de que el POUM era una organización fascista secreta, a sueldo de Franco y de Hitler.

Tal acusación se ha repetido hasta la saciedad en la prensa comunista, sobre todo desde comienzos de 1937. Formaba parte de la campaña internacional del Partido Comunista oficial contra el «trotskismo», del que el POUM era, en teoría, el representante en España. «El trotskismo», según *Frente Rojo* (el periódico de los comunistas valencianos), «no es una doctrina política. El trotskismo es una organización capitalista oficial, una banda fascioterrorista consagrada a la comisión de crímenes y sabotajes contra el pueblo.» El POUM era una organización «trotskista», asociada con los fascistas, y formaba parte de la «quinta columna de Franco». Lo que llamaba la atención desde el comienzo mismo era que no se presentaba prueba alguna que apoyara semejante acusación; simplemente se afirmaba con un aire de autoridad. Y la acometida se acompañaba de todas las calumnias personales posibles y de una absoluta falta de consideración por las consecuencias que pudiera tener sobre la guerra. Se diría que muchos articulistas comunistas consideraban que revelar secretos militares carecía de importancia si con ello se calumniaba al POUM. En un *Daily Worker* de febrero, por ejemplo, se permite a una periodista (Winifred Bates) afirmar que el POUM tenía en el frente la mitad de soldados de los que alegaba; no era cierto, aunque es de creer que la articulista pensó que sí lo era. Esta señora y el *Daily Worker* fueron capaces de proporcionar al enemigo una de las informaciones más valiosas que se pueden obtener en un periódico. En el *New Republic*, el señor Ralph Bates afirmaba que los soldados del POUM «jugaban al fútbol con los fascistas en la tierra de nadie» en un momento en que, en realidad, los combatientes del POUM estaban sufriendo muchas bajas y muchos amigos míos resultaban muertos o heridos. Y tenemos una vez más la perversa caricatura, tan difundida primero por Madrid y luego por Barcelona, en la que el POUM se quitaba la careta de la hoz y el martillo y dejaba al descubierto una cara con la esvástica. Si el gobierno no hubiera estado prácticamente en poder de los comunistas no habría permitido nunca que algo así circulase en tiempo de guerra. Era un golpe deliberado contra la moral, no sólo de los milicianos del POUM, sino también de cuantos por casualidad estuvieran con ellos; porque no estimula mucho que le digan a uno que los soldados con los que está en primera línea son unos traidores. La verdad es que dudo que los ataques que se lanzaron contra el POUM en la retaguardia consiguieran desmoralizar a sus milicianos, pero es innegable que ése era el efecto que se buscaba y también que los responsables antepusieron el odio político a la unidad frente al fascismo.

La acusación contra el POUM consistía en esto: en decir que una masa compuesta por unas docenas de miles de personas, casi todas de clase trabajadora, más numerosos colaboradores y simpatizantes extranjeros, casi todos ellos refugiados de países fascistas, y millares de milicianos formaban en conjunto una vasta organización de espionaje a sueldo del enemigo. Esta afirmación era contraria al sentido común y bastaba una mirada a la historia del POUM para volverla increíble. Todos los dirigentes del POUM tenían un historial revolucionario a sus espaldas. Algunos habían estado implicados en la revuelta de 1934 y casi todos habían sido encarcelados por desarrollar actividades socialistas durante el gobierno Lerroux o la monarquía. En 1936, Joaquín Maurín, dirigente del POUM a la sazón, fue uno de los diputados que alertaron al Parlamento sobre la inminente sublevación de Franco. Al poco de estallar la guerra fue hecho prisionero por los fascistas mientras trataba de organizar la resistencia en la retaguardia de Franco. El POUM desempeñó un papel destacado en la oposición a la revuelta y muchos militantes murieron en las calles de Madrid. Fue uno de los primeros grupos que formaron columnas de milicianos en Cataluña y en Madrid. No se explica que estas acciones las llevara a cabo una organización a sueldo de los fascistas. Una organización a sueldo de los fascistas se habría limitado a unirse al otro bando.

Tampoco hubo ningún indicio de que desarrollara actividades profascistas durante la contienda. Podría argumentarse —aunque yo no estoy de acuerdo— que al adoptar una política más revolucionaria dividía las fuerzas de la República y por lo tanto ayudaba al fascismo; y es comprensible que el POUM fuera una molestia para cualquier gobierno de carácter reformista. Pero de ahí a la traición directa hay mucho trecho. Si el POUM era realmente una organización fascista, no tiene sentido que sus milicianos siguieran combatiendo por la República. Durante el crudo invierno de 1936-1937 había ocho o diez mil hombres defendiendo amplios sectores del frente, muchos de los cuales se pasaron cuatro o cinco meses seguidos en las trincheras. Cuesta entender por qué no se limitaron a abandonar su puesto o por qué no se pasaron al enemigo. Siempre estuvieron en condiciones de hacerlo y, en según qué momentos, el efecto habría sido decisivo. No obstante, siguieron combatiendo. Y poco después de ilegalizarse el POUM como partido político, cuando este acontecimiento seguía presente en la memoria de todos, aquellos mismos milicianos, que aún no se habían integrado en el Ejército Popular, tomaron parte en el sangriento ataque contra el flanco oriental de Huesca, en el que murieron millares de hombres en un par de días. Cuando menos se habría esperado cierta confraternización con el enemigo y un flujo continuo de desertores, pero, como ya indiqué en otra página, hubo poquísimas deserciones. También habría sido de esperar que hubiera propaganda profascista, «derrotismo» y cosas parecidas; sin embargo, yo no vi el menor rastro. Naturalmente, tuvo que haber espías fascistas y agentes provocadores en el POUM, así como los había en todos los partidos de izquierda; pero no hay ninguna prueba de que hubiera más en el POUM que en cualquier otro grupo.

Es verdad que en algunos ataques de la prensa comunista se decía, un poco a regañadientes, que quienes estaban a sueldo del enemigo no eran las bases sino los dirigentes del POUM, pero esto no fue más que una táctica para separar a las primeras de los segundos. El carácter de la acusación suponía que los militantes corrientes, los milicianos y demás, estaban igualmente implicados en la conjura; porque si Nin, Gorkin y los demás estaban en verdad a sueldo de los fascistas, era más lógico que lo supieran sus seguidores, que estaban en contacto con ellos, que los periodistas de Londres, París y Nueva York. Y en cualquier caso, cuando se prohibió el POUM, la policía secreta, dominada por los comunistas, obró dando por sentado que todos eran culpables por igual, y detuvo a todos los vinculados con el POUM a los que pudo echar el guante, incluidos heridos, enfermeras de hospital, esposas de militantes y, en algunos casos, incluso niños.

Entre el 15 y el 16 de junio el POUM acabó siendo prohibido y declarado ilegal. Fue una de las primeras medidas adoptadas por el gobierno Negrín, que había entrado en funciones en mayo. Una vez que el Comité Ejecutivo del POUM estuvo entre rejas, la prensa comunista salió con el presunto descubrimiento de la gigantesca conjura fascista. Durante una temporada, la prensa comunista de todo el mundo estuvo llena de noticias como la que sigue (*Daily Worker,* 21 de junio, resumiendo noticias de diversos periódicos comunistas españoles):

«TROTSKISTAS ESPAÑOLES CONSPIRAN CON FRANCO
»Tras la detención de un elevado número de destacados trotskistas en Barcelona y otros lugares [...] han llegado a conocerse durante el fin de semana algunos detalles de uno de los casos de espionaje más horrendos que se hayan dado en una guerra y la más espantosa traición trotskista hasta el momento [...]. Los documentos que obran en poder de la policía, más la confesión completa de no menos de 200 detenidos, demuestran...».

Lo que «demostraban» era que los dirigentes del POUM transmitían por radio secretos militares al general Franco, que estaban en comunicación con Berlín y que actuaban en colaboración con la organización fascista secreta de Madrid. Además se ofrecían detalles sensacionalistas sobre mensajes escritos con tinta simpática, un documento misterioso firmado con la letra N (que quería decir Nin) y así sucesivamente.

El resultado es que, mientras escribo estas líneas, seis meses después de los hechos, casi todos los dirigentes del POUM siguen en la cárcel sin haber sido juzgados y sin que se les haya acusado formalmente de comunicarse con Franco por radio ni de todo lo demás. Si hubieran sido culpables de espionaje habrían sido juzgados y fusilados en menos de una semana, como se había hecho ya con muchos espías fascistas. Pero en ningún momento se ha presentado más prueba contra ellos que las afirmaciones infundadas de la prensa comunista. En cuanto a las doscientas «confesiones completas», que de haber existido habrían bastado para condenar a cualquiera, no ha vuelto a hablarse de ellas; lo que en realidad hubo fueron doscientos inventos de alguien muy imaginativo.

Más aún: casi todos los miembros del gobierno español han negado dar crédito a estas acusaciones. Hace poco, el consejo de ministros decidió por cinco votos contra dos la liberación de los presos políticos antifascistas; los dos ministros que se opusieron son comunistas. En agosto llegó a España una delegación internacional presidida por el parlamentario británico James Maxton, con objeto de investigar las acusaciones formuladas contra el POUM y la desaparición de Andrés Nin. Prieto, ministro de Defensa Nacional, Irujo, ministro de Justicia, Zugazagoitia, ministro del Interior, Ortega y Gasset, fiscal general de la República, Prat García y otros se negaron a admitir que los dirigentes del POUM fueran culpables de espionaje. Irujo añadió que había revisado el expediente del caso, que ninguna de las llamadas pruebas podía sostenerse y que el documento presuntamente firmado por Nin «no tenía valor», en otras palabras, que era una falsificación. Prieto consideraba a los dirigentes del POUM responsables de los disturbios barceloneses de mayo, pero rechazaba la idea de que fuesen espías fascistas. «Lo más grave», añadió, «es que no fue el gobierno quien decretó la detención de los dirigentes del POUM, sino la policía, que obró por cuenta propia. Los responsables no son los mandos de la policía, sino sus subordinados inmediatos, entre los que se han infiltrado los comunistas, según tienen por costumbre.» Citó otros casos de detenciones ilegales practicadas por la policía. Irujo declaró asimismo que la policía se había vuelto «casi independiente» y que en realidad estaba dirigida por elementos comunistas extranjeros. Prieto dio a entender a la delegación que el gobierno no podía contrariar al Partido Comunista mientras los rusos proporcionaran armas. En diciembre llegó otra delegación, presidida por el parlamentario británico John

McGovern, cuyos miembros obtuvieron aproximadamente las mismas respuestas, y Zugazagoitia, el ministro del Interior, les repitió la insinuación de Prieto en términos más claros: «Hemos recibido ayuda de Rusia y hemos tenido que permitir ciertos actos que no nos gustaban».

Por poner un ejemplo de la autonomía de la policía, señalemos que a McGovern y los demás, que llevaban una orden firmada por el director general de Prisiones y el ministro de Justicia, no se les permitió el acceso a una de las «cárceles secretas» que tenía el Partido Comunista en Barcelona.*

Creo que lo dicho debería bastar para aclarar las cosas. La acusación de espionaje se basaba tan sólo en artículos de la prensa comunista y en las actividades de la policía secreta dirigida por los comunistas. Los dirigentes del POUM, con centenares o millares de seguidores, permanecen todavía en las cárceles, y durante los últimos seis meses la prensa comunista no ha parado de pedir a gritos la ejecución de los «traidores». Negrín y los demás se han mantenido firmes y se han negado a perpetrar una matanza general de «trotskistas». Teniendo en cuenta las presiones que han sufrido, su actitud dice mucho en su favor. Por lo demás, y a la luz de lo que he reproducido más arriba, cuesta mucho creer que el POUM fuera verdaderamente una organización de espías fascistas, a no ser que también creamos que Maxton, McGovern, Prieto, Irujo, Zugazagoitia y los demás están asimismo en la nómina de los fascistas.

Por último, lo referente a la acusación de «trotskismo». Este vocablo se viene profiriendo con creciente generosidad y se emplea de un modo que confunde y, por lo general, con ánimo de confundir. Vale la pena detenerse a definirlo. El término trotskista se emplea para designar tres cosas:

(i) Al individuo que, como Trotsky, defiende la «revolución internacional» frente al «socialismo en un solo país». Informalmente hablando, un revolucionario extremista.

(ii) A cualquier miembro de la organización dirigida realmente por Trotsky.

(iii) Al fascista camuflado que se finge revolucionario y hace sabotaje en la URSS, pero que en general se dedica a dividir y socavar las fuerzas de la izquierda.

El POUM podría considerarse trotskista en el sentido (i), al igual

---

* Sobre las dos delegaciones, véanse *Le Populaire* de 7 de septiembre y *La Flèche* de 18 de septiembre, el Informe sobre la delegación Maxton publicado por *Independent News* (Rue Saint-Denis, 219, París) y el folleto de McGovern, *Terror in Spain*.

que el ILP en Inglaterra, el SAP en Alemania, los socialistas de izquierda en Francia, etc. Pero el POUM no tenía ninguna relación con Trotsky ni con la organización trotskista («Bolchevique-leninista»).

Cuando estalló la guerra, los trotskistas extranjeros que acudieron a España (unos quince o veinte) trabajaron al principio para el POUM, por ser el grupo más cercano a sus posiciones, pero sin afiliarse a él; más tarde, Trotsky ordenó a los suyos que censurasen la política del POUM y éste expulsó de sus oficinas a los trotskistas, aunque quedaron algunos entre los milicianos. Nin, jefe del POUM tras la detención de Maurín por los fascistas, fue antaño secretario de Trotsky, pero se separó de él años antes de constituir el POUM fundiendo a diversos comunistas de la oposición con un partido ya existente, el Bloque Obrero y Campesino. Esta antigua relación de Nin con Trotsky había sido utilizada ya por la prensa comunista para demostrar que el POUM era en realidad trotskista. Podría aducirse este mismo argumento para demostrar que el Partido Comunista británico es en realidad una organización fascista, dado que el señor John Strachey estuvo antaño vinculado con sir Oswald Mosley.

El POUM, desde luego, no era trotskista en el sentido (ii), el único concreto e inequívoco. Es importante señalar esta diferencia porque la mayoría de los comunistas da por sentado que el trotskista en el sentido (ii) es invariablemente trotskista en el sentido (iii), es decir, cree que la organización trotskista constituye por entero una amplia red de espías fascistas. El «trotskismo» no se dio a conocer en público hasta la época de los procesos rusos por sabotaje, y llamar trotskista a un hombre es prácticamente lo mismo que llamarlo asesino, agente provocador, etc. Pero, al mismo tiempo, cualquiera que critique la política comunista desde un punto de vista izquierdista es susceptible de ser denunciado por trotskista. ¿Se está afirmando entonces que todo el que profese el extremismo revolucionario está a sueldo del fascismo?

En la práctica, la respuesta será sí o no según las conveniencias locales concretas. Cuando Maxton fue a España con la delegación ya mencionada, *Verdad*, *Frente Rojo* y otros periódicos comunistas se apresuraron a acusarlo de «trotskifascista», espía de la Gestapo y demás. Sin embargo, los comunistas ingleses se guardaron de repetir tales acusaciones. En la prensa comunista inglesa, Maxton es un mero «reaccionario enemigo de la clase obrera», un apelativo más ambiguo y más cómodo; ello, claro está, se debe únicamente a que algunas severas lecciones han inculcado en la prensa comunista inglesa un sano respeto hacia la legislación sobre la calumnia. El hecho de que no se reprodujera la acusación en un país donde deberían haberse presentado pruebas que la sustentasen es en sí una confesión de que se ha mentido.

Podría argüirse que he dedicado a las acusaciones contra el POUM más páginas de las necesarias. En comparación con los sufrimientos que ocasiona una guerra civil, estas riñas entre partidos, que siempre acarrean injusticias y acusaciones falsas, podrían parecer triviales. En realidad no lo son. Creo que las calumnias y las campañas periodísticas de esta clase, y la mentalidad que reflejan, pueden hacer muchísimo daño a la causa antifascista.

Cualquiera que conozca el tema por encima sabe que la táctica comunista de lanzar acusaciones falsas contra los rivales políticos no es ninguna novedad. La palabra clave de hoy es «trotskifascista»; ayer fue «socialfascista». Han pasado sólo seis o siete años desde que los procesos rusos «demostraron» que los dirigentes de la II Internacional, como Léon Blum y algunos miembros destacados del Partido Laborista británico, formaban parte de una gigantesca conspiración para invadir militarmente la URSS. Hoy, sin embargo, los comunistas franceses están muy contentos de tener a Blum como presidente del gobierno, y los comunistas ingleses remueven cielo y tierra para entrar en el Partido Laborista. Dudo que estas cosas sean rentables, incluso desde un punto de vista sectario. Pero no se puede dudar del odio y las disensiones que causa la acusación de «trotskifascismo». Se lanza a los comunistas de base de todas partes a una insensata cacería de «trotskistas», y se obliga a partidos como el POUM a quedar en la estéril situación de no ser más que simples agrupaciones anticomunistas. Tenemos aquí el comienzo de una peligrosa división en el movimiento obrero internacional. Unas cuantas calumnias más contra socialistas de toda la vida, unas cuantas mentiras más al estilo de las acusaciones vertidas contra el POUM y la división podría ser irreparable. La única esperanza es mantener las polémicas políticas en un plano donde sea posible el diálogo. Hay diferencias reales entre los comunistas y los que están o dicen estar a su izquierda. Los comunistas sostienen que es posible derrotar al fascismo aliándose con ciertos sectores de la clase capitalista (el Frente Popular); sus rivales sostienen que con esta maniobra sólo se consigue preparar el terreno al fascismo. La cuestión tiene que zanjarse; equivocarse en la decisión puede acarrearnos siglos de esclavitud encubierta. Pero mientras no se expongan más argumentos que el grito de «¡trotskifascista!», no podrá haber conversaciones. Yo, por ejemplo, no podría hablar con un militante comunista sobre lo que estuvo bien o mal en los sucesos de Barcelona, porque ningún comunista —quiero decir ningún «buen» comunista— estaría dispuesto a admitir que he ofrecido una versión fidedigna de los hechos. Si obedeciera al pie de la letra la línea de su partido, tendría que decir que miento o, a lo sumo, que estoy confundido sin remedio y que cualquiera que eche un vistazo a los titulares del *Daily Worker*, a mil quinientos kilómetros del lugar de los acontecimientos, sabe más que yo sobre lo que sucedió en Barcelona. En tales circunstancias no puede haber confrontación de ideas; no se da el acuerdo mínimo imprescindible. ¿Qué se consigue diciendo que hombres como Maxton están a sueldo de los fascistas? Tan sólo impedir que se hable con seriedad. Es como si en mitad de un torneo de ajedrez un jugador se pusiera de repente a decir a gritos que su contrincante es pirómano o bígamo. Lo que está realmente en juego sigue sin abordarse. La calumnia no soluciona nada.

17

[*378*]

«CANTANDO LAS VERDADES SOBRE LA GUERRA CIVIL ESPAÑOLA»
New English Weekly, 29 de julio y 2 de septiembre de 1937

I

La guerra civil española seguramente ha dado pie a más mentiras que ningún otro acontecimiento desde la Gran Guerra de 1914-1918, pero, a pesar de todos esos sacrificios de monjas, violadas y crucificadas ante los ojos de los reporteros del *Daily Mail*, dudo mucho que sea la prensa fascista la que más daño ha hecho. Los periódicos de izquierda, el *News Chronicle* y el *Daily Worker,*[1] gracias a unos métodos distorsionadores más sutiles, son los que han impedido que los británicos alcancen a comprender la verdadera naturaleza del conflicto.

Lo que estos periódicos han escamoteado hábilmente es que el gobierno español (y con él el gobierno semiautónomo de Cataluña) tiene más miedo de la revolución que del fascismo. Hoy es casi seguro que la guerra terminará con alguna clase de acuerdo, incluso hay razones para dudar que el gobierno, que no movió un dedo para impedir la caída de Bilbao, desee realmente la victoria; de lo que no hay duda es de que se está empleando con saña para aplastar a los revolucionarios de sus propias filas. Desde hace un tiempo impera un estado de terror: se prohíben partidos políticos, se ejerce una asfixiante censura de prensa, se espía sin cesar y hay encarcelamientos en masa sin juicio previo. Cuando me fui de Barcelona, a fines de junio, las cárceles estaban a rebosar; la verdad es que las cárceles oficiales estaban desbordadas desde hacía tiempo y a los detenidos se los metía en comercios vacíos y otros calabozos improvisados. Lo que hay que destacar es que los detenidos no son fascistas, sino revolucionarios; no están allí por tener opiniones demasiado derechistas, sino por tenerlas demasiado izquierdistas. Y los responsables de que estén encerrados son esos temibles revolucionarios cuyo solo nombre pone los pelos de punta a Garvin:[2] los comunistas.

La guerra contra Franco continúa, pero, exceptuando a los pobres diablos que están en las trincheras del frente, ningún miembro del gobierno republicano piensa que ésa sea la verdadera guerra. La verdadera batalla es la que se libra entre la revolución y la contrarrevolución, entre los trabajadores que se esfuerzan en vano por conservar algo de lo que conquistaron en 1936 y el bloque liberal-comunista que se lo está arrebatando con tanto éxito. Es una lástima que sean tan pocos los británicos que se han dado cuenta ya de que el comunismo es hoy por hoy una fuerza contrarrevolucionaria, de que los comunistas de todo el mundo se han aliado con el reformismo burgués y utilizan todo el peso de su poderosa maquinaria para aplastar o desprestigiar a cualquier partido que dé muestras de tendencias revolucionarias. De aquí el grotesco espectáculo que resulta de ver a los comunistas atacados por algunos intelectuales de derechas que los llaman «rojos» malvados, pero que en el fondo están de acuerdo con ellos. El señor Wyndham Lewis,[3] por ejemplo, debería amar a los comunistas, al menos de momento. En España, la alianza entre comunistas y liberales se ha alzado con una victoria casi completa. A excepción de unas cuantas fincas colectivizadas y algunas tierras que los campesinos ocuparon el año pasado, no queda nada sólido de todo lo que conquistaron los trabajadores en 1936; y es probable que incluso se sacrifique también a los campesinos más adelante, cuando ya no haya necesidad de calmarles los ánimos. Para entender cómo se ha llegado a la situación presente hay que remontarse al origen de la guerra.

La lucha de Franco por el poder se diferenciaba de la de Hitler y Mussolini en que era una insurrección militar, equiparable a una invasión extranjera, y por lo tanto contaba con poco respaldo popular, si bien Franco ha sabido conseguirlo desde entonces. Sus principales puntales eran ciertos sectores del gran capital y, sobre todo, la aristocracia latifundista y la vasta y parasitaria Iglesia católica. Es evidente que contra un levantamiento de semejantes características se unirán fuerzas con intereses parcialmente encontrados. El campesino y el trabajador urbano detestan el feudalismo y el clericalismo; pero también el burgués «liberal», que en última instancia no se opone a una versión más moderna del fascismo, siempre y cuando no se la llame fascismo. El burgués «liberal» profesa un sincero liberalismo hasta donde se lo permiten sus intereses. Defiende el grado de progreso implícito en la expresión *«la carrière ouverte aux talents»*, dado que no tiene ninguna posibilidad de prosperar en una sociedad feudal donde el trabajador y el campesino son demasiado pobres para comprar mercancías, donde la industria ha de pagar elevados impuestos para financiar los trajes de los obispos y donde los empleos lucrativos se dan por rutina al amigo, o al joven amante del hijo bastardo del señor duque. Así pues, frente a un reaccionario tan impresentable como Franco, tenemos durante un tiempo una situación en la que el obrero y el burgués, que en el fondo son enemigos mortales, luchan codo con codo. Esta incómoda alianza se denomina Frente Popular (o Frente del Pueblo en la prensa comunista, que quiere darle un falso barniz democrático). Es un híbrido aproximadamente con la misma vitalidad, o aproximadamente con el mismo derecho a existir, que un cerdo con dos cabezas o alguna otra monstruosidad de Barnum and Bailey.[4]

La contradicción inherente al Frente Popular no tiene más remedio que ponerse de manifiesto en una emergencia seria. Porque aunque el obrero y el burgués luchen juntos contra el fascismo, no luchan por las mismas cosas; el burgués lucha por la democracia burguesa, es decir, por el capitalismo, mientras que el obrero, si comprende la situación, lo hace por el socialismo. Y en las primeras jornadas de la revolución, los obreros españoles comprendieron la situación perfectamente. En las zonas donde el fascismo fue derrotado no se contentaron con echar a los rebeldes de las poblaciones, sino que aprovecharon la ocasión para ocupar tierras y fábricas y para poner los cimientos de un gobierno obrero creando comités locales, milicias obreras, fuerzas de seguridad, etc. Sin embargo, cometieron el error (a buen seguro porque casi todos los revolucionarios activos eran anarquistas y desconfiaban de todos los parlamentos) de dejar que el poder nominal siguiera en manos del gobierno republicano. Así, a pesar de los ocasionales cambios de personal, todos los gobiernos posteriores tuvieron aproximadamente el mismo sello del reformismo burgués. Esto parecía no tener importancia al principio, porque el gobierno, sobre todo en Cataluña, apenas tenía poder efectivo y los burgueses se veían obligados a vivir en la sombra e incluso se disfrazaban de obreros (aún lo hacían cuando llegué a España en diciembre). Más tarde, cuando el poder pasó de los anarquistas a los comunistas y socialistas de derecha, el gobierno afirmó su autoridad, el burgués salió de su escondrijo y volvió, poco modificada, la antigua división de la sociedad en ricos y pobres. Desde entonces, todos los movimientos, exceptuando algunos dictados por emergencias militares, se encaminaron a deshacer la labor de los primeros meses de revolución. Entre los muchos ejemplos que podría aducir, citaré sólo uno: la disolución de las milicias obreras, que estaban organizadas con un sistema genuinamente democrático en que los soldados y los oficiales percibían la misma paga y convivían en condiciones de absoluta igualdad, y su sustitución por el Ejército Popular (que también aquí era «del Pueblo» en la jerga comunista), que se formó siguiendo en lo posible el modelo de los ejércitos burgueses corrientes, con oficialidad privilegiada, diferencias notables en la paga, etc. Huelga decir que se presentó como una necesidad militar y que contribuyó a la eficacia militar, por lo menos durante un breve periodo. Pero el objetivo indiscutible de la medida fue asestar un golpe al igualitarismo. En todos los sectores se siguió la misma política, con el resultado de que un año después de estallar la guerra y la revolución lo que tenemos es, en efecto, un Estado burgués corriente y, por añadidura, un imperio del terror que mantiene el statu quo.

Es probable que el proceso no hubiera llegado tan lejos si en la contienda no se hubieran producido intromisiones foráneas. Pero no fue posible, dada la debilidad militar de la República. Para contrarrestar la ayuda extranjera que recibía Franco, la República se vio obligada a recurrir a Rusia, y, aunque la cantidad de armas suministradas por los rusos se ha exagerado mucho (en los tres primeros meses que estuve en España sólo vi un arma rusa, una solitaria ametralladora), el solo hecho de que llegaran puso a los comunistas en el poder. Lo que consiguieron en primer lugar los aviones y cañones rusos, y las buenas cualidades militares de los brigadistas internacionales (no necesariamente comunistas, pero a las órdenes de comunistas), fue disparar el prestigio del Partido Comunista. Habida cuenta de que Rusia y México eran los únicos países que suministraban armas a la República, los rusos estuvieron no sólo en situación de cobrar por ellas, sino además, y esto es más importante, en situación de imponer condiciones. Por decirlo del modo más claro, las condiciones fueron: «Aplastad la revolución o no hay más armas». El motivo que suele aducirse para justificar esta actitud rusa es que si Rusia aparecía como cómplice de la revolución se ponía en peligro el pacto franco-soviético (y la esperada alianza con Gran Bretaña); también cabe la posibilidad de que se temiera que el desarrollo de una auténtica revolución en España produjera reacciones indeseadas en Rusia. Los comunistas, como es lógico, niegan que el gobierno ruso haya ejercido ninguna presión directa. No obstante aunque esto fuera cierto, tiene poca importancia, porque los partidos comunistas de todos los países pueden considerarse ejecutores de la política rusa; lo que sí es cierto es que el Partido Comunista de España, los socialistas de derecha a los que dirige y la prensa comunista de todo el mundo han apoyado la contrarrevolución con toda su inmensa y creciente influencia.

II

En la primera parte de este artículo he sugerido que la verdadera lucha librada en España en el bando del gobierno fue entre revolución y contrarrevolución; que el gobierno, aunque interesado por no morder el polvo ante Franco, se interesó más por desmantelar los cambios revolucionarios que se produjeron al comienzo de la guerra. Cualquier comunista rechazaría la sugerencia, tachándola de errónea o de insincera. Opinaría que eso de que el gobierno aplastó la revolución es una insensatez, porque no hubo ninguna revolución, y que lo que hay que hacer ahora es derrotar al fascismo y defender la democracia. En ese sentido creo que es de suma importancia entender el modo en que opera la propaganda comunista antirrevolucionaria. Es un error creer que el asunto no tiene especial relevancia para Inglaterra, donde el Partido Comunista es pequeño y relativamente débil. No tardaremos en comprender su relevancia si Inglaterra llega a un acuerdo con la URSS; quizás incluso antes, pues la influencia del Partido Comunista tiende a aumentar –aumenta a ojos vistas– conforme la clase capitalista va percatándose de que el comunismo de última hora le sigue el juego.

En términos generales, la propaganda comunista se basa en aterrorizar a la población con los horrores (muy reales) del fascismo. Consiste asimismo en fingir –no con estas mismas palabras, sino de un modo indirecto– que el fascismo no tiene nada que ver con el capitalismo; el fascismo es sólo una especie de perversión sin sentido, una aberración, «sadismo de masas», lo que suele ocurrir cuando se abren las puertas de un manicomio lleno de maníacos homicidas. Preséntese el fascismo en estos términos y se movilizará a la opinión pública en su contra, al menos durante un tiempo, sin que haya el menor movimiento revolucionario. Así como se podrá poner frente al fascismo la «democracia» burguesa, que es el capitalismo. Pero mientras tanto hay que desembarazarse de los individuos molestos que sostienen que fascismo y «democracia» burguesa son dos caras de la misma moneda. Se empieza por llamarlos visionarios sin sentido práctico. Se les dice que no entienden la situación, que están dividiendo a las fuerzas antifascistas, que no es momento para hacer frases revolucionarias, que lo que hay que hacer ahora es luchar contra el fascismo sin formular demasiadas preguntas sobre por qué se lucha. Más tarde, si se niegan a callar, se cambia de estilo y se los tilda de traidores. Más concretamente, se los llama trotskistas.[5]

¿Y qué es un trotskista? Sólo ahora empieza a circular por Inglaterra esta terrible palabra —en España, en este momento, basta que corra el rumor de que uno es trotskista para dar con sus huesos en la cárcel y quedarse allí indefinidamente, sin juicio previo—, y circulará más con el paso del tiempo. La palabra «trotskista» (o «trotskifascista») se emplea en general para designar al fascista camuflado que se finge ultrarrevolucionario con objeto de dividir a las fuerzas de izquierda. Pero su poder característico procede del hecho de que significa tres cosas diferenciables. Designa al individuo que, como Trotsky, quiere la revolución internacional; también designa al miembro de la organización concreta de la que Trotsky es el cabecilla (la única acepción legítima de la palabra); y designa, por último, al fascista camuflado que ya se ha mencionado. Las tres acepciones se pueden superponer a voluntad; la primera puede contener o no la segunda, pero la segunda contiene casi invariablemente la tercera. De este modo: «Han oído a XY expresar opiniones favorables a la revolución internacional, por lo tanto es trotskista, y por lo tanto fascista». En España, y hasta cierto punto también en Inglaterra, cualquiera que abrace el socialismo revolucionario (es decir, que crea en las cosas en que creía el Partido Comunista hasta hace unos años) es sospechoso de ser trotskista a sueldo de Franco o de Hitler.

La acusación es una sutil artimaña, porque, dado un caso concreto, si no se está seguro de lo contrario, podría ser cierta. Es probable que un espía fascista se camuflara de revolucionario. En España, de todo el que está a la izquierda del Partido Comunista acaba diciéndose tarde o temprano que es trotskista o como mínimo traidor. Al comienzo de la guerra, el POUM, partido de la oposición comunista, era un partido legal, uno de cuyos miembros fue ministro del gobierno catalán; luego se expulsó al partido de dicho gobierno; después fue denunciado por trotskista; más tarde se ilegalizó y todos los militantes capturados por la policía fueron encarcelados.

Hasta hace unos meses se decía que los anarcosindicalistas «trabajaban con lealtad» al lado de los comunistas. Luego los echaron del gobierno; más tarde dio la sensación de que ya no eran tan leales; en la actualidad están en curso de convertirse en traidores. Después les tocará el turno a los socialistas de izquierda. Largo Caballero,[6] socialista de izquierda, ex jefe de gobierno, e ídolo de la prensa comunista hasta mayo de 1937, está ya en las tinieblas exteriores, en cuanto trotskista y «enemigo del pueblo». Y la caza continúa. El fin lógico es un régimen sin partidos ni prensa de oposición y con todos los disidentes de cierta importancia entre rejas. Un régimen así será fascista, por supuesto. Será diferente del que impondría Franco, incluso mejor, hasta el punto de que vale la pena luchar por él, pero será fascismo en definitiva. Y, orquestado por comunistas y liberales, recibirá otro nombre.

¿Se puede ganar la guerra, mientras tanto? Los comunistas se han opuesto al caos revolucionario y en consecuencia, al margen de la ayuda rusa, han mejorado la eficacia militar. Si los anarquistas salvaron al gobierno entre agosto y octubre de 1936, los comunistas lo vienen salvando desde octubre. Pero al organizar la defensa han acabado por aniquilar el entusiasmo (dentro de España, no fuera). Han posibilitado la existencia de un ejército militarizado de servicio obligatorio, pero lo han hecho asimismo imprescindible. Es significativo que ya en enero del presente año casi no hubiera voluntarios. Un ejército revolucionario puede vencer a veces con el entusiasmo, pero un ejército de servicio obligatorio sólo puede vencer con las armas, y a menos que intervenga Francia o que Alemania e Italia decidan quedarse con las colonias españolas y dejen a Franco en la estacada, no es probable que el gobierno republicano tenga nunca la primacía armamentística. En general, todo parece indicar que los dos bandos van a quedar en tablas.

¿Tiene realmente el gobierno intención de vencer? No quiere ser derrotado, eso es seguro. Sin embargo, una victoria aplastante, con Franco escapando por piernas y los alemanes e italianos fuera de la península, plantearía muchos problemas, algunos tan evidentes que no es necesario mencionarlos. No hay ninguna prueba y hay que juzgar sólo por los hechos, pero tengo la sospecha de que lo que busca el gobierno es una solución negociada que deje básicamente intacta la situación actual. Todas las profecías son vanas y ésta también lo será, pero aprovecho la ocasión para decir que esta guerra, ya termine enseguida o se prolongue durante muchos años, acabará con una España dividida, sea con fronteras oficiales o en zonas económicas. Como es lógico, cualquiera de los dos bandos, o ambos, podrá considerar esta solución de compromiso como una victoria.

Todo lo que he dicho en este artículo resultaría tópico y trillado en España, incluso en Francia. Pero en Inglaterra, a pesar del gran interés que ha suscitado la guerra civil española, son muy pocas las personas que conocen la tremenda lucha que se libra detrás de las líneas republicanas. No es por casualidad, claro está. Ha habido una conspiración (podría poner ejemplos detallados) para impedir que se comprenda la situación española. Personas que deberían habérselo pensado dos veces se han prestado al engaño alegando que decir la verdad sobre España podría utilizarse como propaganda fascista.

No cuesta comprender las consecuencias de esta actitud cobarde. Si al público británico le hubieran contado la verdadera historia de la guerra civil española, ahora sabría lo que es el fascismo y cómo se combate. En cambio, lo que ha arraigado, y con más firmeza que antes, es la versión del *News Chronicle* según la cual el fascismo es una especie de manía homicida característica de espadones que farfullan en el vacío económico. Y así estamos un paso más cerca de la gran guerra «contra el fascismo» (cf. 1914, «contra el militarismo») que hará que la variedad británica del fascismo nos ponga el yugo en menos de una semana.

1. El *News Chronicle* adoptaba políticamente el punto de vista del Partido Liberal. En la columna «As I Please», 30, *Tribune*, 23 de junio de 1944 (*2492*), Orwell decía que su postura política era «de un rosa muy pálido, más o menos del color del paté de gambas». Dejó de publicarse el 17 de octubre de 1960, cuando se fundió con el derechista *Daily Mail*. Este periódico, fundado por Alfred Harmsworth (luego lord Northcliffe) en 1896, fue el introductor del periodismo popular en el Reino Unido; aún sigue en circulación. El *Daily Worker* reflejaba las opiniones y la posición política del Partido Comunista, y circuló desde el 1 de enero de 1930 hasta el 23 de abril de 1966; fue absorbido por el *Morning Star*. Estuvo prohibido por orden gubernativa entre el 22 de enero de 1941 y el 6 de septiembre de 1942.

2. J.L. Garvin, derechista, director del *Observer*, 1908-1942.

3. Percy Wyndham Lewis (1882-1957) fue pintor, novelista, satírico y crítico. Su revista *Blast* (1914 y 1915) apadrinó el movimiento vorticista. Apoyó a Franco y coqueteó con el nazismo, aunque se retractó en 1939; véanse *Time and Tide*, 17 de enero y 14 de febrero de 1939, y *The Hitler Cult, and How It Will End* (1939). En palabras de Orwell, «Lewis atacó a todo el mundo por turno; la verdad es que su fama como escritor se basa en buena medida en estos ataques» (véase «Inside the Whale», *600*).

4. El estadounidense P.T. Barnum (1810-1891), un gran empresario del espectáculo, tuvo como una de sus principales atracciones a un enano al que llamaban «el general Pulgarcito». Su circo, «El Mayor Espectáculo del Mundo», de 1871, y el de J.A. Bailey se fusionaron diez años después constituyéndose el Barnum and Bailey.

5. Véanse los documentos presentados ante el Tribunal Especial de Espionaje y Alta Traición reproducidos más arriba, en los que, sin saberlo Orwell, a él, a su mujer y a Charles Doran se los califica de «trotzkistas [sic] pronunciados» (declarados).

6. Francisco Largo Caballero (1869-1946), socialista de izquierda, jefe del

gobierno y ministro de la Guerra del gobierno del Frente Popular, formado por socialistas, comunistas, anarquistas y republicanos liberales, del 4 de septiembre de 1936 al 17 de mayo de 1937. Thomas lo describe como «un buen organizador sindical sin visión de futuro» cuyos «equivocados juicios políticos [...] contribuyeron a agravar los problemas de la República en los meses previos al conflicto» *(933)*. Los alemanes lo tuvieron encerrado en un campo de concentración durante cuatro años; murió en París en 1946, poco después de su liberación.

18

[*378A*] Copia con papel de calco
CARTA DE EILEEN BLAIR A JOHN MCNAIR
29 de julio de 1937

Aunque las tres cartas de George Kopp que siguen a la presente tienen fecha de 7 y 8 de julio, Eileen y Orwell no conocieron su contenido hasta el día 29. Aquí se publican detrás de ésta y no delante, para que quede más claro el contexto. Las notas a los cuatro textos (18, 19, 20 y 21) aparecen al final del último.

The Stores, Wallington, cercanías de Baldock, Herts

Querido John,
Te adjunto dos documentos. El primero consiste en la copia de un ultimátum enviado por George Kopp al jefe de policía de Barcelona, con la carta para mi hermano con que la he recibido. El otro es un extracto de una carta que me escribió George Kopp y que hasta cierto punto repite la información del primero, pero contiene más detalles sobre las condiciones de la cárcel y te interesará en especial porque habla de ciertas personas.

Verás que lo más importante de todos estos papeles es que George tenía intención de declararse en huelga de hambre los días 9 y 10 de julio si el jefe de policía no accedía a sus peticiones, y que desea que su actitud se haga pública. Dado que conoces la situación española, creo que eres el más indicado para decidir cómo ha de hacerse pública; es muy probable que, se haga lo que se haga, George pague las consecuencias, pero supongo que ya cuenta con ello, y parece que la principal duda es si su nombre ha de mencionarse o no.

Estoy casi segura de que se ha declarado en huelga de hambre, pero la verdad es que, aunque traen fecha de 7 y 8 de julio, he recibido las cartas esta misma mañana. En cualquier caso, si no hay más noticias antes de que salga el próximo número de *New Leader*, podemos dar por sentado que está en huelga de hambre y que no puede comunicarse con el exterior. En cuanto a dar publicidad al caso fuera del *New*

Leader, tú y Fenner sabéis mejor que nosotros qué esperanzas hay. A juzgar por las experiencias de Eric cuando ha tratado de publicar incluso las verdades menos polémicas, no creo que la prensa inglesa se entusiasme demasiado.[1]

Jock Branthwaite[2] quiere ir a Letchworth en bicicleta el lunes[3] para verte y oírte. Aquí sólo tenemos una bicicleta, así que él nos representará ese día, aunque quizá podrías decirle a él lo que piensas. Parece que George Tioli[4] todavía nos ofrece apoyo, lo cual es un detalle realmente magnífico.

Espero verte en persona la semana que viene; la verdad es que espero verte aquí en esta casa. Sentimientos aparte, hay centenares de cosas que quisiera saber.

Afectuosamente,

[sin firmar]

P.D.: Olvidaba decirte que no sabemos nada de las dos cartas anteriores a las que George se refiere.

19

Manuscrita
CARTA DE GEORGE KOPP AL DOCTOR LAURENCE O'SHAUGHNESSY
7 de julio de 1937

Apreciado señor O'Shaughnessy,

Tenga la bondad de remitir a su hermana la copia adjunta de la carta que me dispongo a enviar al jefe de policía y de decirle que si no recibo una respuesta satisfactoria a la misma antes de 48 horas me declararé en huelga de hambre. El trato que recibimos mis amigos y yo me obliga a adoptar voluntariamente la única forma de protesta que nos queda. En el caso de que tenga que hacerlo, quisiera que mis amigos de Inglaterra y la gente del ILP den a mi postura la publicidad sin la cual el gesto carecería de valor. Tendrá usted más noticias mías cuando hayan transcurrido las 48 horas. Si no recibe ninguna en una semana, significará que estoy en huelga, pero ubicado en un lugar desde el que no es posible escribir al exterior.

He escrito dos cartas a Eileen que he enviado en[5] la dirección de usted y espero que pueda entregarle al menos la primera; la segunda es posible que se haya perdido por el camino, ya que Ethel Macdonald,[6] que se encargaba de mi correo, ha sido detenida y no hay forma de que sepa si tuvo tiempo de echar la carta.

Lamento molestarlo con todo esto, pero convine con su hermana que me comunicaría con ella a través de usted. Déle mis recuerdos más afectuosos y dígale que pienso mucho en ella. Salude a Eric de mi parte.

Atentamente,
George Kopp

20

Escrita originalmente en castellano

CARTA DE GEORGE KOPP AL TENIENTE CORONEL BURILLO,[7] JEFE SUPERIOR DE POLICÍA DE BARCELONA

7 de julio de 1937

Me detuvieron el 20 de junio, cuando acababa de volver de Valencia en comisión militar y me preparaba para cumplir las órdenes de mis superiores. Los agentes que me detuvieron me dijeron que se trataba de proporcionar a la policía cierta información que creían que podía serles útil en una investigación que estaban haciendo sobre un caso de espionaje, a lo cual me presté gustosamente.

El mismo día de la detención le escribí a usted una carta que entregué al capitán de la Guardia de Asalto responsable de mi custodia. La razón de la carta era que, a pesar de la urgencia de la misión militar que me habían encomendado, a las 6 de la tarde todavía no se me había interrogado. Y solicitaba de usted que se procediera a interrogarme de inmediato o que, si no era posible, me hiciera el favor de recibirme en persona.

Supongo que le entregaron la carta debidamente, pero no he recibido ninguna respuesta.

Hace ya dieciocho días que permanezco detenido y aún no me han interrogado ni me ha explicado nadie el motivo de la detención, aunque debería decir mejor el supuesto motivo, ya que en mi conducta no hay nada que justifique esta situación.

Se me retiene aquí en unas condiciones intolerables para cualquier persona y que llegan a resultar ofensivas para un oficial del Ejército español que ha pasado ocho meses en el frente. Estoy rodeado de carteristas, vagabundos, rateros, fascistas y homosexuales. Como el resto de los principales detenidos, se me tiene encerrado en una habitación donde sólo caben tres o cuatro personas, pero donde llega a haber dieciocho; se nos niega la práctica de cualquier ejercicio; la comida, consistente en dos platos de sopa y 150 gramos de pan, se sirve a las horas más inoportunas (a las 4 de la tarde y a las 11 de la noche); no tengo ninguna queja personal de los guardianes y algunos cumplen con su obligación honradamente, pero nos tratan como al ganado, golpean a los detenidos y los insultan hasta el punto de mentar a sus madres.

Yo creo que un voluntario extranjero, un oficial del ejército belga que colaboró con el gobierno legítimo de España en la fabricación clandestina de municiones en su propio país, que vino a España para alistarse en las milicias antifascistas, que luchó en el frente y tuvo el mando de una compañía, luego de un batallón y por último de un regimiento, no merece semejante trato. Tampoco lo merecen los detenidos que he visto aquí y que después de semanas de encierro no saben aún por qué han sido detenidos.

No sé hasta dónde llegará la paciencia de estos detenidos, como tampoco sé la opinión que le merecen a usted y a su sentido de la justicia, pero en lo que a mí se refiere, ha llegado a su fin el periodo en que podía afrontar mis experiencias con buen ánimo, y no tengo ningún motivo para dudar de la integridad de usted. En consecuencia vuelvo a escribirle, solicitándole que me conceda la oportunidad de defenderme de cualquier acusación lo antes posible, dado que me necesitan en el frente.

En espera de sus noticias, queda de usted y de la causa antifascista su seguro servidor,

Comandante Jorge Kopp

21
Copia a máquina del original manuscrito (no localizado)
CARTA DE GEORGE KOPP A EILEEN BLAIR
8 de julio de 1937

Barcelona, en la cárcel

Te he escrito dos cartas a la dirección de Laurence O'Shaughnessy, pero no estoy seguro de que te haya llegado la segunda, porque han detenido a Ethel Macdonald y hubo que destruir parte de la correspondencia de la que se encargaba; no sé si mi carta habrá corrido la misma suerte.

Aún no me han interrogado y eso es mala señal; sí lo han hecho con los demás, y casi todas las preguntas han sido para averiguar mi postura durante las Jornadas de Mayo. Ciertas personas completamente asustadas han declarado lo primero que se les ha ocurrido y algunos guardias que estaban en la cafetería Moka afirman que aposté una ametralladora en las torres del Poliorama[8] y que durante tres días seguidos les lancé un aluvión de ráfagas y bombas. Ayer envié una especie de ultimátum al teniente coronel Burillo, jefe superior de la policía, y si no recibo respuesta antes de 48 horas me declararé en huelga de hambre para protestar no sólo por mi caso sino de modo especial por el trato que recibimos todos aquí. Golpean e insultan a los presos y, aunque sé que no sería ninguna solución para nadie, mataría a puñetazos al primer guardián que se metiera conmigo. He enviado a Laurence (para que te la remita) una copia del ultimátum y una breve nota consignando que quiero que se dé a esta huelga de hambre la máxima publicidad en Inglaterra y en Francia y que tendrás más noticias mías si me veo obligado a adoptar esta medida. Mi sacrificio será inútil sin publicidad. Somos ya dieciocho en esta habitación de tres metros por cinco y no nos permiten ni siquiera dar un breve paseo por el pasillo. No recibo visitas; David[9] me ha mandado un libro de poesía francesa con la dedicatoria «de un cabrón casi bajo tierra»; no hay noticias de George,[10] mi única esperanza de enviar correspondencia fuera de España. Le he enviado unos mensajes al hotel Victoria, pero no sé si se los habrán entregado. La semana pasada se me acabó el dinero, aunque

Harry Milton[11] me permite aprovecharme del suyo. Estamos aquí mezclados con rateros, embaucadores, vagabundos roñosos y homosexuales, ¡dieciocho en una pequeña habitación! No estoy desanimado, pero creo que se me ha acabado la paciencia; estoy dispuesto a luchar como sea por mi libertad y la de mis compañeros. Harry Milton quiere ser conocido; lo he ascendido de gamma menos a alfa más.

1. Eileen se refiere a la negativa de Kingsley Martin a publicar en el *New Statesman & Nation* el comentario que escribió Orwell sobre *The Spanish Cockpit* (*El reñidero español*), de Franz Borkenau, alegando que «va contra la línea política de la publicación».

2. Jock Branthwaite estuvo con Orwell en España. Era hijo de un minero y se acordaba de los ejemplares de *El camino de Wigan Pier* que llegaron al frente. El libro «parece que no ofendió su susceptibilidad proletaria». Branthwaite pensaba que Orwell no tenía ninguna tendencia política cuando llegó a España, «salvo que estaba más a la izquierda que a la derecha [...] con una ligera predilección por los comunistas». A Stephen Wadhams le dijo que Orwell no era un esnob: «A mí me pareció un hombre extraordinario». Branthwaite salió de España en el último barco de refugiados que zarpó de Barcelona rumbo a Marsella. Véase *Remembering Orwell*, págs. 83-84, 93, 99.

3. Para asistir a la Conferencia del ILP que iba a celebrarse entre el 1 y el 13 de agosto de 1937; el lunes era el 1 de agosto.

4. Orwell dice en *Homenaje a Cataluña* que George Tioli era «un periodista italiano, gran amigo nuestro». Resultó herido en Barcelona mientras atendía a otro herido, en mayo de 1937 (pág. 153 [VI/116]).

5. en = a.

6. Ethel Macdonald (1909-1960), destacada activista social escocesa. Durante la guerra civil española trabajó de locutora en lengua inglesa para la CNT de Barcelona. La detuvieron en 1937, durante la purga del POUM y la CNT, pero huyó y ayudó a otros a escapar, por lo que acabaron llamándola «la Pimpinela española». Al volver a Escocia «se expresó sin rodeos» a propósito de la muerte de Bob Smillie y criticó con dureza al ILP (sobre todo a David Murray; véase más abajo, la nota 9); cf. Tom Buchanan, «The Death of Bob Smillie, the Spanish Civil War, and the Eclipse of the Independent Labour Party», *Historical Journal* 40 (1997), págs. 452-453, que trae un excelente resumen de la polémica por la muerte de Bob Smillie y de este periodo.

7. Teniente coronel Ricardo Burillo Stolle (1891-1939); según Thomas, «un aristócrata de izquierdas, puritano, anticlerical y romántico, que poco después sería prácticamente comunista» (pág. 245, n. 1). Tras los sucesos barceloneses de mayo, se le dio el mando efectivo de la policía y pasó a ser director

general de Seguridad de Cataluña (pág. 672). Más tarde se puso al frente del ejército de Extremadura (pág. 779). Fue uno de los muchos ejecutados tras la victoria franquista (pág. 925).

8. Véase *Homenaje a Cataluña*, págs. 149-159 [VI/109-124].

9. Seguramente David Murray, delegado del ILP en Valencia en la época en que Bob Smillie murió, supuestamente, de apendicitis. No le permitieron ver el cadáver de Smillie. Véanse *Homenaje a Cataluña*, pág. 192 [VI/170-171], y el artículo de Tom Buchanan citado en la n. 6.

10. George: probablemente George Tioli (véase n. 4).

11. Harry Milton fue el único americano del grupo del ILP británico en el frente de Aragón. Es a él («El centinela americano») a quien Orwell se refiere cuando recibe el balazo en el cuello, en *Homenaje a Cataluña*, págs. 168-169 [VI/137-138]. Según Milton, Orwell era «políticamente virgen» cuando llegó a España. Stafford Cottman recuerda que Milton era el único que alardeaba de ser trotskista. Milton y Orwell se pasaban horas hablando de política. Hizo todo lo que pudo por convencer a Orwell de que no se reenganchara con los brigadistas internacionales del frente de Madrid, ya que estaba seguro de que los comunistas lo matarían: «Pero se quedó tan fresco, dio media vuelta y se alejó. Era una persona muy disciplinada». Véase *Remembering Orwell*, págs. 81, 85, 90.

22

[379]
CRÍTICA DE *THE SPANISH COCKPIT* [EL REÑIDERO ESPAÑOL], DE FRANZ BORKE-
NAU, Y *VOLUNTEER IN SPAIN*, DE JOHN SOMMERFIELD
Time and Tide, 31 de julio de 1937

El doctor Borkenau[1] ha asumido con éxito un reto muy difícil en
este momento para todo el que sabe lo que ocurre en España: ha escrito un libro sobre la guerra civil española sin perder la calma. Puede
que me precipite al afirmar que es el mejor libro que se ha escrito sobre el tema hasta la fecha, pero creo que todo el que haya estado recientemente en España coincidirá conmigo. Tras vivir en aquel infierno de espionaje y odio político es un alivio dar con un libro que
resume la situación con serenidad y lucidez.

El doctor Borkenau es sociólogo y no está vinculado a ningún partido político. Fue a España para hacer «trabajo de campo» en un país
en plena revolución, y efectuó dos viajes, el primero en agosto y el segundo en enero. En la diferencia entre los dos periodos, sobre todo en
la diferencia de clima social, está concentrada la historia básica de la revolución española. En agosto, el gobierno era casi impotente, había sóviets locales por todas partes y los anarquistas constituían la principal
fuerza revolucionaria; en consecuencia, todo era un caos indescriptible,
las iglesias todavía humeaban y se fusilaba en masa a los sospechosos
de ser fascistas, pero en todas partes reinaba la fe en la revolución y se
decía que había terminado una esclavitud de siglos. En enero, el poder
había pasado ya, aunque no por entero, de los anarquistas a los comunistas, y éstos empleaban todos los medios a su alcance, limpios y sucios, para liquidar lo que quedaba de la revolución. Habían vuelto las
fuerzas de seguridad del periodo prerrevolucionario, el espionaje político se intensificaba a ojos vistas y el doctor Borkenau no tardó en dar
con sus huesos en la cárcel. Como a la mayoría de los presos políticos
en España, no se le dijo en ningún momento de qué se le acusaba; pero
tuvo más suerte que la mayoría, pues salió en libertad al poco tiempo
y consiguió (algo que muy pocos han logrado últimamente) incluso que
la policía le devolviera sus papeles. Su libro concluye con una serie de
reflexiones sobre distintos aspectos de la guerra y la revolución. Quien

quiera comprender la situación española, que lea el último capítulo, realmente brillante, titulado «Conclusiones».

El dato de mayor relevancia que se deriva de todo el asunto es que el Partido Comunista es en la actualidad (seguramente a mayor gloria de la política exterior rusa) una fuerza antirrevolucionaria. Lejos de poner al gobierno español más a la izquierda, la influencia comunista lo ha empujado violentamente hacia la derecha. El doctor Borkenau, que no es un hombre de ideas revolucionarias, no lamenta en concreto este hecho; de lo que se queja es de que se haya ocultado de un modo deliberado. La cuestión es que la opinión pública de toda Europa tiene todavía a los comunistas o por rojos malvados o por héroes revolucionarios, mientras que en España es «actualmente imposible [...] hablar con libertad incluso de los hechos elementales de la situación política. La lucha entre los principios revolucionarios y no revolucionarios, representados por anarquistas y comunistas respectivamente, es inevitable, pues no pueden mezclarse el fuego y el agua [...]. Pero como a la prensa ni siquiera se le permite mencionarlo, nadie sabe bien el terreno que pisa, y cuando el antagonismo estalla no es con una lucha abierta para convencer a la opinión pública, sino con intrigas de trastienda, atentados de sicarios anarquistas, atentados legales de la policía comunista, alusiones veladas, murmuraciones [...]. El encubrimiento ante el público de los principales hechos políticos y el mantenimiento del engaño mediante la censura y el terror tendrán consecuencias negativas de largo alcance, que se dejarán sentir en el futuro más si cabe que en el presente».

Si esto era cierto en febrero, cuánto no lo será ahora. Cuando salí de España, a fines de junio, el clima de Barcelona, entre las detenciones continuas, la censura de prensa y las hordas de policías armados al acecho, era de pesadilla.

El señor Sommerfield fue brigadista internacional y combatió heroicamente en la defensa de Madrid. *Volunteer in Spain* es el recuento de sus experiencias. Considerando que las Brigadas Internacionales luchan en cierto modo por todos nosotros —una delgada columna de sufridos seres humanos por lo general mal armados, que median entre la barbarie y una honradez cuando menos relativa—, puede que no tenga gracia decir que este libro es basura sensiblera; pero eso es lo que es. Estamos convencidos de que los brigadistas internacionales escribirán libros interesantes, pero habrá que esperar a que termine la guerra para ver alguno.

1. A raíz de esta crítica, Orwell sintió una gran admiración por el trabajo de Borkenau. Borkenau (1900-1957) había militado ocho años en el Partido Comunista y había sido funcionario de la III Internacional, pero «volvió a la fe liberal y democrática», como dijo el mismo Orwell cuando reseñó *The Comunist International* en 1938 (*485*). Por desgracia, no se han conservado las cartas que cruzaron. Orwell recomendó a Borkenau en el Departamento de Investigación Informativa del Ministerio de Asuntos Exteriores en abril de 1949 (véase XX/320, 322). En *Homenaje a Cataluña*, pág. 214, nota 2 [VI/200] se menciona *The Spanish Cockpit*.

23

[*381*]

CARTA DE GEORGE ORWELL A RAYNER HEPPENSTALL
31 de julio de 1937

The Stores, Wallington, cercanías de Baldock, Herts

Querido Rayner,[1]
Muchísimas gracias por tu carta. Me ha alegrado tener noticias tuyas. Espero que Margaret[2] esté mejor. Es terrible, pero por lo que cuentas deduzco que de todos modos ya está recuperada.
La temporada que pasamos en España fue muy interesante, pero también espantosa. Si hubiera previsto el rumbo que iban a tomar los acontecimientos políticos, en particular la prohibición del POUM, el partido con cuyos milicianos estuve en el frente, no habría dejado ir a Eileen, y lo más seguro es que tampoco yo habría ido. Fue un asunto extraño. Entramos en el país como heroicos defensores de la democracia y tuvimos que abandonarlo cruzando la frontera de puntillas y con la policía pisándonos los talones.[3] Eileen estuvo maravillosa y en el fondo creo que disfrutó de la aventura. Sin embargo, aunque nosotros salimos bien librados, casi todos nuestros amigos y conocidos están en la cárcel, y es probable que se queden allí indefinidamente; en realidad no se les acusa de nada, sólo son sospechosos de «trotskismo». Cuando me fui sucedían las cosas más terribles: detenciones en masa, heridos sacados a rastras de los hospitales y metidos en celdas, la gente hacinada en calabozos hediondos donde apenas había espacio para acostarse, presos apaleados y medio muertos de hambre, etc., etc. Por ahora es imposible que la prensa inglesa publique ni una sola palabra sobre lo que acabo de decir, pues está prohibido hablar del ILP, que está vinculado al POUM. Lo he pasado en grande con el *New Statesman* por este asunto. Nada más pisar suelo francés les puse un telegrama preguntándoles si querían un artículo y me dijeron que sí, claro, pero cuando vieron que era sobre la ilegalización del POUM, dijeron que no podían publicarlo. Para dorarme la píldora me encargaron que comentase un libro estupendo que ha aparecido hace poco, *El reñidero español*, que pone al descubierto todo lo que está pasando. Pero

cuando vieron el comentario volvieron a decirme que no lo podían publicar porque iba «contra la política editorial», pero de todos modos se ofrecieron a pagarme el encargo, un soborno en realidad. También he tenido que cambiar de editor, al menos para este libro.[4] Gollancz, como era de esperar, está metido en el ajo comunista y en cuanto se enteró de que yo había estado con la gente del POUM y los anarquistas, y de que había visto en primera fila los disturbios barceloneses de mayo, dijo que no creía que pudiera publicarlo, aunque hasta el momento yo no había escrito ni una línea. Creo que previó muy astutamente que iba a ocurrir algo así, porque cuando fui a España redactó un contrato en el que se comprometía a publicarme ficción pero no libros de otra clase. Pese a todo, hay otros dos editores interesados; creo que mi agente obra con inteligencia y ahora los tiene pujando y compitiendo entre sí. Ya he empezado el libro, pero aún tengo entumecidos los dedos.

La herida fue poca cosa, aunque la bala no me mató de milagro. Me atravesó limpiamente el cuello, pero sin tocar nada, salvo una cuerda vocal o, mejor dicho, el nervio que la controla, que está paralizado. Al principio me quedé sin voz, pero ahora la otra cuerda compensa el trabajo de la primera y la dañada se puede curar o no. Mi voz es ya casi normal, aunque no puedo dar gritos. Tampoco puedo cantar, pero la gente me dice que por eso no me preocupe. Hasta cierto punto ha sido una suerte haber recibido el balazo, porque creo que nos ocurrirá a todos en un futuro próximo y me alegra saber que no hace demasiado daño. Lo que vi en España no me ha vuelto escéptico, pero me ha convencido de que el futuro se presenta muy negro. Salta a la vista que se puede engañar a la gente con el cuento antifascista del mismo modo que se la engañó con el cuento de la gallarda y pequeña Bélgica, y cuando llega la guerra todos van de cabeza a ella. Sin embargo, no estoy de acuerdo con la postura pacifista, aunque creo que tú sí. Sigo pensando que hay que luchar por el socialismo y contra el fascismo, y me refiero a luchar físicamente, con armas, aunque sólo sea para distinguir entre una cosa y la otra. Tengo ganas de ver a Holdaway[5] para saber qué piensa del asunto español. Es el único comunista más o menos ortodoxo que conozco al que podría respetar, y me asquearía comprobar que se dedica, como el resto, a perorar sobre la defensa de la democracia y contra el trotskifascismo.

Me gustaría mucho verte, pero, hablando con franqueza, no creo que me acerque a Londres durante una temporada, a no ser que sea absolutamente imprescindible por asuntos de trabajo. Estoy enfrascado en el libro, que quiero tener listo para Navidad, y además ando muy ocupado arreglando el jardín y demás, tras tanto tiempo de ausencia. De todos modos, escribe para darme tu dirección. No puedo ponerme en contacto con Rees. Estaba en el frente de Madrid y las comunicaciones estaban prácticamente cortadas. He tenido noticias de Murry,[6] parecía sufrir por algo. *Au revoir.*

Un abrazo
Eric

1. Rayner Heppenstall (1911-1981), novelista, crítico, historiador del mundo del crimen y guionista y productor de la BBC (1945-1967). Compartió un piso con Orwell en 1935 y, aunque llegaron a liarse a puñetazos, los dos fueron amigos de por vida. En 1946 encargó y produjo la versión radiofónica de Orwell de *El viaje del «Beagle»*. Al año siguiente produjo la adaptación radiofónica de *Rebelión en la granja* que hizo el mismo Orwell; en 1952 y 1957 produjo nuevas versiones. Su libro *Four Absentees* (1960) contiene sus recuerdos sobre Orwell; véase *Orwell Remembered*, págs. 106-115. Véase también Shelden, pág. 225.

2. La esposa de Rayner Heppenstall.

3. Orwell cuenta en *Homenaje a Cataluña* que la habitación de su hotel fue registrada por seis policías de paisano que se llevaron «absolutamente todos los papeles que teníamos», menos, por fortuna, los pasaportes y el talonario de cheques. Después supo que la policía se había incautado de algunas de sus pertenencias en el Sanatorio Maurín, entre ellas un hato de ropa interior sucia; págs. 187-188, 198-199 [VI/164, 178-179].

4. *Homenaje a Cataluña.*

5. N.A. Holdaway, maestro de escuela y teórico marxista. Era miembro del Partido Laborista Independiente (ILP), colaborador de *The Adelphi* y director del Adelphi Centre.

6. John Middleton Murry (1889-1957) fue durante catorce años el director nominal de *The (New) Adelphi*, que había fundado en junio de 1923, aunque estuvo vinculado a la revista hasta que dejó de publicarse (1955). La revista apoyó mucho a Orwell, que publicó en ella alrededor de cincuenta escritos. Murry fue primero ferviente admirador de D.H. Lawrence, luego marxista heterodoxo, después pacifista y por último agricultor que pregonaba el regreso a la tierra. Dirigió asimismo *Peace News* entre julio de 1940 y abril de 1946. A pesar de su inveterado pacifismo, del que Orwell disentía, las relaciones entre ambos fueron cordiales.

24

«TESTIGO EN BARCELONA»

Controversy: The Socialist Forum,[1] vol. I, n.º 11, agosto de 1937

Este artículo, traducido por Yvonne Davet, se publicó con el título de «J'ai été témoin à Barcelone...» en La Révolution Prolétarienne. Revue Bimensuelle Syndicaliste Révolutionnaire, *n.º 255, 25 de septiembre de 1937. Fue este artículo el que el* New Statesman *se negó a publicar; véase la carta de Orwell a Rayner Heppenstall, de 31 de julio de 1937, reproducida más arriba. Yvonne Davet (n. hacia 1895) fue durante muchos años secretaria de André Gide. Mantuvo correspondencia con Orwell antes y después de la segunda guerra mundial y tradujo varios libros suyos al francés, pensando que en Francia encontraría un editor que quisiera publicarlos. Su traducción de* Homenaje a Cataluña, *terminada antes del estallido de la guerra y leída por Orwell, no se publicó hasta 1955. Contenía notas de Orwell que no pasaron a las ediciones inglesas hasta 1986. Davet tradujo también a Jean Rhys, Graham Greene y Iris Murdoch. Autor y traductora no se conocieron personalmente.*

Cuando se publicó en Controversy, *la siguiente nota precedía el artículo de Orwell:* «George Orwell, autor de *El camino de Wigan Pier,* ha combatido con el contingente del ILP destacado en el frente de Aragón. Lo que aquí nos ofrece es un informe personal sobre los sucesos acaecidos en Barcelona durante las Jornadas de Mayo y sobre la ilegalización del POUM al mes siguiente».

I

Se ha escrito mucho sobre los disturbios barceloneses de mayo y los principales episodios están ya consignados en el folleto de Fenner Brockway *The Truth about Barcelona,* que hasta donde se me alcanza es completamente fidedigno. Creo por lo tanto que lo más útil que puedo hacer aquí, en mi condición de testigo ocular, es poner algunas notas a algunos de los puntos más polémicos.

Primero, el que se refiere a los objetivos de la presunta insurrección, si es que hubo alguno. En la prensa comunista se ha señalado que todo fue un plan cuidadosamente preparado para derrocar al gobierno e incluso para entregar Cataluña a los fascistas mediante una intervención extranjera en Barcelona. La segunda parte de esta afirmación es tan absurda que no es preciso rebatirla. Si el POUM y los anarquistas de izquierda estaban realmente aliados con los fascistas, ¿por qué los milicianos del frente no se marcharon, dejando un hueco en primera línea? ¿Y por qué los cenetistas[2] del transporte seguían mandando víveres al frente a pesar de la huelga? Desde luego, no puedo decir en justicia que en la cabeza de algunos extremistas, en particular de los Bolcheviques Leninistas (normalmente llamados trotskistas), cuyos folletos circulaban por las barricadas, no hubiera una intención revolucionaria concreta. Lo que sí puedo decir es que las bases que estaban tras las barricadas no pensaron ni por un momento que estuvieran participando en ninguna revolución; lo que pensábamos, lo que todos pensábamos, era únicamente que estábamos defendiéndonos de un golpe de Estado protagonizado por la Guardia Civil,[3] que ya se había apoderado por la fuerza de la Telefónica y que, si no oponíamos resistencia, podía apoderarse de otros edificios obreros. Mi interpretación de los hechos, que se basa en lo que la gente en verdad hacía y decía por entonces, es como sigue:

Los trabajadores se echaron espontáneamente a la calle para defenderse, y sólo querían dos cosas: la devolución de la Telefónica y el desarme de la odiada Guardia Civil. A esto hay que añadir el resentimiento creado por la creciente pobreza que había en Barcelona y la vida de lujo que llevaba la burguesía. Sin embargo, es probable que la situación hubiera desembocado en la caída del gobierno catalán si hubiera habido un jefe capaz de aprovechar el momento. Parece indiscutible que al tercer día los obreros estaban ya en condiciones de hacerse con la ciudad; de hecho los guardias civiles estaban muy desmoralizados y muchos se rendían. Y si bien el gobierno de Valencia logró enviar tropas de refresco para aplastar a los trabajadores (enviaron 6.000 guardias de asalto cuando terminaron los combates), no habría podido mantenerlas en Barcelona si los trabajadores del transporte se hubieran negado a abastecerlas. Pero lo cierto es que no había ningún líder revolucionario decidido. Los dirigentes anarquistas se desentendieron del asunto y dijeron «Volved al trabajo», y los dirigentes del POUM adoptaron una actitud titubeante. Las órdenes que recibimos en las barricadas del POUM, y que procedían directamente de la jefatura del partido, nos instaban a apoyar a la CNT pero sin abrir fuego a menos que nos disparasen o atacasen nuestros edificios. (A mí me dispararon varias veces, pero no repliqué en ningún momento.) Por lo tanto, en cuanto la comida empezó a escasear los trabajadores volvieron poco a poco al trabajo, y cuando se hubieron dispersado y resultaron inofensivos comenzaron las represalias. Otra cuestión es si se debió aprovechar o no la coyuntura revolucionaria. Mi opinión personal es que no. En primer lugar, no creo que los trabajadores hubieran conservado el poder más de unas semanas; y en segundo lugar, habría podido significar la derrota frente a Franco. En cambio, creo que la acción defensiva que emprendieron los trabajadores fue básicamente correcta; con guerra o sin ella, tenían derecho a defender lo que habían conquistado en julio de 1936. Es posible, desde luego, que la revolución se perdiera sin remedio durante aquellos días de mayo. Pero sigo pensando que es un poco mejor, aunque sólo sea muy poco, perder la revolución que perder la guerra.

Segundo, el punto relativo a los implicados. La prensa comunista manifestó casi desde el comienzo que el responsable absoluto o casi absoluto de la «insurrección» había sido el POUM (ayudado por «un puñado de gamberros irresponsables», según el *Daily Worker* de Nueva York). Cualquiera que estuviese entonces en Barcelona sabe que esto es una aberración. Casi todos los que estaban en las barricadas eran trabajadores corrientes de la CNT. Y este punto es importante, dado que hace poco se ha prohibido el POUM porque se necesitaba un chivo expiatorio a quien responsabilizar de los disturbios de mayo; los cuatrocientos poumistas o más que están actualmente en las cárceles de Barcelona, con la suciedad y las pulgas, fueron encerrados allí por el supuesto de haber participado en los disturbios de mayo. Creo por tanto que vale la pena señalar dos buenos motivos por los que el POUM no dio ni pudo dar el primer paso. En primer lugar, era un partido muy pequeño. Contando a los militantes propiamente dichos, a los milicianos de permiso y a los colaboradores y simpatizantes, el POUM no habría podido tener ni siquiera diez mil hombres en las calles, incluso ni cinco mil, cuando dada la magnitud de los disturbios es evidente que tomaron parte en ellos docenas de miles de personas. En segundo lugar, hubo una huelga general, o casi general, que duró varios días; sin embargo, el POUM como tal no tenía capacidad para convocar una huelga, y si las bases de la CNT no hubieran querido huelga, no la habría habido. En cuanto a los implicados por el otro bando, el *Daily Worker* de Londres tuvo la desfachatez de insinuar en un número que la «insurrección» fue sofocada por el Ejército Popular. Toda Barcelona supo, y el *Daily Worker* también debería haberlo sabido, que el Ejército Popular permaneció neutral y que los soldados estuvieron acuartelados durante todo el conflicto, si bien es cierto que algunos de ellos intervinieron a título personal, pues yo mismo vi a un par en las barricadas del POUM.

En tercer lugar, lo que se refiere a los presuntos depósitos de armas que tenía el POUM escondidos en Barcelona. Esta patraña se ha repetido tanto que incluso un observador normalmente crítico como H.N. Brailsford la admite sin hacer indagaciones y habla de los «tanques y cañones» que el POUM había «robado de los arsenales del gobierno» (*New Statesman*, 22 de mayo).[4] La verdad es que la cantidad de armas que tenía el POUM era lastimosa, tanto en el frente como en la retaguardia. Durante los combates callejeros estuve en tres edificios importantes del partido, la sede central, la sede del Comité Local y el hotel Falcón. Vale la pena detallar las armas que había en ellos. En total sumaban unos 80 fusiles, algunos defectuosos, además de un puñado de escopetas anticuadas, todas inservibles dado que no había cartuchos para ellas; para cada fusil se disponía de unos 50 cartuchos. Ninguna ametralladora, ni pistolas, ni munición para éstas. Había unas cuantas bombas de mano, pero nos las enviaron los de la CNT cuando comenzaron los combates. Un oficial de milicianos que tenía una alta posición me comentó más tarde que dudaba de que en toda Barcelona el POUM tuviera más de ciento cincuenta fusiles y una ametralladora. Se verá que con esto apenas bastaba para armar a los centinelas que por entonces emplazaban todos los partidos, el PSUC, el POUM y la CNT-FAI, en sus edificios más importantes. Alguno podría argumentar que el POUM prefirió tener las armas a buen recaudo durante los incidentes de mayo, pero en tal caso ¿qué hay de la afirmación de que los disturbios de mayo fueron una insurrección del POUM encaminada a derrocar al gobierno?

La verdad es que el que peor se portó en lo de escatimar armas al frente fue el mismo gobierno. La infantería del frente de Aragón estaba peor armada que los cadetes de un colegio privado inglés; en cambio, las fuerzas de retaguardia, la Guardia Civil, la Guardia de Asalto y el cuerpo de Carabineros, que no tenían que ir al frente, pero que se utilizaban para «mantener el orden» en la retaguardia (es decir, para intimidar a los trabajadores), estaban armadas hasta los dientes. Los combatientes del frente de Aragón tenían máuseres gastados por el uso y que por lo general se encasquillaban al cabo de cinco disparos, aproximadamente una ametralladora por cada cincuenta hombres y una pistola o un revólver por cada treinta. Estas armas, imprescindibles en la guerra de trincheras, no procedían del gobierno y había que adquirirlas ilegalmente y con toda clase de dificultades. Los guardias de asalto disponían de fusiles rusos recién salidos de fábrica, de una pistola automática por barba y de un subfusil ametrallador por cada diez o doce hombres. Estos datos hablan por sí solos. Un gobierno que envía al frente a muchachos de quince años con fusiles de hace casi medio siglo, y que retiene en la retaguardia a sus mejores hombres y las mejores armas, teme más la revolución que a los fascistas. De aquí la débil política de guerra de los últimos seis meses, y de aquí que sea muy probable que la contienda termine con una solución negociada.

II

Cuando el 16-17 de junio se prohibió el POUM, la facción izquierdista (calificada de trotskista) del comunismo español, el hecho en sí no sorprendió a nadie. Desde mayo, incluso desde febrero, era evidente que en cuanto los comunistas pusieran manos a la obra «liquidarían» al POUM. Sin embargo, lo repentino de la ilegalización y la mezcla de traición y brutalidad con que se llevó a cabo pilló a todos, incluso a los dirigentes, completamente desprevenidos.

En apariencia se prohibió porque se acusaba a sus dirigentes de estar a sueldo de los fascistas, una historia que la prensa comunista repitió durante meses, aunque en España nadie se la tomaba en serio. El 16 de junio detuvieron en su despacho a Andrés Nin, el jefe del partido. Aquella misma noche, antes de que nada se anunciara oficialmente, la policía hizo una redada en el hotel Falcón, una especie de casa de huéspedes financiada por el POUM y utilizada sobre todo por los milicianos de permiso, y detuvo a todos los que había dentro sin acusarlos de nada en concreto. El día siguiente por la mañana declararon ilegal el POUM y la policía se apoderó de todos sus edificios, no sólo de oficinas, puestos de libros, etc., sino incluso de bibliotecas y hospitales de convalecientes. Al cabo de unos días, todos o la mayoría de los cuarenta integrantes del Comité Ejecutivo habían sido detenidos; un par de ellos, que había conseguido esconderse, acabó por entregarse, obligados por el truco, aprendido de los fascistas, de retener a las esposas como rehenes. Nin fue trasladado a Valencia y de aquí a Madrid, donde se lo juzgó por pasar información militar al enemigo. Ni que decir tiene que se presentaron «confesiones», misteriosas cartas escritas con tinta simpática y demás «pruebas» habituales, con tanta profusión como para pensar que se habían preparado de antemano. El 19 de junio llegó a Barcelona, a través de Valencia, la noticia de que lo habían fusilado. La noticia era falsa, o eso esperamos, pero no creo que haga falta señalar que el gobierno de Valencia tendrá que fusilar a muchos dirigentes del POUM, tal vez a una docena, si quiere que sus acusaciones se tomen en serio.[5]

Mientras tanto, la policía llenaba las cárceles con las bases del partido, no sólo con los militantes con carnet, sino con los milicianos, simpatizantes y toda suerte de colaboradores. Supongo que es imposible conocer las cifras exactas, pero hay razones para creer que durante la primera semana se detuvo a 400 personas solamente en Barcelona; lo cierto es que las cárceles estaban tan abarrotadas que tuvieron que encerrar a muchísimos detenidos en comercios y otros calabozos provisionales. Por lo que pude averiguar, no se diferenciaba entre las personas relacionadas con los disturbios de mayo y las que no tenían implicación alguna. La proscripción del POUM tuvo efectos retroactivos; el partido era ahora ilegal y, por lo tanto, todo el que alguna vez hubiera tenido alguna relación con él había infringido la ley. La policía llegó al extremo de detener a los heridos de los sanatorios. Yo, por ejemplo, vi encerrados en una cárcel a dos conocidos míos a los que les habían amputado una pierna; y a un niño que no tendría más de doce años.

También hay que recordar lo que implica el encarcelamiento en la España actual. Aparte del horrible hacinamiento de los calabozos provisionales, las condiciones antihigiénicas, la falta de luz y de ventilación y la asquerosa comida, se observa la ausencia absoluta de todo lo que entendemos por legalidad. Por ejemplo, no se reconoce el hábeas corpus ni otras zarandajas. Según la ley vigente, o al menos según la aplicación que se hace en el presente de ella, se puede detener a cualquiera durante un tiempo indefinido, no sólo sin que haya juicio previo sino sin que haya ni siquiera acusación; y hasta que ésta se formule, las autoridades pueden tenerlo, como dicen los españoles, «incomunicado», esto es, sin derecho a hablar con un abogado ni con nadie del mundo exterior. Es fácil entender el valor que tendrán las «confesiones» obtenidas en tales circunstancias. La situación se agrava en el caso de los detenidos más humildes, ya que el Socorro Rojo del POUM, que suele prestar consejo legal a los presos, ha sido prohibido junto con el resto de las instituciones del partido.

Pero es posible que el rasgo más odioso de todo el episodio fuera el hecho de que lo sucedido se ocultara durante cinco días, y creo que más, a los soldados del frente de Aragón. Dio la casualidad de que yo estuve en el frente del 15 al 20 de junio. Tenía que pasar una inspección médica y por ello me desplacé a varios pueblos próximos al frente, Siétamo, Barbastro, Monzón y otros. En todos ellos, el puesto de mando de las milicias del POUM, los centros de Socorro Rojo y organismos parecidos funcionaban con normalidad, y en un lugar tan alejado del frente como Lérida (que está a unos ciento cincuenta kilómetros de Barcelona), el día 20 de junio aún no se había enterado nadie de que el POUM había sido prohibido. Se había suprimido toda mención del acontecimiento en los periódicos de Barcelona, aunque en los de Valencia, que no llegaban al frente de Aragón, no se hablaba más que del cuento de la «traición» de Nin. Viví con otros compañeros la desagradable experiencia de volver a Barcelona y descubrir que mientras estaba fuera habían ilegalizado el POUM. Por suerte me avisaron a tiempo y tomé precauciones, pero otros no fueron tan afortunados. Todos los milicianos del POUM que llegaban del frente por aquellas fechas podían elegir entre esconderse e ir a la cárcel: una recepción realmente simpática para quienes habían pasado tres o cuatro meses en el frente. El motivo era obvio: acababa de comenzar la ofensiva de Huesca y es probable que el gobierno temiese que los milicianos del POUM se negaran a atacar si se enteraban de lo ocurrido. Yo no creo que hubiera titubeado la lealtad de los milicianos; en cualquier caso, tenían derecho a saber la verdad. Hay algo indeciblemente obsceno en enviar a los hombres a la batalla (comenzaba el combate cuando salí de Siétamo, y las traqueteantes ambulancias empezaban a llevarse ya a los primeros heridos por aquellas abominables carreteras) mientras se les oculta que a sus espaldas se ha ilegalizado su partido, se ha calificado de traidores a sus dirigentes y se ha encarcelado a sus amigos y familiares.

El POUM era con diferencia el partido revolucionario más pequeño y su prohibición afecta a pocas personas. Es muy probable que el saldo final de la historia sea una docena de fusilados o sentenciados a largas condenas de cárcel, unos centenares con la vida destrozada y unos cuantos millares perseguidos durante un tiempo. Sin embargo, la prohibición del partido tiene importancia porque es sintomática. En primer lugar, debería servir para que al mundo exterior le quede más claro, como ya les quedó a muchos observadores destacados en España, que el gobierno actual tiene más puntos de semejanza con el fascismo que de diferencia. (Lo cual no significa que no haya que defenderlo frente al fascismo sin ambages de Franco y Hitler. Yo ya me había percatado en mayo de la tendencia fascista del gobierno, pero estaba dispuesto a volver al frente y eso fue lo que hice.) En segundo lugar, la eliminación del POUM es un aviso del inminente ataque que se prepara contra los anarquistas. Éstos son los auténticos enemigos, a los que los comunistas temen muchísimo más que al numéricamente insignificante POUM. Los dirigentes anarquistas han visto ya un ejemplo de los métodos que a buen seguro emplearán contra ellos; la única esperanza de la revolución, y quizá de la victoria frente a Franco, es que aprendan la lección y se defiendan a tiempo.

1. Dice Raymond Challinor en el *Bulletin of the Society for the Study of Labour History*, 54 (invierno de 1989), pág. 40: «*Controversy* se fundó en 1932, cuando el Partido Laborista Independiente se escindió del Partido Laborista. Al principio fue el boletín interno del partido [...]. En 1936, sin embargo, su contenido cambió por completo. Desde entonces quiso ser –y en buena medida lo fue– una revista donde pudieran debatirse sin resentimientos las muchas opiniones que se sostenían en el seno del movimiento obrero». Para confirmar que su público desbordaba el contingente del ILP, en 1939 pasó a llamarse *Left Forum* (Foro de Izquierdas) y luego *Left* (Izquierda). Dejó de publicarse en mayo de 1950. Challinor atribuye una parte no pequeña del buen hacer de la revista a su director, el doctor C.A. Smith, director de un colegio londinense y luego profesor adjunto de la Universidad de Londres. Entre los que colaboraron en ella, Challinor cita a Frank Borkenau, Max Eastman, Sidney Hook, Jomo Kenyatta, Victor Serge, August Thelheimer, Jay Lovestone, George Padmore, Marceau Pivert y Simone Weil.

2. Para la significación de los grupos representados por estas siglas, véase *Homenaje a Cataluña*, págs. 215-218 [VI/Apéndice I, 201-205]. Más abajo, en nota a las «Notas sobre las milicias españolas» de Orwell, se reproduce parte de una carta de Hugh Thomas a los preparadores de la edición de *CJEL*, que aclara algunos puntos.

3. Orwell se enteró más tarde de que quienes tomaron la Telefónica no fueron guardias civiles, sino una sección local de la Guardia de Asalto. Poco antes de morir dio instrucciones para la corrección del texto de *Homenaje a Cataluña*; véanse págs. 66-67 [VI/Nota al Texto].

4. Para consideraciones posteriores de Orwell, véanse más abajo las cartas a H.N. Brailsford de 10 y 18 de diciembre de 1937.

5. Andrés Nin (1892-1937) era dirigente del POUM. Había sido antaño secretario de Trotsky, con el que rompió cuando éste se expresó en términos críticos acerca del POUM (véase Thomas, 523). «Sufrió el habitual interrogatorio soviético» a que se sometía a los acusados de «traición a la causa» y luego fue asesinado, probablemente en el parque real de El Pardo, al norte de Madrid. Durante los meses que siguieron se interrogó y torturó a los restantes dirigentes del POUM, a algunos en el convento barcelonés de Santa Úrsula, «el Dachau de la España republicana», en palabras de un superviviente del POUM. Nin fue el único dirigente asesinado. Bob Smillie fue encarcelado en Valencia sin motivo alguno (véase *Homenaje a Cataluña*, págs. 192-193 [VI/170-171], y murió allí, según sus captores, por culpa de una apendicitis. Thomas,

al dar su versión sobre la probable suerte de Nin, dice: «Se negó a firmar los documentos en que se reconocía su culpabilidad y la de sus amigos [...]. ¿Qué podían hacer? [...] El italiano Vidali (Carlos Contreras) propuso que se simulara un ataque "nazi" para liberar a Nin. Una noche oscura, quizá la del 22 o 23 de junio, diez alemanes de las Brigadas Internacionales asaltaron el edificio de Alcalá de Henares donde Nin estaba recluido [...]. Nin fue capturado y asesinado [...]. Su negativa a reconocerse culpable salvó sin duda la vida de sus amigos» (705).

25

RESÚMENES DE NOTICIAS SOBRE LA GUERRA CIVIL ESPAÑOLA APARECIDAS EN EL *DAILY WORKER* Y EL *NEWS CHRONICLE*, 1936-1937
[julio y agosto de 1937 (?)]

En una nota a pie de página de Homenaje a Cataluña, *Orwell dice:* «*Para redactar este libro he tenido que repasar los archivos de muchos periódicos ingleses*» *(pág. 220* [VI/208]*). Algunas de las notas que tomó se han conservado. Aparecen en* Obras completas, *X/290-306.*

26

[*384*] Manuscrita
CARTA DE GEORGE ORWELL A AMY CHARLESWORTH
1 de agosto de 1937

The Stores, Wallington, cercanías de Baldock, Herts

Apreciada señorita Charlesworth,[1]
Me temo que, una vez más, he tardado mucho en responderle. Mi única excusa es que tuve muchas cosas que hacer durante el mes que siguió a mi regreso de España y que no he andado bien de salud hasta hace poco. La mano lesionada y España sólo están relacionadas indirectamente, quiero decir que tuve una infección en el frente y que el problema volvió a presentarse, pero ahora ya está bien. La herida que recibí en España fue una bala que me atravesó el cuello, pero ya está curada y el único inconveniente es que he perdido algo de voz.

Me pregunta usted por la situación en España y si los rebeldes no tenían alguna justificación. Yo no me atrevería a decir que no la tenían, a menos que creamos que siempre es ilegítimo rebelarse contra un gobierno legalmente constituido, cosa que en la práctica no cree nadie. En términos generales, yo diría que los rebeldes defienden dos objetivos más o menos contradictorios, porque el bando franquista, al igual que el republicano, es una constelación de grupos que con frecuencia entablan encarnizadas peleas entre sí. Por un lado defienden una forma primitiva de sociedad, el feudalismo, la Iglesia católica y demás. Por el otro el fascismo, que es una forma de gobierno muy militarizada y centralizada, que tiene algunos rasgos en común con el socialismo en cuanto al objetivo de abolir buena parte de la propiedad y la iniciativa privadas, pero siempre, en última instancia, en interés del gran capital, por lo que es contrario al socialismo. Yo estoy radicalmente en contra de ambos objetivos, aunque creo justo decir que los dos tienen su justificación. Algunos autores católicos como Chesterton, Christopher Dawson y otros tienen argumentos muy atractivos pero no convincentes desde un punto de vista lógico en defensa de una forma de sociedad más primitiva. No creo que haya nada que justifique el fascismo propiamente dicho, pero creo que muchos fascistas, a título individual, tienen sus razones. He hablado mucho de esto en mi último libro. En términos generales, yo diría que el fascismo atrae con fuerza a ciertas personas sencillas y honradas que, aunque impulsadas por un sincero anhelo de que se satisfagan las reivindicaciones de los trabajadores, no se dan cuenta de que son instrumentos del gran capital. Sería absurdo creer que todos los hombres del bando franquista son demonios. No obstante, aunque las atrocidades fascistas a buen seguro se han exagerado, no hay duda de que algunas son ciertas y creo que podemos estar seguros de que el gobierno republicano se ha conducido en la guerra con más humanidad que los fascistas, hasta el punto de desaprovechar oportunidades militares, por ejemplo, negándose a bombardear poblaciones donde había civiles.

Mientras tanto, en el bando republicano la situación es complicadísima y están ocurriendo barbaridades que no se cuentan en la prensa inglesa y que no puedo explicar debidamente, porque de lo contrario esta carta acabaría siendo un folleto. Tal vez baste el siguiente resumen: la guerra civil española no ha sido sólo una guerra, sino también una revolución. Cuando estalló el motín fascista, los trabajadores de las grandes ciudades, en particular de Cataluña, derrotaron a los fascistas locales y al mismo tiempo aprovecharon la ocasión para apoderarse de tierras, fábricas, etc., y para fundar una tosca forma de gobierno obrero. Desde entonces, y sobre todo desde diciembre del año pasado, el verdadero empeño del gobierno republicano ha sido aplastar la revolución y volver a dejar las cosas como estaban antes. Se ha salido más o menos con la suya, y en la actualidad impera un temible estado de terror que se ensaña con todos los sospechosos de tener inclinaciones auténticamente revolucionarias. Acostumbrados a considerar el Partido Comunista una organización revolucionaria, a los ingleses nos cuesta un poco entender esto, dado que el Partido Comunista ha sido el principal instigador de este proceso, controla más o menos el gobierno republicano, aunque no oficialmente, y es el artífice del estado de terror. Cuando salí de España, el 23 de junio, éste ya había comenzado. El partido con cuyas milicias estuve combatiendo, el POUM, acababa de ilegalizarse, la policía se dedicaba a echar el guante a todo aquel que hubiera tenido alguna relación con el partido, incluso a los heridos de los sanatorios, y los encerraba en la cárcel sin juicio previo. Yo fui muy afortunado por poder salir de España, pero muchos amigos y conocidos míos siguen en la cárcel y mucho me temo que algunos serán fusilados, no por haber cometido un delito concreto, sino por haberse opuesto al Partido Comunista. Si desea estar informada sobre los asuntos españoles, el único periódico en el que puede más o menos confiar es el *New Leader*. O, si por casualidad lo encuentra, lea usted un libro excelente que ha aparecido hace poco y que se titula *El reñidero español*, de Franz Borkenau. Los capítulos finales resumen la situación mucho mejor de lo que podría hacerlo yo.

Parece que la carta se ha alargado, después de todo. Ruego acepte mis disculpas por esta conferencia sobre España, pero lo que vi allí me ha afectado tanto que se lo cuento a todo el mundo de palabra y por escrito. Por descontado, estoy escribiendo un libro sobre el particular, que supongo que aparecerá en marzo del próximo año.

Muy cordialmente,
Eric Blair («George Orwell»)

P.D.: Habría podido decirle antes que George Orwell es sólo un seudónimo. Me encantaría que nos viéramos, cuando haya ocasión. Tengo la impresión de que es usted la clase de persona con quien me gustaría tratar, pero sólo el cielo sabe cuándo pasaré por esa parte del mundo. Conservo su dirección. Si se muda usted a un lugar más próximo a Londres, comuníquemelo.

1. Amy Charlesworth (1904-1945) contó a Orwell, en una carta escrita en Flixton, cercanías de Manchester, el 6 de octubre de 1937, que se había casado joven, había tenido dos hijos y había abandonado al marido porque la golpeaba con frecuencia; por entonces hacía prácticas para trabajar de visitante sanitaria. Volvió a casarse, y cuando escribió a Orwell en junio de 1944 firmó «señora de Gerry Byrne». El marido escribió a Orwell en junio de 1945 para comunicarle que su mujer había fallecido hacía tres meses. Puede que se tratara de Gerald Byrne (n. 1905), un reportero de sucesos que trabajaba para el *Daily Herald* a mediados de los años treinta.

27

[386]

CARTA DE GEORGE ORWELL A CHARLES DORAN

2 de agosto de 1937

The Stores, Wallington, cercanías de Baldock, Herts

Querido Doran,[1]
No tengo tu dirección, pero espero que la sepan en la escuela de verano del ILP, adonde pienso ir el jueves. Ya estuve ayer, para oír hablar a John McNair.

Se me quitó un gran peso de encima cuando vi al joven Jock Branthwaite, que ha estado viviendo con nosotros, y me enteré de que todos los que lo deseasteis salisteis de España sin problemas. Yo volví al frente el 15 de junio para recoger la licencia médica, pero no pude acercarme a verte porque no hicieron más que mandarme de un hospital a otro. Cuando regresé a Barcelona me enteré de que en mi ausencia habían ilegalizado el POUM, y habían ocultado el hecho a las tropas con tanta eficacia que el día 20 ni siquiera en Lérida sabían nada al respecto, y eso que la prohibición se había producido el 16-17. La primera noticia que tuve fue cuando entré en el hotel Continental y mi mujer y un francés llamado Pivert,[2] que se portó muy bien con todos durante el conflicto, corrieron hacia mí, me asieron de los brazos y me indicaron que me fuese. A Kopp acababan de detenerlo en el mismo hotel, pues el personal había telefoneado a la policía y lo había delatado. McNair, Cottman y yo tuvimos que pasar varios días escondidos, durmiendo en iglesias en ruinas, etc., pero Eileen se quedó en el hotel y, al margen de que registraron su habitación y se llevaron todos mis papeles, no la molestaron, casi seguro porque la policía la utilizaba como cebo para capturarnos a McNair y a mí. Nos fuimos sin despedirnos el 23 por la mañana y cruzamos la frontera sin dificultades. Por suerte, en el tren había primera clase y coche restaurante, y nos esforzamos por parecer turistas ingleses corrientes, que era lo más seguro. En Barcelona se estaba relativamente a salvo de día, y Eileen y yo fuimos a visitar a Kopp un par de veces al inmundo agujero donde lo tenían encerrado junto con docenas de individuos, entre ellos Milton.[3] La policía había llegado al extremo de detener a los heridos del POUM que reposaban en el Maurín, y en aquel calabozo vi a dos hombres con la pierna amputada, e incluso a un niño de unos diez años. Hace unos días recibimos unas cartas, con fecha de 7 de julio, que Kopp había conseguido enviar desde España. Una de ellas era una queja dirigida al jefe superior de policía, en la que decía no sólo que él y los demás llevaban detenidos 18 días (actualmente son muchos más, como es lógico) sin juicio previo ni acusación, sino que además estaban encerrados en habitaciones donde apenas había sitio para acostarse, se morían de hambre y a muchos detenidos los golpeaban e injuriaban. Remitimos la carta a McNair y creo que, después de comentar el asunto, Maxton ha quedado en ver al embajador español para decirle que si no se hace algo, al menos por los presos extranjeros, levantará la liebre en el Parlamento. McNair me cuenta también que en la prensa francesa ha aparecido una noticia bastante creíble según la cual se ha encontrado en Madrid el cadáver de Nin, creo que junto a los de otros dirigentes del POUM, cosido a balazos. Supongo que habrá sido un «suicidio», o quizás otro caso de apendicitis.[4]

Mientras tanto, es casi imposible conseguir que se publique nada sobre este tema. Nada más cruzar la frontera francesa, envié un telegrama al *New Statesman* para preguntarles si querían un artículo, y me respondieron que sí; sin embargo, cuando vieron el que había escrito (acerca de la prohibición del POUM), dijeron que lo sentían mucho, pero que no podían publicarlo, porque «causaría problemas». Para dorarme la píldora, me enviaron un libro muy bueno que se acababa de publicar, *El reñidero español,* para que le hiciera una crítica. Pero, una vez más, cuando vieron mi comentario, dijeron que lamentaban no poder publicarlo porque «iba contra la política editorial», aunque se ofrecieron a abonarme el trabajo; prácticamente fue un soborno, ya ves. Además tengo que cambiar de editor. Cuando Gollancz se enteró de que había estado con el POUM, me dijo que no iba a poder publicar mi libro sobre España, a pesar de que yo no había escrito aún ni una línea del mismo. Aún no me he decidido, pero lo más probable es que se lo lleve a Secker. Si todo va bien, aparecerá hacia marzo.

Fui a Bristol con otros para participar en una manifestación de protesta contra la expulsión de Stafford Cottman[5] de la YCL,[6] llevada a cabo con palabras como «lo acusamos de enemigo de la clase obrera» y otras parecidas. Me han dicho que desde entonces la casa de Cottman está vigilada por miembros de la YCL que tratan de interrogar a todo el que entra y sale. ¡Qué espectáculo! Pensar que seis meses después de haber partido como heroicos defensores de la democracia éramos trotskifascistas y teníamos que cruzar la frontera de puntillas y con la policía pisándonos los talones. Mientras tanto, ser trotskifascistas no nos sirve de mucho ante los profascistas de este país. Esta tarde ha venido a vernos el vicario, que no aprueba en absoluto que Eileen y yo estuviéramos con el bando del gobierno. No tuvimos más remedio que admitir que era verdad lo de la quema de iglesias, pero se animó mucho al saber que no eran más que iglesias católicas. Cuéntame cómo te va. Eileen te manda recuerdos.

Un abrazo
Eric Blair

P.D.: [a mano] Olvidaba decirte que cuando estuve en Barcelona tuve muchas ganas de escribirte para avisarte, pero no me atreví, porque pensé que lo único que conseguiría una carta así sería que se fijaran en el destinatario.

1. Esta carta y la fechada en 26 de noviembre de 1938 (*505*) fueron donadas por la viuda de Doran, la señora Bertha Doran, a la Waverley Secondary School de Drumchapel, Glasgow, en diciembre de 1974. La presente se reproduce aquí por gentileza de su anterior propietaria. Ella y el doctor James D. Young me han facilitado datos sobre la vida de Doran. Charles Doran (1894-1974) nació en Dublín y se trasladó a Glasgow en 1915. Tras combatir en la primera guerra mundial, militó en la Federación Comunista Antiparlamentaria de Guy Aldred. Se afilió al ILP a comienzos de los años treinta y estuvo con Orwell en la guerra civil española, combatiendo con el POUM, en 1937. Fueron escritas en 1938-1939, pero no se han encontrado más cartas. Doran se opuso a la segunda guerra mundial y se unió a un pequeño grupo anarquista, dirigido por Willie MacDougall, que hizo propaganda socialista revolucionaria y antimilitarista durante todo el conflicto. Además colaboró en el periódico de MacDougall, el *Pioneer News*. En 1983, la señora Doran le contó al doctor Young que su difunto marido admiraba la modestia y sinceridad de Orwell. «Recuerdo que Charlie decía que Orwell no era de los que discuten. A lo mejor opinaba sobre cualquier cosa, esperando que Orwell replicara o lo admitiera, pero éste se limitaba a decir: "Puede que tengas razón, Doran". Orwell no había leído a Marx por aquel entonces.» Alex Zwerdling, en *Orwell and the Left* (1974, pág. 20), dice que la obra de Orwell revela que había leído a Marx con atención e inteligencia; y cita a Richard Rees, *George Orwell: Fugitive from the Camp of Victory* (1961), que cuenta que Orwell dejó pasmado a todo el mundo en la escuela de verano Adelphi, 1936, por sus conocimientos sobre Marx (pág. 147). Véase Crick, pág. 613, n. 49. A mediados de los años cuarenta, según la señora Doran, «Charlie lo calificaba [a Orwell] de re-

belde —no de revolucionario— que se sentía insatisfecho con el sistema establecido pero seguía formando parte de él» *(Bulletin of the Society for the Study of Labour History,* 51, parte I, abril de 1986, 15-17). Véanse más arriba las acusaciones contra Doran, en págs. 61-63.

2. Marceau Pivert colaboraba en *Controversy;* véase más arriba, «Testigo en Barcelona», nota 1.

3. Harry Milton, el único americano del grupo de Orwell. Véase más arriba la carta de Eileen Blair a John McNair de 29 de julio de 1937, nota 11. A veces lo llamaban Mike Milton.

4. Se refiere a la supuesta causa de la muerte de Bob Smillie. Orwell describe esta muerte en *Homenaje a Cataluña,* págs. 192-193 [VI/170-71]. Orwell daba por hecho que lo habían fusilado en la cárcel, pero más tarde se dijo que había fallecido de apendicitis. Al delegado local del ILP, David Murray, no le permitieron ver el cadáver, tal vez «por desprecio puro y simple». Orwell termina diciendo: «No me resulta fácil perdonar la muerte de Smillie. Un joven valiente y dotado que había dejado la carrera que estudiaba en la Universidad de Glasgow para ir a luchar contra el fascismo y que, como pude ver por mis propios ojos, cumplió en el frente con voluntad y valor intachables, y todo lo que se les ocurrió hacer con él fue encarcelarlo y dejar que muriera allí como un animal abandonado». Véase un enfoque global de la polémica sobre la muerte de Smillie en Tom Buchanan, «The Death of Bob Smillie, the Spanish Civil War, and the Eclipse of the Independent Labour Party», *Historical Journal,* 40 (1997), págs. 435-461.

5. Stafford Cottman (1918-1999) había sido funcionario de la administración local antes de unirse al contingente del ILP destacado en España. Fue el compañero más joven de Orwell y huyó de España con él. Su versión del viaje puede verse en *Remembering Orwell,* págs. 95-96; fue consultor de Ken Loach para la película *Tierra y libertad.* Siempre fue un leal amigo de Orwell. Véase también la transcripción de una entrevista que le hizo el programa *Arena* de la BBC en *Orwell Remembered,* págs. 148-155. Se ha conservado una carta de Orwell a Cottman *(2984)* de 25 de abril de 1946, cuando Cottman estaba en la RAF. Era artillero de cola del Cuerpo de Bombarderos y tuvo la suerte de que lo rebajaran del servicio activo un día antes de que su aparato fuera abatido en cielo alemán.

6. Young Communist League, las juventudes comunistas.

28

[*386A*] Copia mecanografiada

RESPUESTA INÉDITA DE GEORGE ORWELL A *LOS ESCRITORES TOMAN PARTIDO SOBRE LA GUERRA CIVIL ESPAÑOLA*

[3-6 de agosto de 1937]

En junio de 1937, Left Review solicitó opiniones sobre la guerra civil española. Nancy Cunard[1] envió a una serie de escritores un cuestionario, precedido por un llamamiento a tomar partido, «Porque ya es imposible no tomar partido». El llamamiento se hizo en nombre de doce autores, entre los que figuraban Louis Aragon, W.H. Auden, Heinrich Mann, Ivor Montagu, Stephen Spender, Tristan Tzara y Nancy Cunard (que coordinó las respuestas). Lawrence and Wishart publicó los resultados en un folleto titulado Authors Take Sides on the Spanish War, *en diciembre de 1937. A los escritores se les preguntaba: «¿Está usted a favor o en contra del gobierno legítimo y de los ciudadanos de la República española? ¿Está usted a favor o en contra de Franco y del fascismo?». La respuesta no tenía que rebasar la media docena de líneas. Aunque unos respondieron con brevedad (sobre todo Samuel Beckett, que fundió tres palabras en una: «¡VIVALARREPÚBLICA!», y Rose Macaulay, que despachó la respuesta con dos: «CONTRA FRANCO»), otros fueron más locuaces. La carta de Orwell a Cunard se creyó perdida durante muchos años.* New Statesman *publicó el 18 de marzo de 1994 un artículo de Andy Croft, «The Awkward Squaddie», con parte de la respuesta de Orwell a Nancy Cunard; se había escrito en el dorso del llamamiento. Cunard escribió una copia a máquina (o bien disponía de una copia manuscrita) y se la envió al director de* Left Review, *Randall Swingler, entre cuyos papeles la encontró Andy Croft, con una carta de acompañamiento de Cunard a Swingler. Al principio de la copia en cuestión se lee: «Carta recibida, dirigida a mí, a la dirección de París, 6 ag. 1937»; no sabemos si el 6 de agosto es el día en que la envió Orwell o el día en que se recibió. Croft, en su artículo, sitúa acertadamente el contexto de la carta entre la publicación de las dos partes de «El descubrimiento del pastel español», es decir, entre el 29 de julio y el 2 de septiembre de 1937 (véase más arriba). Las cartas que publicamos aquí revelan un contexto más concreto y significativo. Orwell estaba angustiado por la suerte de los antiguos compañeros que se pudrían en las cárceles españolas como resultado del «régimen de terror» al que se refiere en la carta a Nancy Cunard. Véase un comentario más amplio en XI/386A.*

Por favor, no me mande más esta basura despreciable. Ya es la segunda o tercera vez que la recibo. Yo no soy una de sus mariquitas de moda, como Auden y Spender; estuve seis meses en España, luchando la mayor parte del tiempo, tengo un agujero de bala encima y no me apetece de escribir bobadas sobre la defensa de la democracia y de la gallarda y pequeña lo que sea.* Además, sé lo que ocurre y ha ocurrido en el bando republicano durante los últimos meses, a saber, que se está imponiendo el fascismo a los trabajadores españoles so pretexto de oponerse a él; y que desde mayo se ha impuesto un régimen de terror y las cárceles y cualquier lugar utilizable como cárcel se llenan con presos que no sólo van a parar allí sin juicio previo sino que se mueren de hambre y reciben golpes e injurias. Me atrevería a decir que también usted está al tanto, aunque Dios sabe que cualquiera capaz de escribir lo que hay al dorso tiene que ser tan idiota como para creer cualquier cosa, incluso las noticias sobre la guerra que publica el *Daily Worker*. Pero lo más probable es que usted —o quienquiera que sea el que anda enviándome esto— tenga dinero y esté bien informada; así que sin duda sabe algo de la historia interna de la guerra y que defiende deliberadamente el tinglado de la «democracia» (es decir, del capitalismo) para contribuir a aplastar a la clase obrera española y de este modo defender indirectamente los apestosos beneficios que usted obtiene.

Llevo escritas más de seis líneas, pero si condensara en seis líneas lo que sé y pienso de la guerra civil española usted no lo publicaría. No tendría agallas.

Por cierto, dígale al mariquita de su amigo Spender[2] que guardo muestras de sus versos heroicos sobre la guerra, y que cuando se muera de vergüenza por haberlos escrito, como se están muriendo ahora los que escribieron propaganda bélica en la Gran Guerra, se los pasaré por la cara.

1. Nancy Cunard (1896-1965) era hija de un rico armador que prestó su nombre a la compañía naviera Cunard, de aquí que Orwell hable en la carta de defender «los apestosos beneficios de usted». Escribió poesía y recuerdos literarios, y vivió dedicada a cuestiones socialistas y a la causa y el arte de los negros.

* Más arriba, en la carta a Rayner Heppenstall, Orwell habló de «la gallarda y pequeña Bélgica», a propósito de la propaganda belicista de la primera guerra mundial. En cualquier caso, calificar algo de *gallant little* era ya un cliché en lengua inglesa. *(N. del T.)*

2. Stephen Spender (1909-1995, sir en 1993), poeta, novelista, dramaturgo, crítico y traductor. Dirigió *Horizon* con Cyril Connolly de 1940 a 1941, y entre 1953 y 1965 fue codirector de *Encounter,* en cuyo comité editorial permaneció hasta 1967, año en que se supo que parte del dinero del lanzamiento de la revista había salido de la CIA americana. Orwell ponía a Spender entre los bolcheviques de salón y «famosos de moda» a los que daba un varapalo de vez en cuando; véase Crick, pág. 351. Luego se hicieron amigos y el 15 (?) de abril de 1938 Orwell le explicó por escrito que cuando se conocieron cambió la opinión que tenía de él *(435).*

29

[*397*]

CARTA DE GEORGE ORWELL A GEOFFREY GORER

15 de septiembre de 1937

The Stores, Wallington, cercanías de Baldock, Herts

Querido Geoffrey,[1]
Muchas gracias por tu carta. Me alegro de que te lo pases bien en
Dinamarca, aunque confieso que es uno de los pocos países que nun-
ca he tenido deseos de visitar. Te llamé cuando estuve en la ciudad,
pero, evidentemente, no estabas. Me consta que volverás hacia el 24.
Nosotros estaremos aquí hasta el 10 de octubre, luego nos iremos a
Suffolk y nos quedaremos en casa de mis padres unas semanas. Pero
si tienes tiempo entre el 24 y el 10, nos avisas y te quedas unos días.
Siempre te puedes quedar con nosotros sin ningún problema.

Lo que dices sobre no permitir que los fascistas aprovechen nuestras disensiones es muy cierto, siempre que se tenga claro qué se entiende por fascismo y además qué o quién está impidiendo la unidad.
La cháchara frentepopulista que divulgan la prensa y el partido comunistas, Gollancz y su nómina de escritorzuelos y demás, se limitan a
decir que están a favor del fascismo británico (en potencia) y en contra del alemán. Lo que pretenden es que el imperialismo capitalista británico se asocie con la URSS y entre en guerra con Alemania. Como
es lógico, fingen farisaicamente que no quieren que haya guerra y que
una alianza franco-ruso-británica puede impedirla en el antiguo sistema de equilibrio entre las potencias. Pero ya sabemos a lo que condujo la última vez lo del equilibrio entre las potencias, y en cualquier
caso es evidente que las naciones se arman con intención de hacer la
guerra. La charlatanería frentepopulista se resume en esto: que cuando
llegue la guerra, los comunistas, laboristas, etc., en vez de movilizarse
para detener la contienda y derrocar al gobierno, se pondrán de parte
del gobierno a condición de que esté en el lado «correcto», esto es,
contra Alemania. Pero cualquiera con un poco de imaginación se daría cuenta de que en cuanto comience la guerra el fascismo se apoderará de nosotros, aunque no llevará ese mismo nombre, como es lógi-

co. De manera que tendremos fascismo con la colaboración de los comunistas, quienes, si nos aliamos con la URSS, tendrán un papel importante. Es lo que ha ocurrido en España. Después de lo que vi allí, he llegado a la conclusión de que no tiene sentido ser «antifascista» si al mismo tiempo se defiende el capitalismo. A fin de cuentas, el fascismo no es más que una evolución del capitalismo, y la más apacible de las democracias, por decirlo de algún modo, es susceptible de transformarse en fascismo si la necesidad aprieta. Nos gusta pensar que Inglaterra es un país democrático, pero el régimen que tenemos en la India, por ejemplo, es tan nefasto como el fascismo alemán, aunque de cara al exterior pueda ser menos irritante. La única forma de oponerse al fascismo que yo conozco es erradicar el capitalismo, empezando, lógicamente, por el propio país. Si colaboramos con un gobierno imperialista capitalista en una guerra «contra el fascismo», es decir, contra un imperialismo rival, lo único que hacemos es permitir que el fascismo se nos cuele por la puerta de atrás. En la España republicana, toda la guerra se ha convertido en esto. Los grupos revolucionarios, los anarquistas, el POUM, etc., querían completar la revolución, mientras que los demás querían combatir a los fascistas en nombre de la «democracia» para reintroducir el capitalismo en cuanto se sintieran seguros de su posición y consiguieran engañar a los trabajadores a fin de que entregaran las armas. El rasgo grotesco, en el que muy pocos han reparado fuera de España, es que los comunistas eran los que estaban más a la derecha, y sentían incluso más deseos que los liberales de perseguir a los revolucionarios y de borrar todas las ideas revolucionarias. Por ejemplo, han conseguido disolver las milicias obreras, que estaban formadas por los sindicatos y en las que todos los grados militares recibían la misma paga y coexistían en condiciones de igualdad, y las han sustituido por un ejército de inspiración burguesa donde un coronel recibe ocho veces más paga que un soldado raso, etc. Todos estos cambios, claro está, se han promovido en nombre de la necesidad militar y se han apoyado con el camelo «trotskista», consistente en considerar que quienquiera que abrace principios revolucionarios es trotskista y está sueldo del fascismo. La prensa comunista española ha dicho, por ejemplo, que Maxton[2] está a sueldo de la Gestapo. El motivo por el que tan poca gente se da cuenta de lo que ha sucedido en España es el control que los comunistas tienen de la prensa. Aparte de sus propios órganos, tienen de su parte toda la prensa capitalista antifascista (periódicos como el *News Chronicle),* que ha descubierto que el comunismo oficial es hoy antirrevolucionario. De resultas han puesto en circulación una cantidad de mentiras sin precedentes y es casi imposible conseguir que nadie publique nada en contra. Las noticias sobre los disturbios barceloneses de mayo, en los que tuve la desgracia de verme envuelto, superan en mentiras todo lo conocido. A propósito, el *Daily Worker* me ha estado acosando personalmente con las calumnias más sucias, llamándome profascista y demás, pero le dije a Gollancz que les cerrara la boca y lo hizo, no con mucho entusiasmo, supongo; lo curioso es que sigo obligado por contrato a escribir para él algunos libros, a pesar de que se negó a publicar el que estoy preparando sobre España antes de que hubiera escrito una sola línea.

Me gustaría mucho conocer a Edith Sitwell,[3] cualquier día que esté en la ciudad. Me llevé una gran sorpresa cuando me dijeron que sabía de mí y apreciaba mis libros. No creo que sus poesías me hayan interesado nunca, aunque me gustó mucho su biografía de Pope.

Anímate y quédate unos días con nosotros. Espero que se te haya ido el esprúe.[4]

Un abrazo,
Eric

1. Geoffrey Gorer (1905-1985), antropólogo social y autor de muchos libros, entre ellos *Africa Dances* (1935), *The American People* (ed. corr. 1964) y *Death, Grief and Mourning in Contemporary Britain* (1965). En 16 de julio de 1935 escribió a Orwell acerca de *La marca (Burmese Days):* «Cuesta elogiar sin resultar impertinente; a mí me parece que ha hecho usted un trabajo necesario e importante del mejor modo posible». Se conocieron y fueron amigos durante toda la vida.

2. James Maxton (1885-1946), diputado por los laboristas independientes, 1922-1946; presidente del ILP, 1926-1931, 1934-1939. Véase su biografía oficial, escrita por John McNair, *The Beloved Rebel* (1955).

3. Edith Sitwell (1887-1964; nombrada *Dame of the British Empire* en 1954), poetisa y personalidad literaria. Se costeó ella misma su primer libro de poemas, en 1915, y siguió escribiendo hasta su muerte. Obtuvo un amplio y duradero reconocimiento por *Façade,* que se recitó con música de William Walton en enero de 1922. Alentó a multitud de pintores jóvenes y se interesó muchísimo por la obra de Orwell.

4. En realidad se refiere a una infección de la garganta.

30

[401]

CRÍTICA DE *RED SPANISH NOTEBOOK*, DE MARY LOW Y JUAN BREA; *HEROES OF THE ALCÁZAR*, DE R. TIMMERMANS; *SPANISH CIRCUS*, DE MARTIN ARMSTRONG

Time and Tide, 9 de octubre de 1937

*Red Spanish Notebook** es un vívido retrato de la España republicana, tanto en el frente como en Barcelona y en Madrid, durante el primer periodo de la guerra, el más revolucionario. Se confiesa libro partidista, pero no cabe reprocharle nada por ello. Los dos autores trabajaron para el POUM, el más extremista entre los partidos revolucionarios, luego ilegalizado por el gobierno. Se ha infamado tanto al POUM en el extranjero, sobre todo en la prensa comunista, que se necesitaba con urgencia un testimonio en su favor.

Hasta mayo del año en curso la situación española era muy curiosa. Una muchedumbre de partidos políticos enemistados luchaban por su supervivencia unidos contra un contrincante común y mientras tanto se peleaban entre sí porque unos sostenían que aquello era una revolución además de una guerra y otros decían que no. Se habían producido acontecimientos revolucionarios concretos —había tierras ocupadas por los campesinos y fábricas colectivizadas, se había dado muerte o expulsado a los grandes capitalistas, la Iglesia estaba prácticamente abolida—, pero no se había operado ningún cambio fundamental en la estructura del gobierno. Era una situación a partir de la cual podía avanzarse hacia el socialismo o volver al capitalismo; hoy es evidente que, si derrota a Franco, la república será capitalista. Pero al mismo tiempo se estaba produciendo una revolución en las ideas que fue quizá más importante que el breve periodo de cambios económicos. Durante varios meses, amplios sectores de la población creyeron que todos los individuos eran iguales y fueron capaces de obrar según esta convicción, de lo que resultó un sentimiento de liberación y de esperanza difícil de imaginar en nuestro clima impregnado de di-

---

* Traducido en España con el título de *Cuaderno rojo de Barcelona*, Alikornio, Barcelona, 2001. *(N. del T.)*

nero. Aquí es donde radica el valor de *Red Spanish Notebook*. Mediante una serie de viñetas privadas cotidianas (por lo general trivialidades: un limpiabotas que rechaza una propina, unos rótulos que hay en unos burdeles y que dicen: «POR FAVOR, TRATAD A LA MUJERES COMO A CAMARADAS») se pone de relieve lo que son los seres humanos cuando procuran comportarse como tales y no como engranajes de la maquinaria capitalista. Nadie que estuviera en España durante los meses en que la gente aún creía en la revolución olvidará nunca aquella extraña y conmovedora experiencia. Ha dejado una huella que ninguna dictadura, ni siquiera la franquista, podría borrar.

Cuando se lee un libro escrito por un militante político hay que estar en guardia ante los prejuicios. Los autores de esta obra son trotskistas —sospecho que en algunos momentos pusieron en un compromiso al POUM, que no era una organización trotskista, aunque durante un tiempo tuvo a trotskistas trabajando en sus filas— y, claro está, su prejuicio se refiere al Partido Comunista oficial, con el que no siempre son rigurosamente imparciales. Pero ¿acaso el Partido Comunista es siempre rigurosamente imparcial con los trotskistas? El libro viene con una introducción firmada por el señor C.L.R. James,[1] autor de aquel utilísimo libro, *World Revolution*.

Heroes of the Alcázar recuenta la historia del asedio del pasado otoño, cuando una guarnición compuesta sobre todo por cadetes y guardias civiles resistió setenta y dos días en las peores condiciones, hasta que las fuerzas de Franco tomaron Toledo. Que las simpatías del lector estén del otro lado no obliga a fingir que no fue una hazaña heroica. Y algunos detalles de la vida durante el asedio son muy interesantes; en particular me ha gustado la ingeniosa anécdota del motor de velomotor que se acopla a un molinillo con objeto de moler grano para la guarnición. Pero el libro está mal escrito, tiene un estilo apelmazado y mucha devoción y acusaciones contra los «rojos». La introducción la firma el comandante Yeats Brown, que concede generosamente que no todos los «milicianos rojos» fueron «crueles y traicioneros». Las fotografías de grupos de defensores evocan uno de los aspectos más lamentables de la guerra civil; se parecen tanto a los grupos de milicianos republicanos que si intercambiaran sus puestos nadie notaría la diferencia.

Por último, la España de hace cien años. *Spanish Circus* describe el reinado de Carlos IV, Godoy[2] (el «Príncipe de la Paz»), Napoleón, Trafalgar, intrigas palaciegas, retratos de Goya, toda aquella época. Me cuesta un poco leer un libro así en estos momentos. España está demasiado unida en mi recuerdo a las trincheras inundadas, las ráfagas de ametralladora, la escasez de comida y las mentiras de la prensa. Pero si el lector quiere huir de esta imagen de España, éste es a buen seguro el libro que anda buscando. Está escrito con elegancia y, hasta donde puedo juzgar, con rigor histórico. El hecho de que el señor Armstrong no explote la escandalosa historia de Godoy y María Luisa debería ser un ejemplo para todos los historiadores populares.

1. C.L.R. James (1901-1989) nació en Trinidad, aunque pasó casi toda su vida en Inglaterra, donde murió. Era marxista, aunque no del Partido Comunista, y escribió sobre política y críquet. Se instaló en Lancashire en los años treinta y sus artículos sobre críquet en el *Manchester Guardian* dieron lugar a un elegante volumen, *Beyond the Boundary* (1963). Trabajó por una Federación Británica del Caribe (propuesta en 1947) y dio clases en Estados Unidos, pero, víctima del mccarthysmo, fue expulsado.

2. Manuel Godoy (1767-1851) fue dos veces jefe del gobierno español. Miembro de la guardia real, se rumoreó que era amante de María Luisa de Parma, esposa del futuro rey Carlos IV. Se puso de parte de los franceses durante las guerras napoleónicas y en 1807 accedió al reparto de Portugal. Al año siguiente, el rey Carlos fue obligado a abdicar en favor de su hijo Fernando (luego Fernando VII), y Napoleón, valiéndose de una trampa, hizo prisioneros a Godoy y a la familia real española. Martin Armstrong (1882-1974) colaboró en la «Story by Five Authors» de Orwell, 30 de octubre de 1942 *(1623)*.

31

[413 A]

CARTA DE GEORGE ORWELL A H.N. BRAILSFORD

10 de diciembre de 1937

The Stores, Wallington, cercanías de Baldock, Herts

Apreciado señor Brailsford,[1]

No puedo decir que seamos exactamente conocidos, aunque creo que nos vimos un momento en Barcelona y sé que usted conoció allí a mi mujer.

He estado tratando de establecer la verdad sobre ciertos detalles de los disturbios que se produjeron en mayo en Barcelona y he visto que usted, en el *New Statesman* de 22 mayo, afirma que los militantes del POUM atacaron al gobierno con tanques y cañones «robados en los arsenales del gobierno». Yo estuve en Barcelona durante los disturbios y, aunque no sabría decirle si hubo o no carros de combate, estoy tan seguro como el que más de que no se disparó ningún cañón. En varios periódicos se ha venido publicando una versión de lo que sin duda es el mismo episodio, en el sentido de que el POUM había empleado en la plaza de España una batería de cañones de 75 mm robados. Hay razones que me permiten afirmar que esta historia es falsa. Para empezar, he sabido por testigos oculares que allí no se emplazaron cañones; en segundo lugar, vi personalmente los edificios de la plaza en fecha posterior y no encontré el menor indicio de disparos de artillería; en tercer lugar, durante todo el conflicto no oí ningún cañonazo, un ruido inconfundible para quien lo conoce. Resulta por lo tanto evidente que se ha cometido un error. Y me preguntaba si sería usted tan amable de decirme de dónde procede su información sobre los cañones y los carros de combate. Siento molestarlo, pero es que me gustaría aclarar este episodio en la medida de lo posible.

Quizá debería decirle que escribo con el seudónimo de George Orwell.

Atentamente,
Eric Blair

1. Henry Noel Brailsford (1873-1958) fue intelectual socialista, autor de ficción, periodista político y editorialista del *Manchester Guardian*, el *Daily News* y el *Nation;* y director del *New Leader*, órgano semanal del ILP, 1922-1926. El artículo que publicó en el *New Statesman & Nation* tuvo dos entregas. En la primera, «Anarchists and Communists in Spain», 22 de mayo de 1937, decía que el POUM «representaba la primitiva postura comunista, hoy heterodoxa. Se oponía a cualquier alianza con la clase media, incluso para salvar a la República: no estaba dispuesto a hacer ningún sacrificio en bien de la unidad, oponiendo el concepto de democracia política al de democracia social. Los comunistas emprendieron contra él una campaña implacable, más violenta que contra los anarquistas, y lo acusaron de todas las traiciones que adjudicaban a Trotsky [...] los anarquistas con los que [el POUM] se había aliado estaban mucho más lejos de su inamovible marxismo que los socialistas a los que atacó con sus tanques y cañones robados en los arsenales del gobierno».

32

[414]

CRÍTICA DE *STORM OVER SPAIN*, DE MAIRIN MITCHELL;

SPANISH REHEARSAL, DE ARNOLD LUNN;

CATALONIA INFELIX, DE E. ALLISON PEERS;

WARS OF IDEAS IN SPAIN [GUERRA DE IDEAS EN ESPAÑA], DE JOSÉ CASTILLEJO;

ESPAÑA INVERTEBRADA, DE JOSÉ ORTEGA Y GASSET

Time and Tide, 11 de diciembre de 1937

Storm over Spain parece un libro de guerra; sin embargo, aunque abarca un periodo que comprende la guerra civil, la autora habla muy poco al respecto, ya que es un tema que claramente le molesta. Como muy bien señala, las anécdotas sobre atrocidades que con tanta avidez hacen circular los dos bandos no descalifican ni a la derecha ni a la izquierda, sólo a la guerra.

Es un libro interesante por varias razones, pero en particular porque, a diferencia de casi todos los ingleses que escriben sobre España,[1] la autora trata con justicia a los anarquistas españoles. En Inglaterra se ha dado siempre una imagen falsa de los anarquistas y los sindicalistas, y el inglés medio sigue creyendo, a la usanza de los siglos XVIII y XIX, que anarquismo es sinónimo de anarquía. Quien quiera saber lo que defiende el anarquismo español y las cosas notables que consiguió, especialmente en Cataluña, durante los primeros meses de la revolución, que lea el capítulo VII del libro de Mitchell. Lo malo es que todo lo que hicieron los anarquistas se ha deshecho ya, en apariencia por necesidades militares, en realidad para preparar la vuelta al capitalismo cuando acabe la guerra.

El señor Arnold Lunn[2] escribe en defensa del general Franco y cree que en la España «roja» (que no ha visitado) la vida es una incesante carnicería. Basándose en el señor Arthur Bryant,[3] que, «como historiador que es, está acostumbrado a sopesar las pruebas», dice que los no combatientes exterminados por los «rojos» desde el comienzo de la guerra ascienden a 350.000. Además, por lo visto «quemar a una monja rociada con gasolina o serrarle las piernas a un comerciante conservador» son «prácticas habituales en la España "democrática"».

Ahora bien, yo estuve unos seis meses en España, casi exclusivamente entre socialistas, anarquistas y comunistas, y si mal no recuerdo no vi jamás, ni siquiera una vez, que le serraran las piernas a ningún comerciante conservador. Estoy seguro de que recordaría un suceso así, por muy habitual que esta práctica le parezca a los señores Lunn y Bryant. Pero ¿me creerá a mí el señor Lunn? No, no me creerá. Y mientras tanto el otro bando inventa anécdotas igual de absurdas, y personas que hace dos años eran sensatas se las creen a pies juntillas. Tal parece ser el efecto que la guerra, incluso la guerra en otros países, produce en la mente humana.

El profesor Allison Peers[4] es la máxima autoridad inglesa sobre temas catalanes. Su libro es una historia de Cataluña y, como es lógico, en los momentos actuales, los capítulos más interesantes son los del final, los que describen la guerra y la revolución. A diferencia del señor Lunn, el profesor Peers entiende la situación interior del bando republicano y el capítulo XIII de su libro es una interesante descripción de los roces y tensiones que hay entre los partidos políticos. Cree que el conflicto puede durar años, que cabe esperar que venza Franco y que cuando la guerra termine se habrá acabado la democracia en España. Son conclusiones pesimistas, pero creo muy probables las dos primeras y seguramente también la tercera.

Por último, dos libros que se escribieron en un periodo anterior, pero que afectan a la guerra civil porque permiten echar una ojeada a sus orígenes. *Wars of Ideas in Spain** es ante todo un tratado sobre la enseñanza en España. No estoy capacitado para juzgarlo, pero admiro la imparcialidad intelectual que ha sido capaz de concebirlo en medio de los horrores de la guerra civil. El doctor Castillejo es catedrático de la Universidad de Madrid y durante los últimos treinta años ha trabajado por la reforma de la educación en España. Ahora ve la obra de su vida naufragando en un mar de fanatismos rivales; porque, como él mismo admite con tristeza, quede lo que quede después de la guerra, la tolerancia intelectual no sobrevivirá. *España invertebrada* es una colección de ensayos, casi todos publicados ya alrededor de 1920, sobre diversos aspectos del carácter español. El señor Ortega y Gasset[5] es uno de esos autores, al estilo de Keyserling, que lo explican todo desde el punto de vista de la raza, la geografía y la tradición (en realidad, desde todos los puntos de vista menos el económico), y que no dejan de decir cosas reveladoras sin llegar a ninguna conclusión general. Quien

---

* Este libro se publicó originalmente en inglés, Londres, 1937. La única edición española del mismo, *Guerra de ideas en España*, Rev. de Occidente, Madrid, 1976, es una traducción. *(N. del T.)*

abre *España invertebrada* advierte enseguida que está ante un espíritu distinguido; quien sigue leyendo acaba preguntándose de qué diantres habla este hombre. No obstante, es un espíritu distinguido, y si el libro en su conjunto produce una impresión de vaguedad, incluso de caos, los apartados, por sí solos, despiertan un provechoso caudal de reflexiones.

1. Mairin Mitchell escribió a Orwell una carta (sin fecha) a raíz de la publicación de esta crítica, dándole las gracias por la generosidad con que había tratado su libro; Mitchell había leído *El camino de Wigan Pier* y no pensaba que los dos estuvieran en el mismo campo político. No obstante, le señaló que, «a diferencia de casi todos los ingleses que escriben sobre España», ¡ella era irlandesa!

2. Arnold Lunn (1888-1974; sir en 1952) suscitó la ira de Orwell porque apoyaba a Franco. Fue una autoridad en esquí y escribió libros sobre viajes y religión. En *Difficulties* (1932) publicó su correspondencia con monseñor Ronald Knox sobre el catolicismo romano.

3. Sir Arthur Bryant (1899-1985), historiador de tendencia conservadora, escribió, entre otros libros, *The Spirit of Conservatism* (1929), *Stanley Baldwin: A Tribute* (1937). *Unfinished Victory*, sobre Alemania 1918-1933 (1940), *The Years of Endurance, 1793-1802* (1942) y *The Years of Victory 1802-1812* (1944). Kenneth Rose dijo de *Unfinished Victory*: «Ni el mismo Goebbels habría escrito una defensa más elogiosa de los nazis. Por todas partes asoma el antisemitismo», a pesar de lo cual recibió «un baúl lleno de condecoraciones», entre ellas el título de sir y el Companion of Honour *(Sunday Telegraph*, 1 de agosto de 1993).

4. E. Allison Peers (1891-1952), estudioso anglicano de literatura inglesa y francesa, en 1920 obtuvo la cátedra de filología española de la Universidad de Liverpool. Su amplio conocimiento de España se concretó en varios estudios importantes sobre el país. Desde mucho antes del estallido de la guerra civil escribió sobre la España contemporánea en el *Bulletin of Spanish Studies*. Con el seudónimo de Bruce Truscot escribió el influyente *Redbrick University* (1943). [De *Catalonia Infelix* hay una versión catalana: *Catalonia Infelix, dissortada Catalunya*, Virgili & Pagès, Lleida, 1986.]

5. José Ortega y Gasset (1883-1955), ensayista y filósofo español. Entre los muchos libros y ensayos que publicó, quizás el más conocido actualmente sea *La rebelión de las masas* (1929-1930; trad. inglesa, *The Revolt of the Masses*, 1932). Orwell comentó *España invertebrada* con más extensión en «The Lure of Profundity», *New English Weekly*, 30 de diciembre de 1937 *(415).*

33

CARTA DE H.N. BRAILSFORD A GEORGE ORWELL
17 de diciembre de 1937

Apreciado señor Blair,

Mi información sobre el robo de cañones y tanques en un arsenal de la retaguardia del frente de Aragón procede del cónsul general de Rusia, Ossienko,[1] purgado en fecha posterior. Consultó sus notas en mi presencia y me proporcionó la fecha, el lugar y los detalles de la orden falsificada que se utilizó. También yo tomé notas, pero no las conservo. Las personas que protagonizaron el episodio fueron los Amigos de Durruti,[2] pero supuse que entonces y después colaboraron con el POUM. Obtuve la información a fines de abril, antes de la insurrección. La di por válida porque el cónsul general me pareció un hombre recto que tenía muchas cosas buenas que decir de los anarquistas. Del POUM dijo muy poco, pero en general era menos parcial que la mayoría de los comunistas. Éstos me confirmaron después el episodio.

Me sorprende que afirme usted ahora que no hubo cañones en la insurrección. Confío en no haber mentido sin darme cuenta.

Espero que su mujer se encuentre bien después de aquella desquiciante temporada en Barcelona. Los dos deben de estar muy afectados.

Atentamente,
H.N. Brailsford

P.D.: ¿Cabe la posibilidad de que los cañones se robaran, pero se recuperasen antes de la insurrección?

---

1. Vladímir Antonov-Ovseenko (1884-1937), cónsul general soviético en Barcelona. Poco después de los sucesos de mayo de 1937 fue llamado por Stalin para ocupar un alto cargo en la magistratura, pero desapareció al poco de llegar a Moscú y probablemente fue asesinado. Había dirigido un destacamento durante la toma del Palacio de Invierno de San Petersburgo en 1917. Orwell lo menciona en *Homenaje a Cataluña*, pág. 238 [VI/234].

2. Los Amigos de Durruti era un grupo anarquista extremista (véase Thomas, 656, n. 1). Orwell los menciona en *Homenaje a Cataluña*, págs. 228-230 y 236-237 [VI/219-220 y 231-233].

34

[*414B*]

CARTA DE GEORGE ORWELL A H.N. BRAILSFORD

18 de diciembre de 1937

The Stores, Wallington, cercanías de Baldock, Herts

Apreciado señor Brailsford,

Muchas gracias por su carta. Tenía mucho interés por conocer el origen de la noticia sobre los tanques y cañones. No me cabe la menor duda de que el embajador ruso se lo dijo a usted de buena fe y, por lo poco que sé yo, creo muy probable que la noticia fuera cierta en los términos en que se la contó. Pero a causa de las especiales circunstancias, los incidentes de esta clase suelen confundir un poco. Espero que no se ofenda usted si añado un par de observaciones sobre este particular.

Como digo, es del todo concebible que en algún momento se robaran cañones, porque me consta, aunque no presencié ningún caso, que las unidades de milicianos se robaban muchas armas entre sí. Pero quienes no estuvieron en las milicias no parecen haber entendido la situación armamentística. El POUM y los anarquistas recibían armas con cuentagotas y tenían la cantidad mínima imprescindible para defender la primera línea, pero no para emprender acciones ofensivas. A veces no había suficientes fusiles para todos los hombres que estaban en las trincheras y hasta que se disolvieron las milicias no se permitió que la artillería llegara al frente de Aragón en cantidad apreciable. Cuando los anarquistas atacaron la carretera de Jaca en marzo-abril, contaron con muy poco apoyo artillero y sufrieron bajas espantosas. Por entonces (marzo-abril) sólo una docena de nuestros aviones sobrevolaban la zona de Huesca, mientras que, cuando el Ejército Popular atacó en junio, había 160, según me informó un hombre que participó en el ataque. En concreto, se impidió que las armas rusas llegaran al frente de Aragón en el preciso momento en que las utilizaban las fuerzas de seguridad en la retaguardia. Hasta abril sólo vi un arma rusa, un subfusil ametrallador, casi con seguridad robado. En abril llegaron dos baterías de cañones rusos de 75 mm, probablemente también robados, y tal vez fueran los mencionados por el embajador ruso. En cuanto a las pistolas y los revólveres, muy necesarios en una guerra de trincheras, el gobierno no concedió a los milicianos corrientes ni a los oficiales de las milicias el permiso imprescindible para adquirirlos, de modo que había que comprárselos ilegalmente a los anarquistas. En estas circunstancias, todo el mundo pensaba que había que conseguir armas por las buenas o por las malas y las unidades de milicianos no paraban de rateárselas entre sí. Recuerdo que un oficial me contó que él y otros habían robado un cañón ligero en un parque de artillería del PSUC,[1] y yo habría hecho lo mismo sin vacilar en aquellas circunstancias. En tiempos de guerra siempre pasan cosas por el estilo, pero, al hacerse públicas junto con noticias de prensa que afirmaban que el POUM era una organización fascista camuflada, costaba poco sugerir que las armas no se robaron para combatir contra los fascistas, sino para combatir contra el gobierno. Como los comunistas controlaban la prensa, se ocultó que otros partidos hacían exactamente lo mismo. Por ejemplo, no hay duda de que unos militantes del PSUC, sirviéndose de una orden falsificada, se llevaron en marzo 12 tanques de un arsenal del gobierno. *La Batalla*, el periódico del POUM, fue multado con 5000 pesetas y se prohibió durante cuatro días por informar de este episodio; en cambio, el periódico anarquista, *Solidaridad Obrera*, dio la misma información y no ocurrió nada. En cuanto a que los cañones, en el caso de que hubieran sido robados, se guardaran en Barcelona, me parece altamente improbable. Sin duda, algunos de los hombres del frente habrían oído hablar del asunto, y se habrían indignado si se hubieran enterado de que les escatimaban las armas; además dudo mucho que se pudieran tener escondidas dos baterías de cañones, incluso en una ciudad del tamaño de Barcelona. En cualquier caso, habrían aparecido más tarde, cuando se ilegalizó el POUM. Como es natural, yo no sé lo que había en todos los baluartes del POUM, pero estuve en los tres principales durante los combates de Barcelona y sé que allí sólo tenían las armas imprescindibles para montar las guardias que protegían los edificios. Por ejemplo, no había ametralladoras. Y estoy seguro de que no hubo fuego de artillería durante los disturbios. Veo que habla usted de los Amigos de Durruti como si dependieran en mayor o menor medida del POUM, y John Langdon-Davies[2] dice algo parecido en un artículo del *News Chronicle*. Esta noticia se hizo circular sólo para acusar al POUM de «trotskista». En realidad, los Amigos de Durruti, que eran una organización extremista, odiaban a muerte al POUM (que, desde su punto de vista, sólo era una organización más o menos derechista) y yo no conocí a nadie que perteneciera a los dos grupos. La única conexión que hubo entre ellos es que, durante los combates de mayo, se dijo que el POUM había elogiado públicamente un cartel incendiario que distribuyeron los Amigos de Durruti. También este episodio suscita dudas; que no hubo cartel es seguro, a pesar de lo que dijeran el *News Chronicle* y otros diarios, aunque es posible que se tratara de una octavilla o algo por el estilo. Es imposible saberlo, porque se han destruido todos los archivos y las autoridades españolas no permitirían que me enviaran de España ningún archivo, ni siquiera de los periódicos del PSUC, no digamos de los demás partidos. Lo único cierto es que las noticias comunistas sobre los combates de mayo, y más aún la supuesta intriga fascista del POUM, son completamente falsas. Lo que me preocupa no es que se cuenten tales mentiras, normales en una guerra, sino que la prensa inglesa de izquierdas se haya negado a escuchar a la otra parte. Por ejemplo, la prensa organizó mucho revuelo con lo de que Nin y los demás estaban a sueldo del fascismo, pero se olvidó de mencionar que los gobernantes españoles no comunistas han negado que la historia contuviera una sola verdad. Supongo que imaginan que teniendo manga ancha con los comunistas ayudan de algún modo al gobierno republicano. Lamento bombardearlo a usted con todo esto, pero quiero hacer cuanto me sea posible, que no es mucho, para que se divulgue la verdad de lo ocurrido en España. Personalmente me trae sin cuidado que digan que yo estoy a sueldo del fascismo, pero es diferente para los millares de personas que están encarceladas en España y que es probable que mueran a manos de la policía secreta como les ha sucedido ya a muchos. Dudo que se pueda hacer algo efectivo por los presos antifascistas españoles, pero creo que con alguna clase de protesta organizada se conseguiría liberar a muchos extranjeros.

Mi mujer le manda recuerdos. La temporada española no ha dejado secuelas graves en ninguno de los dos, aunque, desde luego, fue una experiencia agotadora y decepcionante. Los inconvenientes de mi herida desaparecieron más aprisa de lo esperado. Si le interesa, puedo enviarle un ejemplar de mi libro sobre España cuando aparezca.

Atentamente,
Eric Blair

1. Partido Socialista Unificado de Cataluña, comunista. Para su «línea general», véase *Homenaje a Cataluña*, págs. 215-216 [VI/201-202].

2. John Langdon-Davies (1897-1971), periodista y autor de ficción. Fue corresponsal del *News Chronicle* en España y secretario, con el abogado co-

munista Geoffrey Bing, de la Comisión de Investigación de las Supuestas Infracciones del Pacto de No Intervención en España, promovida por la III Internacional; véase Thomas, págs. 397-398. La negativa de Orwell «a aceptar la política de liquidación y eliminación» hizo que los «comunistas más curtidos» –entre ellos Langdon-Davies– trataran con desprecio *Homenaje a Cataluña:* véase Valentine Cunningham, *British Writers of the Thirties* (1988), pág. 427.

35

[*421*]

CRÍTICA DE *THE TREE OF GERNIKA*, DE G.L. STEER, Y *SPANISH TESTAMENT*,
DE ARTHUR KOESTLER
Time and Tide, 5 de febrero de 1938

No hace falta decir que todo el que escribe sobre la guerra civil española escribe con parcialidad. Lo que tal vez sea menos obvio es que, por culpa de las tremendas disensiones que han sacudido y amenazado con dividir el bando republicano, todo partidario de la República está en realidad implicado en varias polémicas. Escribe a favor de la República, pero al mismo tiempo (aunque por lo general finja no hacerlo) escribe contra los comunistas, o contra los trotskistas, o contra los anarquistas, o contra quien sea. El libro del señor Steer no es una excepción, pero sus prejuicios no son los de la mayoría de autores prorrepublicanos, ya que da la casualidad de que no ha visto la guerra en la España oriental, sino en el país vasco.

En cierto modo, los problemas son aquí más sencillos. Los vascos eran católicos y conservadores, las organizaciones de izquierda eran débiles incluso en las grandes ciudades (como dice el señor Steer, «no hubo revolución social en Bilbao»), y el objetivo fundamental de los vascos era la autonomía, algo que estaba más a su alcance con el gobierno del Frente Popular que con Franco. El señor Steer escribe exclusivamente desde el punto de vista vasco y posee, muy acentuada, la curiosa característica inglesa de no poder ensalzar a una raza sin denigrar a otra. Para ser provasco necesita ser antiespañol, es decir, antifranquista y también, hasta cierto punto, antirrepublicano. El resultado es que el libro está tan lleno de ofensas contra los asturianos y otros republicanos no vascos que es lícito dudar de la fidelidad del autor como testigo; una lástima, porque ha tenido oportunidades que muy pocos ingleses tuvieron.

El libro se subtitula «Estudio de campo sobre la guerra moderna»,* pero la verdad es que no es posible saber qué ha visto el autor perso-

---

* Primera versión castellana: *El árbol de Guernica*, Gudari, Caracas, 1963. *(N. del T.)*

nalmente ni en qué paginas se limita a repetir lo que le han contado. Casi todos los incidentes se describen como si se hubieran presenciado, aunque en buena lógica es imposible que el señor Steer estuviera en todos los lugares a la vez. Hay, sin embargo, un acontecimiento muy importante y muy discutido del que habla con incuestionable autoridad: el bombardeo de Guernica (o Gernika). Él estaba en los alrededores en el momento de los ataques aéreos y por lo que cuenta es indudable que el pueblo no fue «incendiado por milicianos rojos», sino destruido de modo sistemático desde el aire, por puro y brutal capricho. Y lo más horrible de todo es que esta eliminación de un pueblo indefenso no fue más que el resultado lógico del correcto uso de un arma moderna. Porque los bombarderos se fabrican precisamente para exterminar y aterrorizar a la población civil, no para destruir trincheras, que son muy difíciles de alcanzar desde el aire. Las fotografías del libro son muy buenas. Todas las fotos que aparecen en libros sobre la guerra española se parecen un poco, pero éstas tienen más carácter que la mayoría.

El señor Arthur Koestler,[1] corresponsal del *News Chronicle*, estuvo en Málaga cuando las fuerzas republicanas habían salido ya; toda una hazaña, porque ya había publicado un libro con comentarios nada halagüeños sobre el general Queipo de Llano.[2] Los rebeldes lo metieron en la cárcel y allí sufrió sin duda la suerte de docenas de miles de presos políticos en España. Quiero decir que lo condenaron a muerte sin juicio previo y se pasó meses encerrado, muchas veces en confinamiento solitario, pegando el oído al ojo de la cerradura todas las noches, escuchando las descargas que acababan con sus compañeros de prisión, a los que fusilaban en grupos de entre seis y doce. Como de costumbre —porque por lo visto es la costumbre—, se enteró de que lo habían condenado a muerte sin saber con certeza de qué se lo acusaba.

La parte carcelaria del libro está escrita sobre todo en forma de diario. Tiene un gran interés psicológico y es sin duda uno de los documentos más sinceros e insólitos que ha generado la guerra civil española. La primera parte es más corriente, incluso da la sensación de que algunos pasajes se han «montado» pensando en el Club del Libro de Izquierdas. Pero cala más hondo incluso que la obra del señor Steer en el peligro capital de la guerra moderna: en palabras de Nietzsche, «quien con monstruos lucha, cuide de no convertirse a su vez en monstruo».[3]

Dice el señor Koestler: «No puedo seguir pensando que soy objetivo [...]. Quien haya vivido el infierno de Madrid con los ojos, los nervios, el corazón, el estómago, y luego diga que es objetivo, miente.

Si los que disponen de prensas y tinta para expresar sus opiniones afrontan con neutralidad y objetividad estas barbaridades, entonces Europa está perdida». Estoy totalmente de acuerdo. No se puede ser objetivo con un torpedo aéreo. Y el horror que nos producen estas cosas nos lleva a la siguiente conclusión: si alguien le tira una bomba a tu madre, tírale dos a la suya. Al parecer, las únicas alternativas que hay son: o reducir viviendas a escombros, reventar entrañas humanas, perforar cuerpos infantiles con termita o estar sometidos a individuos más dispuestos a hacer estas cosas que nosotros; porque hasta hoy nadie ha sugerido una salida practicable.

1. Arthur Koestler (1905-1983), novelista y autor científico, nacido en Hungría. Él y Orwell fueron amigos toda la vida. Véase el ensayo que escribió Orwell sobre él, septiembre de 1944 *(2548)*, e índice general de *Obras completas*, XX. [Primera versión castellana de *Spanish Testament: Testamento español*, La Nueva España, Buenos Aires, 1938.]

2. General Gonzalo Queipo de Llano y Serra (1875-1951), del bando «nacional»; era jefe del cuerpo de carabineros y el 18 de julio de 1936 conquistó Sevilla con «un extraordinario golpe de mano». Pronunció por la radio una «famosa serie de arengas. Con una voz curada por todo el jerez que había consumido con los años, afirmó que España estaba salvada y que los andrajosos que se opusieran al alzamiento serían abatidos como perros» (Thomas, págs. 221, 223). En su emisión más célebre dijo: «Esta noche tomaré jerez, mañana tomaré Málaga» (pág. 520). Aunque era republicano declarado, no puso objeciones a que Franco lo hiciera marqués en 1947 (948).

3. Nietzsche, *Jenseits von Gut und Böse [Más allá del bien y del mal,* trad. esp. de Andrés Sánchez Pascual, Alianza, 1997], aforismo 146.

36

[422]

CARTA DE GEORGE ORWELL AL DIRECTOR DE *TIME AND TIDE:* «PUBLICACIO-
NES "TROTSKISTAS"»

5 de febrero de 1938

*El «Time-Tide Diary» de 22 de enero de 1938 traía estos párrafos firmados
con el seudónimo «Sirocco» [desconocido]:*

«Que nueve mil socios del Club del Libro de Izquierdas se manifestaran en el Albert Hall el domingo es satisfactorio o alarmante, según cómo se mire. Por lo pronto tenemos una organización discreta y
a la vez extensa, un embrión de Iglesia católica con el señor Gollancz
de Papa. Me lo imagino sentado ante su mesa con un mapa de Inglaterra delante. Cada vez que suena el teléfono clava una banderita roja:
otro socio en Blackpool, cinco en Manchester, un matrimonio en
Stow-on-the-Wold. Hasta que ya no hay mapa, sólo banderas rojas.
»Cuesta entender por qué un club con tan excelentes principios ha
de ser una pesadilla. La Izquierda es bondadosa. La Izquierda tiene
buenas intenciones. El señor Gollancz sólo es el portavoz de la Izquierda. Pero ¿es también su censor? ¿Por qué los anarquistas no tienen libros naranja? ¿Quién publica las peroratas de esos trotskistas jóvenes y simpáticos que conocemos en las fiestas? ¿Qué mueve a los
autores del Club del Libro de Izquierdas a estar todos total y antina-
turalmente de acuerdo? ¿Está ya el intelectual inglés ejercitándose para
la apatía crítica de la posrevolución?».

Orwell respondió dos semanas después:

PUBLICACIONES «TROTSKISTAS»

Señor Director,
En el «Time-Tide Diary» de 22 de enero, Sirocco señala el «acuerdo antinatural» de los autores del Club del Libro de Izquierdas y añade: «¿Por qué los anarquistas no tienen libros naranja?[1] ¿Quién publica las peroratas de esos trotskistas jóvenes y simpáticos que conocemos
en las fiestas?».

La verdad es que se publican algunos libros políticos escritos desde una posición izquierdista no comunista, sobre todo en la editorial de los señores Secker y Warburg, a quienes injustamente comienza a llamarse «los editores trotskistas». Personalmente, he tenido el honor de comentar algunos libros de esta clase, relacionados con la guerra española, en las páginas que dirige usted. Uno fue *Red Spanish Notebook*, escrito precisamente por trotskistas. Pensé que era, como dije entonces, un libro parcial pero interesante por los detalles y porque hacía un buen retrato de Cataluña durante los primeros meses del conflicto. Otro fue *Storm over Spain*, de Mairin Mitchell, que, pese a ser católica, simpatiza mucho con los anarquistas españoles. Y en primer lugar estuvo *El reñidero español*, escrito por Franz Borkenau sin casarse absolutamente con ningún partido, aunque el autor sea prorrepublicano y antifranquista. Éstos son, en mi opinión y con diferencia, los mejores libros que han aparecido hasta la fecha sobre la guerra española, y a buen seguro lo seguirán siendo hasta que se haya despejado la polvareda del conflicto. Es más interesante lo que vino a raíz de mi crítica, ya que nos permite echar una ojeada a la clase de censura que soportamos en la actualidad y de la que el Club del Libro de Izquierdas es un indicio.

Poco después de que apareciese en *Time and Tide* mi comentario sobre *El reñidero español*, el autor me escribió para darme las gracias y añadió que, aunque el libro había recibido muchos elogios, yo era el único crítico que se había fijado en uno de sus temas fundamentales: el verdadero papel desempeñado por el Partido Comunista en España. Por las mismas fechas tenía que comentar el libro en otra conocida publicación semanal y casi repetí lo que decía en *Time and Tide*, pero más extensamente. Se negaron a publicar mi comentario alegando que «iba contra la política editorial».[2] Por entonces ya había descubierto que era casi imposible publicar en los medios periodísticos ingleses un informe fidedigno de lo que había sucedido en Cataluña en mayo-junio de 1937. Ciertas personas me habían dicho con desigual franqueza que no había que contar la verdad sobre lo que acontecía en España ni sobre el papel desempeñado por el Partido Comunista, porque hacerlo indispondría a la opinión pública con el gobierno republicano y en consecuencia ayudaría a Franco. Yo no estoy de acuerdo con esta opinión, pues creo en el anticuado principio de que a la larga contar mentiras no es rentable, si bien puedo respetarla en la medida en que obedecía al deseo de ayudar al gobierno español. Pero he aquí lo que me parece interesante. Los periódicos prorrepublicanos ocultaron los vergonzosos sucesos de España, los encarcelamientos en masa y sin juicio previo, las ejecuciones perpetradas por la policía secreta, etc., pero lo mismo hicieron los periódicos profranquistas. Se dio amplísima publicidad al gigantesco complot «trotskifascista» que la prensa comunista afirmó haber descubierto; en cambio, que Prieto[3] y otros miembros del gobierno negaran que hubiese ni una pizca de verdad en la historia del «complot» y afirmaran con claridad que la policía era un cuerpo casi independiente en la práctica y dominado por los comunistas se silenció con sumo cuidado. Los periódicos de la derecha, aunque en teoría meten a todos los «rojos» en el mismo saco y sienten la misma hostilidad por todos, saben muy bien qué partidos e individuos son peligrosos o no para la estructura del capitalismo. Hace diez años era casi imposible que se publicara nada en favor del comunismo; hoy es casi imposible publicar nada en favor del anarquismo o del «trotskismo». ¿No señaló Ellen Wilkinson en el número de *Time and Tide* de 22 de enero que en París «se puede ver a un Pertinax y a un ex Chef du Cabinet, Poincaré, comiendo totalmente relajados con dirigentes comunistas»?[4] ¿Y de verdad sólo ve Wilkinson en esto que tanto Pertinax como Thorez[5] tienen miedo de Hitler?

1. Los ejemplares del Club del Libro de Izquierdas destinados a los socios estaban encuadernados con cubiertas flexibles de color naranja.

2. Véase la carta de Orwell a Raymond Mortimer, 9 de febrero de 1938, que viene a continuación.

3. Indalecio Prieto y Tuero (1883-1962) era socialista. Fue ministro de Defensa del gobierno Negrín pero pronto cayó en el derrotismo; véase Thomas, 809. Fundó el SIM (Servicio de Información Militar), organismo de contraespionaje con competencias policíacas y con muy mala reputación; murió exiliado en México.

4. Ellen Cicely Wilkinson (1891-1947) fue una destacada diputada del Partido Laborista que obtuvo su primer escaño en 1924. Había escrito: «Hay un influyente sector de la opinión francesa, totalmente reaccionario en el interior, pero fogosamente patriótico frente a Alemania, la antigua enemiga. M. de Kérillis y Pertinax son las dos voces más conocidas de este sector. Sin embargo, en la actualidad no se puede ser antialemán en Francia sin ser también antifascista. El antifascismo se asocia de inmediato con los antihitlerianos más radicales, que son los comunistas. De modo que se puede ver a un Pertinax [...]». Henri de Kérillis era periodista y político de la derecha; fue el único diputado no comunista que votó contra la ratificación del Pacto de Munich con Hitler. Pertinax era el seudónimo del periodista André Géraud (1882-1956). Fue corresponsal en Londres del derechista *Echo de Paris*, 1905-1914, y

redactor jefe de noticias internacionales, 1917-1938. Se fue a Estados Unidos en 1940, con la caída de Francia, y al acabar la guerra pasó a ser corresponsal diplomático de *France-Soir*. Raymond Poincaré (1860-1934) fue jefe del gobierno y ministro de Asuntos Exteriores de Francia de enero de 1912 a enero de 1913, y presidente de la República de 1913 a 1920. Otra vez jefe de gobierno en 1926-1929, dimitió por motivos de salud. Su postura política era conservadora.

5. Maurice Thorez (1900-1964), minero a los doce años, fue secretario general de la Federación Comunista del Paso de Calais en 1923 y secretario general del Partido Comunista de Francia en 1930. Fue a la Unión Soviética en 1939 y no volvió hasta 1944. Había sido elegido diputado en 1932 y de 1945 a 1946 fue ministro de Estado. En «As I Please», 48, 17 de noviembre de 1944, Orwell dedicó una columna a Thorez y el falseamiento de la historia (véase *2579*).

37

CARTA DE GEORGE ORWELL A RAYMOND MORTIMER
9 de febrero de 1938

Al leer la carta de Orwell al director de Time and Tide, *Raymond Mortimer, crítico y subdirector literario del* New Statesman & Nation, *y uno de los mejores que tuvo el periódico, escribió a Orwell el 8 de febrero para quejarse: «Es posible que la "conocida publicación semanal" a la que usted se refiere no sea* New Statesman, *pero lo tomo como una alusión a nosotros y no dudo que lo mismo hará la mayoría de los lectores de su carta». La redacción del* New Statesman *fue bombardeada durante la guerra y en consecuencia se ha perdido toda la correspondencia de la época. Pero Orwell conservaba entre sus papeles los originales de las cartas de Kingsley Martin, director del* New Statesman, *y de Raymond Mortimer, y una copia hecha con papel carbón de la respuesta a Mortimer, que es lo que aquí se reproduce.*

The Stores, Wallington, cercanías de Baldock, Herts

Apreciado Mortimer,

En relación con su carta de 8 de los corrientes, lamento muchísimo haber herido sus sentimientos, de usted y de cualquier otra persona, pero antes de hablar de los temas generales en cuestión he de señalar que lo que usted dice no es del todo exacto. Dice usted: «Su crítica de *El reñidero español* se rechazó porque su descripción del libro era muy inadecuada y desorientadora. Usted utilizó la crítica para exponer sus opiniones personales y presentar hechos que según usted debían conocerse. Además, la última vez que nos vimos estuvo usted de acuerdo. ¿Por qué entonces sugiere ahora, equivocadamente, que la crítica se rechazó porque "iba contra la política editorial"? Usted confunde la crítica con un artículo que usted nos envió y que el director le devolvió porque acabábamos de publicar tres sobre el mismo asunto».

Le adjunto una copia de la carta de Kingsley Martin. Verá usted por ella que la crítica se rechazó porque «va contra la línea política de la publicación» (yo debería haber dicho «la línea política», no la «política editorial»). En segundo lugar, dice usted que el artículo anterior se rechazó «porque acabábamos de publicar tres sobre el mismo asunto». Ahora bien: el artículo que les envié fue sobre la prohibición del POUM, la supuesta conspiración «trotskifascista», el asesinato de Nin, etc. Que yo sepa, el *New Statesman* no ha publicado jamás un artículo sobre este asunto. Desde luego, admito que la crítica que escribí era tendenciosa y tal vez injusta, pero no se me devolvió por este motivo, como verá usted por la carta adjunta.

No hay nada que deteste más que verme mezclado en estas polémicas y escribir, por así decirlo, contra personas y publicaciones que siempre he respetado, pero hay que comprender de qué temas estamos tratando y darse cuenta de lo dificilísimo que es conseguir que se airee la verdad en la prensa inglesa. Hasta donde es lícito dar cifras, en este momento hay por lo menos 3000 presos políticos (quiero decir antifascistas) en las cárceles españolas, y casi todos llevan encerrados seis o siete meses sin que los hayan juzgado ni acusado, en las condiciones materiales más inmundas, como tuve ocasión de comprobar personalmente. Ya han eliminado a algunos, y poca duda cabe de que habría habido una matanza general si el gobierno español no hubiera tenido la sensatez de hacer oídos sordos al clamor de la prensa comunista. Varios miembros del gobierno español han repetido una y otra vez ante Maxton, McGovern, Félicien Challaye[1] y otros que desean poner en libertad a estas personas pero que no pueden a causa de las presiones comunistas. Lo que sucede en la España republicana está dirigido en gran parte por la opinión extranjera y es innegable que los presos antifascistas habrían sido liberados si hubiera [habido] una protesta general por parte de los socialistas extranjeros. Incluso las protestas de una organización pequeña como el ILP habrían tenido su efecto. Pero hace unos meses se presentó una petición solicitando la liberación de los presos antifascistas y casi todos los socialistas ingleses destacados se negaron a firmarla. A mí no me cabe la menor duda de que descalificaban el cuento de la conspiración «trotskifascista», pero estoy convencido de que tenían la impresión general de que los anarquistas y el POUM obraban contra el gobierno y, en particular, habían creído las mentiras que se había permitido publicar la prensa inglesa sobre los combates barceloneses de mayo de 1937. Por poner un ejemplo concreto, a Brailsford, en un artículo publicado en el *New Statesman*, se le permitió afirmar que el POUM había atacado al gobierno con material robado, baterías de cañones, tanques y demás. Yo estuve en Barcelona durante los combates y, en la medida en que se puede probar una negación, yo puedo probar mediante testigos oculares, etc., que esta historia es totalmente falsa. En la época del carteo sobre mi crítica escribí a Kingsley Martin para decirle que era falsa, y en fecha posterior escribí a Brailsford preguntándole por la fuente de su información. Tuvo que reconocer que procedía de una fuente no autorizada. (La carta la tiene ahora Stephen Spender, pero si quiere usted verla puedo conseguírsela.) Pese a todo, ni el *New Statesman* ni Brailsford han publicado ni una palabra retractándose de sus afirmaciones, que equivalen a acusar de robo y traición a muchos inocentes. No creo que pueda usted reprocharme que piense que el *New Statesman* tiene su parte de responsabilidad en la versión unilateral que se ha presentado.

Permítame decirle una vez más lo mucho que lamento toda esta historia, pero quiero hacer todo lo que buenamente pueda para que se trate con justicia a unas personas encarceladas sin juicio previo y calumniadas en la prensa, y una forma de lograrlo es llamar la atención sobre la censura filocomunista que a todas luces existe. Guardaría silencio sobre todo el asunto si creyera que de ese modo ayudo al gobierno español (a decir verdad, antes de irnos de España, algunos presos nos dijeron que no le diéramos ninguna publicidad en el extranjero por temor a que pudiera desacreditar al gobierno), pero dudo que a largo plazo sea de alguna utilidad ocultar las cosas, como se ha hecho en Inglaterra. Si las acusaciones de espionaje y demás que se formularon contra nosotros en los periódicos comunistas se hubieran analizado debidamente y en su momento en la prensa extranjera, se habría visto que eran absurdas y todo el asunto habría podido olvidarse. Pero la patraña de la conspiración trotskifascista se divulgó a los cuatro vientos y no se publicó ninguna refutación salvo en periódicos poco conocidos y, con muy pocas ganas, en el *Herald* y el *Manchester Guardian*. Como resultado, no ha habido protestas en el extranjero, los miles de presos siguen en las cárceles, algunos de ellos han sido asesinados y en las filas del movimiento socialista se ha sembrado el odio y la disensión.

Le devuelvo los libros que me enviaron a fin de que los comentase. Creo que sería mejor no colaborar más con ustedes. Lamento muchísimo todo este asunto, pero tengo que apoyar a mis amigos, y esto supone atacar al *New Statesman* si creo que oculta información importante.

Atentamente.

En una hoja suelta aparece una nota manuscrita que, como no trae encabezamiento, casi con toda seguridad se envió a Raymond Mortimer con la car-

ta mecanografiada reproducida arriba. Orwell adjuntó la carta de H.N. Brailsford que según él tenía Spender. La carta de Brailsford venía a continuación de la nota.

Le adjunto esta carta de Brailsford,[2] que creo interesante porque revela cómo se inventan las historias. En el *New Statesman* contó que durante los combates de Barcelona los militantes del POUM atacaron al gobierno con tanques y cañones robados. Le escribí para preguntarle cómo lo había sabido, y de su respuesta se desprende:

a. Que aceptó la declaración de Antonov-Ovseenko sobre los Amigos de Durruti, a pesar de que es evidente que ningún ruso accede a hablar de una organización «trotskista» si no es para denostarla.

b. Que basándose en la misma fuente dio por sentado que los A. de D. «colaboraban con» el POUM.

c. Que añadió esto a otras declaraciones en *Inprecor*[3] y otros medios y forjó de ese modo la leyenda de los cañones en las calles de Barcelona.

Por supuesto, siempre es posible que se robaran cañones, pero para utilizarlos en el frente, no en Barcelona. Todas las unidades se robaban armas entre sí siempre que podían, a causa de la escasez general, y en un caso (el POUM) porque sistemáticamente nos escatimaban las armas y en ocasiones nos faltaba poco para estar desarmados. En abril llegaron dos baterías de cañones rusos, y es probable que fueran robadas, porque hasta entonces no se había permitido que se nos dotase de armas rusas.

Raymond Mortimer se apresuró a enviar a Orwell una nota manuscrita que decía: «Apreciado Orwell, le pido por favor que acepte mis disculpas. Desconocía que Kingsley Martin se había dirigido a usted en tales términos. Los motivos que me impulsaron a rechazar la crítica fueron los que ya aduje. Sentiría muchísimo que no siguiera usted colaborando con nosotros y me gustaría convencerlo por las anteriores colaboraciones de que aquí no privilegiamos la ortodoxia estalinista». El 10 de febrero, Kingsley Martin escribió a Orwell: «Raymond Mortimer me ha mostrado su carta. Sin duda le debemos una disculpa en relación con la carta sobre El reñidero español. *En su carta hay más cosas que indican que se ha producido un malentendido del que creo que sería mejor hablar que escribir. ¿Tendría usted la amabilidad de venir a verme algún día de la semana entrante? Estaré libre el lunes por la tarde y casi todo el martes». No se sabe si Orwell aceptó la invitación, pero es probable que lo hiciera; la carta que escribió a Moore alrededor del 12 de febrero (425) indica que esperaba estar en Londres aquel martes, 15 de febrero. La crítica de Orwell a*

Glimpses and Reflections *de Galsworthy se publicó en el* New Statesman *el 12 de marzo de 1938 (véase 430) y Orwell publicó comentarios de libros en el periódico de julio de 1940 a agosto de 1943. Sin embargo, se sabe por sus conversaciones con amistades que nunca perdonó a Martin por su postura ante la guerra civil española. Véase Crick, págs. 340-342.*

1. John McGovern (1887-1963), diputado por el ILP, 1930-1947; diputado laborista, 1947-1959, dirigió una «marcha del hambre» de Glasgow a Londres en 1934. Félicien Challaye, político izquierdista francés, miembro de la comisión de la Ligue des Droits des Hommes, un movimiento liberal y antifascista para la defensa de los derechos humanos en todo el mundo. Dimitió en noviembre de 1937, con otros siete, para protestar por lo que según ellos era un cobarde sometimiento de la Liga a los intereses de la tiranía estalinista.

2. Se trata de la carta de Brailsford de 17 de diciembre que se ha reproducido más arriba.

3. Véanse las referencias de Orwell a *Inprecor* en *Homenaje a Cataluña,* págs. 234 y 236-239 [VI/228 y 231-33].

38

[*434*] Manuscrita
CARTA DE GEORGE ORWELL A STEPHEN SPENDER
2 de abril de 1938

Jellicoe Ward, Preston Hall, Aylesford, Kent

Apreciado Spender,
Espero que estés bien. En realidad te escribo para decirte que me gustaría que leyeras mi libro español (título *Homenaje a Cataluña*) cuando salga, que será en breve. Tengo miedo de que después de haber leído aquellos dos capítulos[1] pienses que todo el libro es propaganda trotskista, cuando la verdad es que la controversia se limita a la mitad o menos de la mitad. Detesto escribir de estas cosas, pues me interesan mucho más mis propias experiencias, pero por desgracia en esta asquerosa época en que vivimos las experiencias personales son inseparables de las polémicas, las intrigas, etc. A veces tengo la impresión de que desde comienzos de 1937 no estoy vivo como hay que estarlo. Recuerdo que cuando hacía guardia en las trincheras de la zona de Alcubierre recitaba sin parar «Felix Randal», el poema de Hopkins, que imagino que conocerás, para matar el tiempo en medio de aquel frío espantoso; creo que fue la última vez que me sentí sensible a la poesía. Desde entonces ha desaparecido la sensibilidad. No sé si podré regalarte un ejemplar del libro, porque ya he tenido que encargar unos diez de más y es carísimo, pero siempre podrás sacarlo de la biblioteca.
Llevo en este lugar unas tres semanas. Por lo que dicen, me temo que es tuberculosis lisa y llana, a todas luces una lesión antigua y de escasa gravedad. Dicen que tengo que guardar cama en absoluto reposo durante tres meses y que luego probablemente estaré bien. Eso significa que no podré trabajar, y resulta un poco aburrido, aunque quizá sea para bien.
Me siento abatido por lo que está ocurriendo en España. Todos los pueblos y aldeas que conocí están siendo arrasados, y supongo que perseguirán a los pobres campesinos que tan bien se portaron con nosotros para devolverlos al redil de los terratenientes. Dudo que volvamos alguna vez por España si vence Franco. Supongo que en cualquier

caso habría que renovar el pasaporte. He visto que los dos estamos en el comité de patrocinadores, o lo que sea, de SIA.[2] También está Nancy Cunard, lo que no deja de ser cómico, porque fue ella quien me envió aquella idiotez que luego se publicó en forma de libro (titulado *Los escritores toman partido*). Le respondí muy enfadado con una nota en la que me temo que hablaba de ti en términos poco halagüeños, ya que por entonces no te conocía personalmente. Pese a todo, estoy por completo a favor de este asunto de SIA si en verdad se trata de enviar comida y demás y no de esa basura de firmar manifiestos que cuentan lo malo que es todo.

Escríbeme si tienes algún momento libre. Me gustaría verte cuando salga de aquí. También podrías venir tú y quedarte unos días.

Un abrazo,
Eric Blair

1. Seguramente los que ahora son los Apéndices I y II.
2. Solidaridad Internacional Antifascista, subtitulada en el mismo membrete con su equivalencia inglesa, «International Anti-Fascist Solidarity». Entre los patrocinadores figuraban W.H. Auden, Havelock Ellis, Sidonie Goossens, Laurence Housman, C.E.M. Joad, Miles Malleson, John Cowper, Llewelyn Powys, Herbert Read, Reginald Reynolds y Rebecca West. Ethel Mannin (véase *575*) era la Tesorera Honoraria; Emma Goldman, la Secretaria Honoraria. Goldman escribió a Eileen (llamándola «señorita Blair») el 14 de abril de 1938 para agradecerle su amable contribución y la ayuda prestada repartiendo cincuenta carpetas y boletines de SIA. Además, le expresaba su deseo de que Orwell se recuperase. La publicación periódica *Spain and the World* de 8 de abril de 1938 anunciaba la aparición, junto con *But We Shall Live Again* de Reg Groves (un libro sobre el cartismo) y *Anarcho-Syndicalism* de Rudolf Rocker, de un volumen de Ethel Mannin, *Women and the Revolution,* que según la publicidad contenía «Biografías de grandes rebeldes, desde Carlota Corday hasta Emma Goldman, desde Mary Wollstonecraft hasta la señora de Sun Yat-sen y Maria Spridonova». El libro de Rudolf Rocker traía un elogio de Orwell: «De gran valor. Contribuye a llenar una inmensa laguna en la conciencia política». Véase Nicholas Walter, «Orwell and the Anarchists», *Freedom*, 42, n. 2, 30 de enero de 1981; Crick, pág. 351.

39

[436] Manuscrita
CARTA DE GEORGE ORWELL A GEOFFREY GORER
18 de abril de 1938

Homenaje a Cataluña *se publicó el 25 de abril de 1938 (véase 438), aunque, según es costumbre, los ejemplares para la crítica se distribuyeron antes. Unos días antes de la carta de Orwell a Gorer, probablemente el sábado 16 de abril, Gorer le envió una breve nota para decirle que* Homenaje a Cataluña *le parecía «indiscutiblemente de primera categoría», y una copia en papel carbón de la crítica que había escrito para* Time and Tide, *«por si pusieran objeciones a su insólita extensión» y para que Orwell le señalase sus posibles erratas antes de que Gorer recibiera las pruebas de imprenta del artículo. La crítica apareció el 30 de abril.*

Jellicoe Pavilion, Preston Hall, Aylesford, Kent

Querido Geoffrey,
Tengo que darte las gracias por tu fabulosa crítica. No hago más que pellizcarme para convencerme de que estoy despierto, pero tendré que seguir pellizcándome si *T&T* lo publica, porque me temo que pensarán que es demasiado largo y elogioso. No creo que el tema les ofenda, ya que han sido muy generosos con la guerra española. Pero aun en el caso de que lo mutilen, gracias igualmente por la intención. Sólo hay un par de puntos que tratar. Uno es que dices que los combates de Barcelona los comenzó la Guardia de Asalto. En realidad fue la Guardia Civil.[1] En Barcelona no había guardias de asalto por entonces, y no es lo mismo, porque la Guardia Civil es un cuerpo policial-militar que data de principios del siglo XIX y un organismo más o menos profascista, en el sentido de que sus unidades se han unido a los fascistas siempre que les ha sido posible. La Guardia de Asalto es un cuerpo reciente, creado por la República en 1931, prorrepublicano y no detestado por la clase trabajadora en la misma medida. El otro punto es que, si te obligan a reducir o alterar de cualquier otro modo la crítica, no necesitas repetir con particular insistencia que yo sólo intervine en los combates de Barcelona haciendo de centinela. Hice de

centinela, pero si me hubieran ordenado entrar en combate habría obedecido, porque con el caos que había lo único que se podía hacer era obedecer las órdenes del propio partido y de los superiores militares inmediatos. Pero me alegro mucho de que el libro te haya gustado. Tengo entendido que otros han recibido también ejemplares para la crítica, pero a mí no me ha llegado todavía ninguno y me inquieta pensar en cómo será la sobrecubierta. Warburg habló de adornarla con los colores catalanes, que se confunden fácilmente o con los de la monarquía española o con los del MCC.[2] Espero que todo te vaya bien. Yo estoy mucho mejor, en realidad incluso dudo que me pase nada.[3] Eileen tiene que bregar sola con las gallinas, etc., pero viene por aquí dos veces al mes.

Un abrazo
Eric Blair

1. Orwell sufrió aquí una confusión. Más tarde indicó que si se publicaba alguna vez otra edición de *Homenaje a Cataluña* –mientras vivió sólo hubo una en Inglaterra; las ediciones norteamericana y francesa aparecieron después de su muerte– se subsanara el error. La edición de *Obras completas* incorpora esta corrección; véase más arriba la «Nota al texto» de *Homenaje a Cataluña*, págs. 66-67 y 232.

2. El Marylebone Cricket Club, que en aquella época daba la pauta en el críquet. Su corbata era de franjas rojas y amarillas.

3. Según los análisis de sedimento sanguíneo que le hicieron el 27 de abril (y el 17 de mayo), la infección estaba «moderadamente activa». El 4 de julio pasó a estar «latente». No llegó a desaparecer.

40

«NOTAS* SOBRE LAS MILICIAS ESPAÑOLAS»

Es posible que Orwell escribiera estas notas mientras trabajaba en Homenaje a Cataluña, *pero parece más probable que lo hiciese después de su publicación. El papel en que se mecanografiaron tiene la misma filigrana que el de las cartas a lady Rees de 23 de febrero de 1939 y a Herbert Read de 5 de marzo de 1939, pero difiere del de la carta a Read de 4 de enero de 1939 y del de todas las cartas anteriores enviadas desde Marruecos. La tinta con que Orwell escribía las notas a pie de página y hacía las correcciones (que aquí se incluyen sin avisar al lector) es parecida a la de la carta a lady Rees y a la de la carta a Geoffrey Gorer de 20 de enero de 1939, pero diferente de la de las cartas a Read de 4 de enero y 5 de marzo. Por lo tanto es posible que se pasaran a máquina a comienzos de 1939, pero que se hubieran escrito con anterioridad. Gorer, en una carta a Sonia Orwell[1] de 4 de julio de 1967, decía que probablemente se redactaron en verano de 1940, después de Dunkerque, para alguien del Ministerio de la Guerra interesado por las milicias como unidades de resistencia.[2] (Las cartas citadas no se reproducen en esta selección.)*

Me uní a las milicias del POUM a fines de 1936. Los motivos por los que me alisté en estas milicias y no en otras fueron los siguientes. Yo había querido ir a España para reunir material destinado a artículos de prensa y demás, y tenía asimismo la vaga idea de combatir si valía la pena, aunque albergaba dudas a causa de mi mala salud y escasa experiencia militar. Poco antes de partir me dijeron que no podría cruzar la frontera si no llevaba credenciales de alguna organización izquierdista (no era verdad por aquellas fechas, aunque los carnés de partido, etc., sin duda facilitaban las cosas). Recurrí a John Strachey, que me llevó a ver a Pollitt. P, después de interrogarme, llegó con seguridad a la conclusión de que yo no era políticamente de fiar y se negó a ayudarme, además de tratar de asustarme para que no fuera, hablan-

---

* N.B. que estas notas se refieren sólo a las milicias del POUM, excepcionales a causa de las luchas políticas internas, pero que por su composición real probablemente no eran distintas de las restantes milicias existentes en Cataluña durante el primer año de la guerra *[nota manuscrita de Orwell].*

do sin parar del imperio de terror impuesto por los anarquistas. Al final me preguntó si me comprometería a unirme a las Brigadas Internacionales. Le dije que no podía comprometerme a nada mientras no viera lo que sucedía. El caso es que se negó a ayudarme, aunque me aconsejó que obtuviera un salvoconducto en la embajada española en París, cosa que hice. Poco antes de salir de Inglaterra me puse también en contacto con el ILP, con el que tenía alguna relación, sobre todo a nivel personal, y pedí que me dieran alguna clase de recomendación. Me enviaron a París una carta para John MacNair, que estaba en Barcelona. Cuando crucé la frontera, el personal de pasaportes y otros, a la sazón anarquistas, no prestó mucha atención al salvoconducto, pero se quedó impresionado al ver la carta con el sello del ILP, que evidentemente conocían de vista. Fue esto lo que me decidió a enseñar la carta para McNair (a quien yo no conocía), y la razón de que me incorporase a las milicias del POUM. Tras echar un vistazo a las tropas españolas me di cuenta de que mi preparación militar era de una relativa solidez y resolví unirme a las milicias. Por entonces apenas me daba cuenta de las diferencias entre los partidos políticos existentes, diferencias que la prensa izquierdista inglesa había ocultado. De haber sabido todo lo que ocurría, seguramente me habría unido a las milicias de la CNT.

Las milicias, aunque en teoría se estaban reestructurando según el modelo de los ejércitos normales, seguían por entonces organizadas en columnas, centurias y secciones; las centurias contaban con unos 100 hombres concentrados alrededor de un individuo, y a menudo se las llamaba «bandera tal y tal».[3] El jefe de una centuria venía a ser como un capitán, pero por debajo los grados no estaban bien definidos, exceptuando al cabo y al soldado raso. El personal llevaba los distintivos del grado en Barcelona, pero estaba «mal visto» lucirlos en el frente. En teoría se ascendía por elección, pero en realidad a los oficiales y suboficiales los nombraban desde arriba. Como explicaré más tarde, en la práctica tenía poca importancia. No obstante, un rasgo característico era que un hombre podía elegir su sección y por norma también podía cambiar de bandera si así lo deseaba. En aquel entonces se enviaba a los hombres al frente tras unos días de instrucción, una instrucción apenas adecuada para un desfile, y en muchos casos sin haber disparado un fusil. Yo había llevado conmigo el concepto de lo militar propio del Ejército británico, y aquella falta de disciplina me dejó estupefacto. Naturalmente, siempre cuesta conseguir que los reclutas obedezcan las órdenes, pero cuesta mucho más cuando se ven de pronto en las trincheras, teniendo que contender con el frío y otros inconvenientes a los que no están acostumbrados. Si no han tenido ocasión de familiarizarse con las armas, temerán las balas más de lo necesario, lo que es una causa secundaria de indisciplina. (Por cierto, hicieron mucho daño las mentiras que se publicaron en la prensa izquierdista en el sentido de que los fascistas utilizaban balas explosivas. Que yo sepa, no existen las balas explosivas[4] y, desde luego, los fascistas no las utilizaban.) Al principio había que hacer cumplir las órdenes (a) apelando a la lealtad al partido y (b) con la fuerza de la propia personalidad, y durante el primer par de semanas me odiaron todos. Al cabo de una semana aproximadamente, un individuo se negó en redondo a ir a determinado sitio que según él estaba al descubierto y lo obligué a ir por la fuerza, lo cual siempre es un error, claro, y más si el individuo es español. Me vi al instante en medio de un corro de hombres que me llamaban fascista. Estalló una discusión acalorada, pero casi todos los hombres se pusieron de mi parte y averigüé que el personal, hasta cierto punto, competía por ingresar en mi sección. Durante semanas o meses, tanto entre los españoles como entre los pocos ingleses que estábamos en el frente, el episodio no hizo más que repetirse; me refiero a la indisciplina, las discusiones sobre lo que estaba justificado y lo que era «revolucionario». Sin embargo, en términos generales todos estábamos de acuerdo en que había que combinar la disciplina con la igualdad social. Siempre se entablaban discusiones sobre si estaba justificado fusilar a los culpables de deserción y desobediencia, y en términos generales se admitía que sí, aunque algunos no habrían apretado el gatillo jamás. Mucho tiempo después, hacia marzo, en las cercanías de Huesca, unos 200 hombres de la CNT abandonaron la línea inesperadamente. Apenas se les podía culpar por ello, dado que llevaban allí unos cinco meses, pero no se podía permitir semejante actuación, así que se pidieron voluntarios del POUM para ir a detenerlos. Yo me presenté, aunque no me entusiasmaba la situación. Por suerte los convencieron de que volvieran sus propios representantes políticos o algo parecido y no se produjo ninguna situación violenta. También sobre esto hubo muchas discusiones, pero la mayoría admitió una vez más que, si no había más remedio, era lícito emplear las armas contra hombres que obraban de aquel modo. En todo este periodo, es decir, entre enero y abril de 1937, hubo una mejora gradual de la disciplina que se consiguió casi exclusivamente con la «difusión de la conciencia revolucionaria», esto es, con discusiones y explicaciones interminables de por qué era necesario esto o aquello. Todo el mundo estaba empeñado hasta el fanatismo en mantener la igualdad social entre mandos y tropa, en que no hubiera tratamientos militares ni diferencias en el rancho, etc., y esto se llevaba a menudo a extremos más bien ridículos, aunque parecían menos ridículos en el frente, donde se notaban mucho las pequeñas diferencias en el nivel de comodidad. Cuando las milicias se integraron, en teoría, en el Ejército Popular,[5] se esperaba que todos los oficiales cedieran la sobrepaga, es decir, lo que rebasase las diez pesetas diarias, a los fondos del partido, y todos convinieron en hacerlo, aunque desconozco si en realidad lo hicieron, porque no sé con certeza si alguien cobró alguna sobrepaga antes de que se dispersaran las milicias del POUM. Sin embargo, había castigos por desobediencia incluso en la época en que yo llegué al frente. Es en verdad dificilísimo castigar a hombres que están en el frente, porque, a menos que se les mate, es difícil conseguir que se sientan peor de lo que ya se sienten. El castigo habitual era imponer dos guardias seguidas; resultaba muy desagradable porque había muy poco tiempo para dormir. De vez en cuando se fusilaba a alguno. A uno lo fusilaron porque quería pasarse a las líneas fascistas y estaba claro que era un espía; a otro, que se supo que robaba a sus compañeros, lo enviaron a la retaguardia, en teoría para que lo fusilaran, aunque no creo que se llegara a este extremo. Los consejos de guerra estaban en teoría presididos por un oficial, un suboficial y un miliciano, aunque nunca vi ninguno.

El partido enviaba delegados políticos con regularidad, para que visitaran a los hombres del frente y, si podían, pronunciaran algún discurso. Además, en cada centuria había uno o más hombres que se denominaban delegados políticos de la unidad en cuestión. Nunca entendí la función que habían tenido originalmente estos hombres, porque era evidente que al principio habían desempeñado una función que se había vuelto innecesaria; cuando estaba con los ingleses del ILP me nombraron delegado político suyo, pero por entonces el delegado político no era más que un mensajero que se enviaba al puesto de mando para quejarse de las raciones y demás, y por lo tanto entre los ingleses se trataba simplemente de elegir a uno que hablara español. Los ingleses eran más estrictos que los españoles a la hora de nombrar oficiales y en un par de ocasiones se votó la sustitución de un suboficial. Además nombraron un comité de cinco hombres que en teoría tenía que poner orden en los asuntos de la sección. Aunque me eligieron para este comité, me opuse a su formación alegando que en ese momento éramos parte de un ejército mandado desde la cúspide más o menos al estilo tradicional y que, por lo tanto, un comité así carecía de función. Y si bien es cierto que no tenía ninguna función importante, de vez en cuando venía bien para solucionar minucias. En contra de la opinión más extendida, los dirigentes políticos del POUM veían con malos ojos la existencia de este comité y procuraban impedir por todos los medios que los ingleses contagiaran la ocurrencia a los españoles.

Antes de integrarme en el grupo inglés estuve durante unas semanas en una bandera española compuesta por unos 80 hombres, 60 de los cuales eran novatos recién incorporados. Durante esas semanas la disciplina mejoró mucho y desde entonces hasta finales de abril se produjo una lenta pero apreciable e incesante mejora en la disciplina de todas las unidades. En abril, una unidad de milicianos que marchara hacia algún punto todavía parecía la retirada de Moscú, pero se debía en parte a que los hombres no tenían más experiencia que la guerra de trincheras. Sin embargo, por entonces ya no había problemas para que se obedecieran las órdenes ni temor de que se desobedecieran en cuanto el superior diera la espalda. Las características «revolucionarias» especiales se mantuvieron exteriormente hasta fines de mayo, aunque por entonces se habían hecho sentir ya ciertas diferencias. En mayo, cuando me dieron el mando de una sección, los españoles más jóvenes me trataban de «usted». Yo les recriminaba esta costumbre, pero era evidente que la palabra estaba recuperándose, y no hay duda de que la generalización del tuteo de los primeros meses de la guerra era una afectación y de que tenía que parecer de lo más antinatural a los latinos. Algo que desapareció bruscamente en marzo fue la costumbre de gritar consignas revolucionarias a los fascistas. No se practicó en Huesca, a pesar de que las trincheras estaban allí muy próximas en muchos puntos; en el frente de Zaragoza, en cambio, se había practicado con regularidad, y es probable que contribuyese en alguna medida a la captación de desertores, que allí fueron muy numerosos (en cierto momento unos 15 semanales en un sector del frente defendido por unos 1000 hombres). No obstante, el uso generalizado de «camarada» y la idea de que en teoría todos éramos iguales sobrevivieron hasta que se redistribuyeron las milicias.* Es de señalar que los primeros reemplazos del Ejército Popular que llegaron al frente conservaban estas actitudes. No había una diferencia apreciable en cuanto a disciplina y clima social entre las milicias del POUM y las del PSUC, al menos hasta que dejé de ver a las segundas, a comienzos de marzo.

La organización general era muy buena en unos aspectos, pero en

---

* En el volante de mi baja, que firmó el 18 de junio un médico de Monzón (población muy alejada del frente), se decía que yo era el «camarada Blair» *[nota manuscrita de Orwell]*.

otros revelaba una incompetencia totalmente fuera de lugar. Un rasgo llamativo de esta contienda fue la excelente organización de los víveres. Hasta mayo de 1937, en que empezaron a escasear ciertos artículos, la comida era siempre buena y se distribuía con regularidad, algo difícil de lograr incluso en un guerra estacionaria. Los cocineros eran muy abnegados y a veces servían el rancho bajo el fuego enemigo. A mí me impresionó la organización del avituallamiento que había tras las líneas y el hecho de que los campesinos hubieran acabado por cooperar. La ropa se lavaba de vez en cuando, pero no se hacía demasiado bien ni con suficiente regularidad. El correo era eficiente y las cartas que se enviaban de Barcelona llegaban al frente enseguida, aunque muchísimas que se enviaban a Barcelona se perdían por el camino. Las medidas sanitarias casi brillaban por su ausencia y creo que si no hubo epidemias fue por la sequedad del clima. No había servicios médicos en condiciones a menos de 15 kilómetros del frente; el detalle tenía poca importancia dado el reducido porcentaje de bajas, aunque de todos modos muchas vidas se perdían sin necesidad. Las trincheras eran muy primitivas al principio, pero en marzo se organizó un batallón de trabajo que resultó muy eficaz y consiguió construir largos tramos de trinchera con rapidez y en silencio. Sin embargo, hasta mayo aproximadamente no se pensó en serio en las trincheras de comunicación, ni siquiera donde las líneas estaban muy próximas y resultaba imposible, por ejemplo, evacuar a los heridos sin exponerse al fuego enemigo. No se hizo nada por reparar las carreteras de la retaguardia, a pesar de que sin duda había mano de obra para ello. El Socorro Rojo del POUM, en el que era voluntario-obligatorio inscribirse, funcionaba muy bien en lo que se refiere al cuidado de enfermos en hospitales, etc. En cuanto a los pertrechos, es posible que hubiera especulación y favoritismo, pero creo que eran en extremo inusuales. Cuando el tabaco empezó a escasear, al pequeño grupo inglés le adjudicaron más de lo que le tocaba en justicia, un gesto que rinde homenaje al carácter español. Un error garrafal e inexcusable que se cometió en esta guerra, cuando menos en el frente de Aragón, fue tener a los hombres en primera línea durante periodos dilatados en exceso. Hacia la Navidad de 1936 la guerra estaba ya estancada y a lo largo de los seis meses siguientes apenas se entablaron combates. Por lo tanto, habría sido del todo posible organizar turnos de cuatro días de servicio y cuatro días sin servicio, e incluso de cuatro días de servicio y dos días sin servicio. Con este método los hombres no descansan más horas, pero al menos pasan periódicamente unas cuantas noches en la cama y en cualquier caso pueden quitarse la ropa. Tal como estaban organizadas las cosas, los hombres pasaban a veces cinco meses seguidos en el frente. En ocasiones sucedía que las trincheras estaban muy lejos del enemigo, pongamos a unos mil metros, y resultaba más aburrido y por lo tanto peor para el ánimo que si hubieran estado a cincuenta o cien metros. Para colmo, en las trincheras se dormía en condiciones intolerables, por lo común entre la suciedad y, hasta abril, casi siempre con frío. Además, aunque se esté a mil metros del enemigo se está a merced de sus fusiles y de sus morteros, que ocasionan un goteo de bajas, y por consiguiente un creciente temor. En tales circunstancias es difícil hacer otra cosa que lo que ya se hace. En febrero y marzo, un periodo en que hubo poca actividad en los alrededores de Huesca, se intentó adiestrar a los hombres en diversos cometidos: empleo de la ametralladora, sistema de señales, maniobras en orden abierto (avanzar por etapas y demás), etc. En términos generales fue un fracaso, porque todos se caían de sueño y estaban demasiado agotados para aprender nada. Yo mismo quise aprender el funcionamiento de la ametralladora Hotchkiss y descubrí que la falta de sueño me había despojado de toda capacidad asimiladora. Además, es indudable que los permisos habrían podido concederse más a menudo, aunque si no se concedieron fue probablemente por algo más que por incompetencia. Pero habría sido muy sencillo turnar a los hombres en las trincheras, como he indicado, y proveer de algunos servicios a los que no estaban en primera línea. Incluso en un punto tan alejado del frente como Barbastro las condiciones de vida eran más austeras de lo necesario. Con un poco de organización se habría podido hacer algo para disponer en segunda línea de baños calientes, despiojamiento, alguna diversión, una cantina (en realidad hubo algunos intentos muy tímidos en esta dirección) y también mujeres. Las escasísimas mujeres que estaban en el frente o en sus proximidades no eran más que causa de rivalidades; algunos españoles, los más jóvenes, practicaban la sodomía. No sé si se puede tener a los soldados enzarzados en una guerra de trincheras y querer al mismo tiempo prepararlos para la guerra móvil, pero sin duda habrían podido recibir más adiestramiento si se hubiera prestado más atención a su descanso. En conclusión, estaban demasiado cansados para hacer nada en un periodo en que la guerra se encontraba en punto muerto. Al mirar atrás me doy cuenta de que lo soportaron de un modo magnífico, y el hecho de que no rompieran la cohesión ni manifestaran tendencias sediciosas me convirtió en creyente (hasta cierto punto) de la «disciplina revolucionaria». Sin embargo, la dureza de las condiciones que les imponían era en parte innecesaria.

En cuanto a las rivalidades que enfrentaban a los diversos cuerpos de milicianos, yo no percibí, al menos entre las bases, ningún indicio grave hasta mayo de 1937. Supongo que antes o después acabaremos sabiendo hasta qué punto se saboteó el frente de Aragón por motivos políticos. Ignoro la importancia que habría tenido la toma de Huesca, pero es indudable que con la artillería apropiada habría podido tomarse en febrero o marzo. En cambio, lo que se hizo fue rodearla por completo, salvo por una brecha de un kilómetro que quedó abierta, y con tan poca artillería que fue imposible efectuar bombardeos preliminares, que sólo habrían servido de aviso. Esto implicaba que las únicas ofensivas viables debían ser ataques sorpresa a cargo de unos centenares de hombres a lo sumo. A principios de abril dio la sensación de que los días de Huesca estaban contados, pero la brecha no consiguió cerrarse, la frecuencia de los ataques decayó y no tardó en quedar claro que las trincheras fascistas resistían con más firmeza y que se habían reforzado las defensas. A fines de junio se llevó a cabo la ofensiva general contra Huesca, por evidentes motivos políticos, para coronar con una victoria al Ejército Popular y desprestigiar a las milicias de la CNT. El resultado era previsible: muchísimas bajas y un empeoramiento de la posición. Pero los sentimientos partidistas de las bases no solían ir más allá de unas vagas murmuraciones según las cuales «ellos», que por lo general eran los del PSUC, nos habían arrebatado cañones y demás destinados a nuestras tropas. En el frente de Zaragoza, donde las unidades de milicianos del POUM y del PSUC se distribuían en posiciones alternas a lo largo de la línea, las relaciones eran buenas. Cuando el POUM ocupó un sector del PSUC en Huesca hubo indicios de rivalidad, pero creo que fue una reacción exclusivamente militar, ya que los hombres del PSUC no habían podido tomar Huesca y los del POUM fanfarroneaban diciendo que ellos lo harían. La victoria de Guadalajara, en febrero, se consideró, y en realidad fue, una victoria de los comunistas, pero todo el mundo la celebró con alegría sincera, incluso con entusiasmo. Poco después de este episodio apareció uno de nuestros aviones, probablemente ruso, que soltó una bomba donde no debía y mató a cierta cantidad de milicianos del POUM; por supuesto, después se diría que se había «hecho a propósito», pero entonces a nadie se le ocurrió pensar algo así. Las relaciones empeoraron hacia mayo, quizás a raíz de los conflictos de Barcelona. En Lérida, donde multitud de reclutas del Ejército Popular hacían instrucción, cuando pasaba desfilando alguna columna cerca, los milicianos de no recuerdo qué unidad les hacían pedorretas y balaban como las ovejas. En cuanto a la discriminación de los que habían estado con el POUM, no creo que comenzara antes de la revelación del supuesto asunto de espionaje. Inmediatamente después de la misma parece que hubo un par de incidentes graves. Por lo visto, a fines de junio fue enviado –o bien decidieron hacerlo por propia iniciativa– un destacamento de milicianos del PSUC a atacar una de las posiciones que ocupaba el POUM en los alrededores de Huesca, y los atacados tuvieron que defenderse con fuego de ametralladoras. No conozco la fecha exacta de estos hechos ni otra cosa que los rasgos generales, pero la fuente que me informó está por encima de toda duda. Es innegable que las declaraciones irresponsables formuladas en la prensa sobre espionaje, deserción y demás habían causado ya otros problemas o habían estado a punto de causarlos.

Que la organización y la lealtad de las milicias dependieran de los partidos tuvo consecuencias desastrosas a partir de cierto momento. Al principio, cuando todo el mundo estaba lleno de entusiasmo, la rivalidad entre partidos no tenía por qué ser negativa; es al menos la impresión que me dieron quienes habían participado en los primeros combates, cuando la toma de Siétamo, etc. Pero en el momento en que las milicias empezaron a reducirse en beneficio del Ejército Popular, todos los partidos quisieron conservar su fuerza intacta al precio que fuese. Creo ver en ello la explicación del hecho, ya apuntado más arriba, de que se dieran permisos con menos frecuencia de lo que habría sido necesario. Hasta junio no había forma humana de obligar a un soldado de permiso a que se reincorporase a su unidad, y si bien la obligatoriedad de alistarse en el Ejército Popular se concretó en una ley (que he olvidado cuándo se publicó), ésta era por completo ineficaz. En consecuencia, un miliciano de permiso podía volver tranquilamente a su casa, y tenía poderosos motivos para obrar así, ya que acababa de cobrar todas las pagas atrasadas; o podía alistarse en otra organización, cosa que solía hacerse. En la práctica, casi todos los que se iban de permiso regresaban; pero algunos no lo hacían; por lo tanto, cada tanda de permisos representaba una reducción de efectivos. Además, estoy seguro de que el deseo de conservar intactos los contingentes hacía que los jefes locales procurasen no tener bajas cuando tenerlas no les reportaba ninguna gloria. En el frente de Zaragoza se perdieron valiosas oportunidades menores –de esas que no saltan a los periódicos pero que habrían tenido su importancia– por este motivo, mientras que de hecho se producían bajas sin ninguna finalidad. Además, raras veces o nunca se expulsaba a ese cinco o diez por ciento de gentuza inútil que hay en todas las unidades militares y que debería ser expulsado sin piedad. En enero, cuando me quejé de la disciplina, un oficial de los de arriba me comentó que todas las milicias competían en relajación de la disciplina para atraer a los soldados de las otras. No sé si era verdad o si lo dijo porque en aquel momento estaba deprimido. En cuanto a los milicianos del POUM, creo que se diferenciaban poco de los demás. En condiciones físicas, una piedra de toque muy general, eran más o menos como los del PSUC. El POUM no pedía a los milicianos que se afiliasen al partido, sin duda porque, como era una organización muy pequeña, le habría resultado difícil atraer voluntarios. Cuando ya estaban en el frente se hacía algún esfuerzo por enrolarlos en el partido, pero he de decir en justicia que no había ninguna presión. Las milicias del POUM contenían el habitual porcentaje de escoria, más una masa de campesinos muy ignorantes y gente sin orientación política que se había alistado en ellas por casualidad. Además había muchos individuos que se habían alistado tan sólo para conseguir un trabajo. El que en diciembre de 1936 hubiera ya escasez de pan en Barcelona mientras los milicianos disponían de él en abundancia tenía mucho que ver con esto. Sin embargo, algunos de estos indocumentados acabaron siendo soldados excelentes. Además de un contingente algo numeroso de alemanes refugiados había un pequeño muestrario de extranjeros de diversas nacionalidades, incluso un puñado de portugueses. Exceptuando a los alemanes, los mejores soldados solían ser los de ametralladoras, que estaban organizados en equipos de seis y se mantenían algo apartados del resto. La actitud fetichista que acaban teniendo estos hombres con sus armas, que tratan casi como si fueran objetos de culto, es muy interesante y merecería ser objeto de estudio. Algunos eran viejos soldados que habían hecho el servicio militar multitud de veces aprovechando el sistema de sustituciones del ejército español, pero casi todos eran «buenos militantes» y algunos de reputación e inteligencia muy elevados. Llegué a la conclusión, en cierto modo contra mi voluntad, de que los «buenos militantes» son a la larga los mejores soldados. El pelotón enviado por el ILP, formado por un total de treinta ingleses y americanos, podía dividirse tajantemente en dos grupos, los ex soldados sin filiación política concreta y los «buenos militantes» sin ninguna experiencia militar. Como yo pertenecía al primer grupo, no creo ser parcial si digo que el segundo era superior. Los ex soldados, como es lógico, son más útiles al comienzo de una campaña y se portan bien cuando entran en combate, pero tienden a resentirse más de la falta de acción y del cansancio físico; por otra parte, un hombre completamente identificado con un partido político es digno de confianza en todas las circunstancias. Hacer tales afirmaciones en círculos izquierdistas sería buscarse problemas, pero lo que sienten muchos socialistas por su partido se parece mucho a lo que el típico ceporro de los colegios privados siente por el centro donde estudió. Hay personas sin simpatías políticas concretas que son totalmente de fiar, pero por lo general son de origen burgués. En las milicias del POUM había una ligera pero perceptible tendencia a elegir oficiales entre los individuos de origen burgués. A mí me parece un fenómeno inevitable, dada la actual estructura clasista de la sociedad. Las personas de clase media y alta suelen tener más confianza en sí mismas en circunstancias desconocidas, y en los países donde el servicio militar no es obligatorio por lo general están más relacionados con el ejército que la clase obrera. Es lo que ocurre en Inglaterra, como se sabe. En cuanto a la edad, parece que entre 20 y 35 años es la mejor para los soldados de primera línea; yo no emplazaría en esa posición a ningún soldado raso ni a ningún mando subalterno de más de 35 años, salvo que fuera de conocida confianza política. En cuanto a los límites de la juventud, los muchachos de 14 años suelen ser valientes y fiables, pero no soportan la falta de sueño; se quedarán dormidos incluso estando de pie.

En lo referente a la traición, la confraternización con el enemigo, y esa suerte de cosas, había rumores suficientes para sugerir que se producían de vez en cuando, y lo cierto es que son inevitables en una guerra civil. Corrían vagos rumores sobre treguas preestablecidas en cierto momento en la tierra de nadie con objeto de intercambiar periódicos. No conozco ningún caso concreto, pero en cierta ocasión vi periódicos fascistas que pudieron haberse obtenido por este medio. Las historias que publicaba la prensa comunista sobre pactos de no agresión y sobre gente que iba y venía sin trabas entre nuestras líneas y las fascistas eran falsas. Indiscutiblemente había casos de traición entre los campesinos. El motivo por el que en este frente no se produjo nunca ningún ataque en el momento previsto se debió sin duda, en parte, a la incompetencia, pero además se decía que si el momento se fijaba con más de tres horas de antelación llegaba invariablemente a oídos fascistas. Éstos, al parecer, siempre parecían saber qué tropas tenían enfrente, mientras que nosotros sólo sabíamos lo que deducíamos de los informes de las patrullas y demás. No sé de qué métodos se servían los espías para hacer llegar mensajes a Huesca, pero para enviar mensajes a distancia se hacían señales con una linterna eléctrica. Todas las noches, a determinadas horas, había señales codificadas en morse. Se tomaba nota de las señales, pero exceptuando consignas como «Viva Franco» los mensajes siempre estaban en clave. Nunca se descubrió a los espías que estaban tras las líneas, a pesar de que se dedicaron muchos esfuerzos a ello. Había poquísimas deserciones, aunque hasta mayo de 1937 habría sido muy sencillo abandonar el frente o, arriesgándose un poco, pasarse a los fascistas; yo tuve noticia de algunas de ellas, de hombres nuestros y del PSUC, pero la cantidad total tuvo que ser muy pequeña. Es de señalar que los milicianos alimentan contra el enemigo sentimientos políticos que no tienen ningún papel en un ejército corriente. Cuando llegué al frente se daba por hecho que se fusilaba a los oficiales enemigos capturados, y de los fascistas se decía que fusilaban a todos los prisioneros; seguro que era mentira, pero la gente lo creía y esto era lo importante. Todavía en marzo de 1937 oí contar de un modo muy convincente que habían fusilado a un oficial capturado por los nuestros; una vez más, lo significativo es que a nadie se le ocurriera pensar que podía ser falso.

En cuanto al comportamiento efectivo de las milicias del POUM, conozco los detalles principalmente por otros, porque el tiempo que pasé en el frente coincidió con el periodo más inactivo de la guerra. Participaron en la captura de Siétamo y en el avance sobre Huesca, pero después la división se fraccionó y una parte fue a Huesca, otra al frente de Zaragoza y la más pequeña a Teruel. Creo que también había unos cuantos en el frente de Madrid. A fines de febrero se concentró a toda la división en el flanco oriental de Huesca. Era el flanco de menor importancia táctica, y durante marzo y abril el POUM sólo intervino haciendo incursiones y conteniendo ataques, operaciones que movilizaban a doscientos hombres a lo sumo y que ocasionaban algunas docenas de bajas. Tuvieron una buena actuación en algunas de estas operaciones, sobre todo los alemanes refugiados. La ofensiva contra Huesca de fines de junio fue una sangría para la división, entre 400 y 600 muertos. Yo no estuve presente, pero otros que estuvieron me contaron que los hombres del POUM se portaron bien. Las campañas sembradas en la prensa empezaban a producir ya brotes de desconfianza. Incluso los más apolíticos se dieron cuenta hacia el mes de abril de que, cualquiera que fuese su comportamiento en combate, los únicos periódicos que hablarían bien de ellos serían los del POUM y los anarquistas. Esta circunstancia sólo generaba por entonces un poco de irritación, pero sé que más tarde, cuando se redistribuyó la división, algunos que estaban en situación de eludir el servicio obligatorio lo eludieron y se pusieron a trabajar en empleos civiles alegando que estaban hartos de que los calumniaran. Algunos hombres que participaron en la ofensiva de Huesca me contaron que el general Pozas[6] impidió deliberadamente el empleo de la artillería para que muriera la máxima cantidad posible de hombres del POUM, un dato sin lugar a dudas falso, pero que revela el efecto que producían las campañas como las que orquestaba la prensa comunista. No sé qué fue de la división después de la redistribución, pero creo que la mayor parte se integró en la División 26.[7] Teniendo en cuenta las circunstancias y sus posibilidades, yo diría que el comportamiento de las milicias del POUM fue respetable, aunque de ningún modo brillante.

1. Eileen, la primera esposa de Orwell, falleció en 1945, durante una operación, bajo los efectos de la anestesia. El 13 de octubre de 1949 Orwell se casó con Sonia Brownell en el hospital del University College, tras obtener un permiso especial (estaba muy enfermo, no podía levantarse de la cama y el hospital no estaba autorizado para celebrar bodas). Sonia Brownell nació en Ranchi, la India, a unos 400 kilómetros de Montihari, lugar natal de Orwell. Falleció en 1980, tras fundar el Archivo Orwell en el University College de Londres y hacer mucho por cimentar la reputación del autor. Véanse *Obras completas*, XX/*3693* y *3736*.

2. La sección pertinente de *Homenaje a Cataluña* está entre las págs. 205-225 [VI/188-215]: es el Apéndice I, capítulo V de la primera edición. En una carta a Sonia Orwell e Ian Angus, preparadores de *The Collected Essays, Jornalism and Letters of George Orwell* (1968), Thomas les dijo, «primero, que la CNT no era exactamente la FAI; ésta, en general, dirigía a aquélla, ya que se había fundado en los años veinte para proteger a la CNT del revisionismo. Segundo, cuando George Orwell dice en *Homenaje a Cataluña* que el punto de vista de los comunistas y el de la derecha socialista se podían considerar idénticos en todas partes, hay que señalar que esto sólo fue así durante un breve periodo, porque Prieto, jefe de la derecha socialista, adoptó muy pronto una férrea postura anticomunista. Tercero, sólo en "términos (muy) generales" se puede decir que el PSUC fuera el organismo político de la UGT. En realidad, hay más confusión en este punto que en los anteriores, pues la UGT era un sindicato nacional dirigido manifiestamente por los socialistas, mientras que el PSUC era un partido que sólo existía en Cataluña».

3. En castellano en el original; una bandera es una unidad militar.

4. Seguramente se refiere a las balas de punta chata, que se abren con el impacto, con consecuencias terribles. A veces se llaman «dumdum» porque durante el siglo XIX los ingleses las fabricaban en la población india de Dumdum.

5. «En teoría, todos los cuerpos armados estaban integrados en el Ejército Popular desde el mes de febrero [de 1937], y las milicias, también en teoría, se habían reconstruido según el modelo del Ejército Popular» *(Homenaje a Cataluña*, pág. 136 [VI/91]).

6. Sebastián Pozas Perea (1876-1946 en Ciudad de México), general republicano, fue director general de la Guardia Civil y ministro del Interior del gobierno de la República en 1936.

7. Orwell se refiere probablemente a la División 29.

41

CARTA DE GEORGE ORWELL AL DIRECTOR DE *THE TIMES*
LITERARY SUPPLEMENT
14 de mayo de 1938

Señor Director,
Sé que no es habitual replicar a las críticas, pero dado que la que apareció sobre mi *Homenaje a Cataluña* en el *Times Literary Supplement* de 30 de abril falsea el contenido del libro, le estaría muy agradecido si me concediera un espacio para responder.

El crítico[1] comienza diciendo:

«[George Orwell] se alistó en las milicias populares, participó en la guerra de trincheras de los alrededores de Huesca, fue herido y, tras algunas experiencias desalentadoras en la insurrección intestina que se produjo en Barcelona en mayo de 1937, se vio obligado a huir del país».

Este pasaje da a entender que: (a) me hirieron antes de los combates de Barcelona, y (b) las «experiencias desalentadoras» fueron la causa directa de mi salida del país. Tal y como se explica en el libro con absoluta claridad, me hirieron un poco después de los combates de Barcelona, y tuve que abandonar el país a consecuencia de hechos a los que dedico muchas páginas y que, hasta donde yo sé, no estaban directamente relacionados con mis «experiencias desalentadoras».

El resto de la crítica es sobre todo un intento de desprestigiar a las milicias españolas que defendieron el frente de Aragón con armas y equipo inadecuados durante el primer año de guerra. Y distorsiona algunos detalles del texto para que dé la impresión que estoy de acuerdo con él. Por ejemplo:

«En las milicias no existía la disciplina: "si a un hombre no le gustaba una orden, salía de la formación y discutía a gritos con el oficial"».

Yo jamás dije que «en las milicias no existía la disciplina». Lo que el crítico se olvida de mencionar es que con la frase que cita («si a un hombre no le gustaba...») yo estaba describiendo la conducta de los reclutas «en su primer día de cuartel», durante el que se comportaban como se han comportado siempre los reclutas recién llegados, según sabe cualquiera que tenga alguna experiencia militar.

Atentamente,
George Orwell

El crítico replicó:

«El señor Orwell es demasiado susceptible. Yo dije que fue herido en la guerra de trincheras de los alrededores de Huesca y que se vio obligado a huir del país después de algunas experiencias desalentadoras en la insurrección intestina de Barcelona, hechos que él describe extensamente en su libro. Si mi frase, de inevitable brevedad, dio a entender que fue herido antes de la insurrección, no fue ésa mi voluntad, y no creo que la confusión le perjudique a él ni a nadie. Yo no dije que se viera obligado a huir a causa de su participación en la insurrección de mayo ni que hubiera ninguna relación directa entre ambos acontecimientos. No obstante, parece evidente que se vio obligado a dejar el país porque el señor Orwell estaba, entonces y después, vinculado con el POUM, organización a la que se responsabilizó oficialmente de la insurrección.

»Para hablar de la insurrección de mayo y del periodo subsecuente, el señor Orwell emplea expresiones como "asco", "cólera", "desdichado enfrentamiento intestino", "pozo ciego", "desilusión" y "deprimente". Si esto no es desaliento, ¿qué es, pues?

»Por último, en cuanto a la indisciplina, es una cuestión de punto de vista. El señor Orwell habla de "una muchedumbre de niños harapientos en el frente", uno de los cuales arrojó una bomba de mano en la hoguera de un refugio "para gastar una broma"; habla de dar palmadas en la espalda a los generales, de que era necesario apelar al sentido del compañerismo cuando los hombres se negaban a obedecer las órdenes y de que había "que discutir con frecuencia durante cinco minutos para que cumplieran una orden". Y aún dice más: "La verdad es que un contingente de milicianos recién reclutados era una muchedumbre indisciplinada [...]. En un ejército de trabajadores, la disciplina es teóricamente voluntaria", etc. Y añade: "Que los milicianos permanecieran al menos en sus puestos es ya un tributo a la fortaleza de la disciplina revolucionaria"».

El 28 de mayo de 1938, el Times Literary Supplement *publicó otra carta de Orwell:*

Señor Director,
Lamento mucho molestarlo con estas cartas, pero su crítico ha vuelto a citarme mal. Por ejemplo: «La verdad es que un contingente de milicianos recién reclutados era una muchedumbre indisciplinada». En el libro, el pasaje completo es como sigue: «La verdad es que un contingente de milicianos recién reclutados era una muchedumbre indisciplinada, pero no porque los oficiales llamaran "camaradas" a los soldados rasos, sino porque los recién incorporados a filas son siempre una muchedumbre indisciplinada». Al suprimir la segunda parte de la frase le ha dado un sentido enteramente distinto; y lo mismo sucede con otras afirmaciones mías que ha sacado de contexto. En cuanto a la reorganización del orden de los acontecimientos que se describen en el libro, aduce que dio una versión «de inevitable brevedad», pero no creo que esto sea razón para alterar la cronología.

Atentamente,
George Orwell

1. Por entonces era costumbre que las críticas del *Times Literary Supplement* aparecieran sin firmar. Por los archivos se sabe que el crítico fue Maurice Percy Ashley (1907-1994; Comendador de la Orden del Imperio Británico en 1978), periodista, autor de ficción e historiador. Fue ayudante investigador de Winston Churchill en 1929, destinado al Servicio de Información en 1940-1945, subdirector de *The Listener* en 1946-1958, director en 1958-1967.

42

[445] Manuscrita
CARTA DE SIR RICHARD REES A GEORGE ORWELL
25 de mayo [de 1938]

En Thos Cook & Sons, Place de la Madeleine, París

Querido Eric,
Acabo de llegar a París procedente de Barcelona[1] y me he enterado por una carta de Eileen que has estado en cama desde el 8 de marzo, aunque te estás recuperando, de lo cual me alegro mucho. Sabía
que habías caído enfermo, pero no que hubieras guardado cama desde el 8 de marzo (antes de que me fuera a Barcelona). De haberlo sabido entonces habría procurado comunicarme contigo antes de que
partierais.
Te he enviado un libro que espero que te guste, *Les grands cimetiè-*
res sous la lune, de Georges Bernanos.[2] Seguro que su sentimentalismo
te enfurece tanto como a mí. Es monárquico y su actitud hacia «les
pauvres» es de imbéciles. Dice que hay que «honrarlos» como la Edad
Media honraba a las mujeres, por su «faiblesse». Sin embargo, es un
buen tipo en muchos aspectos, como verás si lo lees entero. Sus experiencias y las de su hijo con los falangistas[3] se parecen en cierto modo
a las tuyas con el POUM. Los fascistas tratan a los falangistas casi del
mismo modo que el PC al POUM y a los anarquistas idealistas.
A propósito, si quieres leer otro libro realmente bueno sobre España, prueba con *Life & Death of a Spanish Town,* de Elliot Paul.[4] Es sobre la isla de Ibiza hasta el momento de la guerra y es un buen com-
plemento de Bernanos, cuya obra transcurre en la vecina isla de
Mallorca y empieza más o menos donde termina la de Elliot Paul, con
el primer combate en las Baleares.[5] Los dos merecen una lectura, y,
con el tuyo, son los únicos libros sobre España de los que puede decirse que han sido escritos por espíritus libres (quiero decir básicamente
sinceros, aunque a menudo equivocados). Leí tu libro de una sentada.
Es angustioso, pero en general me convenció de que fue una suerte, a
pesar de todo, que te mezclaras con el POUM y no con el PC.
Aquel breve periodo en que los milicianos anarquistas, inexpertos

y casi desarmados, defendieron el frente de Aragón fue en verdad la única experiencia revolucionaria pura de todo este sórdido asunto.

Tampoco en mis experiencias, más sórdidas si cabe aunque menos emocionantes, han faltado los chispazos iluminadores, y en cualquier caso yo no necesitaba convencerme de que la «igualdad» como la entienden los anarquistas puede funcionar, aunque sólo Dios sabe si alguna vez se concederá a este mundo. Con el debido respeto a Dios, me cuesta creer que llegue a concederla. Cada vez soy más pesimista.

Chamberlain[6] va a ceder España y Europa oriental al fascismo a cambio de la inmunidad (temporal) del Imperio Británico y el Capitalismo Británico.

Durante esta última visita a España me he avergonzado de ser inglés. Sumido en mi estado de ánimo más catastrofista y melancólico (me da con frecuencia), espero que el infierno abra sus puertas cuanto antes. Siempre será mejor que las décadas de vergonzosa seguridad que Chamberlain espera recibir a cambio de sus concesiones ante el fascismo. De todos modos, tu descripción del combate cuerpo a cuerpo me ha convencido de que nunca seré un buen soldado. He visto explotar bombas y caer obuses y a veces he estado expuesto al fuego de fusiles, y he visto muchas muertes violentas, y todo me resultó más o menos soportable.

Pero nunca he vivido una experiencia como la incursión que describes, cuando os encontrasteis con que no habían llegado los brazaletes blancos y alguien dijo: «¿Y no podríamos llegar a un acuerdo para que sean los fascistas los que lleven los brazaletes blancos?». Nunca habría tenido la agresividad (o sea, la valentía) que se necesita para soportar semejante experiencia; quedarse sentado mientras bombardean o ametrallan desde el aire es completamente distinto e infinitamente más fácil.

Espero que estés a gusto y tengas muchos libros a mano. Eileen dice que has escrito un folleto pacifista.[7]

Soy incapaz de imaginar la paz, sólo puedo imaginar la guerra negativa; me refiero a la paz que se encuentra en París y en Londres cuando se regresa de España. Y no estoy muy seguro de que no prefiera la guerra a esta clase de paz.

Pero supongo que es absurdo decir estas cosas.

Bueno, *au revoir*, y espero que te guste Bernanos.

Un abrazo.
Richard

1. Sir Richard Rees (1900-1970) había sido agregado de la embajada británica en París, 1922-1923, y tesorero honorario y conferenciante de la sección londinense de la Asociación Educativa de los Trabajadores, 1925-1927. Entre octubre de 1930 y 1937 fue director de *The Adelphi* (en 1930-1932 con Max Plowman), a cuyas páginas imprimió un tono más político, reflexivo y literario. Su carácter generoso se refleja en el Ravelston de *Venciste, Rosemary (Keep the Aspidistra Flying)*. Estimuló mucho a Orwell en los años treinta, se asoció con él en su granja de Jura y al final fue, con Sonia Orwell, albacea literario del escritor. Fue pintor; entre los libros que escribió figura *George Orwell: Fugitive from the Camp of Victory* (1961). Combatió en la defensa de Madrid, al principio con el Partido Comunista, luego involucrándose sin saberlo en «la cuestión política».

2. Georges Bernanos (1888-1948) fue un novelista polémico que expresó con sutileza su vehemente postura. *Les Grands Cimetières sous la Lune* (1938; título español, *Los grandes cementerios bajo la luna*, Santiago de Chile, 1939) condena sin paliativos las atrocidades cometidas en Mallorca por los fascistas con la bendición de la Iglesia católica, en la que Bernanos creía. Se le recuerda más por la novela *Journal d'un Curé de Campagne* (1936; título español, *Diario de un cura rural*, Barcelona 1956), que Robert Bresson transformó en una galardonada película (1950).

3. Falange Española fue fundada en 1933 por José Antonio Primo de Rivera (1903-1936), hijo del antiguo dictador (1923-1930) Miguel Primo de Rivera (1870-1930). José Antonio fue juzgado y ejecutado por la República. Los falangistas se consideraban «una elite de jóvenes heroicos cuya misión era liberar a España del veneno marxista y del provincianismo gris y mediocre de los valores liberales tradicionales» (Thomas, 115). En 1934, Falange Española se unió con las Juntas de Ofensiva Nacional Sindicalistas (JONS). El 18 de abril de 1937, Franco fusionó estas fuerzas con los grupos carlistas (llamados requetés o Comunión Tradicionalista) y el grupo resultante pasó a llamarse Falange Española Tradicionalista y de las JONS. Su primer secretario general fue Raimundo Fernández Cuesta, aunque para el cargo se había propuesto antes a Ramón Serrano Súñer, cuñado de Franco, que al final rehusó.

4. Elliot Paul (1891-1958), novelista autobiográfico y periodista norteamericano. Participó en la primera guerra mundial con las Fuerzas Expedicionarias de Estados Unidos y luego trabajó en Europa para la Associated Press y las ediciones parisinas de algunos periódicos norteamericanos. Con Eugene Jolas fundó el influyente periódico *transition* (1927-1938). Su novela *A Narrow Street* (1942; título norteamericano, *The Last Time I Saw Paris)* transcurre básicamente en la rue de la Huchette, donde vivió dieciocho años.

5. «En las Baleares, aunque Mallorca quedó en manos rebeldes gracias a Goded, los suboficiales y soldados de la guarnición de Menorca impidieron

que triunfara allí la insurrección [...]. En Ibiza y en las demás islas menores triunfó el alzamiento» (Thomas, pág. 242; julio de 1936). Bernanos dice que los nacionales mataron a 3000 personas (Thomas, 265, que también toma de Bernanos detalles horripilantes de ejecuciones sumarísimas, págs. 259-262).

6. Neville Chamberlain (1869-1940) estuvo varias veces en el banco azul por el grupo conservador, una como ministro de Hacienda. En 1937 pasó a ser jefe del gobierno británico y fomentó la política de contemporización con Hitler, aunque inició el rearme de Gran Bretaña. A raíz del fracaso de la campaña de Noruega en abril de 1940, recibió muchas críticas y dimitió en mayo. Colaboró con el siguiente jefe de gobierno, Winston Churchill. Eileen, la mujer de Orwell, en una carta enviada a su cuñada Marjorie desde Marraquesh el 27 de octubre de 1938 (dos días antes de la firma del Pacto de Munich), señaló: «Resulta muy extraño pensar que Chamberlain es nuestra única esperanza, pero creo que tampoco quiere la guerra y no hay duda de que es un hombre valeroso» *(487)*.

7. Debía titularse «El socialismo y la guerra». Véase la carta de Orwell a Leonard Moore de 28 de junio de 1938 *(458)*. El folleto no se publicó y no se ha encontrado ningún manuscrito.

43

[452]

CARTA DE GEORGE ORWELL AL DIRECTOR DE *THE LISTENER*

16 de junio de 1938

Crítica de *Homenaje a Cataluña*

Su crítico[1] trata los acontecimientos reales de un modo curioso. Al comentar mi libro *Homenaje a Cataluña* en *The Listener* de 25 de mayo dedica cuatro quintas partes del texto a desempolvar la acusación de la prensa comunista de que el partido político español conocido por POUM es una organización «quintacolumnista» a sueldo del general Franco. Al principio dice que tal acusación fue «exagerada», pero más tarde afirma que era «verosímil» y que los dirigentes del POUM eran «poco menos que traidores a la causa republicana». Bien, dejo a un lado la cuestión de cómo puede creer nadie que la «quinta columna» de Franco estuviera compuesta por los elementos más humildes de la clase trabajadora y dirigida por hombres que habían sido encarcelados por el régimen que Franco trataba de restaurar y entre los que había al menos uno que figuraba en la lista especial de Franco de «hombres por fusilar». Si el crítico se cree estas patrañas, está en su derecho. A lo que no tiene derecho es a repetir la acusación, que por cierto es también una acusación contra mí, sin señalar de dónde procede ni que yo había opinado al respecto. En todo momento deja que el lector piense que las absurdas acusaciones de traición y espionaje surgieron del gobierno republicano. Pero, como yo mismo expongo con todo detalle (en el capítulo XI [Apéndice II] de mi libro), estas acusaciones no tuvieron ningún eco fuera de la prensa comunista ni se presentó jamás ninguna prueba que las apoyara. El gobierno español ha manifestado en varias ocasiones que no creía en ellas y se ha negado categóricamente a procesar a los hombres acusados por los periódicos comunistas. En mi libro cito textualmente las declaraciones de los gobernantes españoles, quienes las han repetido en diversos momentos. El crítico pasa por alto todo esto, sin duda con la esperanza de haber convencido a los lectores de que no lean el libro y no se den cuenta de la tergiversación.

Ni espero ni busco críticas favorables, y si el crítico prefiere dedicar casi todo su espacio a expresar sus opiniones políticas, eso es un asunto que queda entre él y usted. Pero cuando se comenta un libro mío en una columna, creo que tengo derecho a exigir que se refleje al menos lo que en verdad dice.

Aylesford
George Orwell

El director contestó:

Hemos enviado la carta al crítico y éste ha respondido:

«La carta del señor Orwell olvida el hecho fundamental de que la situación en Barcelona se puso tan difícil en cierto momento que el gobierno español se vio obligado a enviar policías armados para sofocar lo que era ya una insurrección. Los dirigentes de dicha insurrección fueron los anarquistas extremistas que estaban aliados con el POUM. No se trata de "desempolvar" acusaciones de la prensa comunista, sino de presentar hechos históricos. He estado en España durante buena parte de la guerra y mi información no procede de las noticias periodísticas.

»Como dejo claro en mi crítica, las bases del POUM no tenían otro objetivo que luchar contra Franco. Dado que eran pobres e ignorantes, no entendían las complejidades de la situación revolucionaria; los responsables fueron sus dirigentes. En cuanto a que formaran parte de la quinta columna de Franco, es indudable que todo el que se negaba a cooperar con el gobierno nacional y a acatar la ley estaba en realidad minando la autoridad de dicho gobierno y por lo tanto ayudando al enemigo. Yo sostengo que la ignorancia, en tiempo de guerra, es tan censurable como el sabotaje intencionado. Es el resultado lo que cuenta, no los motivos de la acción.

»Lamento que el señor Orwell crea que no quiero que los lectores lean un libro magníficamente escrito. No es así: quiero que lo lean a pesar de que, en mi opinión, el análisis del señor Orwell es erróneo. La esencia de una democracia en tiempo de paz es que todos tienen la posibilidad de conocer las opiniones de todos».

Al publicar la réplica de nuestro crítico, nos sentimos obligados a decir que no responde exactamente a las quejas del señor Orwell, al que presentamos nuestras disculpas. –El director de *The Listener.*[2]

1. Philip Furneaux Jordan (1902-1951), periodista, novelista y crítico literario. Durante un tiempo estuvo en la redacción del *Daily Mail* de París y

dirigió la edición del *Chicago Tribune* para la Costa Azul. En 1936 entró en la plantilla del *News Chronicle*, del que fue corresponsal en España en 1936-1937. Más tarde fue redactor jefe de las páginas especiales del *News Chronicle* y luego enviado especial de la misma publicación. En 1946-1947 fue primer secretario de la embajada británica en Washington e inmediatamente después consejero de relaciones públicas del primer ministro Clement Attlee. Comentó libros para *The Listener* y también (anónimamente) para *The Times Literary Supplement*.

2. J.R. Ackerley (1896-1967) fue subdirector literario de 1935 a 1959. Véase *Ackerley*, de Peter Parker (1989). El director era R.S. Lambert.

44

[456]
CRÍTICA DE *SPAIN'S ORDEAL*,[1] DE ROBERT SENCOURT, Y *FRANCO'S RULE* [ANÓNIMO]
New English Weekly, 23 de junio de 1938

Es difícil que las personas inteligentes elogien las dictaduras, por la sencilla razón de que cuando una dictadura se pone en marcha lo primero que liquida es a la persona inteligente. Es posible que al señor Wyndham Lewis siga gustándole Hitler, pero ¿le gusta el señor Lewis a Hitler? ¿Qué partido habría tomado Hitler en el reciente roce producido por el retrato del señor Eliot?[2] Es verdad que la dictadura rusa no está lejos de la dictadura alemana, pero para un europeo occidental su amenaza es menos inmediata. Todavía estamos en condiciones de admirarla fuera del alcance de sus cañones.

En consecuencia, si los libros sobre la guerra civil española que defienden a la República son malos, los que defienden a Franco son peores. Todos o casi todos los que he leído —hago una excepción con los del profesor Allison Peers, que sólo profesa un tibio profranquismo— los han escrito autores católicos. El libro del señor Sencourt no cae tan bajo como *Spanish Rehearsal* de Arnold Lunn, pero su tesis general es la misma. Franco es un caballero cristiano, el gobierno de Valencia es una banda de ladrones, la matanza de Badajoz no tuvo lugar, Guernica no fue bombardeada sino caprichosamente incendiada por milicianos rojos, y así sucesivamente. La verdad es que toda esta puja por quién tiró la primera piedra y quién cometió más atrocidades que se debate en esta clase de libros es una pérdida de tiempo, pues no explica nada sobre el verdadero enfrentamiento. Sería mucho más sencillo decir con franqueza: «Yo apuesto por Franco (o por Negrín), con atrocidades o sin atrocidades». Porque eso es lo que realmente piensa todo el que toma partido.

El señor Sencourt, por lo menos, se diferencia de los señores Lunn, Yeats Brown y demás en que sabe muchísimo de España y quiere a los españoles, de modo que aunque es hostil a los «rojos» no cae en la vulgaridad de despreciarlos. Sin embargo, como casi todos los que han escrito sobre esta guerra, tiene el gran inconveniente de haber analizado sólo las condiciones de un bando. Lo que explica de la situación de preguerra es probablemente cierto, pero su versión de las condiciones internas de la España republicana durante la guerra desvirtúa mucho las cosas. Exagera sobremanera el alcance del desorden civil y, aunque traza el perfil general de la lucha entre los partidos políticos, malinterpreta el papel y el objetivo de casi todos, porque se siente obligado a identificar «rojo» con «malo». Del comunismo habla como si no fuese más que una fuerza perturbadora, y emplea «anarquismo» y «anarquía» indistintamente, un uso de las palabras tan apropiado como decir que conservador es quien fabrica conservas. Aun así, no es un libro malintencionado ni insincero, y decir esto de un libro de tema político ya es decir mucho en los tiempos que corren.

Franco's Rule no es más que una interminable lista de atrocidades cometidas en todos los territorios invadidos por Franco. Hay largas listas de personas fusiladas, y se hacen afirmaciones como que en la provincia de Granada se exterminó a 23.000. Pues bien, yo no digo que estos datos sean falsos; no tengo forma de comprobarlos, claro está, y juzgando por encima me atrevería a decir que unos son verdaderos y otros no. Sin embargo, hay algo inquietante en la publicación de esta clase de libros.

Es indudable que se cometen atrocidades, aunque cuando una guerra termina suele ser imposible demostrar más que unos cuantos casos aislados. Durante las primeras semanas de un conflicto, sobre todo si es civil, es inevitable que haya matanzas de no combatientes, incendios, pillaje y probablemente violaciones. Si ocurren estas cosas, es justo que se registren y se denuncien, pero tengo mis dudas sobre los motivos de quienes se sienten tan fascinados por las atrocidades como para compilar anecdotarios. Acostumbran a decir que quieren estimular el odio «contra el fascismo» o «contra el comunismo», pero es raro que los veamos detestar estos hechos con suficiente convicción para combatirlos personalmente; no sé de ningún soldado que haya elaborado jamás un anecdotario de atrocidades. Y al lector le queda la sospecha de que algunos de estos coleccionistas gustan de escribir sobre violaciones y ejecuciones sumarísimas.

¿Acaso alguien cree que a la larga ésa es la mejor forma de combatir tanto el fascismo como lo que tiene de malo el comunismo? El señor Arthur Koestler, cuyos nervios debieron de sufrir lo indecible mientras fue prisionero de Franco y cuya posición hay que comprender, nos dice en su libro *Testamento español* que abandonemos la objetividad y cultivemos el odio. El anónimo compilador de *Franco's Rule* también habla despectivamente de la «neurosis de la objetividad». Quisiera que estas personas meditaran lo que dicen. Una cosa es combatir o incitar a otros a hacerlo y otra muy distinta instigar al odio maníaco. Porque: «Quien con monstruos lucha, cuide de no convertirse a su vez en monstruo. Cuando miras largo tiempo a un abismo, también éste mira dentro de ti».[3]

Este libro se subtitula «Retorno a la Edad Media», lo que es injusto para la Edad Media. En aquella época no había ametralladoras y la Inquisición era una cuadrilla de aficionados. Al fin y al cabo, Torquemada sólo quemó a dos mil personas en diez años. En la Rusia o la Alemania de estos tiempos dirían que no se lo tomó en serio.

1. Este libro se presentó al principio con el título de Spanish Ordeal.
2. El retrato de T.S. Eliot pintado por Lewis fue rechazado por el jurado seleccionador de la Exposición de 1938 de la Royal Academy. El 21 de abril de 1938, Eliot escribió a Lewis una carta diciéndole que deseaba vivamente que la posteridad lo conociera por aquel retrato. Véase Walter Michel, *Wyndham Lewis, Paintings and Drawings* (1971), pág. 132 y lámina 132.
3. Véase más arriba la crítica del *Testamento español* de Koestler, pág. 313, nota 3.

45

[462]

CRÍTICA DE *THE CIVIL WAR IN SPAIN* [LA GUERRA CIVIL ESPAÑOLA],

DE FRANK JELLINEK[1]

New Leader, 8 de julio de 1938

El libro de Frank Jellinek sobre la Comuna de París[2] tenía sus defectos, pero reveló a un autor de inusitada inteligencia. Demostró que era capaz de comprender los hechos de la historia real, los cambios sociales y económicos que se operan tras los acontecimientos espectaculares, sin perder de vista el lado pintoresco con el que el historiador burgués suele desenvolverse mucho mejor. En términos generales, este otro libro —*The Civil War in Spain*— confirma las expectativas del anterior. Parece escrito con precipitación y contiene algunas inexactitudes que comentaré más abajo, pero presumo que durante un tiempo será el mejor libro sobre la guerra española que se haya escrito desde el punto de vista comunista.

En buena medida, lo más provechoso del libro corresponde a la primera parte, en que se describe la larga cadena de causas que condujeron a la guerra y las cuestiones fundamentales que estaban en juego. La aristocracia parasitaria y las espantosas condiciones de los campesinos (antes de la contienda, el 65 por ciento de la población poseía el 6,3 por ciento de la tierra, que en un 60 por ciento estaba en manos de un 4 por ciento de españoles), el atraso del capitalismo español y el dominio del capital extranjero, la corrupción de la Iglesia y la aparición del movimiento obrero socialista y anarquista; todo ello se analiza en una serie de brillantes capítulos. La breve biografía que el autor nos ofrece de Juan March,[3] el viejo contrabandista de tabaco que es uno de los puntales de la sublevación fascista (aunque, dato curioso, se cree que es judío), constituye un asombroso relato de corrupción. Sería fascinante si March fuera un simple personaje de Edgar Wallace, pero por desgracia, es de carne y hueso.

El capítulo sobre la Iglesia suscita pocas dudas sobre el motivo de que se incendiaran casi todos los templos de Cataluña y el este de Aragón al estallar la guerra. Por cierto, no deja de ser curioso enterarse, si las cifras del señor Jellinek son correctas, de que la orden jesuita sólo cuenta con 22.000 miembros en todo el mundo. Por pura eficiencia deberían tener avergonzados a todos los partidos políticos del mundo. Pero el «encargado de negocios» de los jesuitas en España está, o estaba, en la junta directiva de ¡cuarenta y tres empresas! Al final del libro hay un ponderado capítulo sobre los cambios sociales que se produjeron durante los primeros meses de la guerra y un apéndice sobre la ley de colectivizaciones en Cataluña. A diferencia de la mayoría de observadores británicos, el señor Jellinek no infravalora a los anarquistas. Ahora bien, no hay duda de que es injusto cuando habla del POUM, e incluso –tampoco caben muchas dudas al respecto– intencionadamente injusto.

Como es lógico, lo primero que busqué fue el capítulo que describe los combates en Barcelona de mayo de 1937, porque tanto el señor Jellinek como yo nos encontrábamos en esa ciudad por entonces y por ello disponía de un punto de referencia para comprobar su exactitud. Su versión de los combates es un poco menos propagandística que la que apareció en la prensa comunista de entonces, pero es indiscutiblemente unilateral y podría confundir a cualquiera que no sepa nada de los hechos. Ante todo parece aceptar en ocasiones la leyenda de que el POUM era una organización fascista camuflada y se refiere a «documentos» que «constituyen pruebas concluyentes» de esto y de lo otro, pero no vuelve a decir una palabra acerca de estos misteriosos documentos, que, en realidad, no se han presentado nunca. Incluso menciona el famoso documento «N»[4] (aunque admitiendo que «N» tal vez no signifique Nin) y pasa por alto el hecho de que Irujo,[5] el ministro de Justicia, afirmó que dicho documento carecía de valor, esto es, que era una falsificación. Jellinek se limita a consignar que Nin fue «detenido», sin añadir que luego desapareció y casi con toda seguridad fue asesinado. Además, su cronología es algo confusa y –a propósito o no– da la impresión de que el descubrimiento de la supuesta conspiración fascista, la detención de Nin y demás acontecimientos se produjeron inmediatamente después de los combates de mayo.

Este punto es importante. La prohibición del POUM no se produjo inmediatamente después de los combates de mayo. Hubo por medio un intervalo de cinco semanas. Los combates finalizaron el 7 de mayo y Nin fue detenido el 15 de junio. La prohibición del POUM tuvo lugar después de la formación de un nuevo gobierno en Valencia, y casi con seguridad a consecuencia de ello. Ya he detectado en la prensa diversos intentos de oscurecer las fechas. El motivo es evidente; sin embargo, no puede haber dudas al respecto, ya que los sucesos principales se reflejaron en los periódicos del momento.

Curiosamente, el corresponsal del *Manchester Guardian* envió hacia el 20 de junio un comunicado[6] en el que desmentía las absurdas acusaciones contra el POUM; toda una muestra de valentía, dadas las circunstancias. Es más que posible que este corresponsal fuera el mismo señor Jellinek. Qué pena que con fines propagandísticos haya tenido necesidad de repetir una historia que después del tiempo transcurrido parece aún más improbable.

Sus observaciones sobre el POUM llenan buena parte del libro y tienen un aire tendencioso que advertiría incluso quien nada supiera de los partidos políticos españoles. Cree necesario envilecer incluso las tareas provechosas, como por ejemplo la que Nin desempeñó al frente de la Consejería de Justicia, y se guarda de mencionar que el POUM intervino decisivamente en las primeras reacciones contra la insurrección fascista y en el frente. Y a pesar de todas sus observaciones sobre la «actitud provocadora» de los periódicos del POUM, no parece caer en la cuenta de que también pudo haber provocaciones por la otra parte. Este enfoque de las cosas acaba por desvirtuar su propio cometido. A mí, por ejemplo, me suscita la siguiente reflexión: si este libro no es digno de confianza cuando habla de hechos que por casualidad he conocido, ¿cómo puedo fiarme de él cuando habla de hechos que desconozco? Muchos lectores pensarán lo mismo.

En realidad, estoy dispuesto a creer que en términos generales el señor Jellinek actúa con rigurosa imparcialidad, y que además está excelentemente informado. Pero al tratar del «trotskismo» escribe como un comunista, o como un simpatizante de los comunistas, y para un comunista es tan imposible hablar hoy con sensatez de este tema como lo era hace unos años hacerlo sobre el «socialfascismo». Por cierto, la rapidez con que los ángeles de la mitología comunista se convierten en demonios tiene su lado cómico: el señor Jellinek cita y da por buena una acusación contra el POUM formulada por el cónsul ruso en Barcelona, Antonov-Ovseenko,[7] a quien actualmente se acusa de ser trotskista.

En general, un libro excelente, lleno de información y fácil de leer. No obstante, hay que abordarlo con cierta cautela, porque el autor se siente obligado a mostrar que, si bien otros pueden tener razón en ocasiones, el Partido Comunista la tiene siempre. La verdad es que no importa tanto que casi todos los libros escritos por comunistas sean propaganda. La mayoría de los libros son propaganda, directa o indirectamente. El problema es que los autores comunistas están obligados a proclamar la infalibilidad de sus dirigentes, y como resultado la literatura comunista se está transformando, de manera creciente, en un mecanismo para justificar errores.

A diferencia de casi todos los que han escrito sobre la guerra civil española, el señor Jellinek conoce realmente España: su idioma, su gente, sus paisajes y los enfrentamientos políticos de los últimos cien años. Pocos hombres hay mejor cualificados que él para escribir una historia rigurosa de la guerra civil española, y quizá lo haga algún día. Pero tendrá que ser dentro de mucho tiempo, cuando la guerra fantasma contra los «trotskifascistas» ceda el paso a otro deporte.

Orwell se equivocó al creer que Jellinek era el corresponsal del Manchester Guardian. *Véase más abajo su carta a Jellinek de 20 de diciembre de 1938. El 13 de enero de 1939 escribió al* New Leader *una carta en este sentido, que se publicó con el encabezamiento de «Una rectificación».*

En mi crítica de *The Civil War in Spain* del señor Frank Jellinek afirmé que el autor expresaba opiniones que estaban en contradicción con una crónica que había enviado al *Manchester Guardian*. He sabido que esta crónica no la envió el señor Jellinek, sino otro corresponsal. Lamento mucho haberme confundido y espero que publique usted esta nota rectificadora.

1. Frank Jellinek (1908-1975), norteamericano, corresponsal del *New York Herald Tribune* en Londres y del *Manchester Guardian* en España. Véase más abajo la carta que le escribió Orwell. [Versión española de *The Civil War in Spain: La guerra civil española*, Júcar, Madrid, 1978. *(N. del T.)]*

2. *The Paris Commune of 1871* (1937; reimp. 1973).

3. El gobierno Primo de Rivera vendió el monopolio del tabaco marroquí a Juan March Ordinas (1884-1962). Véase Thomas, pág. 28.

4. El documento «N» era una falsa carta a Franco que según los comunistas había escrito Andrés Nin (véanse págs. 244-245 y 281, n. 5), un destacado miembro del POUM; en ella basaron las acusaciones de conspiración para justificar la prohibición del POUM.

5. Manuel de Irujo y Ollo, de origen vasco, fue ministro sin cartera del gobierno republicano desde el 25 de septiembre de 1936, y luego ministro de Justicia, hasta que dimitió en enero de 1938, aunque siguió siendo ministro sin cartera. Hizo un esfuerzo por restaurar la «justicia normal»; véase Thomas, págs. 701, 778.

6. «Barcelona After the Rising», por «nuestro enviado especial», *Manchester Guardian*, 26 de junio de 1937.

7. Vladímir Antonov-Ovseenko es uno de los que según Thomas «fueron ejecutados o murieron en campos de concentración» después de haber estado

destinados en España. Su memoria se rehabilitó durante un tiempo y Jrushev, en el discurso de condena del estalinismo de febrero de 1956, lamentó su muerte, alegando que había sido un error; véase más arriba la carta de H.N. Brailsford a Orwell, 17 de diciembre de 1937, pág. 305, n. 1, y Thomas, pág. 952.

46
[466]

CRÍTICA DE *SEARCHLIGHT ON SPAIN*, DE LA DUQUESA DE ATHOLL[1]
Time and Tide, 16 de julio de 1938

Aunque nadie que publique libros a siete chelines y seis peniques la unidad (con un beneficio para el autor de nueve peniques) contempla la aventura sin alarma, Penguin Library ha demostrado tener un admirable criterio a la hora de elegir sus «especiales».[2] *Searchlight on Spain*, de la duquesa de Atholl, contiene quizá menos material original que *Germany Puts the Clock Back* y que *Mussolini's Roman Empire*, pero es un digno sucesor. Como breve historia popular de la guerra civil española, escrita con sencillez y bien documentada, no es probable que se supere hasta que termine el conflicto.

Su principal virtud es su equilibrio y su capacidad para dar a los hechos principales el enfoque adecuado. Su principal defecto es el que comparte con prácticamente todos los libros que tratan sobre la guerra civil española: su partidismo político. Como ya he señalado en otro lugar, no hay, ni siquiera entre los adeptos al gobierno republicano, una versión de la guerra sencilla y aceptada por todos. Los adeptos al gobierno son los socialistas, los comunistas, los anarquistas y los «trotskistas» —podría añadirse a los nacionalistas vascos y catalanes—, que en ningún momento han estado de acuerdo en cuanto a los objetivos de la guerra. Todos los autores ingleses con simpatías republicanas adoptan más o menos incondicionalmente la «línea» de uno u otro partido, y por desgracia suelen hacerlo mientras al mismo tiempo se declaran estrictamente imparciales. La duquesa de Atholl sigue de principio a fin la «línea» comunista, un hecho que hay que tener presente mientras se lee el libro. Cuando aborda los orígenes de la sublevación, los aspectos militares de la guerra y el escándalo de la no intervención, todo está bien; pero hay que ir con pies de plomo cuando se llega a su versión de la situación política interior, que es unilateral y simplista.

En el último capítulo, «Lo que significa para nosotros», señala las posibles consecuencias de la victoria del fascismo en España: Inglaterra podría perder el dominio del Mediterráneo y Francia podría tener otra frontera enemiga. Aquí se plantea la que quizá sea la incógnita más desconcertante de toda la guerra española. ¿Por qué el gobierno británico se ha comportado como lo ha hecho? No hay duda de que el gobierno británico se ha comportado como si deseara que Franco venciese; y sin embargo, si Franco vence, su victoria podría representar –por llevar las cosas a los peores extremos– la pérdida de la India. La duquesa de Atholl deja constancia de los hechos, pero no explica la actitud del señor Chamberlain. Otros autores han sido menos cautos. Las verdaderas intenciones de la política exterior británica estos dos últimos años no estarán claras hasta que termine la guerra civil española; no obstante, mientras tratamos de adivinarlas, creo que es mucho más seguro dar por sentado que nuestros gobernantes no son idiotas y no están dispuestos a regalar nada.[3]

1. Katharine Stewart-Murray, duquesa de Atholl (1874-1960, título de *Dame of the British Empire* en 1918), recibió educación musical, pero dedicó su vida a los servicios sociales. Fue la segunda mujer, la primera del ala conservadora, que tuvo un cargo ministerial: secretaria del Parlamento adjunta a la Dirección General de Enseñanza, 1924-1929. Luchó incesantemente contra todas las formas de crueldad y en 1929 dirigió una campaña contra la práctica de la mutilación de las niñas en África. Contraria a la política de contemporización con Hitler que preconizaba su partido, abandonó su escaño parlamentario en 1938 y se presentó, sin éxito, a las siguientes elecciones con un programa de resistencia a Hitler.

2. En noviembre de 1937, Penguin Books lanzó una colección de Especiales, «libros sobre temas de candente actualidad». El primero que apareció fue una versión actualizada de *Germany Puts the Clock Back*, de Edgar Mowrer; el segundo, en febrero de 1938, fue *Mussolini's Roman Empire*, de G.T. Garratt; el mismo mes se publicó *Blackmail or War?*, de Geneviève Tabouis, redactora jefe de la sección diplomática del periódico parisino *L'Oeuvre*. Tabouis (1892-1985) fue una periodista internacional notablemente previsora. El 9 de julio de 1939, un mes antes de que los delegados franceses y británicos llegaran a Leningrado, predijo con acierto que no se firmaría el pacto entre Francia, Gran Bretaña y la URSS. En su lugar, el 24 de agosto de 1939 se firmó un pacto germano-soviético (véase *Obras completas*, XI/368, 369 y 398-89). *Searchlight on Spain* (junio de 1938) fue el cuarto Especial.

3. Orwell repasaba brevemente a continuación *La guerra civil española* de Frank Jellinek y *Spain's Ordeal* de Robert Sencourt, de las que más arriba hay un comentario más extenso (véanse además *469* y *462)*. Volvió a comentar *Searchlight on Spain* en el *New English Weekly* de 21 de julio de 1938 *(469)*.

CARTA DE GEORGE ORWELL AL DIRECTOR DEL *MANCHESTER GUARDIAN*

5 de agosto de 1938

Orwell envió la misma carta al Daily Herald *(que apoyaba al Partido Laborista) y al* New Statesman & Nation. *Esta última publicación acusó recibo de la carta, pero no la publicó; el* Daily Herald *no hizo ninguna de las dos cosas. Véase Thomas, índices, pág. 1095, para el acoso y prohibición del POUM y la tortura de sus dirigentes.*

JUICIO POR ESPIONAJE EN ESPAÑA
«PRESIONES DEL EXTRANJERO»

1 de agosto, New Hostel, Preston Hall, Aylesford, Kent

Señor Director,
Hace poco ha llegado a Inglaterra la noticia de que determinados miembros del Comité Ejecutivo del partido político español conocido por POUM van a ser juzgados en breve, acusados de espionaje en favor de la causa fascista. Las circunstancias del caso son muy particulares y creo que el público debería conocerlas. Los hechos principales son los siguientes:

En junio de 1937, a raíz de la caída del gobierno de Largo Caballero, se declaró ilegal el POUM y se encarceló a una elevada cantidad de personas. Por las mismas fechas, el Partido Comunista de España publicó una serie de informes de lo que en teoría era una «una trama de espionaje trotskifascista», que fueron muy publicitados en la prensa comunista, pero que en las demás publicaciones se trataron con reservas. Posteriormente se trasladaron a España varias delegaciones francesas e inglesas, dos de ellas presididas por los parlamentarios británicos James Maxton y John McGovern, para investigar la cuestión.

Al parecer, casi todos los miembros destacados del gobierno español negaron no sólo creer en la supuesta conspiración sino también haber tenido alguna responsabilidad en la detención de los dirigentes del POUM, que se había practicado por iniciativa particular de la policía, en manos de los comunistas. Irujo, entonces ministro de Justicia, Prieto, Zugazagoitia[1] y otros respondieron lo mismo, algunos responsabilizaron a los dirigentes poumistas de los combates barceloneses de mayo de 1937, pero todos coincidieron en considerar absurda la acusación de espionaje. En cuanto a la principal prueba aportada por la prensa comunista, un escrito llamado «documento N», que supuestamente demostraba la comisión de actos de traición, Irujo afirmó que lo había inspeccionado y que «carecía de valor».[2] Más recientemente, en enero de 1938, el gobierno español abogó, por cinco votos a favor y dos en contra, por la liberación de los presos del POUM; los dos votos en contra eran de ministros comunistas.

Yo creo que estos hechos deberían dejar claro que este proceso no se incoa por voluntad del gobierno español, sino en respuesta a las presiones exteriores que forman parte de la campaña internacional contra el «trotskismo». Como dijo Zugazagoitia cuando se entrevistó con el señor McGovern, «Hemos recibido ayuda de Rusia y hemos tenido que consentir cosas que no nos gustaban».[3]

Hay otros rasgos desagradables en este caso. En primer lugar, se ha tenido a los acusados en riguroso confinamiento durante trece meses sin que se les haya formulado ninguna acusación concreta y, que se sepa, sin que se les haya facilitado asistencia jurídica. El abogado al que al principio se encargó la defensa fue objeto de un violento ataque por parte de la prensa comunista y más tarde se le obligó a abandonar el país. Además, hay presos que han desaparecido en circunstancias que pocas dudas dejan sobre su suerte; entre ellos Andrés Nin,[4] que poco antes había sido ministro de Justicia del gobierno catalán.

A pesar de lo dicho, ahora parece que, después de todo, se va a juzgar a los acusados y que se ha rescatado el «documento N», anteriormente declarado «sin valor». En consecuencia, creo que todo aquel que se llame socialista tiene el deber de manifestar su oposición de algún modo. No digo con esto que debamos protestar porque el gobierno español juzgue a sus presos políticos, pues es evidente que tiene derecho a hacerlo; digo que deberíamos exigir garantías de que estos hombres serán juzgados públicamente, y no en secreto ante un tribunal especial formado para la ocasión. Con un juicio público, sin pruebas falsificadas ni confesiones arrancadas por la fuerza, los que por casualidad conocemos un poco los hechos sabemos que los acusados estarán en condiciones de limpiar su nombre. Pero esto es una minucia en comparación con la preservación de la justicia ordinaria, sin la cual toda la palabrería sobre la «defensa de la democracia» deja de tener sentido en absoluto.

Atentamente, etc.

George Orwell

1. Sobre Manuel de Irujo y Ollo, véase *462*, pág. 357, n. 5. Sobre Indalecio Prieto, véase *422*, pág. 316, n. 3. Julián Zugazagoitia fue director de *El Socialista* y ministro del Interior del gobierno Negrín. En 1940 fue fusilado, después de haber sido entregado a la Gestapo en la Francia ocupada.

2. Sobre el «documento N», véase pág. 357, n. 4.

3. En el curso de una reunión ministerial, «Zugazagoitia preguntó si los policías rusos iban a limitar sus competencias como ministro del Interior», según Thomas. «Si hubieran estado en condiciones de comprar y recibir armas útiles de fabricantes estadounidenses, británicos y franceses, los miembros socialistas y republicanos del gobierno español podrían haberse independizado de Stalin» (pág. 704).

4. Sobre Andrés Nin, véase «Testigo en Barcelona», pág. 281, n. 5.

CARTA DE GEORGE ORWELL A YVONNE DAVET
18 de agosto de 1938

New Hostel, Preston Hall, Aylesford, Kent

Apreciada camarada,
    En esta ocasión le escribo en inglés. Muchas gracias por su carta, los folletos, los números de *La Flèche*, etc. Espero de todo corazón que usted y su padre no hayan pasado muchos apuros buscándonos casa. Teníamos intención de ir al sur de Francia, pero ahora me dicen que debería pasar el invierno en África, de modo que mientras se ultiman los planes hacemos preparativos para viajar a Marruecos. Lo único que temo es la posibilidad de que las autoridades francesas pongan trabas a nuestra entrada en Marruecos. Muchos turistas suelen pasar por allí, pero si la situación europea se vuelve más peligrosa cabe la posibilidad de que impidan la entrada de extranjeros. Sin embargo, cuando hayamos concretado la fecha de partida, preguntaremos en el consulado francés antes de encargar los pasajes. Conservo la dirección de su padre por si a la postre tenemos que consultarle a él. Confiamos en salir de Inglaterra a comienzos de septiembre.
    Espero que todo el esfuerzo de traducir el libro no haya sido en vano. Sé que es muy difícil conseguir que alguien publique una traducción en la actualidad. No sé cuántos libros franceses se traducen anualmente en Inglaterra, pero dudo que tengan repercusión más de tres o cuatro. También puedo entender que no quieran libros sobre la guerra española. Hay demasiados, y casi todos son muy malos. El problema es que en cuanto se produce un hecho como la guerra civil española cientos de periodistas se ponen de inmediato a fabricar libros basura, echando mano de recortes y pegamento, y después, cuando aparecen los libros serios, la gente ya está harta del tema. *Japan's Feet of Clay* de Freda Utley,[1] que usted trató de que publicaran ahí, tuvo un gran éxito en Inglaterra. En cuanto a mi libro, no sé cómo se estará vendiendo. Me llevaría una desilusión si se vendieran menos de 3000 ejemplares, aunque no creo que se vendan más de 4000. Mereció al-

gunas críticas favorables, pero el problema es que los libros que publican las editoriales pequeñas nunca reciben la misma atención que los de las grandes editoriales, que acaparan todo el espacio publicitario. Puede que alguna revista publique alguna parte por entregas. Detestaría pensar que se está usted esforzando inútilmente. Desde luego que me gustaría muchísimo que lo viera Félicien Challaye.[2] Lo admiré mucho por su defensa de los presos del POUM. Sospecho que las protestas que se han hecho en Francia han surtido efecto, pues según las últimas noticias el gobierno español ha vuelto a posponer el proceso, y un ministro (supongo que Prieto o Irujo) ha afirmado que presentaría pruebas en defensa de los presos del POUM. Hace poco escribí a tres periódicos de izquierdas pidiendo a la gente que exija que tengan un juicio público, pero sólo uno la publicó, el *Manchester Guardian*. En privado me dicen todos: «Sí, lo que dices es verdad, pero no es político hablar de ello ahora». Esta actitud no me merece más que desprecio.

Por aquí hay pocas novedades. El público en general está poco interesado por la situación europea y creo que, si hubiera guerra a corto plazo, los ingleses se negarían a luchar, o en cualquier caso se mostrarían muy apáticos al respecto. Las tentativas de formar un Frente Popular parece que han fracasado, aunque creo que antes de las próximas elecciones generales podríamos ver alguna coalición parecida. No se ha podido plantear de peor modo en Inglaterra, porque el partido que llaman Liberal, con el que se propuso que se aliara el Partido Laborista, representa a uno de los sectores más poderosos y reaccionarios de la clase capitalista.

Espero que todo le vaya bien y que encuentre un trabajo más grato y mejor remunerado.[3] Le comunicaré en su momento la fecha de nuestra partida y nuestras señas en el extranjero.

Un fraternal saludo,
Eric Blair

1. Orwell mencionó en varias ocasiones a Freda Utley (1898-1978), que escribió sobre China y Japón en los años treinta, en particular sobre la relación de Lancashire con Extremo Oriente. En otra carta a Davet (19 de junio de 1939, más abajo), mencionaba *Japan's Gamble in China* (junio de 1938) y más tarde le recomendó *The Dream We Lost: Soviet Russia Then and Now* (1940). En septiembre de 1949, cuatro meses antes de su fallecimiento, Orwell leyó su libro sobre sus experiencias en la Unión Soviética, *Lost Illusions*. Orwell solía escribir «Uttley» en vez de «Utley».

2. Véase más arriba, *424*, pág. 322, n. 1.

3. Yvonne Davet (véase más arriba la nota introductoria a «Testigo en Barcelona») estaba pasando muchísimas estrecheces por entonces; se dedicaba a traducir libros porque creía en su valor, pero sin contratar previamente la traducción y, por lo tanto, sin saber si se la publicarían ni si la cobraría (comunicación particular).

49

[497] Borrador a máquina
CARTA DE GEORGE ORWELL A RAYMOND POSTGATE
21 de octubre de 1938

Boîte Postale 48, Gueliz, Marraquech, Marruecos francés[1]

Apreciado señor Postgate,[2]
Puede que recuerde usted que nos vimos en una reunión que se celebró en Warburg. Además, me escribió usted a propósito de un libro mío, una carta a la que no pude responder porque estaba en España por entonces.

El juicio contra el Comité Ejecutivo del POUM, que el gobierno ha venido posponiendo durante dieciséis meses, acaba de comenzar, y por las noticias que llegan a Inglaterra entiendo que, como era de esperar, se acusa a sus miembros de cosas que todo el que conozca un poco los hechos sabe que son falsas. No podemos dar por sentado todavía que no vaya a ser un juicio justo, y obviamente no tenemos ningún derecho a poner obstáculos ni a entrometernos en las decisiones del gobierno español, ni siquiera aunque estuviéramos en condiciones de hacerlo. Pero el caso es que la prensa francesa (y no dudo que pronto también la inglesa) ha publicado toda clase de falsas declaraciones y es extremadamente raro que se presente la ocasión de desmentirlas. Supongo que conoce usted bien el problema y que sabe que las acusaciones que se vierten en España contra el POUM son sólo un efecto secundario de los procesos antitrotskistas de Rusia y que desde el principio han estado circulando en la prensa comunista mentiras de todas clases, incluso las insensateces más grotescas. Ha sido casi imposible replicar, porque la prensa comunista, como es evidente, no publica cartas de la oposición, y el resto de la prensa de izquierdas se ha mantenido al margen para no poner en un compromiso al gobierno español. En este sentido, cuesta entender qué beneficio reportan las mentiras malintencionadas lanzadas sobre personas inocentes. La acusación (al parecer, aceptada enteramente por la prensa francesa de este país, que es franquista, dicho sea de paso) que me preocupa en concreto es la que afirma que la División 29 (los hombres del POUM) desertó del frente de Aragón. Todos los que conocen un poco los hechos, incluidos los que han formulado la acusación, saben que es mentira. Yo estuve en la División 29 entre el 30 de diciembre de 1936 y el 20 de mayo de 1937, y el ILP puede proporcionarle la dirección de otros diez o veinte ingleses, algunos de los cuales permanecieron en el frente más tiempo que yo; eso sin contar a los miles de españoles que podrían desmentir la patraña. Si se permiten estas cobardes calumnias contra unos hombres que se comportaron con valentía es por culpa de la negativa, quizá bienintencionada, de la prensa de izquierdas a airear debidamente este asunto.

Si esta acusación empieza a circular por la prensa inglesa y hay ocasión de desmentirla, ¿podría contar con usted? Una declaración de una persona como usted tendría más efecto que cualquier cosa que yo, un testigo parcial, pudiera decir. El ILP puede proporcionarle todos los detalles de la cuestión. Así podría decir sin riesgo a equivocarse que sabe de muy buena tinta que todos esos cuentos de deserción, colaboración con el enemigo y demás son falsos.

Le adjunto el resumen de un artículo de *La Flèche* que reproduce lo que opinan sobre el caso algunos miembros del gobierno español. Por lo que sé, no contiene ninguna inexactitud. En cualquier caso, Maxton y otros pueden corroborarlo. Aunque no vea usted la manera de hacer nada al respecto, le pido disculpas por haberlo molestado.

Atentamente

[sin firma]

Orwell hizo dos copias de este resumen del artículo de L.-P. Foucaud que se publicó en La Flèche *de 14 de octubre de 1938:*

«El acta de acusación contra el POUM repite la acusación de espionaje formulada por la prensa comunista. Dos delegaciones internacionales han obtenido declaraciones de los principales miembros del gobierno español sobre este particular.

»Ante la primera delegación, compuesta por Fenner Brockway, secretario general del ILP, Charles Wolff y R. Louzon, director de *La Révolution Prolétarienne:*

»El Sr. Irujo, ministro de Justicia, declaró "Que las acusaciones de espionaje lanzadas contra el POUM no se basaban en ningún hecho que pudiera tomarse en serio" *(aucun fait serieux).*

»El Sr. Miravitlles, responsable de Propaganda del gobierno catalán, declaró "Que el 'documento Golfín'* era para él y para el presidente Companys una falsificación tan evidente que en el mismo momento en que se lo enseñaron se rió tanto que nadie se atrevió a esgrimirlo en lo sucesivo".

»El Sr. Largo Caballero declaró "que si ahora se acusaba al POUM de espionaje era exclusivamente por razones políticas y porque el Partido Comunista deseaba la supresión del POUM".

»Diversas autoridades españolas hicieron declaraciones parecidas ante otra delegación, compuesta por los señores Maxton, diputado británico, Weill-Curiel, Ives Levy y L.-P. Foucaud.

»El Sr. Irujo declaró a las 12 en punto del 20 de agosto de 1937 en el Ministerio de Justicia de Valencia "que no había ninguna prueba de la acusación de espionaje contra el POUM y que el 'documento Golfín' carecía de valor".

»El Sr. Ortega y Gasset manifestó que no creía que los dirigentes del POUM fueran espías fascistas. El señor Prieto, entonces ministro de la Guerra, recibió a la delegación el 23 de agosto de 1937. Como no había visto el sumario, se negó a hablar de la acusación de espionaje, pero añadió: "La detención de los dirigentes del POUM no la había ordenado el gobierno, sino la policía, en la que los comunistas se habían infiltrado (noyautée), según tenían por costumbre".

»Todas estas declaraciones, sobre todo la de Prieto, figuran en el informe de la comisión Maxton que se publicó en el *Independent News*. Además está el folleto "Terror in Spain", del diputado John McGovern, que habla de una delegación posterior y confirma lo dicho más arriba».

La suerte de este borrador se lee en la nota escrita a mano por el mismo Orwell al comienzo de la carta:

Borrador de carta enviada a Raymond Postgate en la época del proceso del POUM. Cartas parecidas enviadas a J.F. Horrabin y a C.E.M. Joad.[3] Ninguno podía hacer nada, desde luego, pero todos se solidarizaron conmigo y parecieron aceptar mi versión. R.P. se ofreció a ceder

* Generalmente llamado «documento N» en la prensa inglesa [nota de George Orwell]. [Según Hugh Thomas, Golfín era un falangista involucrado en una falsa conspiración de la quinta columna madrileña, urdida por los comunistas. En la carta supuestamente escrita por Nin se mencionaba el plan fantasma del tal Golfín, de aquí que dicha carta se denominara indistintamente «documento N» y «documento Golfín». *(N. del T.)]*

parte de *Fact*[4] para dar noticia de la División 29 si J. McNair aportaba los datos.

*

El 14 de noviembre de 1938 se publicó en el Manchester Guardian *una carta del secretario general del ILP, Fenner Brockway. La carta era un informe condensado de todo el proceso. Afirmaba que la acusación de espionaje «se vino abajo durante el juicio» y fue retirada por el fiscal. La acusación de que las divisiones del POUM «habían desertado del frente también se vino abajo». Al margen de si fue justa o injusta la acusación final (que algunos miembros del POUM «se habían unido a la rebelión provocada por elementos sediciosos en Barcelona en mayo de 1937»), fue la única de la que se declaró culpable a los acusados. Cuatro fueron condenados a quince años de prisión y uno a once años. Así pues, «ha quedado demostrado que la acusación de que el POUM espiaba para los fascistas y desertó del frente, acusación que la Internacional Comunista ha divulgado por todo el mundo, carece de fundamento». El* New Leader *publicó en fecha posterior informes completos sobre los acusados, el juicio, el abandono de las principales imputaciones y las condenas por haber participado en los sucesos barceloneses de mayo; véanse por ejemplo los números de 21 de octubre, y de 4 y 11 de noviembre de 1938. El acusado condenado a once años de prisión fue Jordi Arquer, al que Orwell hizo que Leonard Moore enviara un ejemplar de la edición italiana de* Homenaje a Cataluña, *que apareció en Italia en diciembre de 1948 (véase 3651).*

1. Los Orwell estuvieron en el Marruecos francés, básicamente en Marraquech, entre el 2 de septiembre de 1938 y el 26 de marzo de 1939. A Orwell le habían indicado (infundadamente) que el clima marroquí sentaría bien a sus pulmones. En realidad pudo ir gracias a un donativo anónimo —que Orwell aceptó en calidad de préstamo y que devolvió con los beneficios de *Rebelión en la granja*— del novelista L.H. Myers. Nunca supo que Myers había sido su benefactor. Durante la temporada que pasó en Marraquech escribió *Subir a por aire*. Véase Crick, 369-374; Shelden, 328-334; y P. Davison, *George Orwell: A Literary Life*, 111-113.

2. Raymond Postgate (1896-1971) dirigió *Tribune*, 1940-1942, publicación en la que colaboró Orwell. Entre sus libros más conocidos figura *The Common People, 1746-1938* (1938), escrito conjuntamente con G.H.D. Cole. Escribió también sobre gastronomía. Cole (1889-1959) fue economista, historiador y novelista; sus libros de economía, por ejemplo *The Intelligent Man's Guide through World Chaos* (1932) y *What Everybody Wants to Know about Money*

(1933), se dirigían generalmente al gran público, y gozaban de gran aceptación.

3. J.F. Horrabin era periodista, ilustrador, diputado laborista, 1929-1931, y miembro del comité de redacción de *Controversy* (véase *382*, n. 1). C.E.M. Joad (1891-1953) fue filósofo y escritor. Obtuvo popularidad como miembro del equipo del programa radiofónico de la BBC *The Brains Trust*. Desde 1930 hasta su fallecimiento dirigió el Departamento de Psicología y Filosofía del Birkbeck College, Universidad de Londres.

4. *Fact,* subtitulado *A Monograph a Month,* publicó veintisiete números, de abril de 1937 a junio de 1939.

50

[*503*]

CRÍTICA DE *THE CHURCH IN SPAIN, 1737-1937,* DE E. ALLISON PEERS, Y *CRUSADE IN SPAIN,* DE EOIN O'DUFFY[1]

New English Weekly, 24 de noviembre de 1938

El profesor Allison Peers, aunque partidario de Franco y últimamente un tanto cáustico, es un autor al que se puede tomar en serio. Deduzco que además es católico, y es completamente natural y justo que esté preocupado por la suerte de la Iglesia en España. Nadie podría reprocharle que se encolerice cuando los templos se queman y a los curas se los mata o se los echa del país. Sin embargo, creo que es una lástima que no haya investigado más a fondo las razones de estos sucesos. Al describir las persecuciones sufridas por la Iglesia católica en España de la Edad Media en adelante, señala cuatro grandes momentos. Los tres primeros son el forcejeo entre la Iglesia y la Corona, el forcejeo entre la Iglesia y el Estado, y el anticlericalismo liberal del siglo XIX. El cuarto es la «aparición de lo que ampliamente se denomina comunismo, es decir, una serie de movimientos proletarios interrelacionados pero no idénticos, uno de cuyos rasgos comunes es no creer en Dios y negar su existencia». Por lo general se piensa que la quema de iglesias, el fusilamiento de curas y toda la violencia anticlerical emanan del comunismo y de su variante española, el anarquismo, que son inseparables del «odio a Dios». El profesor Peers dice que no es una cuestión de hostilidad hacia una Iglesia corrompida, sino de «un intento frío, calculado y decidido de destruir la religión institucionalizada en todo el país».

Bueno, no tiene sentido negar que se destruyeron iglesias en toda la España republicana. Algunos partidarios del gobierno, deseosos de dar respetabilidad a su causa, han dicho que sólo fueron destruidas las iglesias que se utilizaron como reducto durante los combates callejeros del principio de la contienda. Es mentira. Se destruyeron iglesias en todas partes, en ciudades y pueblos, y, exceptuando unos cuantos templos protestantes, a ninguna se le permitió abrir sus puertas ni celebrar servicios aproximadamente hasta agosto de 1937. Tampoco tiene sentido negar que tanto el anarquismo como el socialismo marxiano son hostiles a toda clase de religión. Pero esto no explica la destrucción de las iglesias españolas. *Catalonia Infelix*[2] ya dejó claro que el profesor Peers conoce la situación política de la España republicana muchísimo mejor que la mayoría de cuantos escriben sobre la guerra civil española, y en relación con esta cuestión hay dos hechos de los que sin duda está al tanto. Uno es que el gobierno ruso ha utilizado su influencia en contra y no a favor de la violencia anticlerical y el extremismo revolucionario en general. El otro es que el saqueo de iglesias se produjo al principio de la guerra, cuando el poder estaba en manos del proletariado, y que las iglesias empezaron a reabrirse y los curas a salir de su escondrijo cuando cayó el gobierno de Largo Caballero y la clase media volvió a empuñar las riendas. En otras palabras, el anticlericalismo violento es un movimiento popular, y además propio de España. No tiene sus raíces en Marx ni en Bakunin, sino en las condiciones del pueblo español.

Durante el primer año de guerra vi dos fenómenos en Cataluña y en Aragón que se me quedaron grabados en la memoria. Uno fue la aparente ausencia de sentimientos religiosos entre las masas, y si bien es verdad que proclamar públicamente las convicciones religiosas podía resultar peligroso entonces, tampoco podemos dejarnos engañar por ese hecho. El otro fue que casi todas las iglesias demolidas o dañadas que vi eran de reciente construcción; sus antecesoras se habían quemado en conflictos anteriores. Esto nos lleva a preguntarnos cuándo se quemó por última vez una iglesia en Inglaterra: probablemente en la época de Cromwell. Es poco menos que impensable que una horda de braceros ingleses saquee la parroquia del lugar. ¿Por qué? Porque en la Inglaterra de nuestros días no hay condiciones para que estalle la guerra de clases. Pero en España había millones de personas que durante un siglo habían vivido en condiciones insoportables. Campesinos que eran siervos en todo menos en el nombre trabajaban la tierra durante horas interminables por una miseria. En tales condiciones se genera algo que no se ha generado en Inglaterra, un odio real contra el sistema establecido, una voluntad real de matar e incendiar. La Iglesia católica formaba parte del sistema establecido; su influencia estaba en el lado de los ricos. Los grandes y recargados templos rodeados de miserables chozas de barro debieron de ser en muchas aldeas los símbolos visibles de la propiedad. Como es lógico, los autores católicos niegan últimamente que esto sea cierto. La Iglesia no estaba corrompida, no tenía dinero, muchísimos curas eran buenos republicanos, etc., etc. La respuesta es que la población española corriente, cuya opinión en este particular cuenta mucho, no pensaba de igual modo. A los ojos de muchos ciudadanos la Iglesia no era más que un negocio, y el cura, el patrón y el terrateniente formaban una trinidad indivisible. La Iglesia española ya no tenía poder sobre ellos porque su misión había fracasado. Los católicos harían probablemente un mejor servicio a su Iglesia afrontando este hecho que atribuyéndolo todo a la simple maldad, o a Moscú, que persigue a los creyentes dentro de sus fronteras, pero que tiene sus razones para ser un tanto clerical en el extranjero.

Las aventuras del general O'Duffy en España parecen haber sido efectivamente una cruzada en un sentido: en que fueron muy aparatosas y no consiguieron nada concreto. Por lo demás, su libro no nos cuenta nada nuevo. La mayor parte del mismo la dedica a rendir al general Franco los insípidos homenajes de costumbre («el general Franco, el gran caudillo y patriota, al frente del Movimiento Nacional, integrado por todo lo que es grande y noble en la vida tradicional española, luchaba por la civilización cristiana», etc., etc.) y a proponer las ignorantes tergiversaciones de costumbre sobre lo que ocurría en el otro lado. La información del general O'Duffy es tan superficial que a veces confunde el nombre de los sindicatos y partidos políticos. La propaganda franquista suele ser menos irritante que la modalidad de mentira viperina que ha desarrollado el bando republicano, pero confieso que he acabado harto del cuento de los «soldados rusos» (no se nos dice si llevaban nieve en las botas)[3] que combatieron en el frente de Madrid.

Después de lo que vi en España y de lo que he leído al respecto en Inglaterra, entiendo por qué sir Walter Raleigh echó al fuego su Historia del Mundo.[4] Si

La verdad es grande y prevalecerá
cuando a nadie le importe si prevalece o no,[5]

cuanto antes cesen las pasiones desatadas a propósito de la guerra española, mejor para todos. El clima de mentiras que en estos momentos rodea cada uno de sus aspectos es sofocante. Mientras tanto, el libro de O'Duffy está mal escrito y carece de interés.

Este artículo de Orwell desató las protestas de los dos autores criticados. El general O'Duffy escribió al director del New English Weekly el 4 de diciembre, solicitando que no se publicara su carta, pero tachando de difamatoria la reseña de Orwell. La palabra «reseña» aparecía subrayada y entre signos de in-

terrogación, sin duda para señalar que a su juicio, este término se había empleado mal. Según él, su libro había merecido veinticuatro críticas favorables y sólo una en contra (en un «órgano comunista»). Adjuntaba copias de algunas *reseñas representativas y afirmaba que el libro había tenido «una circulación* sin precedentes *aquí y en el extranjero», cosa extraña si, como afirmaba Orwell, era «una descripción llena de ignorancia y estaba mal escrito». En la carta hay una breve anotación, «Recibida mientras estaba usted en África», y es evidente que no se la enviaron a Orwell por aquellas fechas, aunque fue respondida. O'Duffy replicó diciendo que la respuesta del director no hacía más que echar leña al fuego y solicitó que borraran su nombre de la lista de suscriptores del* New English Weekly.

La carta del profesor Peers se publicó el 8 de diciembre de 1938. Ponía tres objeciones: no era católico romano; no era «partidario de Franco», aunque sostenía que el conflicto español sólo podía resolverse de una vez para siempre mediante una negociación; y sus conclusiones sobre «por qué suceden estas cosas» no se basaban en una visita de unos meses, sino en veinte años de investigaciones sobre múltiples aspectos de la vida española. La réplica de Orwell, titulada «El clericalismo español», apareció en el New English Weekly *de 22 de diciembre de 1938:*

Señor Director,
Lamento haber herido los sentimientos del profesor Peers. Le aseguro que no era mi intención. Pero quizá sea mejor responder a las tres objeciones que me hace:

1. Yo sólo dije que «deducía» que el profesor Peers era católico. El motivo de tal apreciación es que simpatizaba con la Iglesia católica mucho más de lo que suelen hacerlo los no católicos, incluso los anglicanos. Pero admito que el hecho de no ser católico fortalece su declaración en favor de la Iglesia española.

2. Dije que el profesor Peers era «partidario de Franco y últimamente un tanto cáustico». No creo que el profesor Peers niegue que el tono de *The Church in Spain* es mucho más amargo que el de *Catalonia Infelix*. En cuanto a ser franquista o no, el profesor Peers dice que es imparcial alegando que «he sostenido siempre [...] que lo único que puede acabar definitivamente con el conflicto español es una negociación». En fin, a mí me parece que esto es ser franquista. A fin de cuentas, Franco es, al menos técnicamente, un militar rebelde. ¿Qué pensaríamos de una persona que sugiriese una «negociación» entre el ladrón y el policía? Pero jamás, ni por un instante, he tratado de sugerir que el profesor Peers sea injusto o insincero. Cuando leí *Catalonia Infelix*, me pareció un libro escrito desde un punto de vista fran-

quista, pero con gran honradez. Creo que dije algo por el estilo en una breve nota que le dediqué. Por cierto, es posible que al profesor Peers le haga gracia saber que he tenido problemas en algunos círculos «de izquierdas» por no haberlo atacado con más severidad.

3. Admito sin reservas que el profesor Peers sabe infinitamente más de la Iglesia de España y de cualquier otra cosa relacionada con este país de lo que a buen seguro sabré yo en toda mi vida. Pero creo que la explicación que nos ofrece del anticlericalismo moderno es demasiado simplista para ser cierta y no entiendo por qué mis observaciones, por insignificantes que sean, no pueden presentarse como testimonio.

1. El general Eoin O'Duffy (1892-1944) lideraba un movimiento fascista irlandés, los Camisas Azules, fundado por William Cosgrave (1880-1965), presidente de Eire hasta 1932. Casi todos los hombres de O'Duffy que estuvieron en España eran camisas azules. Lucharon en el bando franquista. Véase Thomas, págs. 592 y 602.

2. Véase *414*, pág. 302.

3. Orwell se refiere aquí a una de las leyendas más famosas y absurdas de la primera guerra mundial. En un momento crítico para el frente occidental corrieron rumores de que se habían enviado tropas rusas del frente oriental. Para «demostrar» que era así se decía que se había visto a soldados rusos bajar del norte de Inglaterra en trenes a oscuras, «con nieve en las botas».

4. Sir Walter Raleigh (1552?-1618) la escribió cuando estaba encerrado en la Torre de Londres; se publicó en 1614. Orwell escribió sobre el encarcelamiento de Raleigh y sobre su *Historia* en «As I Please», 10, 4 de febrero de 1944 (2416), en un pasaje no incluido en el extracto que se reproduce más abajo.

5. Coventry Patmore (1823-1896), «Magna est Veritas», versos 9-10.

51

[513]

CARTA DE GEORGE ORWELL A FRANK JELLINEK

20 de diciembre de 1938

Boîte Postale 48, Gueliz, Marraquech, Marruecos francés

Apreciado Jellinek,[1]

Muchas gracias por su carta. Lamento muchísimo haberle atribuido a usted la nota publicada en el *Manchester Guardian*, pero si lo hice fue porque el *MG* no lo había negado. La cosa fue como sigue. Yo estaba medio incapacitado por la herida (aunque lo cierto es que se curó del todo muy poco después) y había decidido regresar a Inglaterra, y el 15 de junio volví a Siétamo para que me dieran los papeles de la licencia, que por motivos que desconozco había que recoger en el frente. Cuando llegué, los hombres del POUM y los demás se estaban preparando para entrar en combate en una acción que en realidad se emprendió unos días después, y no me vi envuelto en la batalla por pura chiripa, aunque por entonces apenas podía valerme del brazo derecho. De vuelta en Barcelona, el 20 de junio, me encontré con que habían ilegalizado el POUM, todos mis conocidos estaban en la cárcel o escondidos, yo tuve que dormir dos noches en la calle y la policía había estado molestando a mi mujer y revolviéndolo todo. Lo que realmente me enfureció fue que todo el asunto se había ocultado a los hombres que estaban en el frente, incluso a los que estaban en Lérida (donde yo había estado el 20 de junio). He olvidado qué día lo vi a usted en un bar cercano al hotel Oriente. Iba a cruzar la calle para hablarle, pero por entonces, cosa muy natural dadas las circunstancias, estaba predispuesto a creer que todo comunista era un espía, de modo que pasé de largo. Más tarde, ya en Inglaterra, cuando repasé los archivos del *MG*, vi el comunicado que decía que los militantes del POUM no eran fascistas (o algo parecido) y espontáneamente se lo atribuí a usted. Me conmovió mucho y escribí al *MG* para felicitar a la redacción y pedirle la dirección de usted. Supongo que la persona que me respondió no sabía quién había enviado el comunicado y se limitó a decirme que estaba usted en México y que en el periódico no tenían sus señas. Voy a enviar una carta al *New Leader* para decir que me equivoqué acerca del autor del comunicado.[2] Si no la publican, le ruego que crea que será por falta de espacio; su personal es de probada honradez, aunque sin duda se equivoca a menudo, pero con sólo ocho páginas semanales no es precisamente espacio lo que le sobra.

En cuanto acabe ésta escribiré a mi agente para decirle que le envíe un ejemplar de mi libro sobre España. Algunos capítulos podrían interesarle. Supongo que contiene muchos errores y afirmaciones ambiguas, pero en todo momento he procurado señalar que el tema es muy complejo y que soy muy falible y también parcial. Sin entrar a responder con detalle a todos los puntos de su carta, me gustaría explicarle con más claridad de la que fui capaz en el libro mi postura sobre un par de asuntos que surgen inevitablemente en esta clase de polémicas. Estoy por completo de acuerdo con usted en que con todo el tema del POUM se ha hecho demasiado ruido y que lo único que consiguen estos alborotos es predisponer a la población en contra del gobierno republicano. Sin embargo, yo siempre he sostenido que estas polémicas podrían morir de muerte natural y causar daños relativamente menores si la gente se abstuviera de contar mentiras desde el principio. La cadena de acontecimientos es aproximadamente ésta. El POUM predica una «línea» que tal vez dificulta, tal vez no, la eficacia militar de la República, y que por otro lado se parece mucho a la que defendía el PC en 1930. El PC cree que tiene que taparle la boca al POUM a toda costa y en consecuencia empieza a verter en la prensa acusaciones que afirman que los del POUM son fascistas camuflados. Tales acusaciones suelen sentar muchísimo peor que los habituales intercambios de críticas, y el resultado es que las personas y partidos que podrían denominarse «trotskistas» tienden a convertirse en simples anticomunistas. Lo que complica e hincha hasta la exageración el resentimiento que producen es que la prensa capitalista acaba apoyando la versión comunista del asunto. Sé que los comunistas no creen, por principio, que esto sea así, porque se han acostumbrado a creerse perseguidos y no parecen haber caído en la cuenta de que la actitud hacia ellos en los países democráticos es muy distinta desde 1936 aproximadamente (desde el cambio de «línea»). La doctrina comunista, en su forma actual, se dirige a las personas adineradas, por lo menos a algunas personas adineradas, y ha arraigado con fuerza en la prensa inglesa y francesa. En Inglaterra, por ejemplo, el *News Chronicle* y el *New Statesman* están bajo la influencia directa de los comunistas, otros son en realidad portavoces oficiales del PC, y ciertos periódicos influyentes que son *antisocialistas* consumados prefieren pese a todo el «estalinismo» al «trotskismo». Sin embargo, en el otro bando no hay nada, porque lo que actualmente se llama «trotskismo» (por emplear la palabra en un sentido muy general) no tiene ningún atractivo para nadie que gane más de 500 libras al año. El resultado es que se pueden publicar las mentiras más espantosas sin que sea posible de ningún modo replicar, salvo en unos cuantos periódicos como el *MG*, que se mantienen fieles a las antiguas tradiciones. El único recurso que le queda a uno es fundar periodicuchos de mala muerte como los que tienen los trotskistas, que, inevitablemente, no son más que publicaciones anticomunistas. Es innegable que no sólo los periódicos oficiales del PC publicaron mentiras espantosas sobre el POUM, sino que también lo hicieron órganos como el *NC* y el *NS&N*, que luego se niegan a publicar las réplicas en las páginas de cartas al director. No sé si ha visto usted ya las noticias sobre el proceso del POUM. El proceso ha dejado claro, como no podía ser de otra manera si se desarrollaba con arreglo a la justicia, que no había la menor verdad en las acusaciones de espionaje, que en su mayor parte no eran más que tonterías. Una acusación, por ejemplo, sostenía que un tramo de varios kilómetros del frente de Aragón había quedado desprotegido durante dos meses, precisamente mientras yo estaba allí; esta declaración se vino abajo en el estrado de los testigos. Del mismo modo, después de todas las afirmaciones vertidas en periódicos como el *Daily Worker* respecto a que había «doscientas confesiones firmadas» y demás, resulta que no se pudo presentar ni una sola prueba. Aunque el juicio se desarrolló más o menos a puerta cerrada, a *Solidaridad Obrera* se le permitió después publicar un informe que puso de manifiesto que las acusaciones de espionaje se habían desestimado y que los cuatro hombres a los que se condenó sólo fueron declarados culpables de haber tomado parte en los combates barceloneses de mayo. A pesar de todo, la prensa del PC publicó reportajes que decían que habían sido condenados por espionaje. Lo mismo hicieron algunos periódicos filocomunistas que, curiosamente, apoyan a Franco. Por ejemplo, el *Observer*, dio cuenta del veredicto de tal modo que daba la sensación de que la condena había sido por espionaje, y la prensa francesa de este país, que por supuesto es franquista, informó de la acusación y afirmó que se había «demostrado», pero no publicó la sentencia. Convendrá usted conmigo en que es natural que estas cosas generen resentimiento, y aunque en el calor del momento puede parecer «realista» decir «Estos individuos nos ponen obstáculos, por lo tanto es posible que sean fascistas, por lo tanto hay que decir que son fascistas», al final causa más perjuicios que beneficios. Yo no soy marxista y no acepto ese cuento que viene a decir que «Todo lo que es bueno para el Partido es justo». En la portadilla de mi libro verá usted dos versículos tomados de los Proverbios[3] que resumen las dos teorías dominantes sobre cómo luchar contra el fascismo, y personalmente estoy de acuerdo con el primero, no con el segundo.

Creo que en mi libro encontrará respuestas a algunos puntos que usted plantea. En realidad he retratado al POUM con más simpatía de la que sentía, porque siempre les dije que estaban equivocados y en ningún momento quise afiliarme al partido. Pero tuve que tratarlos con toda la simpatía posible, porque en la prensa capitalista nadie les hacía caso y en la de izquierdas sólo escribían calumnias sobre ellos. La verdad es que, teniendo en cuenta el desarrollo de los acontecimientos en España, creo que había algo sustancioso en lo que decían, aunque es indudable que su forma de decirlo era muy tediosa y provocadora.

La herida no me ha dejado secuelas, pero los pulmones empezaron a crearme problemas y me enviaron a pasar el invierno a este país. Creo que me está sentando bien y espero estar de nuevo en Inglaterra en abril.

Un cordial saludo,
Eric Blair
(«George Orwell»)

P.D.: No estoy de acuerdo con usted en que no se persiguió a los milicianos poumistas. Fueron perseguidos, y mucho, incluso en los hospitales, según supe por un hombre a quien hirieron después que a mí. Hoy mismo he tenido noticias de George Kopp, que fue mi superior en el frente y que acaba de salir de España tras pasar 18 meses en la cárcel. Al margen de las exageraciones, pues sé que quienes han vivido estas experiencias siempre exageran, es indudable que lo han tratado de un modo vergonzoso, y probablemente había centenares como él en la misma situación.

El individuo que le habló de que los milicianos del ILP firmaron una especie de declaración fue casi con seguridad un hombre llamado Parker. Si fue él quien se lo dijo, sin duda era mentira. Ídem de ídem si fue un sujeto llamado Frankfort. Si fue un hombre llamado Hiddlestone,[4] probablemente no mintió, aunque cabe la posibilidad de que se equivocara. Yo no sé nada al respecto, dado que fui a España por mi cuenta.

1. Frank Jellinek escribió a Ian Angus el 10 de junio de 1964 para explicarle que lo que motivó la carta de Orwell fue la queja (de Jellinek) de que él no había falseado una crónica para el *Guardian* «con fines propagandísticos», como había sugerido Orwell en su crítica de *Spanish Civil War (La guerra civil española)*. Jellinek había salido de Barcelona mucho antes del 20 de junio de 1937 y no escribió ninguna crónica para el *Guardian* sobre la prohibición del POUM. Cree que la crónica en cuestión «se la endosó al *MG* F.A. Voigt», que estaba de corresponsal de paso en Barcelona. Voigt (1892-1957), destacado corresponsal extranjero, llamó tempranamente la atención sobre el peligro del nazismo; su análisis de los orígenes del nacionalsocialismo fue tan contundente que no pudo trabajar para el *Manchester Guardian* en Alemania tras la subida de Hitler al poder, en 1933. Cuando publicó *Unto Caesar* (1938), Orwell lo incluyó en el grupo de «Los Pesimistas» en «The Intellectual Revolt», I, 24 de enero de 1946 (véase *2875)*. En «Notes on Nationalism», de octubre de 1945 (véase *2668)*, Orwell lo englobó con otros anglófobos que de pronto se habían vuelto furiosamente anglófilos. Voigt dirigió la publicación de *The Nineteenth Century and After* de 1938 a 1946.

2. Véase «Una rectificación», *New Leader*, 13 de enero de 1939, al final de *462*.

3. «No respondas al necio con su necedad, no sea que tú mismo te iguales a él./ Responde al necio por su necedad, no sea que se tenga por sabio», Proverbios, 26, 4-5. En la primera edición de *Homenaje a Cataluña* ponía que los versículos eran «5-6», inexactitud que no se corrigió hasta la edición de Penguin de 1989.

4. Buck Parker, Frank Frankfort y Reg Hiddlestone eran miembros del contingente del ILP vinculado al Regimiento n.° 3, División Lenin, POUM, la misma unidad en la que estuvo Orwell. Sobre Frankfort (Frankford), véase la respuesta de Orwell a sus acusaciones, 24 de septiembre de 1937 *(399)*.

52

[535]
«LIBERACIÓN DE GEORGE KOPP»
Independent News, 23 de diciembre de 1938

Entre los papeles de Orwell había tres números del Independent News: *un número especial, probablemente de fines de noviembre o principios de diciembre de 1938, dedicado a «El proceso del POUM en Barcelona»; el n.º 59, de 16 de diciembre de 1938, con un artículo titulado «Después del proceso del POUM»; y el n.º 60, de 23 de diciembre de 1938, que contenía un reportaje sobre el encarcelamiento y liberación de George Kopp. Kopp fue superior de Orwell en España y Orwell y su mujer lo visitaron en la cárcel (véanse págs. 193-198 [VI/171-78]. La información debió de proceder del mismo Kopp, que no era el testigo más fiable, pero seguramente Orwell tuvo en cuenta este detalle. Lo que pone de manifiesto el reportaje es que Orwell tenía un buen amigo que había sufrido a manos de la policía secreta soviética, la GPU, conocía lo de las confesiones falsas y había leído algo sobre «torturar con ratas» en un espacio cerrado. En vista de la importancia del contenido, el reportaje se reproduce completo (con dos o tres correcciones estilísticas de poca monta). Hay que decir que Kopp fue interrogado en ruso y que hizo falta un intérprete, detalle lógico a primera vista. Sin embargo, Kopp había nacido en Rusia y no fue a Bélgica hasta los diez años. Puede que supiera ruso pero que no quisiera revelar este hecho a sus captores. El* Independent News, «Service de Presse Hebdomadaire du Bureau d'Informations Franco-Britanniques», *se publicaba en París; lo dirigía Lucien Weitz. Representaba el punto de vista del POUM.*

Después de una intensiva campaña pidiendo la liberación de George Kopp, nuestros camaradas belgas han conseguido salvar a otro militante revolucionario de las garras de los estalinistas españoles.

Se ha salvado a George Kopp, pero éste llevará durante mucho tiempo en su carne las huellas de la sádica crueldad de estos inquisidores del siglo XX. Cuando George Kopp fue a España, era un joven fornido y robusto, lleno de salud y fuerza. Hoy, después de su largo calvario, lo vemos delgado, débil y encorvado, ha de andar despacio y ayudándose de un bastón. Tiene el cuerpo lleno de costras y magulladuras, las huellas de las enfermedades que ha contraído en las mazmorras subterráneas de las *checas* estalinistas, en las bodegas húmedas y sin aire de los barcos prisión y en los campos de trabajo.

Kopp fue detenido el 20 de junio de 1937, en el momento más crítico de la represión del POUM. Detenido sin orden judicial, sin conocimiento de ninguna autoridad, fue puesto en libertad de la misma forma, sin que mediara ninguna orden de ningún tribunal español; pero durante año y medio ha estado vigilado por los perros guardianes del Partido Comunista.

Durante este tiempo Kopp ha estado en las siguientes cárceles, calabozos, prisiones secretas y demás: primero, cuando lo detuvieron, lo llevaron a la Jefatura de Policía; de aquí al hotel Falcón; de éste a la *checa* de Puerta del Ángel y de allí a Vallmajor (prisión clandestina); luego lo mandaron a Segorbe (cerca de Valencia), a un campo de trabajo; de aquí otra vez a Vallmajor; después al barco prisión *Uruguay*; luego al Palacio de Misiones, y de ahí una vez más al *Uruguay*; más tarde al Seminario de Barcelona; después al Preventorio de Colell; luego a Tamarite, en la Bonanova (barrio periférico de Barcelona) y luego otra vez al Seminario. Finalmente fue puesto en libertad el 7 de diciembre de 1938.

En la *checa* de Puerta del Ángel fue interrogado veintisiete veces, durante CIENTO TREINTA Y CINCO horas en total. Las preguntas se le formularon en ruso y los agentes comunistas rusos a cargo del interrogatorio tuvieron que valerse de un intérprete tanto para las preguntas como para las respuestas.

Cuando lo condujeron al hotel Falcón (hotel del POUM que le fue arrebatado por la policía «extraoficial» y acabó transformado en cárcel), estaba tan exasperado por la situación y por la arbitrariedad de su arresto que para protestar resolvió declararse en huelga de hambre. Durante seis días no probó la comida, pero no tuvo más remedio que desistir porque lo único que consiguió fue empeorar su situación.

En la prisión de Vallmajor, los estalinistas resplandecieron con toda su gloria. Empezaron con halagos, siguieron con intimidaciones y terminaron con coerciones y amenazas directas. Le pusieron delante tres documentos para que los firmara; uno era su ascenso a teniente coronel; otro, su afiliación al Partido Comunista; el tercero era una «confesión» que declaraba que el POUM era un nido de espías y traidores. Como Kopp se negara a firmar, lo metieron en una carbonera, sin luz, aire ni comida y con ratas enormes que correteaban entre sus piernas; lo tuvieron allí metido durante doce días, sin ver a nadie, sin oír a nadie, hasta que un día exclamó una voz: «¡Esta noche te fusilaremos!».

Este largo martirio es la recompensa que ha recibido Kopp por su limpio historial revolucionario en las milicias obreras. Viajó de Bélgica a España cuando estalló la revolución. Partió de inmediato para el frente de Aragón incorporado a la columna Miguel Pedrola con el grado de jefe de centuria. Participó en las siguientes operaciones militares: Casetas (9-10-36); Huesca (21-10-36); manicomio de Huesca (11-36); vedado Zucra (5-12-36); Alcubierre (6-2-37); ermita de Salas (13-4-37); Chimillas (13-6-37). Libró su último combate siete días antes de su detención. Por entonces era comandante del Ejército Popular y había tenido puestos de responsabilidad en la División 29.

53

[*534*]

«LA CESÁREA ESPAÑOLA»

The Highway[1], marzo de 1939

Cuando el general Franco se sublevó, en julio de 1936, fue como si al hacerlo hubiese estropeado una máquina que avanzaba en una dirección muy concreta. En la actualidad seguimos sin saber el alcance de esa avería. La revolución española de 1931 se había deshecho de la monarquía, pero no había resuelto los principales problemas económicos del país. Uno de sus efectos, sin embargo, fue crear un clima de liberalismo y de libertad de expresión en el que podían divulgarse ideas mal vistas hasta ese momento. Desde entonces estuvo claro para muchos observadores que la guerra civil era inevitable. El momento decisivo llegó cuando un gobierno que en términos generales podría llamarse «de izquierdas» ganó por un pequeño margen en las elecciones generales de febrero de 1936. Este gobierno —el del Frente Popular— no estaba de ningún modo dominado por los extremistas. Lejos de propiciar ninguna crisis utilizando la violencia contra la oposición política, antes bien se debilitó por culpa de su moderación. Un gobierno «izquierdista» más firme habría liquidado antes la conspiración militar que todos sabían que se estaba preparando y probablemente habría hecho alguna promesa de independencia a los árabes del Marruecos español para evitar que se unieran a Franco. Sin embargo, el plan de reformas del gobierno amenazaba a los grandes latifundistas y a la Iglesia, como es receptivo de cualquier reforma radical. En la España contemporánea era imposible acercarse a una democracia real sin chocar de frente con poderosos intereses creados. En consecuencia, la formación del gobierno del Frente Popular bastó por sí sola para plantear el problema más difícil de nuestro tiempo: hacer cambios fundamentales con métodos democráticos.

La democracia parlamentaria, y en especial el sistema de partidos, surgió en una época en que ninguna polémica entre las facciones enfrentadas era realmente irreconciliable. Progresistas y moderados, liberales y conservadores se enfrentan en realidad en lo que no es más que una pelea de familia y respetan las decisiones del otro; pero cuando el enfrentamiento es, por ejemplo, entre capitalismo y socialismo, son otras las consideraciones. En realidad es una situación que se ha presentado una y otra vez, con los mismos perros pero con distintos collares. Un gobierno elegido democráticamente emprende reformas radicales, y obra ciñéndose por completo a la ley; pero la oposición «rompe la baraja»; y entonces se subleva, bien con violencia manifiesta, como en España, o bien, como suele suceder, recurriendo al sabotaje económico. Lo singular del caso fue que el gobierno español contraatacó.

La guerra dura ya dos años y medio y ha causado quizás un millón de muertos, además de incontables sufrimientos. ¿Cuánto daño ha hecho a la causa de la democracia? Basta fijarse en las posibilidades de la guerra moderna, en los esfuerzos que tienen que hacer los gobiernos para mantener unida a su población, para dudar que quede mucha democracia después de varios años de guerra «total» entre naciones poderosas. Sin embargo, es un hecho que la guerra civil española, terrible en casi todos los aspectos, ha sido un prodigio de esperanza en este sentido. Las formas y el espíritu de la democracia han seguido vivos en la España republicana hasta un extremo que nadie habría previsto; incluso podría afirmarse que fueron tomando forma durante el primer año de guerra.

Yo estuve en Cataluña y en Aragón desde la Navidad de 1936 hasta mediados del año siguiente. Estar en España entonces fue una experiencia extraña y desgarradora, porque veía a un pueblo que sabía lo que quería, a un pueblo que se enfrentaba a su destino con los ojos abiertos. La sublevación había sumido al país en el caos y el gobierno que nominalmente estaba en el poder al comienzo de la guerra había reaccionado con apatía, de modo que si el pueblo español se salvó, fue gracias a su propio esfuerzo. No es exagerado decir que prácticamente toda la resistencia de los primeros meses fue obra consciente y directa del ciudadano de a pie, organizado en sindicatos y grupos políticos. Los transportes y las principales industrias habían pasado a manos de los trabajadores; las milicias que tenían que enfrentarse al enemigo eran organizaciones de voluntarios que se nutrían de los sindicatos. Había muchísima incompetencia, desde luego, pero también hubo improvisaciones geniales. Los campos se cultivaban, los trenes circulaban, la vida alejada del frente discurría por lo general de modo pacífico y ordenado, y los soldados, aunque pobremente armados, estaban bien alimentados y atendidos. Además había un espíritu de tolerancia, una libertad de expresión y de prensa que nadie habría creído posibles en tiempo de guerra. Como es lógico, el clima social experimentó cambios y en ciertos aspectos empeoró con el paso del tiempo: el país se preparó para una guerra larga; de resultas de las luchas intestinas entre los partidos, el poder, hasta entonces en manos de los socialistas y los anarquistas, pasó a manos de los comunistas y luego a las de los republicanos radicales; se impuso el servicio militar obligatorio y la censura se endureció, dos males inevitables de la guerra moderna. Pero el espíritu básicamente voluntario de los primeros meses no ha desaparecido en ningún momento y tendrá importantes consecuencias.

Sería ingenuo suponer que una victoria del gobierno se habría traducido de inmediato en la aparición de un régimen democrático. La democracia, tal como la entendemos en Europa occidental, no es inmediatamente viable en un país tan dividido y agotado como lo estará España cuando termine la guerra. La verdad es que el gobierno que derrote a Franco tendrá una tendencia liberal, aunque sólo sea porque tendrá que destruir el poder de los grandes latifundistas y casi todo el poder de la Iglesia, si no todo. Pero gobernar España entera no será lo mismo que gobernar el sector leal actual. Habrá amplias minorías disidentes y enormes problemas de reconstrucción; lo cual supone, de modo inevitable, un periodo de transición durante el que el régimen será democrático sobre todo de nombre. No obstante, si vence Franco, no habrá ni siquiera nombre; ha dejado muy clara su intención de fundar un Estado corporativista según el modelo italiano, es decir, un Estado en el que se impide abierta y descaradamente a la mayoría de la población que opine sobre los asuntos públicos.

Pero la situación podría ser menos desesperada de lo que parece. Es obvio que si vence Franco no habrá esperanza que valga a corto plazo; aun así, son difíciles de prever los efectos a largo plazo de una victoria franquista, porque un dictador en la posición de Franco dependería casi inevitablemente de la ayuda extranjera. Y si es la República la vencedora, hay motivos para creer que los efectos negativos que por fuerza siguen a una guerra civil podrían desaparecer con rapidez. Las guerras acostumbran a librarlas soldados que son reclutas forzosos o profesionales, pero que en ambos casos están esencialmente en la situación de las víctimas y tienen una idea muy vaga de por qué luchan. No se puede decir lo mismo del ejército republicano español. En vez del proceso habitual de nutrir la maquinaria militar con el servicio militar obligatorio, aquí una población civil se organiza por propia iniciativa y se constituye en ejército. Son las consecuencias psicológicas de esta actitud las que pueden facilitar la vuelta a la democracia.

Era imposible viajar por España a comienzos de 1937 sin darse cuenta de que la guerra civil, a pesar de sus horrores, tenía un efecto educativo. Los hombres sufrían, pero también aprendían. Decenas de miles de personas corrientes se habían visto obligadas a ocupar posiciones de responsabilidad y mando que unos meses antes ni siquiera habrían imaginado. De pronto, cientos de miles de ciudadanos reflexionaban, con una dedicación que habría sido casi imposible en tiempos normales, sobre teorías económicas y principios políticos. Palabras como fascismo, comunismo, democracia, socialismo, trotskismo, anarquismo, que para la inmensa mayoría de seres humanos no son más que palabras, se comentaban con interés y se meditaban, y lo hacían hombres que hasta ayer mismo habían sido campesinos analfabetos u obreros fabriles agotados por el trabajo. Hubo muchísimo fermento intelectual, una brusca ampliación de la conciencia. Este fenómeno debe anotarse en la columna del haber de la guerra, una pequeña compensación por tanta muerte y tanto sufrimiento, y no creo que se pueda borrar por completo, ni siquiera en una dictadura.

Es verdad que algunas cosas no han salido como esperábamos entonces. En primer lugar, hasta el verano de 1937 toda la España republicana daba por sentada la victoria. No digo, ni mucho menos, que la República esté derrotada, ni siquiera en este momento, pero lo cierto es que ya no es tan seguro que venza. En segundo lugar, muchísimas personas daban por sentado que tras la guerra habría un movimiento decididamente revolucionario hacia el socialismo. Esta posibilidad ha desaparecido del horizonte. Si vence el gobierno, considero mucho más probable que España evolucione hacia una república capitalista, al estilo de Francia, que hacia un estado socialista. Pero lo que me parece indudable es que ya no será posible volver al régimen semifeudal y eclesiástico imperante hasta 1931 o, en todo caso, hasta 1936, pues tales regímenes, por su propia naturaleza, dependen de una apatía e ignorancia generalizadas que ya no existen en España. La gente ha visto y aprendido demasiado. Calculando por lo bajo, varios millones de personas se han empapado de ideas que les impiden ser manipuladas en un estado autoritario. Si vence, Franco frenará con su victoria el desarrollo de España, pero a buen seguro sólo mientras determinadas potencias extranjeras encuentren rentable prestarle apoyo. Fusilar y encarcelar a sus enemigos políticos no le servirá de nada, pues habrá demasiados. El deseo de libertad, de cultura y de un nivel de vida decente se ha extendido tanto que no puede ser sofocado por el oscurantismo ni por la represión. Si es así, quizá no hayan sido totalmente inútiles las carnicerías y sufrimientos que son inseparables de las guerras civiles modernas.

1. *The Highway* se subtitulaba *A Review of Adult Education and the Journal of the Worker's Educational Association*. W.E. Williams, preparador de un número especial titulado «Democracy at Work» (Democracia en marcha), había escrito a Orwell el 22 de noviembre de 1938, preguntándole si podía colaborar con algún artículo sobre este tema. El artículo apareció con una nota: «Los miembros de la WEA conocen al menos dos libros del señor Orwell: *El camino de Wigan Pier* y *Sin blanca en Londres y París*. El presente artículo se escribió antes de la caída de Cataluña». Hay diferentes fechas para datar esta caída: en Thomas viene un mapa con el avance de los nacionales en la campaña de Cataluña, diciembre de 1938-enero de 1939 (pág. 870); Barcelona se tomó el 26 de enero de 1939; los nacionales ocuparon toda la frontera francesa hacia el 10 de febrero (págs. 873, 881). Sir William Emrys Williams (1896-1977) fue jefe de ediciones y director de Penguin Books, 1935-1965. Entre 1935 y 1940 fue también secretario del British Institute of Adult Education; director del Army Bureau of Current Affairs, 1941-1945, y del Bureau of Current Affairs, 1946-1951. Estuvo además tan estrechamente vinculado a la serie Pelican que en la empresa lo llamaban «Bill el Pelícano». Se lo puede ver en el retrato de grupo de los directivos de Penguin, pintado por Rodrigo Moynihan (y reproducido en *The Penguin Story*, 1956), y en la pág. 26 de *Fifty Penguin Years* (1985).

54

[550] A máquina y en francés
CARTA DE GEORGE ORWELL A YVONNE DAVET
19 de junio de 1939

The Stores, Wallington, cercanías de Baldock, Herts, Inglaterra

Le envío los capítulos 7-10;[1] los restantes se los mandaré dentro de unos días, cuando los haya corregido. En estos cuatro capítulos he introducido notas en las páginas 120, 126, 128, 141, 164, 165, 168, 174 y 207. En realidad no es mucho lo que hay que cambiar, y creo que la traducción refleja muy bien el espíritu del original. En verdad espero que todos sus esfuerzos no sean en vano. Si no encontramos editor, podríamos publicar algunos capítulos en una revista. Me gusta mucho la introducción de Georges Kopp,[2] pero en este particular tendré que ceñirme a los deseos del editor, si es que lo encontramos. Si hiciera falta, estoy dispuesto a escribir otra introducción. Diré a Warburg que no pida demasiado. Me sorprende que pidiera 40 libras por el libro de Freda Utley;[3] a buen seguro fue porque se vendía mucho en Inglaterra.

Hasta el otro día no supe que no tenía usted ningún ejemplar de *Homenaje a Cataluña*. Hace un año le dije a Warburg que le enviara uno, y prometió hacerlo, pero seguramente se olvidó. Anteayer le envié un juego de galeradas, pero le enviaré un ejemplar como Dios manda en cuanto me haga con uno. En realidad no hay ninguna diferencia entre el libro y el manuscrito. El nombre de Monte Oscuro podría cambiarse por Monte Trazo;[4] fue una confusión mía.

Hace una semana apareció mi último libro.[5] Aún no sé cómo se recibirá. Habrá notado usted que sigo en tratos con Gollancz, ese editor estalinista.

---

1. Capítulos de la primera edición de *Homenaje a Cataluña*; en la edición de *Obras completas* y en la presente selección son los capítulos 6-9 y el Apéndice I. La traducción francesa de Davet no se publicó hasta 1955, quince años después del fallecimiento de Orwell. Véase la «Nota al texto» de *Homenaje a Cataluña*.

2. Parece evidente que George Kopp escribió una introducción, dado que Orwell dijo a Moore, el 15 de abril de 1947 (véase *3216)*, que se había enviado al editor (Gallimard). En 1947 Orwell pensó que «no era muy apropiada y en cualquier caso hoy no tendría sentido». Se desconoce el paradero de esta introducción.

3. *Japan's Gamble in China* (junio de 1938).

4. Este cambio se introdujo en *Obras completas* [VI/38]; ver pág. 97.

5. *Coming Up for Air [Subir a por aire]*.

55

[*578*]

CRÍTICA DE *HOTEL IN FLIGHT,* DE NANCY JOHNSTONE

The Adelphi, diciembre de 1939

¿Cuántos millones de personas, en España y fuera de ella, se estarán preguntando hoy qué pasó realmente en la guerra civil? El asunto había empezado a perder importancia incluso antes de que el caleidoscopio europeo diera una vuelta y cambiara de forma, y prácticamente todos los extranjeros que intervinieron en ella parecen haberse quedado con la impresión de haber vivido una pesadilla. Hace unos meses hablé con un soldado británico que había venido de Gibraltar en un buque de pasajeros japonés. Había desertado hacía un año de la guarnición de Gibraltar y, tras muchas dificultades, llegó a Valencia para unirse a las fuerzas republicanas. En ese mismo momento lo detuvieron por espía y lo metieron en la cárcel, y se olvidaron de él durante seis meses. El cónsul británico consiguió que lo pusieran en libertad y, de nuevo en Gibraltar, pasó encerrado otros seis meses por desertor. Es casi una historia alegórica de la guerra civil española.

El libro de la señora Johnstone, continuación de otro anterior, trata de los últimos dieciocho meses de guerra, el periodo durante el que poco a poco se fueron viniendo abajo las esperanzas de la causa republicana. Ella y su marido tenían un hotel en Tossa, en la costa catalana, que se convirtió en punto de encuentro de periodistas y hombres de letras de paso, además de inaguantables «politizados» de todas las tendencias. Tras empezar describiendo las condiciones zarzueleras que seguían vigentes en 1937, el libro se transforma de modo gradual en una historia de carestía, ataques aéreos, delirios de espionaje y niños refugiados, y termina con la terrible huida a Francia y el hedor y el sufrimiento de los campos de concentración de las cercanías de Perpiñán. La atmósfera que evoca el libro resultará en buena medida familiar a cualquiera que haya estado en España durante la guerra. La eterna sensación de no tener comida suficiente, el desorden, la falta de eficacia, la imposibilidad de entender lo que sucede, la convicción de que todo se diluye en una niebla de miedo, sospechas, burocracia y rivalidades políticas confusas..., todo está en este libro, y por añadidura con abundancia de experiencias físicas al desnudo. La señora Johnstone pinta los campos de concentración de la frontera francoespañola con colores aterradores, pero hace una observación que debería subrayarse, y es que el gobierno francés es el único que ha hecho realmente algo por los refugiados de los países fascistas. El gobierno británico concedió una ayuda de 12.000 libras para los refugiados españoles, pero mantenerlos costaba al gobierno francés 17.000 libras diarias al principio, y no es probable que en la actualidad le cueste menos. Vale la pena recordar que el diez por ciento de la población francesa son los extranjeros que han llegado a ese país en los últimos diez años, casi todos ellos refugiados políticos. Parece que a la postre hay algo bueno que decir de la democracia «burguesa».

El libro es un retrato interesante de la retirada de la República y es indudable que contribuirá a llenar algunas lagunas históricas, pero como libro no me parece gran cosa. ¿Por qué este periodismo autobiográfico tiene que ser siempre tan alegre y juguetón? En cuanto abrí el libro y vi su estilo, quise saber dónde estaba el perro, pues en esta clase de obras siempre hay un perro muy gracioso que viene de perlas para rematar párrafos. Pero aquí el papel lo representa el marido de la señora Johnstone. Creo que si alguna vez aparece un libro realmente bueno sobre la guerra civil española, es probable que su autor sea español, y no de los «políticamente concienciados». Los buenos libros de guerra casi siempre se escriben desde el punto de vista de una víctima, pues no otra cosa es el ciudadano medio en relación con la guerra. Lo que desvirtúa el enfoque de casi todos los extranjeros que han estado en España, sobre todo de ingleses y norteamericanos, es la convicción de fondo de que en última instancia podían huir del país. Además, si habían ido a España voluntariamente para participar en la guerra es porque sabían o creían saber qué se dirimía en el conflicto. Pero ¿qué representó para la gran mayoría de los españoles? La verdad es que aún no lo sabemos. Al recordar ahora los encuentros casuales que tuve con campesinos, tenderos, vendedores ambulantes, incluso con milicianos, tengo la sospecha de que había muchísimos que no sentían nada en relación con la contienda, exceptuando el deseo de que se acabara. La señora Johnstone, al retratar a los imperturbables habitantes del puerto de Tossa, lo confirma casi sin darse cuenta de ello. Una pregunta a la que todavía no se ha dado una respuesta satisfactoria es por qué duró tanto el conflicto. Desde comienzos de 1938, cualquiera que tuviese algún conocimiento militar sabía que la República no podía vencer, incluso ya en el verano de 1937 las probabilidades estaban a favor de Franco. ¿Pensaba realmente la mayoría de la población española que los atroces sufrimientos de la segunda mitad de la guerra eran preferibles a la rendición, o bien el pueblo siguió luchando, al menos en parte, porque toda la opinión izquierdista, desde Moscú hasta Nueva York, le obligaba a hacerlo? Puede que tengamos alguna respuesta cuando empecemos a saber qué pensaban de la guerra los soldados de reemplazo y los no combatientes, y no solamente los voluntarios extranjeros.

56

[*586*]
CRÍTICA DE *THE LAST DAYS OF MADRID*, DEL CORONEL
SEGISMUNDO CASADO (TRADUCCIÓN DE RUPERT CROFT-COOKE),
Y *BEHIND THE BATTLE*, DE T.C. WORSLEY
Time and Tide, 20 de enero de 1940

Aunque pocas personas lo habían oído fuera de España antes de 1939, el nombre del coronel Casado[1] figurará siempre entre los dignos de ser recordados en relación con la guerra civil española. Fue quien echó al gobierno de Negrín[2] y quien negoció la rendición de Madrid; y teniendo en cuenta la verdadera situación militar y los sufrimientos de la población, es difícil no pensar que obró bien. La verdadera desgracia, como el señor Croft-Cooke alega convincentemente en la introducción, fue permitir que la guerra durase tanto. El coronel Casado y los vinculados a él fueron acusados de traidores, de fascistas camuflados, etc., etc. en la prensa izquierdista de todo el mundo, pero se trata de acusaciones que suenan mal en boca de personas que corrieron hacia la frontera mucho antes de que Franco entrara en Madrid. Besteiro,[3] que formó parte de la Junta de Defensa de Casado y se quedó para dar la cara a los fascistas, también fue acusado de «franquista». Besteiro fue condenado a treinta años de cárcel, una forma en verdad curiosa de tratar a sus amigos por parte de los fascistas.

Puede que lo más interesante del libro del coronel Casado sea la luz que arroja sobre la intervención rusa en España y la reacción de los españoles. Aunque personas bienintencionadas lo negaron en su momento, hay pocas dudas de que el gobierno español estuvo directamente dirigido por Moscú desde mediados de 1937 hasta los penúltimos momentos de la guerra. Se desconocen las razones últimas de los rusos, pero en cualquier caso querían instalar en España un gobierno obediente, y el de Negrín cumplía este requisito. Sin embargo, el esfuerzo que hicieron por ganarse el apoyo de la clase media produjo complicaciones que no se habían previsto. Durante la primera mitad de la guerra, los principales adversarios de los comunistas en la lucha por el poder habían sido los anarquistas y los socialistas de izquierda, y en consecuencia la propaganda comunista hacía hincapié en una política «moderada». Lo que se consiguió con ello fue poner el poder en manos de funcionarios y militares «republicanoburgueses» de los que el coronel Casado acabó siendo el jefe. Pero estos hombres eran primero y ante todo españoles, y se resentían de la intromisión rusa casi tanto como de la alemana e italiana. En consecuencia, a la lucha de los comunistas contra los anarquistas sucedió otra de los comunistas contra los republicanos, que acabó con la expulsión del gobierno de Negrín y la muerte de muchos comunistas.

La importantísima cuestión que esto plantea es si un país occidental puede en la práctica estar controlado por comunistas que obedecen órdenes de Moscú. Es una cuestión que probablemente volverá a surgir en el caso de que haya una revolución de la izquierda en Alemania. Lo que se desprende del libro del coronel Casado es que una población occidental u occidentalizada no tolerará durante mucho tiempo que la gobiernen desde Moscú. Incluso teniendo en cuenta la indudable animosidad que el autor siente contra los rusos y sus agentes comunistas locales, su versión de los hechos deja pocas dudas sobre el profundo y extendido resentimiento que había en España contra el dominio ruso. El autor sugiere además que fue la intervención rusa lo que motivó que Gran Bretaña y Francia abandonaran a España a su suerte. Este punto me parece más dudoso. Si los gobiernos británico y francés hubieran querido realmente contrarrestar la influencia rusa, el medio más rápido habría sido suministrar armas al gobierno español, porque se hizo evidente desde el principio que el país que suministrara armas podría dirigir la política española. Hay que admitir que los gobiernos británico y francés no sólo querían que venciera Franco, sino que en cualquier caso habrían preferido un gobierno dirigido por los rusos a una coalición anarcosocialista liderada por alguien como Largo Caballero.[4]

La obra del coronel Casado ofrece una descripción detallada de todos los acontecimientos que culminaron en la capitulación, y es uno de esos documentos a los que tendrán que recurrir por fuerza los futuros historiadores de la guerra civil española. Como libro no es ni pretende ser nada del otro mundo. El del señor Worsley[5] está mejor escrito, y con más oficio; pero su contenido es más corriente: ataques aéreos, la política de Barcelona y demás. Empieza por los singulares intentos de aficionados que hicieron el autor y el señor Stephen Spender para actuar como espías al servicio de la República. Luego, el señor Worsley encontró un trabajo más útil y cómodo en una ambulancia y tuvo algunas experiencias interesantes, entre las que figura el verse implicado en la retirada de Málaga. Pero creo que se está acabando ya la temporada de esta clase de libros sobre la guerra española.

1. Coronel Segismundo Casado López (1893-1968), jefe del Ejército del Centro de las fuerzas republicanas. Organizó una campaña contra el doctor Juan Negrín, jefe del gobierno republicano, y al final de la contienda trató de conseguir algunas garantías de Franco. Tras fracasar en su intento, se refugió en Gran Bretaña; volvió a España al cabo del tiempo. [El libro comentado por Orwell se publicó en España con el título de *Así cayó Madrid*, Guadiana de Publicaciones, Madrid, 1968 *(N. del T.)]*.

2. El doctor Juan Negrín (1889-1956), socialista, fue jefe del gobierno español de septiembre de 1936 a marzo de 1938. Huyó a Francia en 1939 y fundó un gobierno español en el exilio; dimitió de la jefatura de este gobierno en 1945, con la esperanza de unir a todos los españoles exiliados. Murió en el exilio. Véase Thomas, págs. 949-950.

3. Julián Besteiro (1870-1940), presidente de la UGT hasta 1931, portavoz de las Cortes y durante un breve periodo presidente de la República en 1931. Murió en la cárcel en 1940, mientras cumplía la condena de treinta años que le había impuesto el gobierno de Franco.

4. Véase *378*, pág. 258, n. 6.

5. T.C. Worsley (1907-1977), autor de ficción y crítico. Dio clases en Wellington (donde Orwell había estado un trimestre en 1917). Orwell reseñó su libro sobre *Philistines and Barbarians: Democracy and the Public Schools* en *Time and Tide* de 14 de septiembre de 1940 (véase *Orwell and the Dispossessed)* y redactó un prefacio para otro libro suyo, *The End of the «Old School Tie»*, mayo de 1941 (XII/*793)*. En colaboración con W.H. Auden, escribió además *Education Today - and Tomorrow* (1939). El 1 de septiembre de 1942 (véase XIII/*1415)*, participó con N.G. Fisher (1910-1972) en un programa de la BBC para la India sobre el tema de la enseñanza, dirigido por Orwell.

57

[726]

CRÍTICA DE *THE SPANISH DILEMMA*, DE E. ALLISON PEERS, Y *A KEY TO VIC-TORY: SPAIN*, DE CHARLES DUFF

Time and Tide, 21 de diciembre de 1940

Ahora que hemos visto el inevitable resultado de la política filo-fascista del gobierno británico durante la guerra civil española, algunos partidarios del general Franco empiezan a advertir con sorpresa y cons-ternación que este individuo no es precisamente un caballero. Lo cu-rioso es que el profesor Peers, que durante la guerra fue uno de sus par-tidarios más moderados y honrados no parece compartir esta opinión. Por lo visto sigue creyendo que la victoria de Franco ha sido lo mejor que ha podido ocurrir, no sólo desde el punto de vista español, sino también desde el nuestro. El argumento más contundente que propo-ne es que, de haber vencido la República, España habría podido que-dar a merced de Rusia, que es aliada de Alemania.[1] De donde se des-prende que para España ha sido mejor crear vínculos de vasallaje con Alemania —y de los más serviles, como puede comprobarse echando un vistazo a la prensa española— que mantener las relaciones con una aliada de Alemania más que sospechosa. Cita varios pasajes de perió-dicos españoles y de manuales de historia introducidos por Franco en las escuelas en los que se denigra a Inglaterra y a Estados Unidos con una mala idea digna de Goebbels, y a pesar de todo sostiene que la Es-paña franquista es una posible amiga de Inglaterra. En realidad, su li-bro no es más que un refrito de los alegatos «antirrojos» de hace tres años, casi todos manifiestamente falsos ya en su momento y desde en-tonces desmentidos por los hechos. Si se produjera un ataque contra Gibraltar, me gustaría leer la explicación que da el profesor Peers. Mientras tanto, después de lo que ha ocurrido en Francia, resulta in-quietante que personas con tales opiniones sigan ocupando una posi-ción influyente.

El libro del señor Duff corrige hasta cierto punto el del profesor Peers, aunque al igual que otros Victory Books incurre en un optimis-mo facilón. Es una firme petición de ayuda para los republicanos es-pañoles, tanto por ser parte de la defensa general de la democracia como por tener la península importancia estratégica. Quien recuerde el diluvio de libros sobre la guerra civil española, sobre todo a favor de la República, que ha caído en los últimos tres años pensará que tiene poco sentido repetir el conocido punto de vista del Frente Popular. Por desgracia, no es así. La política de rendir tributo a la España de Franco prosigue y no hay indicios de que el público se haya dado cuenta, ni siquiera actualmente, de las implicaciones que tiene esta política suicida. Y lo que es peor, se ha influido en la prensa para impedir que se hable con libertad de la cuestión española. Durante el invierno de 1939-1940 se mimó a Italia con elogios y material bélico, con el resultado, previsible para cualquiera que tuviese dos dedos de frente, de que Italia nos declaró la guerra en primavera. Puede que esto no hubiera ocurrido si en su momento se hubiera hablado pública y libremente del peligro italiano. Lo mismo puede decirse del caso español. Si se consigue que el lector de prensa corriente comprenda que la España de Franco no es neutral, que es enemiga encarnizada de Inglaterra y que está bajo el control directo de Alemania, cabe la posibilidad de que la fuerza de la opinión pública modifique nuestra política.

El señor Duff tiene toda la razón al decir que deberíamos apoyar a los republicanos españoles. Lo que ya no es tan viable es el medio que propone. Lo que en realidad sugiere es que invadamos España a través de Portugal, valiéndonos del hecho de que Portugal mantiene relaciones cordiales con Gran Bretaña. Por lo visto, no se le ocurre pensar que el gobierno portugués podría romper dichas relaciones en el caso de que se produjera semejante invasión.

Mientras tanto, al doctor Negrín se le permite a regañadientes quedarse en Inglaterra, con la condición de que «no intervenga en política». El señor Butler[2] da una explicación elegante de la ocupación de Tánger por Franco y hay conversaciones amistosas con el gobierno fascista español, mientras Serrano Súñer[3] está en Berlín y a los republicanos como Zugazagoitia se los fusila en la cárcel. Cuesta un poco entender cómo se concilia todo esto con una «guerra contra el fascismo». La posibilidad más esperanzadora es que la opinión pública abra los ojos cuanto antes, y el libro del señor Duff podría contribuir a ello. Deseo, por lo tanto, que se venda más de lo que por su valor puramente literario merecería venderse.

1. Rusia y Alemania firmaron un Pacto de No Agresión en agosto de 1939. La alianza entre ambos países se mantuvo desde el comienzo de la guerra,

en septiembre de 1939 (cuando los dos invadieron Polonia), hasta que Alemania invadió la Unión Soviética, en 22 de junio de 1941.

2. Probablemente R.A. Butler, llamado «Rab» (1902-1984; nombrado par vitalicio en 1963), que fue subsecretario de Estado del Ministerio de Asuntos Exteriores, 1938-1941. Más tarde fue ministro de Hacienda y ministro de Asuntos Exteriores en los gobiernos conservadores de 1951-1964.

3. Ramón Serrano Súñer (1901-), cuñado de Franco y, como ministro del Interior, el personaje más poderoso después de él hasta que cesó en 1942. Era falangista y germanófilo. El 18 de octubre de 1940, Hitler expresó ante él su irritación porque España no entrase en la segunda guerra mundial al lado del Eje. Los republicanos lo tuvieron preso durante un tiempo y la experiencia le marcó para el resto de su vida. Según Thomas, bastó para «volverlo insensible a la clemencia» (Thomas, pág. 924; véanse también págs. 633-634).

58

[749]

DIARIO DE GUERRA (EXTRACTO)

22 de enero de 1941

22-1-41: A propósito de lo que dice ***, el caso es que el personal de la Convención del Pueblo[1] ha recaudado muchísimo dinero. Sus carteles están en todas partes y el *Daily Worker* ha lanzado muchos más. No se ha pagado por el espacio, pero aun así, la impresión y demás ha tenido que costar mucho. Ayer arranqué algunos, la primera vez que hago una cosa así. Cf. cuando en verano me puse a escribir en las paredes «Fuera Chamberlain», etc., y cuando en Barcelona, tras la ilegalización del POUM, me puse a escribir *«Visca el POUM!»*.[2] En tiempos normales, va contra mi carácter escribir en las paredes o entrometerme en lo que han escrito otros.

1. La Convención del Pueblo la organizaron los comunistas en enero de 1941, en teoría para luchar por los derechos públicos, el aumento de salarios, la mejora de las medidas antiaéreas y la consolidación de la amistad con la URSS, aunque algunos historiadores defienden que su verdadero objetivo fue sabotear la economía de guerra doméstica. En julio de 1941, cuando Rusia entró en la guerra, la Convención exigió que se abriese otro frente. Sus actividades ya habían cesado en 1942.

2. Véase *Homenaje a Cataluña*, pág. 200 [VI/181].

59

[*852*]

CRÍTICA DE *LA FORJA* DE ARTURO BAREA,[1] (TRADUCCIÓN Y PRÓLOGO DE SIR
PETER CHALMERS MITCHELL)[2]

Horizon, septiembre de 1941[3]

Si un escritor ruso publicara en este momento un libro de recuerdos de su infancia en 1900, sería difícil comentarlo sin mencionar el hecho de que la Rusia soviética es en la actualidad aliada nuestra contra Alemania, del mismo modo que es imposible leer *La Forja* sin pensar en la guerra civil española cada vez que se pasa una página. En realidad no hay una relación directa, porque el libro trata sólo de la adolescencia del señor Barea y termina en 1914. Pero la guerra civil ha causado una profunda y dolorosa impresión en la clase ilustrada inglesa, me atrevería a decir que más profunda que la causada hasta ahora por la guerra que se libra en la actualidad. El hombre de la calle, mareado por la prensa frívola, no sabía lo que pasaba, y el rico se ponía automáticamente en el bando de los enemigos de la clase trabajadora, pero para todas las personas sensatas y decentes la contienda ha sido una tragedia terrible que ha unido indisolublemente el nombre de España a la idea de cadáveres quemados y niños que pasan hambre. Se diría que tras las páginas del señor Barea se oye el fragor de las batallas del futuro y lo que con seguridad se valorará más de este libro es que constituye una especie de prólogo de la guerra civil, un retrato de la sociedad que la hizo posible.

La familia en cuyo seno nació el autor, hijo de una lavandera, era muy pobre, aunque la posición de sus tíos era un poco más desahogada. En los países católicos, el medio más fácil para que un niño listo de familia campesina evite el trabajo manual es entrar en la Iglesia, pero el señor Barea, niño agnóstico de por sí y de familia anticlerical, estudió gratis en un colegio de curas gracias a sus buenas notas, y se puso a trabajar a los trece años en una pañería y luego en un banco. Todos sus recuerdos agradables son de lugares rurales, sobre todo de la forja que tenía su tío de Méntrida, un gran campesino independiente de los que ya no existen en los países industrializados. En cambio, sus recuerdos de Madrid son deprimentes y componen una historia de pobres gentes que se matan trabajando en unas condiciones extremas, sin parangón en nuestro país. Quizá sea aquí, en las descripciones de los suburbios madrileños, de las hordas de niños desnudos y llenos de piojos, y de los curas lascivos que se juegan a las cartas las limosnas para los pobres, donde el autor nos da sin saberlo del todo la clave de la guerra civil española: España es un país demasiado pobre incluso para saber lo que es un gobierno decente. En Inglaterra es imposible que estalle una guerra civil, pero no porque no tengamos tiranía ni injusticia, sino porque éstas están demasiado encubiertas para incitar a la acción al ciudadano corriente. Todo está amortiguado, acolchado, como quien dice, por la tradición negociadora, por las instituciones representativas, por aristócratas liberales y funcionarios incorruptibles, por una «superestructura» que lleva vigente tanto tiempo que puede decirse que sólo es una farsa a medias. En la España que describe el señor Barea no hay medias tintas. Todo sucede a la luz pública, a la luz implacable del sol español. Es la corrupción descarada de un país primitivo donde el capitalista es lisa y llanamente un explotador, el funcionario un granuja, el cura un fanático ignorante o un pícaro y el prostíbulo un pilar de la sociedad. La esencia de todos los problemas es evidente, incluso para un muchacho de quince años. La sexualidad, por ejemplo: «Se aprovechaba [mi prima] de que yo era un niño. ¡Pero no! Tenía razón. No podía acostarse con nadie sin ser una zorra y se consolaba así. ¿Por qué no puede todo el mundo hacer lo que le da la gana? Me gustaría acostarme con las chicas y a ellas les gustaría acostarse conmigo, pero no puede ser. Los hombres tienen las zorras para eso; las mujeres tienen que esperar a que las case el cura o meterse a zorras. Y claro, mientras, también se ponen excitadas. La que se excita mucho se tiene que echar a la calle». O la política: «En el Congreso se pelean todos los días, Maura, Pablo Iglesias y Lerroux y por las paredes de las casas se escribe con brea: ¡Maura no! A veces, debajo, escriben con almagre: ¡Maura sí! Los que escriben "no" son obreros. Los que escriben "sí", señoritos. A veces se encuentran los dos grupos con sus botes de pintura. Se los tiran a la cabeza y se dan de bofetadas. A la caída de la tarde, cuando la calle de Alcalá está llena de gente paseando, suele aparecer un grupo de señoritos que comienzan a gritar: ¡Maura sí! Enseguida se forma un grupo de obreros y de estudiantes que empieza a gritar: ¡Maura no! [...] Los guardias dan cargas, pero nunca pegan a los señoritos».

Cuando leí esta última frase, «Los guardias dan cargas, pero nunca pegan a los señoritos», me vino a la memoria un episodio que quizás esté fuera de lugar en una reseña, pero que ilustra la diferencia de clima social que hay entre un país como Inglaterra y un país como España. Yo tenía seis años e iba por una calle del pueblo con mi madre y un rico cervecero que además era juez de paz. La valla alquitranada estaba llena de dibujos hechos con tiza, algunos de los cuales eran obra mía. El juez se detuvo, señaló la valla con el bastón y dijo con expresión reprobatoria: «Vamos a detener a los chicos que dibujan en las vallas y a ordenar que les den SEIS GOLPES DE VARA». (Yo lo recuerdo en mayúsculas.) Las rodillas se me aflojaron, la lengua se me pegó al paladar, y en cuanto se presentó la primera oportunidad, corrí a difundir la temible información. Poco después había delante de la valla una fila de niños aterrorizados que escupían en el pañuelo y se ponían a frotar para borrar los dibujos. Lo interesante es que hasta muchos años después, quizá veinte, no se me ocurrió pensar en lo infundado de mis temores. Ningún juez me habría condenado a SEIS GOLPES DE VARA ni aunque me hubieran pillado tiza en ristre. Estos castigos estaban reservados para las «castas inferiores». La guardia civil carga, pero nunca se mete con los señoritos. En Inglaterra era y todavía es posible no darse cuenta de esto, pero no sucedía lo mismo en la España de la que escribe el señor Barea. La injusticia era allí inconfundible, la política consistía en un forcejeo entre lo blanco y lo negro, y se podían defender todos los extremismos, desde el carlismo al anarquismo, con la lucidez de los fanáticos. La «guerra de clases» no era, como ha acabado siendo en las democracias occidentales, una frase hecha. Determinar qué situación es mejor ya es otra historia.

No estamos, sin embargo, ante un libro básicamente político. Se trata de un fragmento de autobiografía y esperamos que haya más, porque el señor Barea ha tenido una vida variopinta y repleta de aventuras. Ha viajado mucho, ha sido obrero y capitalista, participó en la guerra civil y estuvo en la guerra del Rif[4] a las órdenes del general Franco. No sé si las potencias fascistas habrán hecho algo bueno, pero al menos han enriquecido el mundo anglófono al expatriar a sus mejores escritores. La traducción de sir Peter Chalmers Mitchell es vívida y coloquial, aunque por desgracia se ciña en todo momento al «presente histórico», que queda bien en las lenguas romances, pero que en inglés no tarda en volverse pesado.

1. Arturo Barea (1897-1957) había sido en 1937 jefe de censura de prensa extranjera e inspector de radiodifusiones en Madrid. Orwell lo conoció personalmente. Véase más abajo la crítica de *The Clash* (La llama). [La primera ed. de *La forja* en castellano apareció en Buenos Aires, 1951. *(N. del T.)*]

2. Sir Peter Chalmers Mitchell (1864-1954; sir en 1929) fue un eminente zoólogo, responsable de la reforma de casi todo el zoológico de Londres y de la creación del parque zoológico «abierto» de Whipsnade. Cuando se jubiló se fue a vivir a Málaga, pero la guerra civil lo obligó a regresar a Inglaterra.

3. Orwell también comentó este libro en *Time and Tide*, 28 de junio de 1941 (véase *821*).

4. El Rif es una zona del nordeste de Marruecos poblada por tribus bereberes. Con Abd-el-Krim mantuvieron la independencia frente a España hasta 1926, en que fueron derrotados por un ejército hispanofrancés. Franco tuvo una actuación notable en la guerra del Rif. Los nativos son reputados soldados y han servido en los ejércitos francés y español.

60

[854]

CARTA DE GEORGE ORWELL AL *PARTISAN REVIEW* (EXTRACTO)
23 de septiembre de 1941

Cuando dije que había dejado de creer en la solidaridad internacional de la clase obrera no estaba pensando en lo que se puede decir o no en las «reuniones» a las que el señor [Nicholas] Moore supone que asisto con frecuencia. Pensaba en la historia europea de los últimos diez años y en el gran fracaso que supuso para la clase obrera europea no mantenerse unida frente a la agresión fascista. La guerra civil española duró casi tres años, y en todo ese tiempo no hubo ningún país donde los trabajadores hiciesen ni siquiera una huelga para apoyar a sus compañeros españoles. Si no me fallan las cifras, los trabajadores británicos dieron a los diversos fondos de «ayuda a España» alrededor del uno por ciento de lo que gastaron en ese mismo periodo en las apuestas futbolísticas e hípicas. Cualquiera que hablase entonces con los trabajadores sabe que era casi imposible conseguir que comprendieran que lo que sucedía en España también les incumbía a ellos. Lo mismo sucede con Austria, con Manchuria, etc. Hace tres meses que Alemania está en guerra con Rusia, y en el momento en que escribo estas líneas los alemanes han ocupado ya la mayor parte de las zonas industriales rusas. Si existiera el menor asomo de solidaridad obrera internacional, Stalin no tendría más que hacer un llamamiento a los obreros alemanes en nombre de la Patria Socialista para que saboteasen la economía de guerra alemana. Pero no sólo no hay sabotaje, sino que los rusos tampoco hacen ningún llamamiento. Saben que es inútil. Hasta que Hitler caiga derrotado en el campo de batalla, contará con la lealtad de sus trabajadores y además arrastrará consigo a húngaros, rumanos y todo el que sé ponga por delante. El mundo está hoy fragmentado y no hay forma alguna de internacionalismo que tenga fuerza, ni siquiera atractivo. Puede que esto sea terrible para los círculos literarios de Cambridge, pero es un hecho.

61

[*1173*]

INFORMATIVO SEMANAL DE LA BBC PARA LA INDIA, 22 (EXTRACTO)
[COMPARACIÓN CON LA GUERRA CIVIL ESPAÑOLA]
16 de mayo de 1942

La presente no es la única guerra heroica que se ha librado contra la agresión fascista en los últimos diez años. El pueblo español luchó durante dos años y medio contra sus propios traidores y contra los invasores alemanes e italianos, y lo cierto es que lo hizo en condiciones que, en comparación, eran peores que las de China. Fue una resistencia de campesinos y trabajadores casi desarmados frente a hordas de soldados profesionales, apoyados por la maquinaria bélica alemana. [Al comienzo de la guerra civil española, la República casi no tenía ejército, ya que fue precisamente el ejército regular, mandado por oficiales fascistas, el que se rebeló, un ejército que muy pronto se vio reforzado por un nutrido contingente de mercenarios italianos enviados por Mussolini y por tanques y bombarderos alemanes. Los trabajadores, dirigidos por los representantes sindicales, se organizaron por su cuenta en compañías y batallones y se pusieron a fabricar las armas que podían con el atrasado material industrial español y a aprender el arte de la guerra literalmente sobre el terreno. Hombres que en la vida cotidiana eran obreros fabriles, o abogados, o agricultores, al cabo de unas semanas eran ya oficiales y estaban el frente de grandes masas de hombres a los que mandaban en muchos casos con gran competencia. Aparte de la desigualdad de los pertrechos, el pueblo español tuvo que afrontar muchas dificultades. La comida fue un problema desde el principio, y los pilotos nazis, a las órdenes del general Franco, llevaron a cabo allí donde se desplazaron ataques terribles contra ciudades no estratégicas, lanzando deliberadamente las bombas sobre los barrios obreros, con la intención de aterrorizar a la población y obligarla a rendirse.][1] Sin embargo [a pesar de todos estos inconvenientes], lucharon[2] durante dos años y medio, y aunque Franco consiguió una especie de victoria, su situación es tan insegura en este momento que se cree que hay un millón de personas —alrededor del cuatro por ciento de la población española— en campos de concentración.

1. Los pasajes entre corchetes no se emitieron. Véase en *892*, XIII/82-92, sobre todo 87, un análisis completo de si estos cortes se debieron a exigencias de programación o a la censura.

2. En un principio ponía «los españoles lucharon», pero acabaron tachándose las dos primeras palabras.

62

[*1421*]

«RECORDANDO LA GUERRA CIVIL ESPAÑOLA»
New Road [¿enero de 1942?]

No ha sido posible fechar este escrito, ni siquiera averiguar cuándo se publicó exactamente. Cuando apareció en New Road,[1] *probablemente en junio de 1943, se suprimieron los capítulos IV, V y VI, con la consiguiente irritación de Orwell. El 23 de julio de 1944, Orwell escribió a Dwight Macdonald,[2] diciéndole que «las pequeñas bestias» de* New Road *«lo cortaron sin avisarme» (2518, XVI/298). El escrito completo se publicó en Nueva York en 1953, en* Such, Such Were the Joys, *y en Londres, el mismo año, en* England, Your England. *La nota editorial que apareció en* New Road *con el escrito lo fecha en 1942: «En representación de la escuela literaria inglesa del «New Writing» durante 1942, publicamos unos fragmentos de un ensayo de George Orwell sobre la guerra civil española. Las partes omitidas tratan de las falsificaciones de la historia, del peligro de que, gracias a ellas, los dirigentes políticos lleguen a controlar el pasado y el futuro, y de la actitud de las grandes potencias durante la guerra civil. La literatura política es un arte que se está olvidando. El señor Orwell es sin duda su más dotado exponente contemporáneo».*

I

En primer lugar los recuerdos físicos, los ruidos, los olores, la superficie de los objetos.

Es curioso, pero lo que recuerdo más vivamente de la guerra es la semana de supuesta instrucción que recibimos antes de que se nos enviara al frente: el enorme cuartel de caballería de Barcelona, con sus cuadras llenas de corrientes de aire y sus patios adoquinados, el frío glacial de la bomba de agua donde nos lavábamos; la asquerosa comida que tragábamos gracias al vino abundante; las milicianas con pantalones que partían leña, y la lista que pasaban al amanecer, en la que mi prosaico nombre inglés era una especie de interludio cómico entre los sonoros nombres españoles, Manuel González, Pedro Aguilar, Ramón Fenellosa, Roque Ballester, Jaime Doménech, Sebastián Viltrón y Ramón Nuvo Bosch, cuyos nombres cito en particular porque recuerdo sus caras. Exceptuando a dos que eran escoria y que sin duda serán ahora buenos falangistas, es probable que todos estén muertos. El más viejo tendría unos veinticinco años; el más joven, dieciséis. Una experiencia esencial de la guerra es la imposibilidad de librarse en ningún momento de los malos olores de origen humano. Hablar de las letrinas es un lugar común de la literatura bélica, y yo no las mencionaría si no fuera porque las de nuestro cuartel contribuyeron a desinflar el globo de mis fantasías sobre la guerra civil española. La letrina ibérica, en la que hay que acuclillarse, ya es suficientemente mala en el mejor de los casos, pero las del cuartel estaban hechas con una piedra pulimentada tan resbaladiza que costaba lo suyo no caerse. Además, siempre estaban obstruidas. En la actualidad recuerdo muchísimos otros pormenores repugnantes, pero creo que fueron aquellas letrinas las que me hicieron pensar por primera vez en una idea sobre la que volvería a menudo: «Somos soldados de un ejército revolucionario que va a defender la democracia del fascismo, a librar una guerra por algo concreto, y sin embargo los detalles de nuestra vida son tan sórdidos y degradantes como podrían serlo en una cárcel, y no digamos en un ejército burgués». Ulteriores experiencias confirmaron esta impresión; por ejemplo, el aburrimiento, el hambre canina de la vida en las trincheras, las vergonzosas intrigas por hacerse con las sobras del rancho, las mezquinas y fastidiosas peleas en las que se enzarzaban hombres muertos de sueño.

El carácter de la guerra en la que se combate afecta muy poco al horror esencial de la vida militar (todo el que haya sido soldado sabrá qué entiendo por horror esencial de la vida militar). Por ejemplo, la disciplina es en última instancia idéntica en todos los ejércitos. Las órdenes tienen que obedecerse y hacerse cumplir con castigos si es preciso, y las relaciones entre mandos y tropa han de ser relaciones entre superiores e inferiores. La imagen de la guerra que se presenta en libros como *Sin novedad en el frente*[3] es auténtica en lo fundamental. Las balas duelen, los cadáveres apestan, los hombres expuestos al fuego enemigo suelen estar tan asustados que se mojan los pantalones. Es cierto que el fondo social del que brota un ejército influye en su adiestramiento, en su táctica y en su eficacia general, y también que la conciencia de estar en el bando justo puede elevar la moral, aunque este factor repercute más en la población civil que en los combatientes. (La gente olvida que un soldado destacado en el frente o en los alrededores suele estar demasiado hambriento, o asustado, o helado, o, por encima de todo, demasiado cansado para preocuparse por las causas políticas de la guerra.) Pero las leyes de la naturaleza son tan implacables para los ejércitos «rojos» como para los «blancos». Un piojo es un piojo y una bomba es una bomba, por muy justa que sea la causa por la que se combate.

¿Por qué vale la pena señalar cosas tan evidentes? Porque la intelectualidad británica y estadounidense no reparaba en ellas entonces, como tampoco lo hace en la actualidad. Nuestra memoria flaquea en los tiempos que corren, pero retrocedamos un poco, excavemos en los archivos del *New Masses*[4] o del *Daily Worker* y echemos un vistazo a la romántica basura belicista que nuestros izquierdistas nos lanzaban antaño. ¡Cuánto tópico! ¡Cuánta insensibilidad y falta de imaginación! ¡Con qué indiferencia afrontó Londres el bombardeo de Madrid! No me estoy refiriendo a los contrapropagandistas de la derecha, los Lunn, Garvin y otras hierbas, que aquí se dan por descontado. Me refiero a las mismísimas personas que durante veinte años habían abucheado y criticado la «gloria» de la guerra, los relatos de atrocidades, el patriotismo, incluso el valor físico, con unos argumentos que habrían podido publicarse en el *Daily Mail* en 1918 cambiando unos cuantos nombres. Si con algo estaba comprometida la intelectualidad británica era con la versión desacreditadora de la guerra, con la teoría de que una contienda se reduce a cadáveres y letrinas y nunca conduce a nada bueno. Pues bien, las mismas personas que en 1933 sonreían con desdén cuando se les decía que en determinadas circunstancias había que luchar por la patria, en 1937 lo acusaban públicamente a uno de trotskifascista si insinuaba que las anécdotas que publicaba el *New Masses* sobre los recién heridos que pedían a gritos volver al combate quizá fueran exageradas. Y la intelectualidad izquierdista pasó de decir «La guerra es horrible» a decir «La guerra es gloriosa» no sólo sin el menor sentido de la coherencia, sino casi sin transición. Casi todos sus miembros darían después otros golpes de timón igual de bruscos. Porque tuvieron que ser muchos, algo así como el cogollo de la intelectualidad, los que aprobaron la declaración «Por el Rey y por la Patria» de 1935, pidieron a gritos una «política firme» frente a Alemania en 1937, apoyaron a la Convención del Pueblo en 1940 y hoy exigen un «segundo frente».[5]

En las masas, los extraordinarios cambios de opinión que hay en la actualidad, las emociones que pueden abrirse y cerrarse como un grifo, son un efecto de la hipnosis que producen la prensa y la radio. En los intelectuales yo diría que son efecto del dinero y de la seguridad personal pura y simple. En un momento dado pueden ser belicistas o pacifistas, pero en ninguno de los dos casos tienen una idea realista de lo que es la guerra. Cuando se entusiasmaron con la guerra civil española, sabían, como es lógico, que había gente que mataba a otra gente y que morir así es desagradable, pero pensaban que la experiencia de la guerra no era en cierto modo humillante para un soldado del ejército republicano español. Las letrinas olían mejor, la disciplina era menos irritante. No hay más que echar un vistazo al *New Statesman* para comprobar que se lo creían; idénticas paparruchas se escriben sobre el Ejército Rojo en la actualidad. Nos hemos vuelto demasiado civilizados para ver lo evidente. Porque la verdad es muy sencilla: para sobrevivir a menudo hay que luchar, y para luchar hay que mancharse las manos. La guerra es mala y es, con frecuencia, el mal menor. Los que tomen la espada, perecerán por la espada,[6] y los que no la tomen perecerán de enfermedades malolientes. El hecho de que valga la pena recordar aquí este lugar común revela lo que han producido en nosotros estos años de capitalismo de rentistas.

II

En relación con lo que acabo de decir, una breve nota sobre atrocidades.

Tengo poco conocimiento directo de las atrocidades que se cometieron en la guerra civil española. Sé que los republicanos fueron responsables de algunas y que los fascistas lo fueron de muchas más (y todavía siguen en ello). Pero lo que me llamó mucho la atención por aquellas fechas, y sigue llamándomela desde entonces, es que los individuos se creen las atrocidades o no se las creen basándose única y exclusivamente en sus inclinaciones políticas. Todos se creen las atrocidades del enemigo y no dan crédito a las que se cuentan del propio bando, sin molestarse en analizar las pruebas. Hace poco elaboré una tabla de atrocidades cometidas entre 1918 y el presente;[7] no pasó un año sin que se cometieran en alguna parte, y no había prácticamente ningún caso en el que la derecha y la izquierda se creyeran las mismas historias al mismo tiempo. Y, lo que es más curioso aún, en cualquier momento se puede invertir la situación de manera radical y posibilitar que la atrocidad totalmente demostrada de ayer mismo se convierta en una mentira absurda, sólo porque ha cambiado el panorama político.

En la guerra actual estamos en la curiosa situación de que emprendimos nuestra campaña contra las atrocidades mucho antes de que se iniciase el conflicto, y la emprendió sobre todo la izquierda, la gente que acostumbra a enorgullecerse de su incredulidad. En el mismo periodo, la derecha, divulgadora de atrocidades en 1914-1918, observaba la Alemania nazi y se negaba de plano a ver ningún peligro en ella. Pero cuando la guerra estalló, fueron los pronazis de ayer los que se pusieron a repetir cuentos de miedo, mientras que los antinazis se quedaban de pronto dudando de si la Gestapo existía en realidad. No fue sólo por el Pacto germano-soviético. Por un lado, fue porque antes de la guerra la izquierda había confiado erróneamente en que Gran Bretaña y Alemania no llegarían a enfrentarse y por lo tanto podía ser antialemana y antibritánica al mismo tiempo; y por el otro, fue porque la propaganda bélica oficial, con su hipocresía y fariseísmo nauseabundos, siempre consigue que la gente sensata simpatice con el enemigo. Parte del precio que pagamos por las mentiras sistemáticas de 1914-1918 fue la exagerada reacción germanófila que siguió. Entre 1918 y 1933 a uno lo abucheaban en los círculos izquierdistas si sugería que Alemania había temido siquiera una mínima responsabilidad en el estallido del conflicto. En todas las condenas de Versalles que oí durante aquellos años no recuerdo que nadie preguntara qué habría pasado si Alemania hubiera vencido, y menos aún que se comentara la posibilidad. Lo mismo cabe decir de las atrocidades. Es sabido que la verdad se vuelve mentira cuando la formula el enemigo. Últimamente he comprobado que las mismas personas que se tragaron todos los cuentos de miedo sobre los japoneses en Nanking en 1937 se han negado a creer los mismos cuentos en relación con Hong Kong en 1942. Incluso se notaba cierta tendencia a creer que las atrocidades de Nanking se habían vuelto, por así decirlo, retrospectivamente falsas porque el gobierno británico llamaba ahora la atención sobre ellas.

Pero, por desgracia, la verdad sobre las atrocidades es mucho peor que las mentiras que se inventan al respecto y con las que se hace la propaganda. La verdad es que se producen. Lo único que consigue el argumento que se aduce a menudo como una motivación para el escéptico —que en todas las guerras se divulgan las mismas historias— es aumentar las probabilidades de que las historias sean ciertas. Sin duda se trata de fantasías muy extendidas y la guerra proporciona una oportunidad para ponerlas en práctica. Además, aunque ya no esté de moda decirlo, no puede negarse que los que en términos generales llamamos «blancos» cometen muchas más y peores atrocidades que los «rojos». El comportamiento de los japoneses en China, por ejemplo, constituye una evidencia. Tampoco caben muchas dudas sobre la larga lista de barbaridades que han cometido los fascistas en Europa en los últimos diez años. Hay una cantidad enorme de testimonios y una parte respetable de los mismos procede de la prensa y la radio alemanas. Estos hechos ocurrieron realmente, y esto es lo que no hay que perder de vista. Ocurrieron incluso a pesar de que lord Halifax dijera que ocurrían. Violaciones y matanzas en ciudades chinas, torturas en sótanos de la Gestapo, ancianos profesores judíos arrojados a pozos negros, ametrallamiento de refugiados en las carreteras españolas; todas estas cosas sucedieron y no sucedieron menos porque el *Daily Telegraph* las descubra de pronto con cinco años de retraso.

III

Dos recuerdos, uno que no demuestra nada en concreto y otro que creo que permite entrever el clima reinante en un periodo revolucionario.

Cierta madrugada, uno de mis compañeros y yo habíamos salido a disparar contra los fascistas en las trincheras de las afueras de Huesca. Entre su línea y la nuestra había trescientos metros, una distancia a la que era difícil acertar con nuestros anticuados fusiles; pero si se acercaba uno arrastrándose a un punto situado a unos cien metros de la trinchera fascista, a lo mejor, con un poco de suerte, le daba a alguien por una grieta que había en el parapeto. Por desgracia, el terreno que nos separaba de allí era un campo de remolachas llano y sin más protección que unas cuantas zanjas, y había que salir cuando todavía estaba oscuro y volver justo después del alba, antes de que hubiera buena luz. Aquella vez no vimos a ningún fascista; nos quedamos demasiado tiempo y nos sorprendió el amanecer. Estábamos en una zanja, pero detrás de nosotros había doscientos metros de terreno llano donde difícilmente habría podido esconderse un conejo. Todavía andábamos infundiéndonos ánimos para echar una carrera cuando oímos mucho alboroto y silbatos en la trinchera fascista. Se acercaban unos aviones nuestros. De pronto, un hombre, al parecer con un mensaje para un oficial, salió de un salto de la trinchera y corrió por encima del parapeto, a plena luz. Iba vestido a medias y mientras corría se sujetaba los pantalones con ambas manos. Contuve el impulso de dispararle. Es cierto que soy mal tirador y que es muy difícil dar a un hombre que corre a cien metros de distancia, y además yo estaba pensando sobre todo en volver a nuestra trinchera aprovechando que los fascistas estaban pendientes de los aviones. Sin embargo, si no le disparé fue en buena medida por el detalle de los pantalones. Yo había ido allí a pegar tiros contra los «fascistas»; pero un hombre al que se le caen los pantalones no es un «fascista»; es a todas luces otro animal humano, un semejante, y se le quitan a uno las ganas de dispararle.

¿Qué demuestra este episodio? Poca cosa, porque estos incidentes se producen continuamente en todas las guerras. El que viene ahora es distinto. Supongo que contándolo no conmoveré a los lectores, pero pido que se me crea si digo que me conmovió a mí, ya que fue un incidente característico del clima moral de un periodo concreto.

Un recluta que se incorporó a nuestra unidad mientras estábamos en el cuartel era un joven de los suburbios de Barcelona, de aspecto salvaje. Iba descalzo y vestido con andrajos. Era muy moreno (sangre árabe, me atrevería a decir) y hacía gestos que no suelen hacer los europeos; uno en concreto —el brazo estirado, la palma vertical— era típico de los hindúes. Un día me robaron de la litera un haz de puros de los que todavía se podían comprar muy baratos. Con no poca imprudencia, di parte al oficial y uno de los granujas a que ya me he referido se apresuró a adelantarse y dijo que a él le habían robado veinticinco pesetas, cosa completamente falsa. Por la razón que fuera, el oficial llegó a la conclusión de que el ladrón había sido el joven de tez morena. El robo era un delito grave en las milicias y en teoría se podía fusilar a un ladrón. El pobre muchacho se dejó conducir al cuerpo de guardia para ser registrado. Lo que me llamó la atención fue que apenas se quejó. En el fatalismo de su actitud se percibía la terrible pobreza en que se había criado. El oficial le ordenó que se desnudara. Con una humildad que me resultó insoportable, se quitó la ropa, que fue registrada. En ella no estaban ni los puros ni el dinero; la verdad es que el muchacho no los había robado. Lo más doloroso fue que parecía igual de avergonzado incluso después de haberse demostrado su inocencia. Aquella noche lo invité al cine y le di brandy y chocolate. Pero la operación no fue menos horrible, me refiero a pretender borrar una ofensa con dinero. Durante unos minutos yo había creído a medias que era un ladrón y esta mancha no se podía borrar.

Pues bien, unas semanas después, estando en el frente, tuve un altercado con un hombre de mi sección. Yo era cabo por entonces, y tenía doce hombres bajo mi mando. Estábamos en un periodo de inactividad, hacía un frío espantoso y mi principal cometido era que los centinelas estuvieran despiertos y en sus puestos. Cierto día, un hombre se negó a ir a determinado puesto, que según él estaba expuesto al fuego enemigo, cosa que era cierta. Era un individuo débil, así que lo cogí del brazo y tiré de él. El gesto despertó la indignación de los demás, porque me da la sensación de que los españoles toleran menos que nosotros que les pongan las manos encima. Al instante me vi rodeado por un corro de hombres que me gritaban: «¡Fascista! ¡Fascista! ¡Déjalo en paz! Esto no es un ejército burgués. ¡Fascista!», etc., etc. En mi mal español, les expliqué lo mejor que pude que las órdenes había que cumplirlas. La polémica se convirtió en una de esas discusiones tremendas mediante las que se negocia poco a poco la disciplina en los ejércitos revolucionarios. Unos decían que yo tenía razón, otros que no. La cuestión es que el que se puso de mi parte más incondicionalmente fue el joven de tez morena. En cuanto vio lo que pasaba, se plantó en medio del corro y se puso a defenderme con vehemencia. Haciendo aquel extraño e intempestivo gesto hindú, repetía sin parar: «¡No hay un cabo como él!». Más tarde solicitó un permiso para pasarse a mi sección.

¿Por qué este incidente me resulta conmovedor? Porque en circunstancias normales habría sido imposible que se restablecieran las buenas relaciones entre nosotros. Con mi afán por reparar la ofensa no sólo no habría mitigado la acusación tácita de ladrón, sino que a buen seguro la habría agravado. Un efecto de la vida civilizada y segura es el desarrollo de una hipersensibilidad que acaba considerando repugnantes todas las emociones primarias. La generosidad es tan ofensiva como la tacañería, la gratitud tan odiosa como la ingratitud. Pero quien estaba en la España de 1936 no vivía en una época normal, sino en una época en que los sentimientos y detalles generosos surgían con mayor espontaneidad. Podría contar una docena de episodios parecidos, en apariencia insignificantes pero vinculados en mi recuerdo con el clima especial de la época, con la ropa raída y los carteles revolucionarios de colores alegres, con el empleo general de la palabra «camarada», con las canciones antifascistas, impresas en un papel pésimo, que se vendían por un penique, con las expresiones como «solidaridad proletaria internacional», repetidas conmovedoramente por analfabetos que creían que significaba algo. ¿Sentiríamos simpatía por otro y nos pondríamos de su parte en una pelea después de haber sido ignominiosamente registrados en su presencia, en busca de objetos que se sospechaba que le habíamos robado? No, desde luego que no; sin embargo, podríamos sentir y obrar de este modo si los dos hubiéramos pasado una experiencia emocional enriquecedora. Es una de las consecuencias de la revolución, aunque en este caso sólo había un barrunto de revolución y estaba a todas luces condenado de antemano al fracaso.

IV

La lucha por el poder entre los partidos políticos de la España republicana es un episodio desdichado y lejano que no tengo ningún deseo de revivir en estos momentos. Lo menciono sólo para decir a continuación: no creáis nada, o casi nada, de lo que leáis sobre los asuntos internos en el bando republicano. Sea cual fuere el origen de la información, todo es propaganda de partido, es decir, mentira. La verdad desnuda sobre la guerra es muy simple. La burguesía española vio la ocasión de aplastar la revolución obrera y la aprovechó, con ayuda de los nazis y de las fuerzas reaccionarias de todo el mundo. Aparte de esto, es dudoso que pueda demostrarse nada.

Recuerdo que en cierta ocasión le dije a Arthur Koestler: «La historia se detuvo en 1936». Él lo comprendió de inmediato y asintió con la cabeza. Los dos pensábamos en el totalitarismo en general, pero más concretamente en la guerra civil española. Ya de joven me había fijado en que ningún periódico cuenta nunca con fidelidad cómo ocurren las cosas, pero en España vi por primera vez noticias de prensa que no tenían ninguna relación con los hechos, ni siquiera la relación que se presupone en una mentira corriente. Vi informar sobre grandiosas batallas cuando apenas se había producido una refriega, y silencio absoluto cuando habían caído cientos de hombres. Vi que se calificaba de cobardes y traidores a soldados que habían combatido con valentía, mientras que a otros que no habían visto disparar un fusil en su vida se los tenía por héroes de victorias inexistentes; y en Londres vi periódicos que repetían estas mentiras e intelectuales entusiastas que articulaban superestructuras sentimentales alrededor de acontecimientos que jamás habían tenido lugar. En realidad vi que la historia se estaba escribiendo, no desde el punto de vista de lo que había ocurrido, sino desde el punto de vista de lo que tenía que haber ocurrido según las distintas «líneas de partido». Sin embargo, por horrible que fuera, hasta cierto punto no importaba demasiado. Afectaba a asuntos secundarios, a saber, a la lucha por el poder entre la III Internacional y los partidos izquierdistas españoles, y a los esfuerzos del gobierno ruso para impedir la revolución en España. Pero la imagen general de la guerra que el gobierno de la República daba al mundo no era falsa. Los asuntos principales eran tal y como los explicaban sus portavoces. En cambio, los fascistas y sus partidarios no podían ni por asomo ser tan veraces. ¿Cómo iban a confesar sus verdaderos objetivos? Su versión de la guerra era pura fantasía, y en aquellas circunstancias no habría podido ser otra cosa.

El único recurso propagandístico que tenían los nazis y fascistas era presentarse como patriotas cristianos que querían salvar a España de la dictadura rusa. Para ello había que fingir que la vida en la España republicana era una incesante escabechina (véanse el *Catholic Herald* o el *Daily Mail*, que, no obstante, resultaban un juego de niños en comparación con la prensa fascista de la Europa continental) y había que exagerar la magnitud de la intervención rusa. Fijémonos en un solo detalle de la ingente montaña de mentiras que acumuló la prensa católica y reaccionaria del mundo entero: la supuesta presencia de un ejército ruso en España. Todos los fervientes partidarios de Franco estaban convencidos de ello, y calculaban que podía constar de medio millón de soldados. Ahora bien, no hubo ningún ejército ruso en España. Puede que hubiera algunos pilotos y técnicos, unos centenares a lo sumo, pero de ningún modo un ejército. Varios millares de combatientes extranjeros, por no hablar de millones de españoles, fueron testigos de lo que digo. Sin embargo, las declaraciones de estas personas no hicieron ninguna mella en los partidarios de Franco, que por otro lado no habían estado nunca en la España republicana. Estas personas, al mismo tiempo, se negaban categóricamente a admitir la intervención alemana o italiana, y ello mientras la prensa alemana e italiana proclamaba a los cuatro vientos las hazañas de sus «legionarios». He preferido hablar sólo de un detalle, pero la verdad es que toda la propaganda fascista sobre la contienda era de este nivel.

Estas cosas me parecen aterradoras, porque me hacen creer que incluso la idea de verdad objetiva está desapareciendo del mundo. A fin de cuentas, es muy probable que estas mentiras, o en cualquier caso otras equivalentes, pasen a la historia. ¿Cómo se escribirá la historia de la guerra civil española? Si Franco se mantiene en el poder, los libros de historia los escribirán sus prebendados y (por ceñirme al detalle de antes) el ejército ruso que nunca existió se convertirá en hecho histórico que estudiarán los escolares de las generaciones venideras. Pero supongamos que dentro de poco cae el fascismo y se restablece en España un gobierno más o menos democrático; incluso así, ¿cómo se escribirá la historia? ¿Qué archivos habrá dejado Franco intactos? Y aun suponiendo que se pudieran recuperar los archivos relacionados con el lado republicano, ¿cómo se podrá escribir una historia fidedigna de la guerra? Porque, como ya he señalado, en el bando republicano también hubo mentiras a espuertas. Desde el punto de vista antifascista se podría escribir una historia de la guerra que sería fiel a la verdad en términos generales, pero sería una historia partidista que no merecería ninguna confianza en lo que se refiere a los detalles de poca monta. Sin embargo, es evidente que se escribirá una historia, la que sea, y cuando hayan muerto los que recuerden la guerra, se aceptará universalmente. Así que, a todos los efectos prácticos, la mentira se habrá transformado en verdad.

Sé que está de moda decir que casi toda la historia escrita es una sarta de mentiras. Estoy dispuesto a creer que la mayor parte de la historia es tendenciosa y poco sólida, pero lo que es característico de nuestro tiempo es la renuncia a la idea de que la historia podría escribirse con veracidad. En el pasado se mentía a sabiendas, o se maquillaba de modo inconsciente lo que se escribía, o se buscaba denodadamente la verdad, sabiendo muy bien que los errores eran inevitables; pero en cualquier caso se creía que «los hechos» habían existido y que eran más o menos susceptibles de descubrirse. Y en la práctica había siempre un considerable caudal de datos que casi todos admitían. Si consultamos la historia de la última guerra, por ejemplo, en la *Enciclopedia Británica*, veremos que una parte considerable del material procede de fuentes alemanas. Un historiador británico y otro alemán podrán disentir en muchas cosas, incluso en las fundamentales, pero sigue habiendo un acervo de datos neutrales, por llamarlos de algún modo, que ninguno de los dos se atreverá a poner en duda. Es esta convención de base, que presupone que todos los seres humanos pertenecemos a una misma especie, lo que destruye el totalitarismo. La teoría nazi niega en concreto que exista nada llamado «la verdad». Tampoco, por ejemplo, existe «la ciencia». Lo único que hay es «ciencia alemana», «ciencia judía», etc. El objetivo tácito de esta argumentación es un mundo de pesadilla en el que el Jefe, o la camarilla gobernante, controla no sólo el futuro, sino también el pasado. Si el Jefe dice de tal o cual acontecimiento que no ha ocurrido, pues no ha ocurrido; si dice que dos y dos son cinco, dos y dos serán cinco. Esta perspectiva me asusta mucho más que las bombas, y después de las experiencias de los últimos años no es una conjetura hecha a tontas y a locas.

Pero ¿es infantil o quizá morboso asustarse con imágenes de un futuro totalitario? Antes de descartar el mundo totalitario como pesadilla que no puede hacerse realidad, recordemos que en 1925 el mundo actual habría parecido una pesadilla que no podía hacerse realidad. Contra ese mundo cambiante y fantasmagórico, un mundo en que lo negro puede ser blanco mañana y las condiciones meteorológicas de ayer se pueden cambiar por decreto, sólo hay dos garantías. Una es que, por mucho que neguemos la verdad, la verdad sigue existiendo, por así decirlo, sin nuestro consentimiento, y en consecuencia no podemos tergiversarla de manera que lesione la eficacia militar. La otra es que mientras quede parte de la tierra sin conquistar, la tradición liberal seguirá viva. Si el fascismo, o tal vez una combinación de fascismos, se adueña del mundo entero, las dos garantías dejarán de existir. En Inglaterra infravaloramos estos peligros, porque, provistos de una fe sentimental por nuestras tradiciones y nuestra seguridad pasada, creemos que al final todo se arregla y nunca pasa lo que más tememos. Educados durante cientos de años por una literatura en que la Justicia triunfa invariablemente en el último capítulo, creemos casi por instinto que el mal siempre se despeña solo a la larga. El pacifismo, por ejemplo, se basa en buena medida en esta convicción: no te opongas al mal, pues ya se destruirá él solo. Pero ¿por qué ha de destruirse? ¿Y qué pruebas hay de que lo hace? ¿Cuántos casos hay de modernos estados industrializados que se hayan hundido sin que los haya conquistado un ejército extranjero?

Pensemos por ejemplo en la reimplantación de la esclavitud. ¿Quién habría imaginado hace veinte años que volvería a haber esclavitud en Europa? Pues bien, la esclavitud ha reaparecido ante nuestras propias narices. Los polacos, rusos, judíos y presos políticos de todas las nacionalidades que construyen carreteras o desecan pantanos a cambio de una ración mínima de comida en los campos de trabajo que pueblan toda Europa y el norte de África son simples siervos de la gleba. Lo más que se puede decir es que todavía no está permitido que un individuo compre y venda esclavos; por lo demás —la separación forzosa de las familias, pongamos por caso—, las condiciones son probablemente peores que en las antiguas plantaciones de algodón de Estados Unidos. No hay razón para creer que esta situación vaya a cambiar mientras dure el dominio totalitario. No comprendemos todas sus consecuencias porque con nuestra mística actitud creemos que un régimen basado en la esclavitud por fuerza ha de venirse abajo. Sin embargo, vale la pena comparar la duración de los imperios esclavistas de la antigüedad con la de cualquier estado moderno. Las civilizaciones basadas en la esclavitud han durado en total alrededor de cuatro mil años.

Cuando pienso en la antigüedad, el detalle que me asusta es que aquellos centenares de millones de esclavos en cuyas espaldas se apoyaba la civilización generación tras generación no han dejado ningún testimonio de su existencia. Ni siquiera conocemos sus nombres. ¿Cuántos nombres de esclavos conocemos en toda la historia de Grecia y Roma? Se me ocurren dos, quizá tres. Uno es Espartaco; el otro, Epicteto. Y en la sala romana del Museo Británico hay un vaso de cristal con el nombre del artífice grabado en el fondo, «*Felix fecit*». Tengo una vívida imagen mental del pobre Félix (un galo pelirrojo con un collar metálico en el cuello), pero cabe la posibilidad de que no fuera esclavo; así que sólo conozco con seguridad el nombre de dos esclavos y creo que pocas personas conocerán más. El resto duerme en el más profundo silencio.

V

La columna vertebral de la resistencia antifranquista fue la clase obrera española, sobre todo los trabajadores urbanos afiliados a los sindicatos. A largo plazo —y es importante recordar que sólo a largo plazo—, la clase obrera sigue siendo el enemigo más encarnizado del fascismo, por la sencilla razón de que es la que más ganaría con una reorganización decente de la sociedad. A diferencia de otras clases o estamentos, no se la puede sobornar eternamente.

Decir esto no es idealizar la clase obrera. En la larga lucha que siguió a la revolución rusa los derrotados han sido los trabajadores manuales y es imposible no creer que la culpa fue de ellos. Los obreros organizados han sido aplastados una y otra vez, en un país tras otro, con métodos violentos manifiestamente ilegales, y sus compañeros extranjeros, con los que estaban unidos por un sentimiento de teórica solidaridad, se han limitado a mirar, sin mover un dedo. ¿Quién puede creer ya en el proletariado internacional con conciencia de clase después de los sucesos de los diez últimos años? Las matanzas de trabajadores en Viena, Berlín, Madrid o donde fuera parecían tener menor interés e importancia para sus camaradas británicos que el partido de fútbol del día anterior. Con todo, eso no altera el hecho de que la clase obrera seguirá luchando contra el fascismo aunque los demás cedan. Un rasgo sorprendente de la conquista nazi de Francia ha sido la cantidad de defecciones que ha habido entre los intelectuales, incluso entre la intelectualidad política de izquierdas. Los intelectuales son los que más gritan contra el fascismo, pero un respetable porcentaje se hunde en el derrotismo cuando llega el momento. Saben ver de lejos las probabilidades que tienen en contra y, además, se les puede sobornar, pues es evidente que los nazis piensan que vale la pena sobornar a los intelectuales. Con los trabajadores sucede al revés. Demasiado ignorantes para ver las trampas que les tienden, creen con facilidad en las promesas del fascismo, pero tarde o temprano siempre reanudan la lucha. Y así debe ser, porque siempre descubren en sus propias carnes que las promesas del fascismo no se pueden cumplir. Para amordazar de una vez por todas a la clase trabajadora, los fascistas tendrían que subir el nivel de vida general, cosa que ni pueden ni probablemente quieren hacer. La lucha de la clase obrera es como una planta que crece. La planta es ciega y sin seso, pero sabe lo suficiente para estirarse sin parar y ascender hacia la luz, y no cejará por muchos obstáculos que encuentre. ¿Cuál es el objetivo por el que luchan los trabajadores? Esa vida digna que, de manera creciente, saben ya que es técnicamente posible. La conciencia de este objetivo tiene flujos y reflujos. En España, durante un tiempo, las masas obraron conscientemente, avanzaron hacia una meta que querían alcanzar y que creían que podían alcanzar. Esto explica el curioso optimismo que impregnó la vida en la España republicana durante los primeros meses de la contienda. La gente sencilla sentía en las propias entrañas que la República estaba con ella y que Franco era el enemigo; sabía que la razón estaba de su lado, porque luchaba por algo que el mundo le debía y estaba en condiciones de darle.

Hay que recordar esto si se quiere enfocar con objetividad la guerra civil española. Cuando se piensa en la crueldad, miseria e inutilidad de la guerra —y en este caso concreto en las intrigas, las persecuciones, las mentiras y los malentendidos—, siempre es una tentación decir: «Los dos bandos son igual de malos. Me declaro neutral». En la práctica, sin embargo, no se puede ser neutral, y difícilmente se encontrará una guerra en la que carezca de importancia quién resulte el vencedor, pues un bando casi siempre tiende a apostar por el progreso, mientras que el otro es más o menos reaccionario. El odio que la República española suscitó en los millonarios, los duques, los cardenales, los señoritos, los espadones y demás bastaría por sí solo para saber qué se cocía. En esencia fue una guerra de clases. Si se hubiera ganado, se habría fortalecido la causa de la gente corriente del mundo entero. Pero se perdió y los inversores de todo el mundo se frotaron las manos. Esto fue lo que sucedió en el fondo; lo demás no fue más que espuma de superficie.

El resultado de la guerra española se determinó en Londres, en París, en Roma, en Berlín, pero no en España. Después del verano de 1937, los que veían las cosas tal y como eran se dieron cuenta de que el gobierno no podría ganar la guerra si no se producía un cambio radical en el escenario internacional, y si Negrín y los demás decidieron proseguir la lucha se debió tal vez en parte a que esperaban que la guerra mundial que estalló en 1939 lo hiciera en 1938. La desunión del bando republicano, de la que tanto se habló, no estuvo entre las causas fundamentales de la derrota. Las milicias populares se organizaron aprisa y corriendo, estaban mal armadas y hubo falta de imaginación en sus planteamientos militares, pero nada habría sido diferente si se hubiera alcanzado un acuerdo político global desde el principio. Cuando estalló la guerra, el trabajador industrial medio no sabía disparar un arma (en España nunca había habido un servicio militar obligatorio) y el pacifismo tradicional de la izquierda constituía un gran obstáculo. Los miles de extranjeros que combatieron en España eran buenos como soldados de infantería, pero entre ellos había poquísimos que estuvieran especializados en algo. La tesis trotskista de que la guerra se habría ganado si no se hubiera saboteado la revolución es probablemente falsa. Nacionalizar fábricas, demoler iglesias y publicar manifiestos revolucionarios no habría aumentado la eficacia de los ejércitos. Los fascistas vencieron porque fueron más fuertes; tenían armas modernas y los otros carecían de ellas. Ninguna estrategia política habría compensado este factor.

Lo más desconcertante de la guerra civil española fue la actitud de las grandes potencias. La guerra la ganaron en realidad los alemanes y los italianos, cuyos motivos saltaban a la vista. Los motivos de Francia y Gran Bretaña son menos comprensibles. Todos sabían en 1936 que si Gran Bretaña hubiera ayudado a la República, aunque hubiera sido con unos cuantos millones de libras en armas, Franco habría sucumbido y la estrategia alemana habría sufrido un serio revés. Por entonces no hacía falta ser adivino para prever la inminencia de un conflicto entre Gran Bretaña y Alemania; incluso se habría podido predecir el momento, año más o menos. Pero la clase gobernante británica, del modo más mezquino, cobarde e hipócrita, hizo todo cuanto pudo por entregar España a Franco y a los nazis. ¿Por qué? La respuesta más evidente es que era profascista. Indiscutiblemente lo era, pero cuando llegó la confrontación final optó por oponerse a Alemania. Siguen sin conocerse las intenciones que sustentaban su apoyo a Franco, y es posible que en realidad no hubiera ninguna intención clara. Si la clase gobernante británica es abyecta o solamente idiota es una de las incógnitas más intrincadas de nuestro tiempo y, en determinados momentos, una incógnita de importancia capital. En cuanto a los rusos, sus motivos en relación con la guerra española son completamente inescrutables. ¿Intervinieron en ella, como creían los izquierdosos, para defender la democracia y frustrar los planes nazis? En ese caso, ¿por qué intervinieron a una escala tan ridícula y al final dejaron a España en la estacada? ¿O intervinieron, como sostenían los católicos, para promover la revolución? En ese caso, ¿por qué hicieron lo posible por abortar todos los movimientos revolucionarios, por defender la propiedad privada y por ceder el poder a la clase media y no a la clase trabajadora? ¿O intervinieron, como sugerían los trotskistas, únicamente con intención de impedir una revolución en España? En ese caso, ¿por qué no apoyaron a Franco? La verdad es que la conducta de los rusos se explica fácilmente si se parte de la base de que obedecía a principios contradictorios. Creo que en el futuro acabaremos por pensar que la política exterior de Stalin, lejos de ser de una astucia diabólica, como se ha afirmado, ha sido sólo oportunista y torpe. De todos modos, la guerra civil española puso de manifiesto que los nazis, a diferencia de sus oponentes, sabían lo que se traían entre manos. La guerra se libró a un nivel tecnológico bajo y su estrategia fundamental fue muy sencilla. El bando que tuviera armas vencería. Los nazis y los italianos dieron armas a sus aliados españoles, mientras que las democracias occidentales y los rusos no hicieron lo propio con los que deberían haber sido sus aliados. Así pereció la República española, tras haber «conquistado lo que a ninguna república le falta».[8]

Si fue justo o no animar a los españoles a seguir luchando cuando ya no podían vencer, como hicieron todos los izquierdistas extranjeros, es un planteamiento que no tiene fácil respuesta. Incluso yo pensaba que era justo, porque creía que es mejor, incluso desde el punto de vista de la supervivencia, luchar y ser conquistado que rendirse sin luchar. No podemos juzgar todavía los resultados de la magna estrategia de la lucha contra el fascismo. Los ejércitos andrajosos y desarmados de la República resistieron durante dos años y medio, mucho más, indudablemente, de lo que esperaban sus enemigos. Pero no sabemos aún si de este modo alteraron la agenda fascista o si, por el contrario, se limitaron a posponer la gran guerra y a dar a los nazis más tiempo para calentar los motores de su maquinaria bélica.

VII

Nunca pienso en la guerra civil española sin que me vengan a la cabeza dos recuerdos. Uno es del hospital de Lérida y de las tristes voces de los milicianos heridos que cantaban una canción cuyo estribillo decía:

¡Una resolución,
luchar hasta el fin!

Pues bien, lucharon hasta el mismísimo fin. Durante los últimos dieciocho meses de contienda, los ejércitos republicanos lucharon casi sin tabaco y con muy poca comida. Ya a mediados de 1937, cuando me fui de España, escaseaban la carne y el pan, el tabaco era una rareza, y era dificilísimo encontrar café y azúcar.

El otro recuerdo es del miliciano italiano que me estrechó la mano en la sala de guardia el día que me alisté en las milicias. Hablé de este hombre al comienzo de mi libro sobre la guerra española[9] y no quiero repetir lo que dije allí. Cuando recuerdo —y con qué viveza— su uniforme raído y su cara feroz, conmovedora e inocente, parecen desvanecerse los complejos temas secundarios de la guerra y veo con claridad que al menos no había ninguna duda en cuanto a quién estaba en el lado de la razón. Al margen de la política de las potencias y de las mentiras periodísticas, el objetivo principal de la guerra era que las personas como aquel miliciano conquistaran la vida digna a la que sabían que tenían derecho por naturaleza. Me cuesta pensar en el probable fin de aquel hombre en particular sin sentir una gama de resentimientos. Puesto que lo conocí en el Cuartel Lenin, es probable que fuera trotskista o anarquista, y, en las extrañas condiciones de los tiempos que corren, si a alguien así no lo mata la Gestapo, suele matarlo la GPU. Pero este detalle no afecta a los objetivos a largo plazo. El rostro de aquel hombre, que vi sólo un par de minutos, sigue vivo en mi recuerdo como un aviso gráfico de lo que fue en verdad aquella guerra. Representa para mí a la flor y nata de la clase obrera europea, perseguida por la policía de todos los países, a la gente que llena las fosas comunes de los campos de batalla españoles, a los millones que hoy se pudren en los campos de trabajo.

Cuando pienso en quienes apoyan o han apoyado el fascismo no deja de sorprenderme su variedad. ¡Menuda tripulación! Imaginaos un programa capaz de meter en el mismo barco, aunque sea por un tiempo, a Hitler, a Pétain, a Montagu Norman, a Pavelitch, a William Randolph Hearst, a Streicher, a Buchman, a Ezra Pound, a Juan March, a Cocteau, a Thyssen, al padre Coughlin, al muftí de Jerusalén,[10] a Arnold Lunn, a Antonescu, a Spengler, a Beverly Nichols, a lady Houston y a Marinetti. Pero la clave es muy sencilla. Todos los mencionados son personas con algo que perder, o personas que suspiran por una sociedad jerárquica y temen la perspectiva de un mundo poblado por seres humanos libres e iguales. Detrás del tono escandalizado con que se habla del «ateísmo» de Rusia y del «materialismo» de la clase obrera sólo está el afán del rico y el privilegiado por conservar lo que tienen. Lo mismo cabe afirmar, aunque contiene un verdad a medias, de todo cuanto se dice sobre la inutilidad de reorganizar la sociedad si no hay al mismo tiempo un «cambio espiritual». Los fariseos, desde el papa de Roma hasta los yoguis de California,[11] proclaman la necesidad de un «cambio espiritual»,[12] mucho más tranquilizador desde su punto de vista que un cambio de sistema económico. Pétain atribuye la caída de Francia al «amor por los placeres» del ciudadano corriente; daremos a esta afirmación el valor que tiene si nos preguntamos cuántos placeres hay en la vida de los obreros y campesinos corrientes de Francia y cuántos en la de Pétain. Menuda impertinencia la de estos politicastros, curas, literatos y demás especímenes que sermonean al socialista de base por su «materialismo». Lo único que el trabajador exige es lo que estos otros considerarían el mínimo imprescindible sin el que la vida humana no se puede vivir de ninguna de las maneras: que haya comida suficiente, que se acabe para siempre la pesadilla del desempleo, que haya igualdad de oportunidades para sus hijos, un baño al día, sábanas limpias con frecuencia razonable, un techo sin goteras y una jornada laboral lo bastante corta para no desfallecer al salir del trabajo. Ninguno de los que predican contra el «materialismo» pensaría que la vida puede vivirse sin estos requisitos. Y qué fácilmente se obtendría dicho mínimo. Bastaría con mentalizarse durante veinte años. Elevar el nivel de vida mundial a la altura del de Gran Bretaña no sería una empresa más aparatosa que esta guerra que libramos en la actualidad. Yo no digo, ni sé si lo dice alguien, que una medida así vaya a solucionar nada por sí sola. Pero es que para abordar los problemas reales de la humanidad, primero hay que abolir las privaciones y las condiciones inhumanas del trabajo. El principal problema de nuestra época es la pérdida de la fe en la inmortalidad del alma, y es imposible afrontarlo mientras el ser humano medio trabaje como un esclavo o tiemble de miedo a la policía secreta. ¡Qué razón tiene el «materialismo» de la clase trabajadora! Qué razón tiene la clase trabajadora al pensar que el estómago viene antes que el alma, no en la escala de valores, sino en el tiempo. Si entendemos esto, el largo horror que padecemos será al menos inteligible. Todos los argumentos que podrían hacer titubear al trabajador —los cantos de sirena de un Pétain o un Gandhi; el hecho impepinable de que para luchar hay que degradarse; la equívoca postura moral de Gran Bretaña, con su fraseología democrática y su imperio de culis; la siniestra evolución de la Rusia soviética; la sórdida farsa de la política izquierdista— pasan a segundo plano y ya no se ve más que la lucha de la gente corriente, que despierta poco a poco, contra los amos de la propiedad y los embusteros y lameculos que tienen a sueldo. La cuestión es muy sencilla. ¿Quieren o no quieren las personas como el soldado italiano que se les permita llevar la vida plenamente humana y digna que en la actualidad es técnicamente accesible? ¿Devolverán o no devolverán a la gente normal al arroyo? Yo, personalmente, aunque no tengo pruebas, creo que el hombre corriente ganará la batalla tarde o temprano, aunque desearía que fuera temprano y no tarde; por ejemplo, antes de que transcurra un siglo y no dentro de diez milenios. Tal fue la verdadera cuestión de la guerra civil española, como lo es de la guerra actual, y tal vez de otras que vendrán.

No volví a ver al italiano ni averigüé cómo se llamaba. Puede darse por hecho que está muerto. Unos dos años después, cuando la guerra ya estaba perdida, escribí estos versos en su memoria:

La mano me estrechó el joven de Italia
al entrar en el cuartel,
mano fuerte con mano delicada,
las dos de buen troquel.

Al fondo retumbaban los cañones,
pero yo sentí paz
al ver los rasgos de su maltratada
y purísima faz.

Porque las palabras que yo balbucía
para él eran sagradas,
y él nació sabiendo lo que yo sabía
por libros y temporadas.

Los cañones embusteros habían hablado,
por ellos queríamos luchar,
pero el recluta tenía dotes de mando,
¿quién lo había de imaginar?

Buena suerte, soldado italiano,
aunque el valor no la precise.
¿Qué te ha dado el mundo hasta ahora?
Menos de lo que tú le diste.

Entre la oscuridad y el fantasma,
entre el rojo y el blanco,
entre la bala y la mentira,
¿dónde hallarás amparo?

Porque ¿dónde están Manuel González
y Ramón Fenellosa?
¿Y dónde Pedro Aguilar? ¿Quién lo sabe?
Los gusanos de la fosa.

Tu nombre y tus hazañas se olvidaron
con tus huesos íntegros aún,
y la mentira que te mató yace bajo otra
de mayor magnitud.

Pero lo que vi en tu cara
nada te lo quitará:
ninguna bomba del mundo resquebraja
el espíritu del cristal.[13]

1. *New Road: New Directions in English Arts and Letters* se publicó entre 1943 y 1949. Los vols. I y II (1943-144) fueron preparados por Alex Comfort (1920-2000; más tarde adquirió cierta fama como autor de *The Joy of Sex*, 1972) y John Bayliss.

2. Dwight Macdonald (1906-1982), crítico ultraliberal, panfletista y académico. Fue durante un tiempo director asociado del *Partisan Review*, publicación para la que Orwell escribió sus «London Letters». Más tarde fundó *Politics*, que dirigió en 1944-1949, y en la que Orwell también colaboró.

3. *Im Westen nichts Neue*, 1929, célebre novela de Erich Maria Remarque sobre la vida en las trincheras alemanas durante la primera guerra mundial.

[La primera ed. española, *Sin novedad en el frente*, data también de 1929 y la publicó la Editorial España, Madrid, en traducción de Eduardo Foertsch y Benjamín Jarnés.] Fue inmediatamente traducida al inglés por A.W. Wheen y publicada el mismo año. Todavía se publica, pero con otra traducción. Lewis Milestone dirigió una película basada en esta novela (con Lew Ayres y Louis Wolheim) en 1930. La censura británica la mutiló por considerarla demasiado repulsiva (en particular una escena en que salía una rata; si Orwell la hubiera visto, se habría llevado una fuerte impresión, dada su antipatía por las ratas).

4. Periódico semanal norteamericano dedicado a la literatura proletaria. Circuló entre 1926 y 1948.

5. La moción de Oxford Union de 1935 en apoyo de la negativa a luchar «por el rey y por la patria» dio origen a una serie de demandas que pedían por turno que Gran Bretaña emprendiera y no emprendiera una acción militar.

6. Jesús dijo: «Pues todos los que empuñan espada, por espada perecerán» (Mateo, 25, 52).

7. Véase el *Diario de guerra*, *1218*, 11-6-42.

8. La cita es de Robert Browning, *Dramatis Personae* (1864, «Apparent Failure», verso 44).

9. *Homenaje a Cataluña*.

10. Mohammed Amin al-Husseini (1893-1974), muftí de Jerusalén desde 1921. Fue detenido en 1937 por provocar disturbios antisemitas. Escapó y tiempo después habló por radio desde Berlín instigando a deportar a los judíos a campos de concentración. Fue acusado de cometer crímenes de guerra, pero se refugió primero en Egipto y luego en Palestina. Los seis mil musulmanes bosnios que formaban la División SS Handzar de Yugoslavia en 1943 lo consideraban su jefe espiritual.

11. Es posible que Orwell estuviera pensando en Gerald Heard (1889-1971), a quien menciona en la reseña que publicó en *Horizon*, septiembre de 1943, sobre *Beggar My Neighbour* (véase *2257* y también la nota de introducción a «Can a Socialist Be Happy?», *2397); y en Aldous Huxley (véase *600*, sección 3) y posiblemente también en Christopher Isherwood (véase *2713)*, ya que todos se instalaron en Los Ángeles poco antes de la guerra. Estando en California, Isherwood se interesó por el yoga y el vedanta (aunque no está claro si Orwell lo sabía), preparó la edición y el prólogo de *Vedanta for the Western World* (Hollywood, 1945; Londres, 1948) y con Swami Prabhavananda tradujo *The Bhagavad-Gita* (1944) y otras obras afines. Cabe la posibilidad de que la referencia procediera de las negociaciones preliminares de Orwell para que G.V. Desani hablara del *Bhagavad-Gita* en su programa de la BBC, *Books that Changed the World* («Libros que han cambiado el mundo») (véase *1970)*.

12. «Otro estilo de arquitectura, un cambio espiritual», de «Sir, No Man's Enemy» (1930), de W.H. Auden.

13. Versión original del poema:

The Italian soldier shook my hand/ Beside the guard-room table;/ The strong hand and the subtle hand/ Whose palms are only able

To meet within the sound of guns,/But oh! What peace I knew then/ In gazing on his battered face/ Purer than any woman's!

For the fly-blown words that make me spew/ Still in his ears were holy,/ And he was born knowing what I had learned/ Out of books and slowly.

The treacherous guns had told their tale/ And we both had bought it,/ But my gold brick was made of gold –/Oh! Who ever would have thought it?

Good luck go with you Italian soldier!/ But luck is not for the brave;/ What would the world give back to you?/ Always less than you gave.

Between the shadow and the ghost,/ Between the white and the red,/ Between the bullet and the lie,/ Where would you hide your head?

For where is Manuel González,/ And where is Pedro Aguilar,/ And where is Ramón Fenellosa?/ The earthworms know where they are.

Your name and your deeds were forgotten/ Before your bones were dry,/ And the lie that slew you is buried/ Under a deeper lie;

But the thing that I saw in your face/ No power can disinherit:/ No bomb that ever burst/ Shatters the crystal spirit.

63

3 de diciembre de 1942

Mientras trabajó de productor de charlas de la BBC para la India, Orwell preparó multitud de ciclos. Uno fue sobre «Historia del fascismo». La quinta charla tenía que ser sobre la guerra civil española, y el 7 de octubre de 1942 preguntó a Mulk Raj Anand si quería escribir y pronunciar ante los micrófonos una charla sobre aquel tema (1551). Anand (1905-), autor de novelas, cuentos, ensayos y críticas, nació en la India y había combatido por la República en la guerra civil española, aunque él y Orwell no se conocieron allí. Enseñó literatura y filosofía en los cursos para adultos del London County Council y escribió guiones dramáticos y de programas para la BBC, 1939-1945. Al acabar la guerra dio charlas en varias universidades de la India y fue nombrado catedrático de Bellas Artes de la universidad del Penjab, 1963. El Consejo Mundial por la Paz le concedió el Premio Internacional de la Paz en 1952. Mientras escribo esto (1999), Anand vive en Bombay. Siguió siendo amigo de Orwell, y su relación con él se analiza en Abha Sharma Rodrigues, George Orwell, the BBC and India: a Critical Study, *tesis doctoral, Universidad de Edimburgo, 1994.*

Anand formalizó un contrato para dar la charla el 3 de diciembre de 1942 por ocho libras y ocho chelines (1595), pero el texto fue vetado por el censor. Orwell escribió el 10 de diciembre a E.W.D. Boughen, del Departamento de Contrataciones (1729) para solicitar que se abonase a Anand una parte de lo estipulado porque «se trata de un tema muy delicado en este momento» y no era factible modificar su «punto de vista». Se acordó que se le abonarían cinco libras con cinco chelines, pero como Anand ya había cobrado el importe íntegro, se le descontaron tres libras y tres chelines cuando cobró su siguiente intervención.

64

[*2380*]

CRÍTICA DE *SPAIN IN ECLIPSE, 1937-1943*, DE E. ALLISON PEERS, Y *BEHIND THE SPANISH MASK*, DE LAWRENCE DUNDAS

Observer, 28 de noviembre de 1943

Los títulos de estos dos libros [«El eclipse de España de 1937 a 1943» y «Tras la fachada española»] ponen de manifiesto que sabemos muy poco de lo que ocurre dentro de España desde que terminó la guerra civil. Ha habido hambre y peste, muchísimos ciudadanos están en la cárcel y el régimen mantiene relaciones muy cordiales con el Eje; esto es todo cuanto sabemos al nivel del hombre de la calle. Las opiniones sobre cualquier otro punto suelen estar tamizadas por las simpatías políticas del autor, y hay que recordar que el señor Dundas es republicano a machamartillo, mientras que el profesor Peers es más bien un franquista a su pesar y moderado.

El profesor Peers dedica parte de su obra a la guerra civil, pero los mejores capítulos son los que tratan de los cuatro últimos años. Piensa que el régimen de Franco fue respaldado por la mayoría durante un tiempo, que quizá se haya exagerado la magnitud de la represión política y que la ayuda que ha dado a los nazis es en realidad poco sólida. Sin embargo, cree que no durará mucho y, aunque él desearía que se impusiera un régimen monárquico liberal, estima que no es imposible que haya un giro hacia la extrema izquierda.

Es de señalar que el profesor Peers parece sorprendido y dolido porque el «neutral» gobierno español haya mostrado tan tenaz hostilidad al nuestro. Enumera las interminables provocaciones y la inspirada campaña de calumnias de la prensa española como si en cierto modo estuvieran en contradicción con el historial anterior de Franco. Pero la verdad es que nunca ha habido muchas dudas sobre con quién simpatizaban Franco y sus allegados más influyentes, y el momento en que habría sido útil señalar que Franco era amigo de nuestros enemigos era 1936. El profesor Peers no hizo nada en este sentido por aquellas fechas. Nadie podría acusarlo de falsear hechos, pero es indudable que los libros que escribía por entonces tendían a dar respetabilidad a la causa franquista ante los británicos. En la medida en que los libros influyen en los acontecimientos, habría que considerar al profesor Peers responsable de contribuir a la entronización del régimen, y que Franco haya obrado como vaticinaron en su momento todos los partidarios de la República tiene que causarle gran estupor en la actualidad.[1]

El libro del señor Dundas gira alrededor de la especulativa aunque interesante tesis de que al principio se había planeado una sublevación de distinta naturaleza –conservadora y no fascista–, y que los acontecimientos cambiaron de rumbo por la muerte de Sanjurjo[2] y porque los nacionales, tras el fracaso del primer golpe, tuvieron que pedir ayuda a los alemanes y a los italianos, que impusieron sus condiciones. La importancia de este giro es que el régimen que acabó instalándose en el poder, según sostiene el señor Dundas, «no es español». Es un régimen basado en modelos extranjeros e intolerable desde el punto de vista del español corriente, incluso de la nobleza; en consecuencia, podría volverse frágil en un momento de emergencia. El libro contiene algunos detalles interesantes sobre la guerra en Mallorca. No obstante, creo que el señor Dundas se equivoca al sugerir que Franco luchará al lado del Eje si los aliados invaden Europa, pues la lealtad no es el punto fuerte de los dictadores de segunda categoría.

1. También en 1943, y con el seudónimo de Bruce Truscot, el profesor Peers publicó *Redbrick University*. Contenía el escrito «The Nature and Aims of a Modern University», que influyó mucho en la evolución de las universidades británicas después de la guerra. Una obra más modesta fue la sucinta gramática española que publicó con el nombre de E. Allison Peers en 1917, *A Skeleton Spanish Grammar*. Véase también pág. 304, n. 4.

2. José Sanjurjo Sacanell (1872-1936), general del bando nacional, protagonizó un golpe contra el gobierno de la II República en agosto de 1932. Fue detenido, procesado, condenado y, en 1934, indultado. Murió cuando el avión que tomó en Lisboa para dirigirse a Burgos se estrelló al despegar. Se habló de sabotaje, pero parece que la causa fue más prosaica. El avión, un pequeño Puss Moth, iba sobrecargado porque Sanjurjo «quiso llevar consigo una maleta pesada que contenía el uniforme de gala que pensaba ponerse como jefe del nuevo Estado español». El avión, desviado ya por las autoridades portuguesas hacia un pequeño aeródromo de las afueras, no pudo remontar los pinos de los alrededores. El piloto resultó herido, pero se salvó; Sanjurjo murió carbonizado, «víctima de las convenciones más que de sabotaje» (Thomas, pág. 254).

65

[*2416*]

«AS I PLEASE», 10 [DE CÓMO LA MENTIRA SE VUELVE VERDAD] (EXTRACTO)

Tribune, 4 de febrero de 1944

Durante la guerra civil española estaba convencido de que nunca se escribiría ni podría escribirse una historia fidedigna del conflicto. No había cifras seguras ni informes objetivos sobre lo que estaba sucediendo. Y si lo creía en 1937, cuando el gobierno de España todavía estaba en pie y las mentiras que las distintas facciones republicanas contaban de sus rivales y del enemigo eran relativamente pequeñas, ¿qué no creeré en la actualidad? Aunque se derroque a Franco, ¿con qué archivos tendrán que vérselas los historiadores futuros? Y si Franco u otro como él siguen empuñando el timón, la historia de la guerra consistirá sobre todo en «hechos» que millones de personas, vivas todavía, saben que son falsos. Uno de estos «hechos», por ejemplo, es que operó en España un gran ejército ruso. Hay pruebas abundantísimas de que no existió tal ejército. Sin embargo, si Franco sigue en el poder, y si el fascismo en general sobrevive, aquel ejército ruso entrará en los libros de historia y los futuros colegiales creerán en su existencia. Así que, a efectos prácticos, la mentira se habrá vuelto verdad. Este fenómeno se produce continuamente [...].

66

[2510]

«OCHO AÑOS DE GUERRA: RECUERDOS DE ESPAÑA»
Observer, 16 de julio de 1944

El viernes que viene hará ocho años que comenzó la guerra civil española, preámbulo del presente conflicto y uno de los acontecimientos más trágicos y sórdidos que ha visto la Europa moderna. La guerra española se decidió fuera de España, y cuando ya duraba un año los observadores realistas comprendieron que el gobierno legítimo no podría vencer si no se producía un cambio radical en la situación europea. En el primer periodo, que duró poco menos de un año, la guerra la libraron básicamente los moros y soldados profesionales de Franco, por un lado, y, por el otro, las milicias de campesinos y obreros industriales que se habían formado aprisa y corriendo. En este periodo ambos bandos iban a la par y ninguno conquistó ningún objetivo de importancia decisiva.

Franco, sin embargo, estaba siendo reforzado por las potencias del Eje a escala gigantesca, mientras que el gobierno republicano sólo recibía esporádicos envíos de armas de la Rusia soviética y el apoyo de unos cuantos miles de voluntarios extranjeros, en especial refugiados alemanes. En julio de 1937 se vino abajo la resistencia de los vascos y el equilibrio de fuerzas se rompió dejando en franca desventaja a la República.

Mientras tanto, el gobierno republicano había sofocado el desorden revolucionario de los inicios, había arreglado las disputas internas y había adiestrado a sus fuerzas. A comienzos de 1938 contaba con un ejército formidable, capaz de combatir durante el año, aproximadamente, que iban a durar las vituallas.

El doctor Negrín y otros gobernantes republicanos seguramente se daban cuenta de que no podían vencer por sus propios medios, pero debían seguir combatiendo porque aún podía cambiar el paisaje político europeo. La guerra mundial que a todas luces se avecinaba podía estallar en 1938, y el gobierno británico podía abandonar su política de no intervención.

No ocurrió ninguna de las dos cosas y a finales de 1938 los rusos dejaron de prestar ayuda a la República. La España republicana pasaba muchas estrecheces desde hacía tiempo, pero ahora se moría de hambre.

Cuando las fuerzas fascistas entraron en Cataluña, salieron en tropel hacia Francia ejércitos de refugiados que eran ametrallados por aviones italianos y encerrados entre alambradas en cuanto cruzaban la frontera.

Franco entró en Madrid a comienzos de 1939 y se aprovechó de su victoria con la máxima crueldad. Se prohibieron todos los partidos políticos de izquierdas y se ejecutó o encarceló a muchísimas personas. Si los últimos informes son ciertos, aún hay en campos de prisioneros medio millón de personas, el dos por ciento de la población de España.

La historia es repugnante a causa de la sórdida conducta de las grandes potencias y de la indiferencia del mundo en general. Los alemanes y los italianos intervinieron para aplastar la democracia española, para apoderarse de un importante punto estratégico de la futura guerra y, de paso, para probar sus aviones de bombardeo con poblaciones indefensas.

Los rusos entregaron una pequeña cantidad de armas y obtuvieron a cambio el máximo de control político. Los británicos y franceses se limitaron a volver la cabeza mientras sus amigos sucumbían y sus enemigos se alzaban con la victoria. La actitud británica es la más imperdonable, porque fue insensata a la par que deshonrosa.

Desde el principio había estado claro que el país que suministrara armas a la República podría controlar su política o al menos influir en ella. Lejos de ello, los británicos dejaron que Franco y Hitler vencieran y que fuera Rusia y no Gran Bretaña quien se hiciera acreedora de la simpatía y la gratitud de los españoles.

Durante un año o más, el gobierno de la República estuvo de hecho bajo dominio ruso, básicamente porque Rusia fue el único país que le echó una mano. El crecimiento del Partido Comunista de España, que de contar con unos miles de afiliados pasó a tener un cuarto de millón, fue obra directa de los conservadores británicos.

Ha habido una acentuada tendencia a ocultar estos hechos, incluso a reivindicar la hostil «neutralidad» de Franco como un triunfo de la diplomacia británica. La verdadera historia de la guerra civil española debería recordarse siempre como un ejemplo de la insensatez y mezquindad de la política de las potencias. Lo único que la compensa es la valentía de los combatientes de ambos bandos y la entereza de la población civil de la España republicana, que durante años pasó hambre y penalidades que nosotros no hemos conocido ni en los peores momentos de la guerra.

67

[*2593*]

CRÍTICA DE *AN INTERLUDE IN SPAIN*, DE CHARLES D'YDEWALLE
(TRADUCCIÓN DE ERIC SUTTON)
Observer, 24 de diciembre de 1944

Los testigos involuntarios suelen ser los más dignos de confianza, y el señor Charles d'Ydewalle es hasta cierto punto un testigo involuntario contra la España franquista. El señor d'Ydewalle es un periodista belga (evidentemente católico devoto) que durante la guerra civil fue partidario acérrimo del general Franco, en cuyo territorio parece que pasó unos meses. Cuando los alemanes ocuparon su país y él quiso ir a Inglaterra dando el rodeo obligatorio, tenía la plena convicción de que los nacionales, cuya «cruzada» había apoyado con todas sus fuerzas, no le pondrían impedimentos. Se llevó una sorpresa cuando fue detenido y encarcelado nada más pisar suelo español.

Esto sucedió a fines de 1941. Lo soltaron ocho meses después y en ningún momento consiguió averiguar de qué delito lo acusaban, en el caso de que hubiera alguno. Al parecer lo habían detenido porque su intención de ir a Inglaterra era indicio de simpatías aliadas. Primero fue internado en la Cárcel Modelo de Barcelona, que tenía una capacidad para 700 internos pero que por entonces albergaba a 8000. Luego lo llevaron a un campo de concentración, donde estuvo entre refugiados de muchas nacionalidades. Las condiciones eran allí relativamente benignas; se podían adquirir ciertos artículos de lujo; se podía elegir a los compañeros de barracón y había una competición internacional de abertura de túneles por debajo de la alambrada. Lo que abrió, al menos en parte, los ojos del señor d'Ydewalle a la realidad del régimen fue la Cárcel Modelo.

A fines de 1941, casi tres años después de que hubiera acabado la guerra civil, se seguía fusilando a los ciudadanos, sólo en aquella cárcel, a razón de cinco o seis por semana. Además se practicaba la tortura, a buen seguro con objeto de arrancar confesiones, y a veces al torturador «se le iba la mano». Los presos políticos y los delincuentes comunes estaban más o menos mezclados, pero casi todos los reos eran restos de la guerra civil que por lo general cumplían condenas de treinta años. Como señala el señor d'Ydewalle, esto significa que muchos no saldrán hasta los noventa y cinco. Los fusilamientos se llevaban a cabo con la máxima crueldad. Nadie sabía si lo iban a fusilar o no hasta la misma madrugada de la ejecución.

Todas las madrugadas había resonar de botas y tintineos de bayonetas en el pasillo; de pronto se abría esta puerta o aquella otra, y se pronunciaba un nombre. Más tarde veían el jergón del muerto delante de la celda. A veces indultaban a uno y lo fusilaban un par de días después por otro delito. Pero los domingos y fiestas de guardar no había fusilamientos. El aparato religioso con que se rodeaba la vida de la cárcel le revolvió las tripas al señor d'Ydewalle casi más que la crueldad.

El señor d'Ydewalle, cuando se vio en libertad, sólo se quedó un par de días en España, pero ya en el campo de concentración había visto que los infelices soldados españoles que los vigilaban mendigaban comida a los internos de mejor posición. No registra estos detalles con complacencia y es reacio a sacar cualquier posible moraleja de ellos. En efecto, al final parece seguir creyendo que Franco tenía la razón en la guerra civil, y que fue después cuando las cosas se torcieron. En la cárcel se consolaba a veces pensando que los desdichados que lo rodeaban se habían portado del mismo modo con los simpatizantes de los nacionales hacía sólo unos años. Reitera su creencia en las «atrocidades rojas» y se aprecia en él más de un rasgo antisemita.

El principal sentimiento que expresa el libro es el asombro. ¿Por qué lo encerraron? ¿Cómo ha podido la «gloriosa cruzada» desembocar en esta clase de episodios? El autor incluso manifiesta la perplejidad que le produce que un régimen que se llama católico preste apoyo a Hitler y a Mussolini, lo cual parece una ingenuidad exagerada, pues difícilmente se puede acusar al general Franco de haber ocultado sus simpatías políticas.

Como es natural, a una persona que apoyó de buena fe a los nacionales durante la guerra civil le cuesta admitir que los horrores de la Cárcel Modelo estaban implícitos en el régimen franquista desde el comienzo. Pero el señor d'Ydewalle tiene además el inconveniente de ser de un país relativamente ordenado y bien gobernado y de no contar en consecuencia con ningún conocimiento previo del totalitarismo.

El factor esencial de un régimen totalitario es que no está regido por el derecho. Al ciudadano no se le castiga por delitos concretos, sino porque se le considera política o intelectualmente indeseable; lo que haya hecho o dejado de hacer es secundario. El señor d'Ydewalle tardó algún tiempo en acostumbrarse a esta idea y, como pudo observar, había presos de la Europa occidental a quienes también les costaba comprenderlo. Llevaba unos meses en la cárcel cuando llegaron unos soldados británicos que habían huido de Francia. Les contó lo de los fusilamientos. Al principio no le creyeron, pero poco a poco, conforme iban apareciendo jergones delante de las celdas, acabaron por ver que lo que les había contado era verdad; y comentaron apropiadamente: «Prefiero mil veces Inglaterra».

Este libro constituye una útil nota al pie en una página de la historia. La sencillez de su concepción de las cosas obra en su favor a la hora de narrar. Pero si se me permite hacer un pronóstico, la próxima variante de Franco que aparezca no contará con el apoyo del señor d'Ydewalle.

68

[*2944*]
CRÍTICA DE *LA LLAMA*, DE ARTURO BAREA[1]
Observer, 24 de marzo de 1946

El tercer y último volumen de la autobiografía de Arturo Barea abarca los años 1935-1939, y por lo tanto es, en buena medida, una crónica de la guerra civil. Su lucha privada y el fracaso de su primer matrimonio son inseparables de la tensión social general de la que se derivó la guerra, y en su siguiente matrimonio, que se celebra a fines de 1937, los motivos personales y políticos están aún más relacionados. El libro comienza en un pueblo castellano y termina en París, pero la trama principal es el asedio de Madrid.

El señor Barea estuvo en Madrid desde el comienzo de la guerra y permaneció en la capital casi ininterrumpidamente hasta que se vio obligado a abandonar el país en verano de 1938, por presiones políticas algo vagas pero todopoderosas. Vio el entusiasmo desenfrenado y el caos del primer periodo, las expropiaciones, las matanzas, el bombardeo de la casi indefensa ciudad, la paulatina restauración del orden y la lucha trilateral por el poder entre el hombre de la calle, la burocracia y los comunistas extranjeros. Durante dos años tuvo un puesto importante en la oficina de censura de la prensa extranjera y se encargó por un tiempo de las emisiones radiofónicas de «La voz de Madrid», que tuvo una gran audiencia en América Latina. Antes de la guerra había sido un ingeniero empleado en la Oficina de Patentes, un escritor en ciernes que no había escrito nada, un católico creyente asqueado de la Iglesia y un anarquista nato sin simpatías políticas concretas. Pero lo que le permite describir la guerra desde un punto de vista específicamente español es sobre todo su origen campesino.

Las cosas que ocurrieron al principio fueron espantosas. El señor Barea describe el ataque contra los cuarteles de Madrid, cómo se arrojaba a gente desde ventanas elevadas, los tribunales revolucionarios, los paredones donde los cadáveres quedaban abandonados durante días. Páginas antes, al describir las condiciones de los campesinos y la conducta de los terratenientes en la aldea donde solía pasar los fines de semana, señala hasta cierto punto los motivos que justifican tales atrocidades. Su trabajo en la oficina de censura, aunque sabía que era útil y necesario, fue una lucha primero contra el burocratismo y luego contra las intrigas de trastienda. La censura nunca era total, porque casi todas las embajadas eran hostiles a la República, y los periodistas, irritados por estúpidas restricciones –las primeras instrucciones del señor Barea eran no filtrar «nada que no fuera una victoria para el gobierno»–, saboteaban todo lo que podían. Luego, cuando las perspectivas de la República mejoraron temporalmente, los sabotajes informativos se producían en las redacciones; de los prisioneros italianos se decía, tácticamente, que eran «nacionales», con objeto de mantener la mentira de la no intervención. Tiempo después, los rusos apretaron las tuercas a la República, volvieron los funcionarios que habían huido cuando Madrid estaba en peligro y la situación del señor Barea y de su mujer se hizo cada vez más insostenible.

En este periodo de la guerra se produjo una reacción general de la parte de la población más duramente castigada en los primeros meses, pero la situación se complicó porque la mujer de Barea era trotskista; es decir, no era trotskista, sino una socialista austriaca que se había peleado con los comunistas, lo cual, desde la perspectiva de la policía política, venía a ser lo mismo. Luego ocurrió lo de siempre: apariciones inesperadas de la policía en plena noche, detenciones, liberaciones, más detenciones, el clima de pesadilla característico de un país con el poder dividido, donde nunca se sabe con seguridad quién es responsable ni de qué y donde ni los propios gobernantes pueden defender a sus subordinados de la policía secreta.

Una meditación que suscita este libro es lo poco que sabemos de la guerra civil por boca de españoles. Para ellos la guerra no fue un juego, como lo fue para los «escritores antifascistas» que celebraron un congreso en Madrid y fueron de comilona en comilona mientras la ciudad se moría de hambre. El señor Barea asistía con impotencia a las intrigas de los comunistas extranjeros, a las payasadas de los visitantes ingleses y a los padecimientos del pueblo madrileño, y lo veía todo con el creciente convencimiento de que iban a perder la guerra. Como él mismo dice, que Francia y Gran Bretaña abandonaran a España a su suerte significó en la práctica que la España nacional quedó a merced de Alemania y la España republicana a merced de la URSS; y dado que los rusos no se podían permitir entonces un conflicto armado con Alemania, el pueblo español, entre los aviones de bombardeo, los cañones y el hambre, fue conducido a una rendición que habría podido preverse ya a mediados de 1937.

El señor Barea huyó a una Francia donde se miraba con hostilidad a los extranjeros y donde el hombre de la calle había suspirado de alivio al conocer el Pacto de Munich; por último pasó a Inglaterra, ya en vísperas de la guerra mundial. Se trata de un libro extraordinario, cuya parte central reviste gran valor histórico.

1. Véase *852*, n. 1. *[La llama,* tercera parte de la trilogía *La forja de un rebelde,* se publicó en castellano en Buenos Aires en 1951, junto con *La forja* y la segunda parte, *La ruta. (N. del T.)]*

69

COLECCIÓN DE FOLLETOS DE GEORGE ORWELL: GUERRA CIVIL ESPAÑOLA

Orwell comenzó a coleccionar folletos probablemente en 1935-1937 y siguió haciéndolo por lo menos hasta marzo de 1947. Pensaba que tenía entre 1200 y 2000 y varias veces intentó clasificarlos y catalogarlos. Expresó su deseo de que después de su muerte se donaran al Museo Británico y hoy se conservan en la British Library, con la signatura 1899 ss 1-21, 23-48, donde el documento 48 es un incompleto catálogo a máquina. Orwell elaboró a mano una lista de 346 folletos hacia 1946-1947. Dividió sus diecinueve folletos sobre la guerra civil española en An (anarquistas), LP (Partido Laborista), LS (socialistas de izquierda) y Tr (trotskistas). Véase la lista completa en Obras completas, *3733, XX/259-286. Los folletos que figuran a continuación bajo el título «Guerra civil española» se fichan con la catalogación de Orwell e indicando los archivadores en que se encuentran; los añadidos entre corchetes son míos, así como los comentarios que siguen a algunas fichas.*

GUERRA CIVIL ESPAÑOLA

1. Civil War in Spain (B[ertram] D. Wolfe) (Tr) Archivador 3 (2)
   [2932, n.5] [WAP, EE.UU., 1937]
   Crick reproduce pasajes del elogio fúnebre
   de Andrés Nin que hace Wolfe; según él,
   «tiene notables puntos en común con
   1984» (634).
2. Le Stalinisme en Espagne (K[atia]) Landau (Tr) Archivador 3 (7)
   [Éditions Spartacus, 2 francos, 1937]
   El catálogo a máquina comenta: «muy raro»;
   sobre Kurt Landau, véase *2648*, n. 4.[1]
3. Spotlight on Spain (J. Hatz) [ILP, 1938] (Tr) Archivador 3 (17)
4. Democracy or Revolution in Spain? (Tr) Archivador 3 (33)
   (J. Matteo) 2 [ILP, 1937]
5. The Lesson of Spain ([L.] Trotsky) (Tr) Archivador 3 (34)
   [WAP, 1937]

6. The Truth about Barcelona (F. Brockway) (Tr) Archivador 3 (35) [ILP, 1937]
7. Terror in Spain (J. McGovern) [véase *424*, (Tr) Archivador 3 (44) n. 1] [ILP, 1937]
8. Why Bishops Back Franco? (J. McGovern) (Tr) Archivador 3 (45) [ILP, 1936]
9. The Trotskyist Position on Spain [LL, 1943] (Tr) Archivador 3 (67)
10. Buenaventura Durruti [CNT-FAI, (Tr) Archivador 3 (70) Barcelona, 1937]
11. Spain - Anarchism (CNT) [1937] (An) Archivador 4 (37)
12. Social Reconstruction in Spain [Gaston] (Tr) Archivador 4 (38) (Leval) *[Spain and the World*, 1938]
   Anarquista francés que fue a Moscú en 1921 con una delegación española presidida por Andrés Nin y que escribió sobre la guerra civil. Véase Thomas, págs. 67, 117, 1025. Orwell escribió a mano «Level», pero el catálogo mecanografiado dice «Gaston Leval».
13. Catholics & the Civil War in Spain (LP) Archivador 5 (10) [NationalCouncil of Labour, 1936]
14. A Catholic Looks at Spain [S. Gurrea; (LP) Archivador 5 (11) Labour Publications Dept., 1937]
15. Tempête sur l'Espagne [L'Homme Réel, (LS) Archivador 6 (6) 1936, 3 francos]
   La ficha original dice «Henry Swanzy, París, 1936». Swanzy era un colega de Orwell en la BBC; véase *845*, n. 2.
16. Impressions of Franco's Spain (LP) Archivador 6 (9) (J.R. Vega) 2 [United Editorial Ltd., 1943]
17. Franco's «Neutrality» & British Policy (LS) Archivador 6 (13) [UDC, 1944]
18. Spain: the Moral Touchstone of Europe (LS) Archivador 6 (23) (C. Duff) 2 [Gollancz, 1944]
19. Romancero de la guerra civil (serie 1) (LS) Archivador 7 (6) [poesías; Madrid, 1936]

1. Kurt Landau, socialista austriaco, acabó muriendo «en circunstancias misteriosas», como muchos otros simpatizantes extranjeros del POUM; véase Thomas, pág. 706.

70

RESUMEN DE LA CORRESPONDENCIA DE GEORGE ORWELL CON DAVID ASTOR
4 y 5 de marzo de 1949

El 4 de marzo de 1949, David Astor preguntó a Orwell, a la sazón en el Cotswold Sanatorium de Cranham, si quería participar en la celebración del décimo aniversario del fin de la guerra civil española con un artículo en el Observer. *En el caso de que no deseara hacerlo le rogaba que le indicara quién le parecía que podía escribir un artículo, o mejor dos. Orwell respondió al día siguiente diciéndole que no iba a escribir ningún artículo porque la enfermedad le había impedido reanudar el trabajo hasta entonces. Entre los autores que sugirió estaban Franz Borkenau y Arturo Barea. El 15 de marzo, Astor informó a Orwell de que el* Observer *estaba tratando de localizar a Borkenau (que se hallaba por entonces en Alemania, en la Universidad de Marburgo). Véase 3562, XX/54-55.*

Apéndices

Bibliografía

En el presente volumen se han incluido todos los escritos extensos sobre la guerra civil española que figuran en las *Obras completas* de George Orwell; las únicas excepciones son los resúmenes de noticias que extrajo del *Daily Worker* y del *News Chronicle* en 1936-1937 (Apéndice 2 del volumen XI, 290-306, con abundancia de notas) y el artículo (que no es de Orwell) «Night Attack on the Aragón Front», *New Leader,* 30 de abril de 1937 (366, XI/18-20), que no le gustó. No obstante, Orwell no olvidó nunca el tiempo que pasó en España, y en las *Obras completas,* sobre todo en el volumen XII, hay multitud de referencias secundarias que podrían ser del interés del lector. Por ejemplo, el 13 de junio de 1940 anota en el diario que le parece que un cartel que pide voluntarios para la Organización de Pioneros se ha inspirado en «un cartel republicano de la guerra española» *(637,* XII/183); en una carta a John Lehmann, fundador y director de *New Writing,* 6 de julio de 1940, dice que el Ministerio de la Guerra británico ya no es hostil a quienes combatieron en la guerra civil española *(653,* XII/208); cree que *Home Guard for Victory!* de Hugh Slater se basa «demasiado en la experiencia de la guerra civil» *(768,* XII/440), aunque algunas charlas que dio Orwell para la Home Guard [Milicia Nacional británica] reflejan la misma experiencia *(730-735,* XII/328-340); a los lectores americanos del *Partisan Review,* 15 de abril de 1941, les dice que «desde luego, en nuestros periódicos [británicos] no hay nada que pueda compararse con las aterradoras mentiras que se contaron en ambos bandos en 1914-1918 o en la guerra civil española» *(787,* XII/472); hay una afirmación parecida en «English Writing in Total War», *New Republic,* 14 de julio de 1941 *(831,* XII/527); en otra carta al *Partisan Review,* 17 de agosto de 1941, dice de los últimos reclutas de la Home Guard que son trabajadores industriales con conciencia de clase, «el puñado de hombres que había combatido en la guerra civil española» *(843,* XII/550). Ésta es punto de referencia en «The Prevention of Literature» (véase por ejemplo *279,* XVII/373 y 374; y sobre todo la afirmación de que los intelectuales ingleses no podrían escribir honradamente sobre aquella experiencia, sino que tendrían que recurrir a «mentiras evidentes», XVII/376). También en el volumen XVII, en «As I Please», 54, 12 de enero de 1945, Orwell compara con la experiencia española la complicidad de «acreditados periódicos británicos» en «lo que no fue más que una falsificación» para desprestigiar a Draja Mihailovich, al que habían apoyado unos meses antes (XVII/19). La crítica de Orwell a *Freedom Was Flesh and Blood* de José Antonio de Aguirre, 19 de julio de 1945 *(2704,* XVII/219-220) menciona asimismo la guerra civil. En el Índice General del volumen XX de las *Obras completas* pueden verse más referencias.

La principal fuente del material del presente volumen es *The Complete Works by George Orwell*, preparadas por Peter Davison, con la colaboración de Ian Angus y Sheila Davison, 20 vols. (1998; 2ª ed. en rústica en publicación desde 2000). También pueden consultarse con provecho los 4 volúmenes de *The Collected Essays, Journalism and Letters of George Orwell*, preparados por Sonia Orwell e Ian Angus (1968; Penguin, 1970).

La distribución de los escritos en los volúmenes de *Obras completas* es como sigue:

X (1-355), XI (355A-582), XII (583-843), XIII (844-1434), XIV (1435-1915), XV (1916-2377), XVI (2378-2596), XVII (2597-2831), XVIII (2832-3143), XIX (3144-3515), XX (3516-3715A).

El volumen XX contiene además, en el Apéndice 15, los siguientes escritos complementarios: 2278A, 2278B, 2420A, 2451A, 2563B, 2593A, 2625A, 3351A y 3715A. Cada volumen tiene índice propio y en el volumen XX hay un Índice General, índices temáticos y un índice de publicaciones periódicas donde aparecieron trabajos de Orwell.

Hay muchísimos libros dedicados a la guerra civil española, aunque no todos siguen el mismo criterio. A continuación se ofrece una breve lista que puede ser útil al lector.

Alba, Víctor (ed.), *El proceso del POUM, junio de 1937-octubre de 1938. Transcripción del sumario, juicio oral y sentencia del Tribunal Especial*, Laertes, Barcelona, 1989.

Alba, Víctor, y Stephen Schwartz, *Spanish Marxism vs. Soviet Communism: A History of the POUM*, Transaction Books, Piscataway (New Jersey), 1988.

Alexander, Bill, *British Volunteers for Liberty: Spain 1936-1939*, Lawrence & Wishart, Londres, 1982.

Alpert, Michael, *A New International History of the Spanish Civil War*, Macmillan, Londres, 1994. [Trad. esp., *Aguas peligrosas: nueva historia internacional de la guerra civil española*, Akal, Madrid, 1997.]

Benson, Frederick R., *Writers in Arms: The Literary Impact of the Spanish Civil War*, New York University Press, Nueva York, 1967.

Bolloten, Burnett, *The Spanish Civil War: Revolution and Counterrevolution*, University of North Carolina Press, Chapell Hill (NC), 1991. [Trad. esp., *La guerra civil española: revolución y contrarrevolución*, Alianza, Madrid, 1997.]

Borkenau, Franz, «Spain: Whose Victory?», *Observer*, 27 de marzo de 1949, 4.

Brome, Vincent, *The International Brigade*, Heinemann, Londres, 1965.

Buchanan, Tom, «The Death of Bob Smillie, the Spanish Civil War and the Eclipse of the Independent Labour Party», *Historical Journal* 40 (1997), págs. 435-461.

Coppard, Audrey, y Bernard Crick (eds.), *Orwell Remembered*, BBC Books, Londres, 1984.

Corkhill, David, y Stewart Rawnsley (eds.), *The Road to Spain*, Borderline Press, Dumferline, 1981.

Crick, Bernard, *George Orwell: A Life*, Penguin, Londres, 1980; 3.ª ed., 1992.

Cunningham, Valentine (ed.), *Spanish Civil War Verse*, Penguin, Londres, 1980; con una larga introducción de Cunningham.

Davison, Peter, *George Orwell: A Literary Life*, Macmillan, Londres, 1996.

Heppenstall, Rayner, *Four Absentees*, Barrie and Rockcliff, 1960.

Hoskins, Katherine B., *Today the Struggle: Literature and Politics in England during the Spanish Civil War*, University of Texas Press, Austin, 1969.

Joll, James, *The Anarchists*, Eyre Spottiswood, Londres, 2.ª ed., 1980. [Trad. esp., *Los anarquistas*, Grijalbo, Barcelona, 1978.]

Meyers, Jeffrey (ed.), *George Orwell: The Critical Heritage*, Routledge, Londres, 1975.

—, *Orwell: Wintry Conscience of a Generation*, WW Norton, Nueva York, 2000. [Trad. esp., *Orwell*, Ediciones B, Barcelona, 2002.]

Newsinger, John, *Orwell's politics*, Macmillan, Londres, 1999.

—, «The Death of Bob Smillie», *Historical Journal*, 41 (1998), 575-578.

Norris, Christopher (ed.), *Inside the Myth: Orwell: Views from the Left*, Lawrence & Wishart, Londres, 1984.

Preston, Paul, *The Spanish Civil War, 1936-1939*, Weidenfeld and Nicholson, Londres, 1986. [Trad. esp., *La guerra civil española*, Plaza & Janés, Barcelona, 1987.]

Rees, sir Richard, *For Love or Money*, Secker & Warburg, Londres, 1960.

—, *George Orwell: Futigive from the Camp of Victory*, Secker & Warburg, Londres, 1961.

Reilly, Patrick, *George Orwell: The Age's Adversary*, Macmillan, Londres, 1986.

Rodden, John, *The Politics of Literary Reputation: The Making and Claiming of «St George Orwell»*, Oxford University Press, Nueva York, 1989.

Rust, William, *Britons in Spain: The History of the British Battalion of the XVth International Brigade*, Lawrence & Wishart, Londres, 1939.

Seidmann, Michael, «The Unorwellian Barcelona», *European History Quarterly* 20 (1990), 163-180.

Shelden, Michael, *Orwell: The Authorized Biography*, Heinemann, Londres, 1991. [Trad. esp., *Orwell*, Salamandra, Barcelona, 1993.]

Slater, Ian, *Orwell: The Road to Airstrip One: The Development of George Orwell's Political and Social Thought from* Burmese Days *to* 1984, WW Norton, Nueva York, 1985.

Stansky, Peter, y William Abrahams, *Orwell: The Transformation*, Constable, Londres, 1979.

Thomas, Hugh, *The Spanish Civil War*, Harpercollins, Nueva York, 3ª ed., 1977. [Trad. esp., *La guerra civil española*, Grijalbo, Barcelona, 1979.]

Wadhams, Stephen (ed.), *Remembering Orwell*, Penguin, Londres, 1984.

Woodcock, George, *The Crystal Spirit: A study of George Orwell*, Penguin, Londres, 1987.

Wykes, David, *A Preface to Orwell*, Longman, Nueva York, 1987.

Zwerdling, Alex, *Orwell and the Left*, Yale University Press, New Haven, 1974.

Índice de nombres y conceptos

Este volumen trata de España, la guerra civil, el fascismo y Cataluña; consignar todas las referencias directas e indirectas a estos temas sería un trabajo desmesurado. Lo mismo podría decirse hasta cierto punto del POUM, Barcelona, la Guardia de Asalto, el anarquismo, el trotskismo, el comunismo y otras cuestiones. Por lo tanto, el primer grupo de temas no figura en este índice y, en cuanto a los del segundo grupo, se han consignado con criterio selectivo. A veces, para mejor orientación, se ha añadido alguna explicación entre paréntesis (por ejemplo, «crít.» para indicar que es una crítica literaria de Orwell; o, en el artículo «POUM», después de 180-181, «línea política», para señalar que en esas páginas se habla de ese tema). Las fuentes señaladas en las notas no figuran por norma, aunque se han hecho algunas excepciones para mejor orientación del lector. Tampoco se incluyen los autores ni los títulos de la colección de folletos de Orwell. Una «n» detrás del número de página indica que la referencia se halla en una nota (por ejemplo, 33n, 284n).

Mussolini, Benito, 73, 206, 207, 252, 407
Myers, L.H., 370n

Negrín, doctor Juan, y gobierno, 166, 176, 211, 213, 244, 246, 351, 395, 396, 397n, 399, 423, 435
New Leader, 46, 57, 260-261, 286, 370, 378
New Masses, 411, 429n
New Republic, 242
New Road, 409, 428n
News Chronicle, 206, 239, 251, 258, 258n, 295, 308, 309, 312, 378, 379
New Statesman & Nation, 57, 220, 271, 277, 288, 291, 300, 318, 319, 320, 321, 361, 378, 412
Nietzsche, Friedrich, 312, 313n
Nin, Andrés, 184, 185, 194, 244, 245, 247, 278, 280, 281n, 282n, 288, 309, 319, 355, 357n
véase también «documento N»
NKVD 36, 49n, *véase también* checa (policía)
Nuvo Bosch, Ramón, 410

Oak, Liston, 57, 58n
Observer, 379
O'Donovan, Paddy, 124, 125
O'Duffy, gen. Eoin, 374-375 (crít.), 375 (réplica), 376n
GPU, 153, véase también checa (policía)
O'Hara, Patrick, 121
Orlov, Aleksandr, 36
Ortega, col. Antonio, 186
Ortega y Gasset, Eduardo, 245, 369
Ortega y Gasset, José, 303 (crít.), 304n
O'Shaughnessy, doctor Laurence, 44n, 265
cartas de Eileen Blair (su hermana), 50-51, 59-60
cartas de George Kopp, 53-56, 262

Oxford Union (sociedad de debates de Oxford), 429

Paris Commune, The, 354, 357n
Parker, Buck, 47, 47n, 380, 381n
Parker, Thomas, 67, 112
Partido Comunista, comunistas, 36, 57, 135, 139, 140, 161, 165, 176, 184, 209, 211-212, 213-214, 215, 217, 218, 219-222, 224, 232, 233-234, 235, 241-242, 245, 246, 247, 248-249, 252, 254, 255, 256-257, 272, 280, 285, 294-295, 298, 309, 315-316, 317n, 334, 346n, 352, 354, 356, 359, 369, 378, 383, 395-396, 440, 441
prensa comunista, 161, 236, 241-242, 247, 254-255, 278, 294, 295, 308, 316, 319, 320, 337, 339, 348, 349
Partido Laborista británico, 365
Partido Liberal británico, 241, 365
Partisan Review
carta de Orwell, 406
Patmore, Coventry, «Magna est veritas», 374, 376n
Paul, Elliot, *Life and Death of a Spanish Town*, 344, 346n
Peers, prof. Edgar Allison Peers, 303 (crít.), 304n, 351 372-374 (crít.), 375-376 (réplica), 398-399 (crít.), 432-433 (crít.), 433n
Pertinax (seud. de André Géraud), 316, 316n
Pétain, mariscal Henri-Philippe, 426, 427
Pitcairn, Frank, 237, 238, 239
Pivert, Marceau, 281n, 287, 290n
Poincaré, Raymond, 316, 316n, 317n
Pollitt, Harry, 32, 46, 47n, 327-328
Postgate, Raymond, 370n-371n
carta de Orwell, 367-371
POUM (Partido Obrero de Unificación Marxista), 32, 36, 36n-37n, 52, 57, 58n, 61, 62, 63, 77, 87, 103, 136, 139, 140, 142, 143,